工业和信息化高职高专“十二五”
规划教材立项项目

# 财务会计

Financial Accounting

刘纪录 ◎ 主编
杨桂洁 谭卫兵 刘珍刚 ◎ 副主编
杨发岭 ◎ 主审

职业教育财经类『十二五』规划教材

务会计类

Financial Accounting

人民邮电出版社
北京

**图书在版编目（CIP）数据**

财务会计 / 刘纪录主编. -- 北京 : 人民邮电出版社, 2013.1(2015.1重印)
职业教育财经类“十二五”规划教材
ISBN 978-7-115-30342-4

Ⅰ. ①财… Ⅱ. ①刘… Ⅲ. ①财务会计－高等职业教育－教材 Ⅳ. ①F234.4

中国版本图书馆CIP数据核字(2012)第304065号

## 内容提要

本书全面、系统地讲解了财务会计的基本理论和企业常见经济业务的会计处理方法。本书在知识体系上既考虑了与基础会计和会计综合实训的课程分工，又体现了与相关教材的前后衔接，同时保持了相对的独立性和完整性。

本书内容实践性较强，突出就业导向，强化岗位技能，同时也充分考虑了高职学生的认知水平和学习习惯。课程分岗位设计，做到课堂学习与业务实际紧密结合。主体部分按照企业常设的9个会计岗位来安排章节，包括出纳岗位核算、往来结算岗位核算、存货岗位核算、长期资产岗位核算、职工薪酬岗位核算、纳税岗位核算、资金岗位核算、财务成果岗位核算、会计主管岗位核算。尽量通过例题说明复杂业务和理论，做到理论问题简明化、复杂业务例题化。为了让读者增强学习效果，每个岗位内容后面都附有丰富的习题，以供岗位训练。

本书可作为高职高专院校会计类及经济管理类相关专业课程的教材，也可以作为会计人员岗位培训用书。

工业和信息化高职高专“十二五”规划教材立项项目

职业教育财经类“十二五”规划教材

**财务会计**

◆ 主　　编　刘纪录
　副 主 编　杨桂洁　谭卫兵　刘珍刚
　主　　审　杨发岭
　责任编辑　李育民

◆ 人民邮电出版社出版发行　　北京市丰台区成寿寺路11号
　邮编　100164　　电子邮件　315@ptpress.com.cn
　网址　http://www.ptpress.com.cn
　北京铭成印刷有限公司印刷

◆ 开本：787×1092　1/16
　印张：20.25　　　　　　2013年1月第1版
　字数：522千字　　　　　2015年1月北京第3次印刷

ISBN 978-7-115-30342-4

定价：39.00元

**读者服务热线：(010)81055256　印装质量热线：(010)81055316**

**反盗版热线：(010)81055315**

广告经营许可证：京崇工商广字第 **0021** 号

# 前 言

财务会计是现代企业的一项重要的基础性工作，它同管理会计相配合，共同服务于市场经济条件下的现代企业。“财务会计”课程是高职高专会计专业的主干专业课程，涉及知识面广，技能性强，是会计及相关专业知识结构中的主体部分。本书按照高等职业教育“以就业为导向，以能力为本位”的原则，以培养学生的会计岗位技能为目标，详细介绍了财务会计的基本理论和企业常见经济业务的会计处理方法。

本书采用基于工作任务、工作岗位驱动的教学模式组织内容，将理论与实务紧密结合在一起。每个岗位的学习从核算任务和业务流程入手，按各会计岗位要求掌握的核算知识设计理论框架，以“做中学”为实务操作案例，让学生在教师的引导下边做边学，尽量通过案例说明复杂业务和理论，力求做到理论问题简明化、复杂业务案例化，以此强化学生对会计岗位的认识和技能的培养；此外，作者在书中还适度安排了知识拓展栏目，提高学习兴趣，开阔学生的视野；同时，围绕每个岗位需要掌握的重点知识和技能，精心筛选了适量的岗位训练题，检测和巩固学习效果。

在教学组织中，可以根据教学计划的需要，全部或有选择地讲授本书的内容。全书参考学时为 120～128 学时，建议采用教学做一体化教学模式，各岗位的参考学时见下面的学时分配表。

**学时分配表**

| 项　目 | 课程内容 | 学　时 |
| --- | --- | --- |
|  | 财务会计准备知识 | 2～4 |
| 岗位一 | 出纳岗位 | 10 |
| 岗位二 | 往来结算岗位 | 12 |
| 岗位三 | 存货岗位 | 18 |
| 岗位四 | 长期资产岗位 | 18 |
| 岗位五 | 职工薪酬岗位 | 8 |
| 岗位六 | 纳税岗位 | 8 |
| 岗位七 | 资金岗位 | 16～18 |
| 岗位八 | 财务成果岗位 | 16～18 |
| 岗位九 | 会计主管岗位 | 12～14 |
| 课时总计 |  | 120～128 |

本书由潍坊职业学院和潍坊科技学院等院校的教师合作编写，刘纪录、李广伟担任主编，杨桂洁、谭卫兵、刘珍刚、刘璐任副主编，刘新萍、丁玉华、周瑞礼、陈芳为参编。刘纪录负

三、岗位四、岗位七、岗位八；杨桂洁编写岗位五；谭卫兵编写岗位二；刘珍刚编写岗位一；刘新萍编写岗位九；丁玉华编写岗位六；周瑞礼编写财务会计准备知识。在本书的编写过程中，山东寿光圣诚有限责任会计师事务所的注册会计师、注册资产评估师张九利先生，注册会计师、注册税务师张振全先生给予了很多实践性建议；同时，本书的编写也参考、借鉴了大量文献资料，在此谨向原作者深表谢意。

本书由杨发岭主审，他在审定过程中提出了许多宝贵的指导性意见，在此表示衷心的感谢。

由于编者水平和经验有限，书中难免有欠妥和错误之处，恳请读者批评指正。

编　者

2012 年 11 月

# 目录

# 财务会计准备知识

## 一、财务会计概述

### （一）财务会计的含义

财务会计是现代企业的一项重要的基础性工作，是现代会计的一个分支，与管理会计共同构成了现代企业会计系统的有机整体，共同服务于市场经济条件下的现代企业。因财务会计沿用传统的会计模式，故称“传统会计”；又因其以对外提供财务报告，侧重于满足企业外部有关方面的决策需要，故也称“对外报告会计”。

在我国，财务会计的含义通常可以表述为：财务会计是以《中华人民共和国会计法》为准绳，依据企业会计准则和企业会计制度，对企业已经发生的交易或信息事项，通过确认、计量、记录和报告等程序进行加工处理，并以财务报告的形式，为与企业有经济利害关系的投资人、债权人和其他报表使用者提供企业的财务状况、经营成果和现金流量等财务信息而进行的经济管理活动。

### （二）财务会计的特点

财务会计与管理会计源于同一母体，是并列的现代会计的两大分支，简单地说，一个是“内部报告会计”——管理会计，一个是“对外报告会计”——财务会计。但财务会计和管理会计的区别是很大的。

1. 服务对象不同

财务会计向企业外界具有经济利害关系的团体、个人报告企业的财务状况与经营成果，其服务对象是外部的投资者、债权人和其他有关机构，因此，财务会计又可称为“外部会计”。管理会计是为企业自身服务的，使用者是企业内部的管理者，又可称为“内部会计”；管理会计师能从商业的各个角度考虑问题，把财务数据与各种经济规律相结合，帮助高层管理者做出更好的决策。

2. 工作主体的层次不同

财务会计的工作主体往往只有一个层次，即主要以整个企业为工作主体，从而能够适应财务会计所特别强调的完整反映、监督整个经济过程的要求，并且不能遗漏会计主体的任何会计要素。而管理会计的工作主体可分为多个层次，它既可以是整个企业的主体，又可以将企业内部的局部区域或个别部门甚至某一管理环节作为工作的主体。

3. 作用时效不同

财务会计的作用时效主要在于反映过去，记录和总结企业经营状况，对财务报表进行制作、报告和审计，无论从强调客观性原则，还是坚持历史成本原则，都可以证明其反映的只能是过去实际已经发生的经济业务。而管理会计则重在面向未来，在财务报表的基础上做大量的分析和比较，履行预算、决策、规划、控制和考核的职能，管理会计面向未来的作用时效摆在第一位，而分析过去是为了控制现在和更好地指导未来。

4. 遵循的原则、标准不同

财务会计必须以国家或行业组织制定的会计法规、会计准则、会计制度及有关规定作为其工作的准绳与规范。而管理会计不受会计准则和行业统一会计制度的完全限制和严格约束，在工作中可灵活应用预测学、控制论、信息理论、决策原理等现代管理理论作为指导，是超越国界的。

5. 信息的特征及载体不同

财务会计定期地向与企业有利害关系的集团或个人提供较为全面的、系统的、连续的和综合的财务信息，并以货币信息为主；财务会计的信息载体是有统一格式的凭证系统、账簿系统和报表系统，统一规定财务报告的种类。而管理会计所提供的信息往往是为满足内部管理的特定要求而有选择的、部分的和不定期的管理信息，货币性和非货币性信息并重。管理会计的信息载体大多为没有统一格式的各种内部报告，而且对报告的种类也没有统一规定。

6. 方法体系不同

财务会计的方法比较稳定，核算时往往只需要运用简单的算术方法。而管理会计可选择灵活多样的方法对不同的问题进行分析处理，即使对相同的问题也可根据需要和可能而采用不同的方法，在信息处理过程中大量运用现代数学方法。

7. 工作程序不同

财务会计必须执行固定的会计循环程序。无论从制作凭证到登记账簿，直至编报财务报告，都必须按规定的程序处理，不得随意变更其工作内容或颠倒工作顺序。而管理会计工作的程序性较差，没有固定的工作程序可以遵循，有较大的回旋余地，企业可根据自己的实际情况设计管理会计工作的流程。

## （三）财务会计的目的

企业财务会计的目的是通过向企业会计信息使用者提供有用的信息，帮助使用者做出相关决策。承担这一信息载体和功能的是企业编制的财务报告，我国企业财务报告的目标是向财务报告使用者提供与企业财务状况、经营成果和现金流量等有关的会计信息，反映企业管理层受托责任履行情况，有助于财务报告使用者做出经济决策。其主要内容包括以下两个方面。

1. 向财务报告使用者提供对决策有用的信息

企业财务会计的主要目标是向政府机构、企业外部投资者、债权人和其他与企业有利益关系的单位和个人及企业管理当局等一系列信息使用者提供有利于做出投资、信贷决策及其他有关决策的企业财务状况、经营业绩和财务状况变动的各种财务信息和非财务信息。主要包括关于资产、负债和所有者权益状况，现金流动或其他资金流动等能够反映企业财务实力、变现能力和偿债能力的信息；关于收入、利润形成及其分配等能反映企业经营业绩、获利能力、支付现金股利能力及重新投资能力的信息。

2. 反映企业管理层受托责任的履行情况

在现代公司制下，企业所有权和经营权相分离。企业管理层是受委托人之托经营管理企业及其各项资产，负有受托责任，即企业管理层所经营管理的各项资产基本上为投资者投入的资本或者向债权人借入的资金所形成的，企业管理层有责任妥善保管并合理、有效地使用这些资产，因此，财务报告应当反映企业管理层受托责任的履行情况，以便评价企业的经营管理责任及资源使用的有效性。

# 二、会计基本假设和会计基础

## （一）会计基本假设

会计基本假设是企业会计确认、计量和报告的前提，是对会计核算所处时间、空间环境等所做的合理假定。会计基本假设包括会计主体、持续经营、会计分期和货币计量。

### 1. 会计主体

会计主体是指企业会计确认、计量和报告的空间范围。为了向财务报告使用者反映企业财务状况、经营成果和现金流量，提供对其决策有用的信息，会计核算和财务报告的编制应当集中于反映特定对象的活动，并将其与其他经济实体区别开来。在会计主体假设下，企业应当对其本身发生的交易或事项进行会计确认、计量和报告，反映企业本身所从事的各项生产经营活动和其他相关活动。明确界定会计主体是开展会计确认、计量和报告工作的重要前提。

明确会计主体，才能划定会计所要处理的各项交易或事项的范围。在会计工作中，只有那些影响企业本身经济利益的各项交易或事项才能加以确认、计量和报告。明确会计主体，才能将会计主体的交易或事项，与会计主体所有者的交易或事项，以及其他会计主体的交易或事项区分开来。

会计主体不同于法律主体。一般来说，法律主体必然是一个会计主体。例如，一个企业作为一个法律主体，应当建立财务会计系统，独立反映其财务状况、经营成果和现金流量。但是，会计主体不一定是法律主体。例如，在企业集团的情况下，一个母公司拥有若干子公司，母子公司虽然是不同的法律主体，但是母公司对于子公司拥有控制权，为了全面反映企业集团的财务状况、经营成果和现金流量，就有必要将企业集团作为一个会计主体，编制合并财务报表。

### 2. 持续经营

持续经营是指在可以预见的将来，企业将会按当前的规模和状态继续经营下去，不会停业，也不会大规模削减业务。在持续经营的前提下，会计确认、计量和报告应当以企业持续、正常的生产经营活动为前提。

企业是否持续经营，在会计原则、会计方法的选择上有很大差别。一般情况下，应当假定企业将会按照当前的规模和状态持续经营下去。明确这个基本假设，就意味着会计主体将按照既定用途使用资产，按照既定的合约条件清偿债务，会计人员就可以在此基础上选择会计原则和会计方法。如果判断企业会持续经营，就可以假定企业的固定资产在持续经营的生产经营过程中长期发挥作用，并服务于生产经营过程，固定资产就可以根据历史成本进行记录，并采用一定的折旧方法，将历史成本分摊到各个会计期间或相关产品的成本中。如果判断企业不会持续经营，固定资产就不应采用历史成本进行记录并按期计提折旧。

### 3. 会计分期

会计分期是指将一个企业持续经营的生产经营活动划分为一个个连续、长短相同的期间。会计分期的目的在于通过会计期间的划分，将持续经营的生产经营活动划分成连续、相等的期间，据以结算盈亏，按期编制财务报告，从而及时向财务报告使用者提供有关企业财务状况、经营成果和现金流量的信息。

在会计分期假设下，企业应当划分会计期间、分期结算账目和编制财务报告。会计期间通常分为年度和中期。中期是指短于一个完整的会计年度的报告期间。由于会计分期，才产生了当期与以前期间、以后期间的差别，才使不同类型的会计主体有了记账的基准，进而孕育出折旧、摊销等会计处理方法。

4. 货币计量

货币计量是指会计主体在会计确认、计量和报告时以货币计量，反映会计主体的生产经营活动。

在会计的确认、计量和报告过程中之所以选择货币为基础进行计量，是由货币的本身属性决定的。货币是商品的一般等价物，是衡量一般商品价值的共同尺度，具有价值尺度、流通手段、储藏手段和支付手段等特点。其他计量单位，如重量、长度等，只能从一个侧面反映企业的生产经营情况，无法在量上进行汇总和比较，不便于会计计量和经营管理，只有选择货币尺度进行计量，才能充分反映企业的生产经营情况，所以，《企业会计准则——基本准则》规定，会计确认、计量和报告选择货币作为计量单位。

### （二）会计基础

企业会计的确认、计量和报告应当以权责发生制为基础。权责发生制基础要求，凡是当期已经实现的收入和已经发生或应当负担的费用，无论款项是否收付，都应当作为当期的收入和费用，计入利润表；凡是不属于当期的收入和费用，即使款项已在当期收付，也不应当作为当期的收入和费用。

在实务中，企业交易或者事项的发生时间与相关货币收支时间有时并不完全一致。例如，款项已经收到，但销售并未实现；或者款项已经支付，但并不是为本期生产经营活动而发生的。收付实现制是与权责发生制相对应的一种会计基础，它是以收到或支付的现金及其时点作为确认收入和费用等的依据。为了更加真实、公允地反映特定会计期间的财务状况和经营成果，基本准则明确规定，企业在会计确认、计量和报告中应当以权责发生制为基础。

## 三、会计要素和会计等式

### （一）会计要素

会计要素是根据交易或者事项的经济特征所确定的财务会计对象和基本分类。会计要素按照其性质分为资产、负债、所有者权益、收入、费用和利润，其中，资产、负债和所有者权益要素侧重于反映企业的财务状况，收入、费用和利润要素侧重于反映企业的经营成果。

1. 资产

资产是指企业过去的交易或者事项形成的，由企业拥有或者控制的，预期会给企业带来经济利益的资源。根据资产的定义，资产具有以下几个方面的特征。

（1）资产预期会给企业带来经济利益。资产预期会给企业带来经济利益，是指资产具有直接或者间接导致现金和现金等价物流入企业的潜力。这种潜力可以来自企业日常的生产经营活动，也可以是非日常活动；带来的经济利益可以是现金或现金等价物，或者是可以转化为现金或现金等价物的形式，或者是可以减少现金或现金等价物流出的形式。

预期能为企业带来经济利益是资产的重要特征。如果某一项目预期不能给企业带来经济利益，那么就不能将其确认为企业的资产。前期已经确认为资产的项目，如果不能再为企业带来经济利益，就不能再确认为企业的资产。

（2）资产应为企业拥有或者控制的资源。资产作为一种资源，应当由企业拥有或者控制，具体是指企业享有某项资源的所有权，或者虽然不享有某项资源的所有权，但该资源能被企业所控制。

企业享有资产的所有权，通常表明企业能够排他性地从资产中获取经济利益。通常在判断资产是否存在时，所有权是考虑的首要因素。在有些情况下，资产虽然不为企业所拥有，即企业并不享有其所有权，但企业控制了这些资产，同样表明企业能够从资产中获取经济利益，符合会计上对资产的定义。如果企业既不拥有也不控制资产所能带来的经济利益，就不能将其作为企业的资产予以确认。

（3）资产是由企业过去的交易或者事项形成的。资产应当由企业过去的交易或者事项所形成，过去的交易或者事项包括购买、生产、建造行为或者其他交易或者事项，只有过去的交易或者事项才能产生资产，企业预期在未来发生的交易或者事项不形成资产。例如，企业有购买某项存货的意愿或者计划，但是购买行为尚未发生，就不符合资产的定义，不能因此而确认存货资产。

### 2. 负债

负债是指企业在过去的交易或者事项形成的，预期会导致经济利益流出企业的现时义务。根据负债的定义，负债具有以下几个方面的特征。

（1）负债是企业承担的现时义务。负债必须是企业承担的现时义务，这里的现时义务是指企业在现行条件下已承担的义务。未来发生的交易或者事项形成的义务不属于现时义务，不应当确认为负债。

（2）负债预期会导致经济利益流出企业。预期会导致经济利益流出企业也是负债的一个本质特征，只有在履行义务时会导致经济利益流出企业的，才符合负债的定义。在履行现时义务清偿负债时，导致经济利益流出企业的形式多种多样，例如，用现金偿还或以实物资产形式偿还，以提供劳务形式偿还，以部分转移资产、部分提供劳务形式偿还，将负债转为资本等。

（3）负债是由企业过去的交易或者事项形成的。负债应当由企业过去的交易或者事项形成。换句话说，只有过去的交易或者事项才形成负债，企业在未来发生的承诺、签订的合同等交易或者事项，不形成负债。

### 3. 所有者权益

所有者权益是指企业资产扣除负债后，由所有者享有的剩余权益。公司的所有者权益又称为股东权益。所有者权益是所有者对企业资产的剩余索取权，它是企业的资产扣除债权人权益后应由所有者享有的部分，既可反映所有者投入资本的保值增值情况，又体现了保护债权人权益的理念。所有者权益主要由以下几方面构成。

（1）所有者投入的资本，是指所有者投入企业的所有资本部分，它既包括构成企业注册资本或者股本的金额，也包括投入资本超过注册资本或股本部分的金额，即资本溢价或股本溢价，这部分投入资本作为资本公积（资本溢价）反映。

（2）直接计入所有者权益的利得和损失，是指不应计入当期损益、会导致所有者权益发生增减变动的、与所有者投入资本或者向所有者分配利润无关的利得或者损失。其中，利得是指由企业非日常活动所形成的、会导致所有者权益增加的、与所有者投入资本无关的经济利益的流入。损失是指由企业非日常活动所发生的、会导致所有者权益减少的、与向所有者分配利润无关的经济利益的流出。直接计入所有者权益的利得和损失主要包括可供出售金融资产的公允价值变动额、现金流量套期中套期工具公允价值变动额（有效套期部分）等。

（3）留存收益，是指企业历年实现的净利润留存于企业的部分，主要包括盈余公积和未分配利润。

4. 收入

收入是指企业在日常活动中形成的、会导致所有者权益增加的、与所有者投入资本无关的经济利益的总流入。根据收入的定义，收入具有以下几个方面的特征。

（1）收入是企业在日常活动中形成的。日常活动是指企业为完成其经营目标所从事的经常性活动以及与之相关的活动。明确界定日常活动是为了将收入与利得相区分，因为企业非日常活动所形成的经济利益的流入不能确认为收入，而应当计入利得。

（2）收入是与所有者投入资本无关的经济利益的总流入。收入应当会导致经济利益的流入，从而导致资产的增加。例如，企业销售商品，应当收到现金或者有权在未来收到现金，才表明该交易符合收入的定义。但是在实务中，经济利益的流入有时是所有者投入资本的增加所导致的，所有者投入资本的增加不应当确认为收入，应当将其直接确认为所有者权益。

（3）收入会导致所有者权益的增加。与收入相关的经济利益的流入应当会导致所有者权益的增加，不会导致所有者权益增加的经济利益的流入不符合收入的定义，不应确认为收入。例如，企业向银行借入款项，尽管也导致了企业经济利益的流入，但该流入并不导致所有者权益的增加，反而使企业承担了一项现时义务。企业对于因借入款项所导致的经济利益的增加，不应将其确认为收入，应当确认为一项负债。

5. 费用

费用是指企业在日常活动中发生的、会导致所有者权益减少的、与向所有者分配利润无关的经济利益的总流出。根据费用的定义，费用具有以下几方面的特征。

（1）费用是企业在日常活动中形成的。费用必须是企业在日常活动中所形成的，这些日常活动的界定与收入定义中涉及的日常活动的界定相一致。日常活动所产生的费用通常包括销售成本（营业成本）、职工薪酬、折旧费、无形资产摊销等。将费用界定为日常活动所形成的，目的是为了将其与损失相区分，企业非日常活动所形成的经济利益的流出不能确认为费用，而应当计入损失。

（2）费用是与向所有者分配利润无关的经济利益的总流出。费用的发生应当会导致经济利益的流出，从而导致资产的减少或者负债的增加，其表现形式包括现金或者现金等价物的流出，存货、固定资产和无形资产等的流出或者消耗等。企业向所有者分配利润也会导致经济利益的流出，而该经济利益的流出属于所有者权益的抵减项目，不应确认为费用，应当将其排除在费用的定义之外。

（3）费用会导致所有者权益的减少。与费用相关的经济利益的流出应当会导致所有者权益的减少，不会导致所有者权益减少的经济利益的流出不符合费用的定义，不应确认为费用。

6. 利润

利润是指企业在一定会计期间的经营成果。通常情况下，如果企业实现了利润，表明企业的所有者权益将增加；反之，如果企业发生亏损（即利润为负数），则表明企业的所有者权益将减少。利润主要由以下几方面的来源构成。

（1）收入减去费用后的净额，这部分利润反映的是企业日常活动的业绩。

（2）直接计入当期利润的利得和损失等，是指应当计入当期损益、最终会引起所有者权益发生增减变动的、与所有者投入资本或者向所有者分配利润无关的利得或者损失。

## （二）会计等式

会计等式也称会计平衡公式，或会计方程式，它是对各会计要素的内在经济关系利用数学公式所作的概括表达，即反映各会计要素数量关系的等式。反映各要素之间数量关系的等式是：收入－费用＝利润。

1. 静态会计等式

资产＝负债＋所有者权益

静态会计等式是反映企业在某一特定日期财务状况的会计等式，是由静态会计要素（资产、负债和所有者权益）组合而成的。

2. 动态会计等式

收入－费用＝利润

动态会计等式是反映企业在一定会计期间经营成果的会计等式，是由动态会计要素（收入、费用和利润）组合而成的。

3. 综合会计等式

资产＋费用＝负债＋所有者权益＋收入

这一等式综合了企业利润分配前财务状况等式和经营成果等式之间的关系，揭示了企业财务状况与经营成果之间的相互联系。

# 四、会计计量和会计信息质量要求

## （一）会计要素计量属性

会计计量是为了将符合确认条件的会计要素登记入账并列报于财务报表而确定其金额的过程。企业应当按照规定的会计计量属性进行计量，确定相关金额。会计计量反映的是会计要素金额的确定基础，主要包括历史成本、重置成本、可变现净值、现值和公允价值等。

1. 历史成本

历史成本又称实际成本，是指取得或制造某项财产物资时所实际支付的现金或者其他等价物。在历史成本计量下，资产按照其购置时支付的现金或现金等价物的金额，或者按照购置资产时所付出的对价的公允价值计量。负债按照其因承担现时义务而实际收到的款项或者资产的金额，或者承担现时义务的合同金额，或者按照日常活动中为偿还负债预期需要支付的现金或者现金等价物的金额计量。

2. 重置成本

重置成本又称现行成本，是指按照当前市场条件，重新取得同样一项资产所需支付的现金或现金等价物的金额。在重置成本下，资产按照现在购买相同或者相似资产所需支付的现金或者现金等价物的金额计量。负债按照现在偿付该项债务所需支付的现金或者现金等价物的金额计量。

3. 可变现净值

可变现净值是指在生产经营过程中，以预计售价减去进一步加工成本和销售所必需的预计税金、费用后的净值。在可变现净值计量下，资产按照其正常对外销售的所能收到现金或者现金等价物的金额扣减该资产至完工时估计将要发生的成本、估计的销售费用及相关税金后的金额计量。

4. 现值

现值是指对未来现金流量以恰当的折现率进行折现后的价值，是考虑货币时间价值因素等的一种计量属性。在现值计量下，资产按照预计从其持续使用和最终处置中所产生的未来现金流入量的折现金额计量。负债按预计期限内需要偿还的未来现金流出量的折现金额计量。

5. 公允价值

公允价值是指市场参与者在计量日发生的有序交易中出售一项资产所能收到或者转移一项负债所需支付的价格。

## （二）会计信息质量要求

会计信息质量要求是对企业财务报告中所提供会计信息质量的基本要求，是使财务报告中所提供的会计信息对投资者等信息使用者决策有用应具备的基本特征，它主要包括可靠性、相关性、可理解性、可比性、实质重于形式、重要性、谨慎性和及时性等。

1. 可靠性

可靠性要求企业应当以实际发生的交易或者事项为依据进行确认、计量和报告，如实反映符合确认和计量要求的会计要素及其他相关信息，保证会计信息真实可靠、内容完整。

会计信息要有用，必须以可靠为基础，如果财务报告所提供的会计信息是不可靠的，就会对投资者等使用者的决策产生误导甚至带来损失。

2. 相关性

相关性要求企业提供的会计信息应当与投资者等财务报告使用者的经济决策需要相关，有助于投资者等财务报告使用者对企业过去、现在或未来的情况做出评价或者预测。

会计信息是否有用，是否具有价值，关键看其与使用者的决策需要是否相关，是否有助于决策或者提高决策水平。相关的会计信息应当能够有助于使用者评价企业过去的决策，证实或者修正过去的有关预测，因而具有反馈价值。相关的会计信息还应当具有预测价值，有助于使用者根据财务报告所提供的会计信息预测企业未来的财务状况、经营结果和现金流量。

3. 可理解性

可理解性要求企业提供的会计信息应当清晰明了，便于投资者等财务报告使用者理解和使用。

企业编制财务报告、提供会计信息的目的在于使用，而要想让使用者有效使用会计信息，就应当让其了解会计信息的内涵，弄懂会计信息的内容，这就要求财务报告所提供的会计信息应当清晰明了，易于理解。只有这样，才能提高会计信息的有用性，实现财务报告的目标，满足向投资者等财务报告使用者提供决策有用信息的要求。

会计信息是一种专业性较强的信息，在强调会计信息的可理解性要求的同时，还应假定使用者具有一定的有关企业经营活动和会计方面的知识，并且愿意付出努力去研究这些信息。对于某些复杂的信息，如交易本身较为复杂或者会计处理较为复杂，但如其与使用者的经济决策相关，企业就应当在财务报告中充分披露。

4. 可比性

可比性要求企业提供的会计信息应当相互可比，主要包括两层含义。

（1）同一企业不同时期可比。为了便于投资者等财务报告使用者了解企业财务状况、经营成果和现金流量的变化趋势，比较企业在不同时期的财务报告信息，全面、客观地评价过去、预测未来，从而做出决策，会计信息质量的可比性要求同一企业不同时期发生的相同或者相似的交易或者事项，应当采用一致的会计政策，不得随意变更。但是，满足会计信息可比性要求，并非表明企业不得变更会计政策，如果按照规定或者在会计政策变更后可以提供更可靠、更相关的会计信息的，可以变更会计政策。有关会计政策变更的情况，应当在附注中予以说明。

（2）不同企业相同会计期间可比。为了便于投资者等财务报告使用者评价不同企业的财务状况、经营成果和现金流量及其变动情况，会计信息质量的可比性要求不同企业同一会计期间发生的相同或者相似的交易或者事项，应当采用规定的会计政策，确保会计信息口径一致、相互可比，以使不同企业按照一致的确认、计量和报告要求提供有关会计信息。

5. 实质重于形式

实质重于形式要求企业应当按照交易或者事项的经济实质进行会计确认、计量和报告，不仅仅以交易或者事项的法律形式为依据。

企业发生的交易或者事项在多数情况下，其经济实质和法律形式是一致的；但在有些情况下会出现不一致。例如，以融资租赁方式租入的资产，虽然从法律形式来讲企业并不拥有其所有权，但是由于租赁合同中规定的租赁期相当长，往往接近于该资产的使用寿命；租赁期结束时承租企业有优先购买该资产的选择权；在租赁期内承租企业有权支配资产并从中受益等，从其经济实质来看，企业能够控制融资租入资产所创造的未来经济利益，在会计确认、计量和报告上就应当将以融资租赁方式租入的资产视为企业的资产，列入企业的资产负债表。

6. 重要性

重要性要求企业提供的会计信息应当反映与企业的财务状况、经营成果和现金流量有关的所有重要交易或者事项。

在实务中，如果某会计信息的省略或者错报会影响投资者等财务报告使用者据此做出决策的，该信息就具有重要性。重要性的应用需要依赖职业判断，企业应当根据其所处环境和实际情况，从项目的性质和金额大小两方面加以判断。

7. 谨慎性

谨慎性要求企业对交易或者事项进行会计确认、计量和报告应当保持应有的谨慎，不应高估资产或者收益、低估负债或者费用。

在市场经济环境下，企业的生产经营活动面临许多风险和不确定性，如应收款项的可收回性、固定资产的使用寿命、无形资产的使用寿命、售出存货可能发生的退货或者返修等。会计信息质量的谨慎性要求，需要企业在面临不确定性因素的情况下做出职业判断时，应当保持应有的谨慎，充分估计到各种风险和损失，既不高估资产或者收益，也不低估负债或者费用。例如，要求企业对可能发生的资产减值损失计提资产减值准备、对售出商品可能发生的保修义务等确认预计负债等，就体现了会计信息质量的谨慎性要求。

8. 及时性

及时性要求企业对于已经发生的交易或者事项，应当及时进行确认、计量和报告，不得提前或延后。

会计信息的价值在于帮助所有者或者其他方面做出经济决策，具有时效性。即使是可靠、相关的会计信息，如果不及时提供，也就失去了时效性，对于使用者的效用就大大降低，甚至不再具有实际意义。在会计确认、计量和报告过程中贯彻及时性，一是要求及时收集会计信息，即在经济交易或者事项发生后，及时收集、整理各种原始单据或者凭证；二是要求及时处理会计信息，即按照会计准则的规定，及时对经济交易或者事项进行确认或者计量，并编制财务报告；三是要求及时传递会计信息，即按照国家规定的有关时限，及时地将编制的财务报告传递给财务报告使用者，便于其及时使用和决策。

# 五、企业会计准则体系

## （一）企业会计准则

我国的企业会计准则是在《中华人民共和国会计法》和一系列会计理论指导下，由一定组织机构制定的会计标准，是企业会计工作的规范，是处理会计实务、评价企业会计工作质量的准绳。

1992 年 11 月，我国颁布了第一项会计准则，即《中华人民共和国企业会计准则》，之后，从 1997 年 5 月颁布《关联方关系及其交易的披露》开始，陆续出台了 16 个正式的具体准则。2006 年 2 月财政部发布建立起了与我国社会主义市场经济相适应并与国际财务报告准则充分协调的、涵盖各类企业各项经济业务、可独立实施的一套完整会计准则体系。新准则于 2007 年 1 月 1 日起首先在上市公司中执行，其他企业鼓励执行。新企业会计准则体系建立后，现行的《中华人民共和国企业会计制度》、《中华人民共和国金融企业会计制度》将随企业会计准则适用范围的逐步扩大而将逐渐予以取消。完善后的我国企业会计准则体系由 1 项基本准则、38 项具体准则和应用指南构成，可理解为三个层次。第一层次为基本准则，基本准则在整个准则体系中起统驭作用，主要规范会计目标、会计基本假定、会计基本原则、会计要素的确认和计量等。第二层次为具体会计准则，具体会计准则又分为一般业务准则、特殊行业的特定业务准则和报告准则三类：一般业务准则主要规范各类企业普遍适用的一般经济业务的确认和计量，如存货、固定资产、长期股权投资、无形资产、资产减值、借款费用、收入、外币折算等准则；特殊行业的特定业务准则主要规范特殊行业中特定业务的确认和计量，如石油天然气、生物资产、金融工具的确认和计量及保险合同等准则；报告准则主要规范普遍适用于各类企业通用的报告类的准则，如财务报告的列报、现金流量表、合并财务报表、中期财务报告、资产负债表日后事项、分部报告、金融工具列报等准则。第三层次为具体会计准则的应用指南，是针对具体准则中的难点和关键点所作的操作性规定，包括具体准则的相关各项解释和会计科目、主要账务处理等，为企业执行会计准则提供操作性规范。

2011 年 10 月 18 日，我国正式发布《小企业会计准则》与《小企业会计准则——会计科目、主要账务处理和财务报表》，标志着我国在实行差别财务报告制度方面迈出了重要一步，实现了与国际接轨。自 2013 年 1 月 1 日起在小企业范围内施行，鼓励小企业提前执行。2004 年 4 月 27 日发布的《小企业会计制度》同时废止。

企业会计科目表如表 1-1 所示。

表 1-1 企业会计科目表

| 顺序号 | 编号 | 会计科目名称 | 会计科目适用范围 | 顺序号 | 编号 | 会计科目名称 | 会计科目适用范围 |
|---|---|---|---|---|---|---|---|
| | | 一、资产类 | | 28 | 1401 | 材料采购 | |
| 1 | 1001 | 库存现金 | | 29 | 1402 | 在途物资 | |
| 2 | 1002 | 银行存款 | | 30 | 1403 | 原材料 | |
| 3 | 1003 | 存放中央银行款项 | 银行专用 | 31 | 1404 | 材料成本差异 | |
| 4 | 1011 | 存放同业 | 银行专用 | 32 | 1406 | 库存商品 | |
| 5 | 1015 | 其他货币基金 | | 33 | 1407 | 发出商品 | |
| 6 | 1021 | 结算备付金 | 证券专用 | 34 | 1410 | 商品进销差价 | |
| 7 | 1031 | 存出保证金 | 金融共用 | 35 | 1411 | 委托加工物资 | |
| 8 | 1051 | 拆出资金 | 金融共用 | 36 | 1412 | 包装物及低值易耗品 | |
| 9 | 1101 | 交易性金融资产 | | 37 | 1421 | 消耗性生物资产 | 农业专用 |
| 10 | 1111 | 买入返售金融资产 | 金融共用 | 38 | 1431 | 周转材料 | 建造承包商专用 |
| 11 | 1121 | 应收票据 | | 39 | 1441 | 贵金属 | 银行专用 |
| 12 | 1122 | 应收账款 | | 40 | 1442 | 抵债资产 | 金融共用 |
| 13 | 1123 | 预付账款 | | 41 | 1451 | 损余物资 | 保险专用 |
| 14 | 1131 | 应收股利 | | 42 | 1461 | 存货跌价准备 | |
| 15 | 1132 | 应收利息 | | 43 | 1501 | 待摊费用 | |
| 16 | 1211 | 应收保护储金 | 保险专用 | 44 | 1511 | 独立账户资产 | |
| 17 | 1221 | 应收代位追偿款 | 保险专用 | 45 | 1521 | 持有至到期投资 | |
| 18 | 1222 | 应收分保账款 | 保险专用 | 46 | 1522 | 持有至到期投资减值准备 | |
| 19 | 1223 | 应收分保未到期责任准备金 | 保险专用 | 47 | 1523 | 可供出售金融资产 | |
| 20 | 1224 | 应收分保保险责任准备金 | 保险专用 | 48 | 1524 | 长期股权投资 | |
| 21 | 1231 | 其他应收款 | | 49 | 1525 | 长期股权投资减值准备 | |
| 22 | 1241 | 坏账准备 | | 50 | 1526 | 投资性房地产 | |
| 23 | 1251 | 贴现资产 | 银行专用 | 51 | 1531 | 长期应收款 | |
| 24 | 1301 | 贷款 | 银行和保险共用 | 52 | 1541 | 未实现融资收益 | |
| 25 | 1302 | 贷款损失准备 | 银行和保险共用 | 53 | 1551 | 存出资本保证金 | 保险专用 |
| 26 | 1311 | 代理兑付证券 | 银行和保险共用 | 54 | 1601 | 固定资产 | |
| 27 | 1321 | 代理业务资产 | | 55 | 1602 | 累计折旧 | |

续表

| 顺序号 | 编号 | 会计科目名称 | 会计科目适用范围 | 顺序号 | 编号 | 会计科目名称 | 会计科目适用范围 |
|---|---|---|---|---|---|---|---|
| 56 | 1603 | 固定资产减值准备 | | 87 | 2221 | 应交税费 | |
| 57 | 1604 | 在建工程 | | 88 | 2231 | 应付股利 | |
| 58 | 1605 | 工程物资 | | 89 | 2232 | 应付利息 | |
| 59 | 1606 | 固定资产清理 | | 90 | 2241 | 其他应付款 | |
| 60 | 1611 | 融资租赁资产 | 租赁专用 | 91 | 2251 | 应付保户红利 | 保险专用 |
| 61 | 1612 | 未担保余值 | 租赁专用 | 92 | 2261 | 应付分保账款 | 保险专用 |
| 62 | 1621 | 生产性生物资产 | 农业专用 | 93 | 2311 | 代理买卖证券款 | 证券专用 |
| 63 | 1622 | 生产性生物资产累计折旧 | 农业专用 | 94 | 2312 | 代理承销证券款 | 证券和银行共用 |
| 64 | 1623 | 公益性生物资产 | 农业专用 | 95 | 2313 | 代理兑付证券款 | 证券和银行共用 |
| 65 | 1631 | 油气资产 | 石油、天然气开采专用 | 96 | 2314 | 代理业务负债 | |
| 66 | 1632 | 累计折耗 | 石油、天然气开采专用 | 97 | 2401 | 预提费用 | |
| 67 | 1701 | 无形资产 | | 98 | 2411 | 预计负债 | |
| 68 | 1702 | 累计摊销 | | 99 | 2501 | 递延收益 | |
| 69 | 1703 | 无形资产减值准备 | | 100 | 2601 | 长期借款 | |
| 70 | 1711 | 商誉 | | 101 | 2602 | 长期债券 | |
| 71 | 1801 | 长期待摊费用 | | 102 | 2701 | 未到期责任准备金 | 保险专用 |
| 72 | 1811 | 递延所得资产 | | 103 | 2702 | 保险责任准备金 | 保险专用 |
| 73 | 1901 | 待处理财产损溢 | | 104 | 2711 | 保户储金 | 保险专用 |
| | | 二、负债类 | | 105 | 2721 | 独立账户负债 | 保险专用 |
| 74 | 2001 | 短期借款 | | 106 | 2801 | 长期应付款 | |
| 75 | 2002 | 存入保证金 | 金融共用 | 107 | 2802 | 未确认融资费用 | |
| 76 | 2003 | 拆入资金 | 金融共用 | 108 | 2811 | 专项应付款 | |
| 77 | 2004 | 向中央银行借款 | 银行专用 | 109 | 2901 | 递延所得税负债 | |
| 78 | 2011 | 同业存放 | 银行专用 | | | 三、共同类 | |
| 79 | 2012 | 吸收存款 | 银行专用 | 110 | 3001 | 清算资金往来 | 银行专用 |
| 80 | 2021 | 贴现负债 | 银行专用 | 111 | 3002 | 外汇买卖 | 金融共用 |
| 81 | 2101 | 交易性金融负债 | | 112 | 3101 | 衍生工具 | |
| 82 | 2111 | 转出回购金融资产款 | 金融共用 | 113 | 3201 | 套期工具 | |
| 83 | 2201 | 应付票据 | | 114 | 3202 | 被套期项目 | |
| 84 | 2202 | 应付账款 | | | | 四、所有者权益类 | |
| 85 | 2205 | 预收账款 | | 115 | 4001 | 实收资本 | |
| 86 | 2211 | 应付职工薪酬 | | 116 | 4002 | 资本公积 | |

续表

| 顺序号 | 编号 | 会计科目名称 | 会计科目适用范围 | 顺序号 | 编号 | 会计科目名称 | 会计科目适用范围 |
|---|---|---|---|---|---|---|---|
| 117 | 4101 | 盈余公积 | | 139 | 6201 | 摊回保险责任准备金 | 保险专用 |
| 118 | 4102 | 一般风险准备 | 金融共用 | 140 | 6202 | 摊回赔付支出 | 保险专用 |
| 119 | 4103 | 本年利润 | | 141 | 6203 | 摊回分保费用 | 保险专用 |
| 120 | 4104 | 利润分配 | | 142 | 6301 | 营业外收入 | |
| 121 | 4201 | 库存股 | | 143 | 6401 | 主营业务成本 | |
| 五、成本类 | | | | 144 | 6402 | 其他业务支出 | |
| 122 | 500 | 生产成本 | | 145 | 6405 | 营业税金及附加 | |
| 123 | 5101 | 制造费用 | | 146 | 6411 | 利息支出 | 金融共用 |
| 124 | 5201 | 劳务成本 | | 147 | 6421 | 手续费支出 | 金融共用 |
| 125 | 5301 | 研发支出 | | 148 | 6501 | 提取未到期责任准备金 | 保险专用 |
| 126 | 5401 | 工程施工 | 建造承包商专用 | 149 | 6502 | 提取保险责任准备金 | 保险专用 |
| 127 | 5402 | 工程结算 | 建造承包商专用 | 150 | 6511 | 赔付支出 | 保险专用 |
| 128 | 5403 | 机械作业 | 建造承包商专用 | 151 | 6521 | 保户红利支出 | 保险专用 |
| 六、损益类 | | | | 152 | 6531 | 退保金 | 保险专用 |
| 129 | 6001 | 主营业务收入 | | 153 | 6541 | 分出保费 | 保险专用 |
| 130 | 6011 | 利息收入 | 金融共用 | 154 | 6542 | 分保费用 | |
| 131 | 6021 | 手续费收入 | 金融共用 | 155 | 6602 | 管理费用 | |
| 132 | 6031 | 保费收入 | 保险专用 | 156 | 6602 | 管理费用 | |
| 133 | 6032 | 分保费收入 | 保险专用 | 157 | 6603 | 财务费用 | |
| 134 | 6041 | 租赁收入 | 租赁专用 | 158 | 6604 | 勘探费用 | |
| 135 | 6051 | 其他业务收入 | | 159 | 6701 | 资产减值损失 | |
| 136 | 6061 | 汇兑损益 | 金融专用 | 160 | 6711 | 营业外支出 | |
| 137 | 6101 | 公允价值变动损益 | | 161 | 6801 | 所得税费用 | |
| 138 | 6111 | 投资收益 | | 162 | 6901 | 以前年度损益调整 | |

## （二）企业会计制度

会计制度是指部门或行业根据会计准则而制定的适用其本身进行会计工作所遵循的规则、方法和程序的总称。目前国家财政部颁布实施的会计制度主要有《中华人民共和国企业会计制度》、《中华人民共和国金融企业会计制度》等。会计制度的核心是账户设置、会计核算、具体流程及会计核算的具体方法等。

《中华人民共和国企业会计制度》和《中华人民共和国企业会计准则》两者均属于行政法规性的规范性文件，均对会计要素的确认、计量、披露或报告等做出规定，均由财政部制定并公布，均在全国范围内实施，所以同属于国家统一的会计核算制度的组成部分。但会计制度是以特定部门、特定行业的企业或所有的企业为对象，着重对会计科目的设置、使用和会计报表的格式及其编制加以详细规范；会计准则是以特定的经济业务（交易或事项）或特定的报表项目为对象，它详细分析各项业务或项目的特点，规定所引用概念的定义，然后以确认与计量为中心并兼顾披露，对围绕该业务或项目有可能发生的各种问题做出处理的规范。

岗位一

# 出纳岗位

学习目标

- 了解出纳岗位的核算任务和业务流程，掌握出纳业务的基本技能。
- 明确现金管理和银行结算管理的有关规定。
- 熟悉库存现金、银行存款、其他货币资金和外币业务的账务处理。

## 一、知识准备

### （一）出纳岗位核算任务

出纳岗位的核算任务主要是货币资金的核算和往来款项的结算。其中，货币资金是指企业生产经营过程中以货币形态存在的款项，包括库存现金、银行存款和其他货币资金。具体任务如下。

（1）负责日常现金收付，登记现金日记账，每日核对库存现金，做到日清月结。

（2）保管好空白支票、空白收据及有关印章等，确保资金安全。

（3）负责各类银行转账业务，包括网上银行业务，以及各类银行结算凭证的开具及传递。

（4）负责登记银行存款日记账，并与银行对账单进行核对及进行余额调节表的编制。

（5）根据经济的发展，结算方式的变更，在业务上及时接受上级或相关部门的指导。

（6）定期向会计主管和公司经理汇报公司货币资金结存情况。

（7）企业规定负责的其他工作。

（8）按照国家外汇管理和结汇、购汇制度的规定及有关批件，办理外汇出纳业务。

### （二）出纳岗位业务流程

出纳岗位业务流程如图 2-1 所示。

## 二、库存现金业务

### （一）现金管理制度

库存现金是指通常存放于企业财会部门，并由出纳人员经管的货币。库存现金是企业流动性最强的资产，企业应当严格遵守国家有关现金管理制度，正确进行现金收支的核算，监督现金使用的合法性与合理性。根据国务院发布的《现金管理暂行条例》的规定，现金管理制度主要包括以下内容。

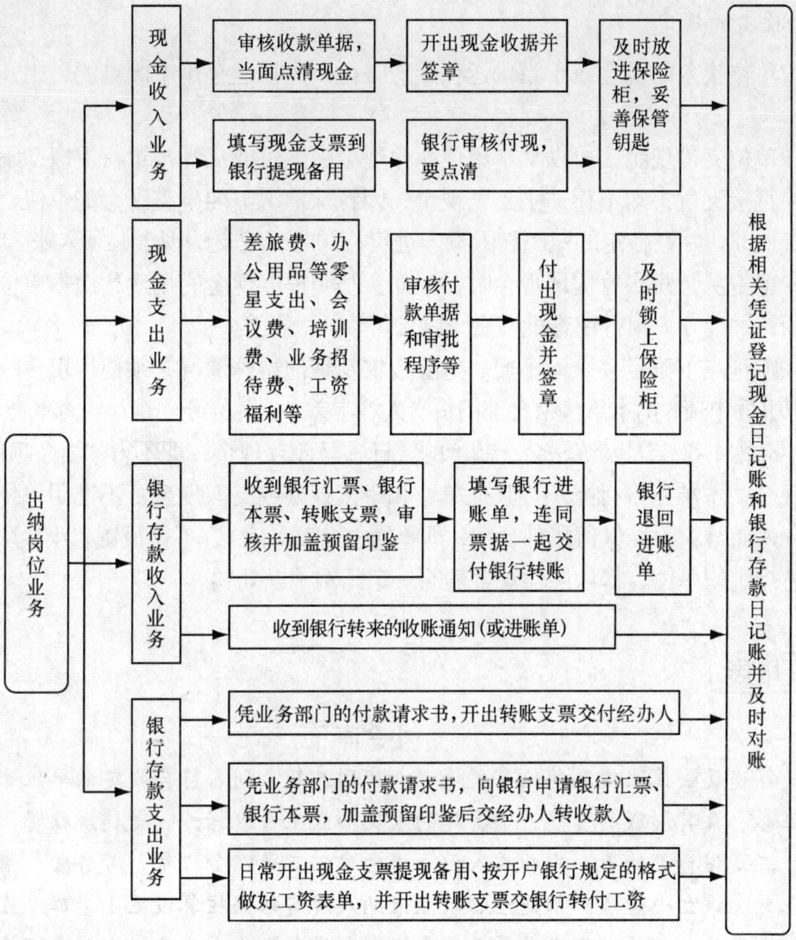


图 2-1　出纳岗位业务流程

1. 现金的使用范围

（1）职工工资、津贴。

（2）个人劳务报酬。

（3）根据国家规定颁发给个人的科学技术、文化艺术、体育等各种奖金。

（4）各种劳保、福利费用及国家规定的对个人的其他支出。

（5）向个人收购农副产品和其他物资的款项。

（6）出差人员必须随身携带的差旅费。

（7）结算起点以下的零星支出（结算起点为 1 000 元）。

（8）中国人民银行确定需要支付现金的其他支出。

除上述情况可以用现金支付外，其他款项的支付应通过银行转账结算。

2. 库存现金的限额

库存现金的限额是指为了保证企业日常零星开支的需要，允许单位留存现金的最高数额。这一限额由开户银行根据单位的实际需要核定，一般按照单位 3～5 天日常零星开支的需要确定，边远地区和交通不便地区开户单位的库存现金限额，可按多于 5 天但不超过 15 天的日常零星开支的需要确定。核定后的现金限额，开户单位必须严格遵守，超过部分应于当日终了前存入银行。需要增加或减少现金限额的单位，应向开户银行提出申请，由开户银行核定。

3. 现金收支的规定

（1）开户单位收入的现金应于当日送存开户银行，当日送存确有困难的，由开户银行确定送存时间。

（2）开户单位支付现金，可以从本单位库存现金中支付或从开户银行提取，不得从本单位的现金收入中直接支付，即不得“坐支”现金，因特殊情况需要坐支现金的单位，应事先报经有关部门审查批准，并在核定的范围和限额内进行，同时，收支的现金必须入账。

（3）开户单位从开户银行提取现金时，应如实写明提取现金的用途，由本单位财会部门负责人签字盖章，并经开户银行审查批准后予以支付。

（4）因采购地点不确定、交通不便、抢险救灾及其他特殊情况必须使用现金的单位，应向开户银行提出书面申请，由本单位财会部门负责人签字盖章，并经开户银行审查批准后予以支付。

此外，不准用不符合国家统一会计制度的凭证顶替库存现金，即不得“白条顶库”；不准谎报用途套取现金；不准用银行账户代其他单位和个人存入或支取现金；不准用单位收入的现金以个人名义存入储蓄；不准保留账外公款，即不得“公款私存”，不得设置“小金库”等。银行对于违反上述规定的单位，将按照违规金额的一定比例予以处罚。

**知识拓展**

**小金库**

小金库是指违反法律法规及其他有关规定，应列入而未列入符合规定的单位账簿的各项资金（含有价证券）及其形成的资产。小金库的表现形式主要包括：一是违规收费、罚款及摊派设立小金库；二是用资产处置、出租收入设立小金库；三是以会议费、劳务费、培训费和咨询费等名义套取资金设立小金库；四是经营收入未纳入规定账户核算设立小金库；五是虚列支出转出资金设立小金库；六是以假发票等非法票据骗取资金设立小金库；七是上下级单位之间相互转移资金设立小金库。小金库的存放形态主要有现金形态、银行存款形态、有价证券形态、国定资产形态、股权和债权形态等。小金库主要支出去向有滥发钱物、吃喝玩乐、送礼、购置特殊物品、私分和私吞等。

私设小金库行为本身就是一种不折不扣的腐败，往往也容易滋生更大的腐败，小金库是很多腐败现象得以蔓延的“财政支柱”。

## （二）现金收付的账务处理

1. 账户设置

为了总括地反映企业库存现金的收入、支出和结存情况，企业应当设置“库存现金”科目，借方登记现金的增加，贷方登记现金的减少，期末余额在借方，反映企业实际持有的库存现金的金额。

备用金是指企业预付给职工和内部有关单位用做差旅费、零星采购和零星开支，事后需要报销的款项。备用金的管理办法一般有两种，一是随借随用、用后报销制度，适用于不经常使用备用金的单位和个人；二是定额备用金制度，适用于经常使用备用金的单位和个人（具体内容参考本书岗位二）。

企业应当设置现金总账和现金日记账，分别进行企业库存现金的总分类核算和明细分类核算。

现金日记账由出纳人员根据收付款凭证，按照业务发生顺序逐笔登记。每日终了，应当在现金日记账上计算出当日的现金收入合计额、现金支出合计额和结余额，并将现金日记账的账面结余额与实际库存现金额相核对，保证账款相符；月度终了，现金日记账的余额应当与现金总账的余额核对，做到账账相符。

2. 账务处理

**【做中学 2-1】** 宏洲公司开出现金支票一张，从银行提取现金 5 000 元。

借：库存现金　　5 000

　　贷：银行存款　　5 000

**【做中学 2-2】** 宏洲公司购买办公用品 650 元，以现金支付。

借：管理费用　　650

　　贷：库存现金　　650

**【做中学 2-3】** 宏洲公司管理部门职工赵海出差，预借差旅费 3 000 元，以现金支付。

借：其他应收款——备用金（赵海）　　3 000

　　贷：库存现金　　3 000

**【做中学 2-4】** 赵海出差归来，报销 2 600 元，交回现金 400 元。

借：库存现金　　400

　　管理费用　　2 600

　　贷：其他应收款——备用金（赵海）　　3 000

## （三）现金清查的账务处理

企业为了保护现金的安全、完整，应当按规定进行现金的清查，一般采用实地盘点法，对于清查的结果应当编制现金盘点报告单。如果有挪用现金、白条顶库的情况，则应及时予以纠正；对于超限额留存的现金应及时送存银行。如果账款不符，发现的有待查明原因的现金短缺或溢余，则应先通过“待处理财产损溢”科目核算。该账户设置“待处理流动资产损溢”和“待处理固定资产损溢”两个明细账户。按管理权限报经批准后，分别以下情况处理。

借方　　待处理财产损溢　　贷方

| 借方 | 贷方 |
|---|---|
| ①财产的盘亏、毁损金额<br>②审批后转销的盘盈金额 | ①财产盘盈金额<br>②审批后转销的盘亏金额 |
| 期末结账前处理完毕，处理后，期末应没有余额 | |

（1）现金短缺的处理，属于应由责任人赔偿或保险公司赔偿的部分，计入其他应收款；属于无法查明的其他原因，计入管理费用。

**【做中学 2-5】** 宏洲公司在现金的清查过程中发现现金短缺 1 000 元。

借：待处理财产损溢——待处理流动资产损溢　　1 000

　　贷：库存现金　　1 000

**【做中学 2-6】** 发现现金短缺的 1 000 元中：300 元应由出纳赔偿，200 元应由保险公司赔偿，还有 500 元无法查明原因。

借：其他应收款——应收现金短缺款（×出纳）　300
　　　　　　——应收保险赔偿　200
　　管理费用　500
　　贷：待处理财产损溢——待处理流动资产损溢　1 000

（2）现金溢余的处理，属于应支付给有关人员或单位的，计入其他应付款；属于无法查明原因的，计入营业外收入。

**【做中学 2-7】** 宏洲公司在现金清查的过程中发现现金溢余 800 元。

借：库存现金　800
　　贷：待处理财产损溢——待处理流动资产损溢　800

**【做中学 2-8】** 发现现金溢余的 800 元中：400 元是出纳少付给张华的借支款，其他 400 元无法查明原因。

借：待处理财产损溢——待处理流动资产损溢　800
　　贷：其他应付款——应付现金溢余款（张华）　400
　　　　营业外收入——现金溢余　400

# 三、银行存款业务

## （一）银行存款管理制度

银行存款是指企业存入银行或其他金融机构的各种款项。企业应当根据业务需要，按照规定在其所在地银行开设账户，运用所开设的账户进行存款、取款及各种收支转账业务的结算。银行存款的收付应严格执行银行结算制度的规定。

（1）企业应当按照中国人民银行《支付结算办法》的规定，在银行开立账户，办理存款、取款和转账结算。一个企业可以根据需要在银行开立四种账户，包括基本存款账户、一般存款账户、临时存款账户和专用存款账户。

① 基本存款账户是企业办理日常结算和现金收付业务的账户，企业的工资、奖金等现金的支取只能通过本账户办理。

② 一般存款账户是存款人因借款或其他结算需要，在基本存款账户开户银行以外的银行营业机构开立的银行结算账户，是存款人的辅助结算账户。借款转存、借款归还和其他结算的资金收付可通过该账户办理。该账户可以办理现金缴存，但不得办理现金支取。

③ 临时存款账户是企业因临时经营活动需要而开立的账户，企业可以通过本账户办理转账结算和根据国家现金管理的规定办理现金收付。

④ 专用存款账户是企业因特殊用途需要而开立的账户。

一个企业只能在一家银行开立一个基本账户；不得在同一家银行的几个分支机构开立一般存款账户。

（2）企业除了按规定留存的库存现金外，所有货币资金都必须存入银行。企业一切收付款项，除制度规定可用现金支付的部分外，都必须通过银行办理转账结算。

（3）企业应当严格遵守银行结算纪律，不准签发没有资金保证的票据或远期支票，套取银行信用，不准签发、取得和转让没有真实交易和债权债务的票据，套取银行和他人现金；不准无理拒绝付款，任意占用他人资金；不准违反规定开立和使用银行账户。

（4）企业应当及时核对银行账户，确保银行存款账面余额与银行对账单相符。对银行账户核对过程中发现的未达账项，应查明原因，及时处理。

## （二）银行支付结算方式

支付结算是指单位、个人在社会经济活动中使用票据、信用卡和汇兑、托收承付、委托收款等结算方式进行货币给付及资金清算的行为。企业办理支付结算业务时，必须根据不同的款项收支，考虑结算金额的大小、结算距离的远近、利息支出和对方信用等因素，进行综合分析，选择适当的支付结算方式，以缩短结算时间，减少结算资金占用，加速资金周转。根据《支付结算办法》的规定，目前企业可以采用的支付结算方式有以下几种。

### 1. 银行汇票

银行汇票是出票银行签发的，由其在见票时按照实际结算金额无条件支付给收款人或者持票人的票据。

银行汇票的出票人为银行。按规定，银行应在收妥银行汇款申请人款项后，才签发银行汇票给申请人持往异地办理转账结算或支取现金。单位和个人的各种款项结算，均可使用银行汇票。银行汇票的提示付款期限为自出票日起 1 个月。申请人取得银行汇票后即可持银行汇票向填明的收款单位办理结算。收款企业在收到付款单位送来的银行汇票时，应在出票金额以内，根据实际需要的款项办理结算，银行汇票的实际结算金额低于出票金额的，其多余金额由出票银行退交申请人。收款企业还应填写进账单，连同银行汇票和解讫通知一并交开户银行办理结算，银行审核无误后，办理转账。银行汇票的收款人也可以将银行汇票背书转让给他人。银行汇票丧失，失票人可以凭人民法院出具的其享有票据权利的证明，向出票银行请求付款或退款。银行汇票结算的流程见图 2-2。

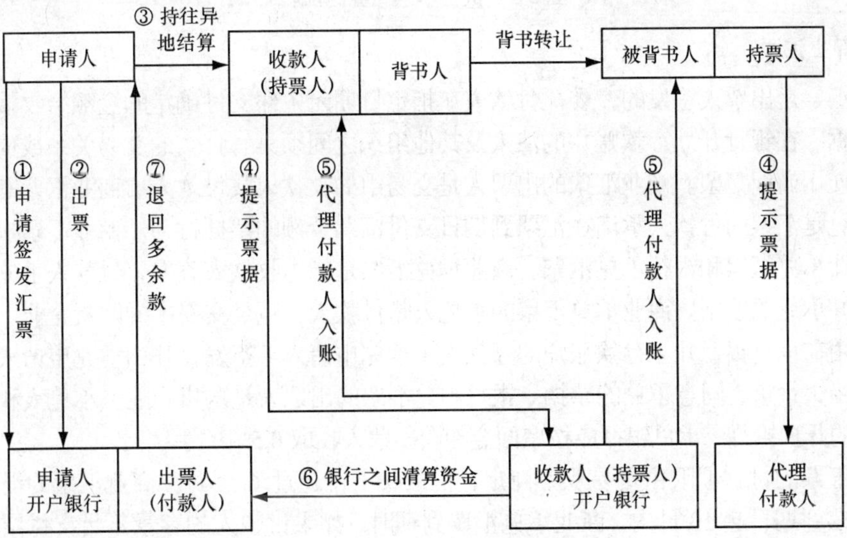


图 2-2　银行汇票结算的流程

### 2. 银行本票

银行本票是银行签发的，承诺自己在见票时无条件支付确定的金额给收款人或者持票人的票据。银行本票分为定额本票和不定额本票，定额本票有 1 000 元、5 000 元、10 000 元和 50 000 元面值。银行本票的出票人是银行。按规定，出票银行应收妥银行本票申请人的款项后才签发银行本票，并保证见票付款。无论单位或个人，凡需要在同一票据交换区域支付款项的，都可以使用银行本票。银行本票可以用于转账，注明“现金”字样的银行本票可以用于支取现金。申请人或收款人为单位的，银行不得为其签发现金银行本票。银行本票的提示付款期限自出票日起最长不得超过 2 个月。申请人取得银行本票后，即可向填明的收款单位办理结算。收款企业在将收到的银行本票向开户银行提示付款时，应填写进账单，连同银行本票一并交开户银行办理转账。收款人也可以在票据交换区域内将银行本票背书转让。银行本票丧失，失票人可以凭人民法院出具的其享有票据权利的证明，向出票银行请求付款或退款。银行本票结算的流程见图 2-3。

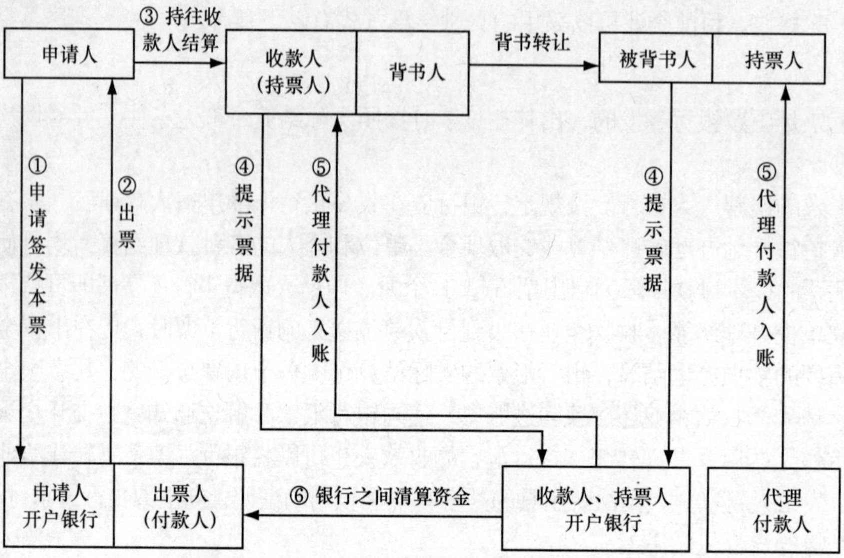


图 2-3　银行本票结算的流程

3. 商业汇票

商业汇票是出票人签发的，委托付款人在指定日期无条件支付确定的金额给收款人或者持票人的票据。在银行开立存款账户的法人及其他组织之间须具有真实的交易关系或债权债务关系，才能使用商业汇票。商业汇票的出票人是交易中的收款人或付款人。商业汇票需经承兑人承兑。承兑是汇票的付款人承诺在汇票到期日支付汇票金额的票据行为。商业汇票按承兑人不同分为商业承兑汇票和银行承兑汇票。商业承兑汇票是指由收款人签发，付款人承兑，或由付款人签发并承兑的票据。商业承兑汇票的承兑人是付款人，也是交易中的购货企业。银行承兑汇票是指由在承兑银行开立存款账户的存款人（承兑申请人）签发，并由承兑申请人向开户银行申请，经银行审查同意承兑的票据。银行承兑汇票的出票人是购货企业，承兑人和付款人是购货企业的开户银行，承兑银行应按票面金额向出票人收取 0.5‰的手续费。

商业汇票的付款期限由交易双方商定，但最长不得超过 6 个月。商业汇票的提示付款期限为自汇票到期日起 10 日内。商业承兑汇票到期时，如果付款人的存款不足支付票款或付款人存在合法抗辩事由拒绝支付的，付款人开户银行应填制付款人未付票款通知书或取得付款人的拒绝付款证明，连同商业承兑汇票邮寄至持票人开户银行转持票人，银行不负责付款，由购销双方自行处理。银行承兑汇票的出票人应于汇票到期前将票款足额交存其开户银行。承兑银行应在汇票到期日或到期日后的见票当日支付票款。如果出票人于汇票到期日未能足额交存票款的，承兑银行除凭票向持票人无条件付款外，对出票人尚未支付的汇票金额按照每天 0.5‰计收罚息。

商业汇票可以背书转让。符合条件的商业汇票的持票人可持未到期的商业汇票连同贴现凭证向银行申请贴现。

商业承兑汇票和银行承兑汇票结算的流程分别见图 2-4、图 2-5。

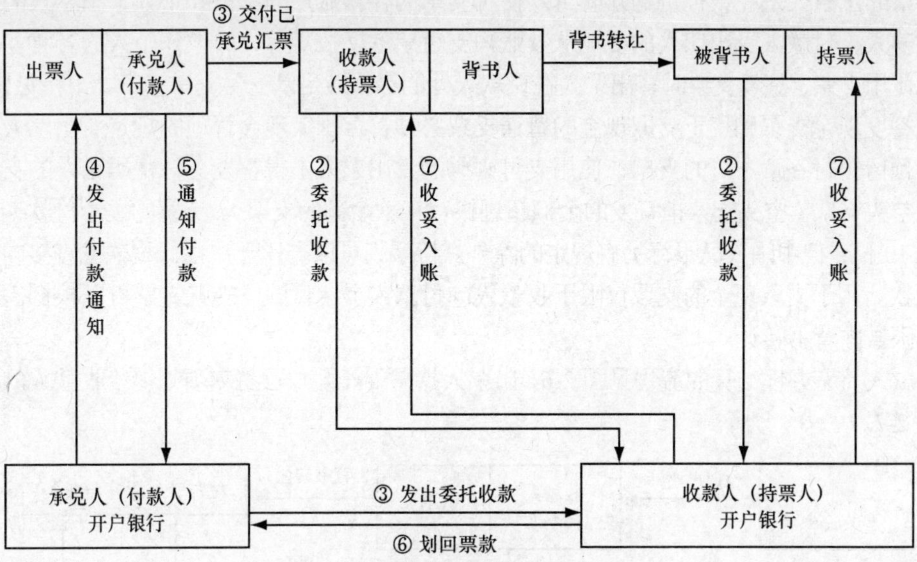


图 2-4　商业承兑汇票结算的流程

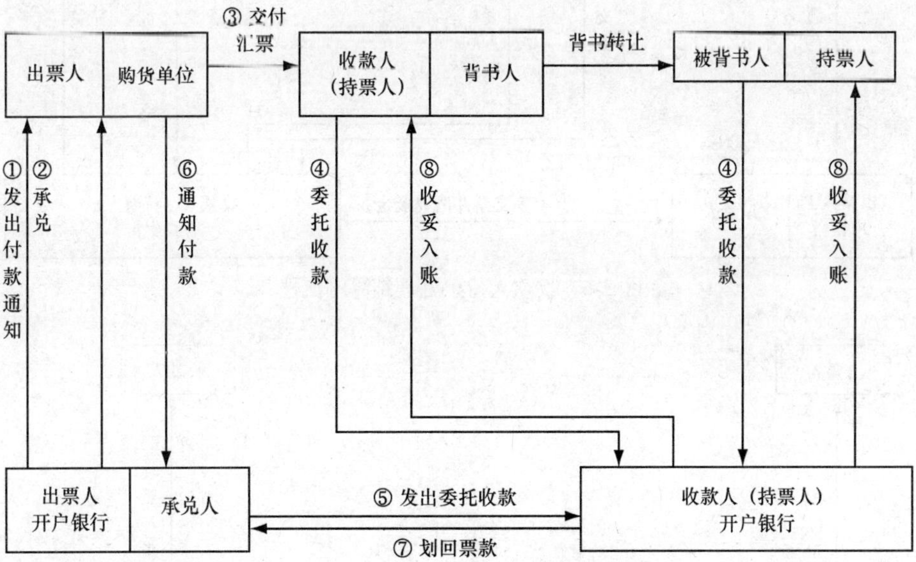


图 2-5　银行承兑汇票结算的流程

4. 支票

支票是出票人签发的，委托办理支票存款业务的银行在见票时无条件支付确定的金额给收款人或者持票人的票据。

我国《票据法》按照支付票款方式，将支票分为现金支票、转账支票和普通支票三种。

（1）现金支票。支票上印有“现金”字样的为现金支票，现金支票可以支取现金，也可以办理转账。

（2）转账支票。支票上印有“转账”字样的为转账支票，转账支票只能用于转账。

（3）普通支票。支票上未印有“现金”或“转账”字样的为普通支票，普通支票可以用于支取现金，也可以用于转账。在普通支票左上角画两条平行线的为划线支票。划线支票只能用于转账，不得支取现金。

支票的出票人是在银行机构开立可以使用支票的存款账户的单位和个人，出票人的开户银行是付款人，付款人受出票人的委托从其账户支付票款。按规定，单位和个人的各种款项结算均可以使用支票，签发支票时，出票人在付款人处的存款应足以支付支票金额，银行见票即付。出票人签发现金支票和用于支取现金的普通支票必须符合国家现金管理的规定。出票人不得签发与其预留银行签章不符的支票；使用支付密码的，出票人不得签发支付密码错误的支票；禁止签发空头支票（空头支票指签发的金额超过银行存款余额的支票）。支票的提示付款期限自出票日起 10 日，但中国人民银行另有规定的除外。持票人可以委托开户银行收款或直接向付款人提示付款。用于支取现金的支票仅限于收款人向付款人提示付款。转账支票可以根据需要在票据交换区域内背书转让。

收款人持票办理结算的流程见图 2-6，出票人持票委托开户行将款项划转给收款人的结算流程见图 2-7。

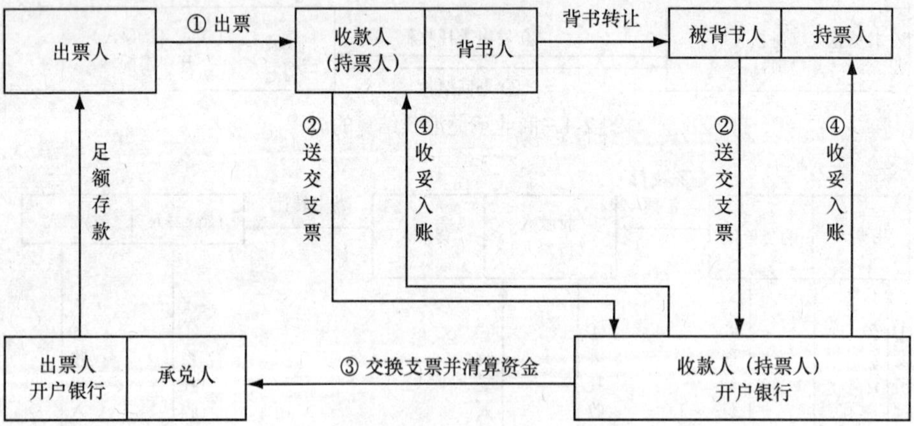


图 2-6 收款人持票办理结算的流程

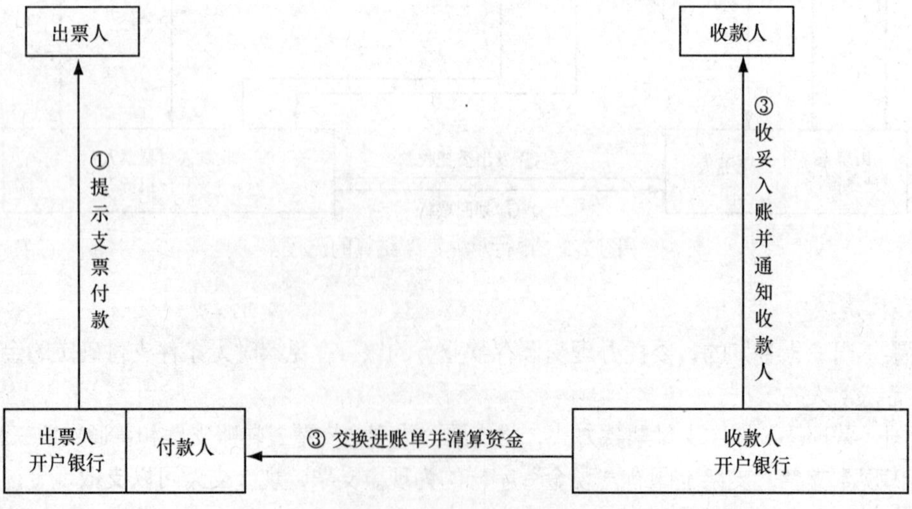


图 2-7 出票人持票委托开户银行将款项划给收款人的结算流程

**知识拓展**

### 支票的填写技巧

（1）出票日期（大写）。1 月、2 月前零字必写，写为零壹月、零贰月，3～9 月前零字可写可不写，10～12 月必须写成壹拾月、壹拾壹月、壹拾贰月；0～9 日前零字必写，10～19 日必须写成壹拾日及壹拾×日，20～29 日必须写成贰拾日及贰拾×日，30～31 日必须写成叁拾日及叁拾壹日。如 2012 年 2 月 13 日写为：贰零壹贰年零贰月壹拾叁日。

（2）收款人。现金支票收款人可写为本单位名称，此时现金支票背面“被背书人”栏内加盖本单位的财务专用章和法人章，之后收款人可凭现金支票直接到开户银行提取现金。现金支票收款人可写为收款人个人姓名，此时现金支票背面不盖任何章，收款人在现金支票背面填上身份证号码和发证机关名称，凭身份证和现金支票签字领款。转账支票收款人应填写为对方单位名称。转账支票背面本单位不盖章。收款单位取得转账支票后，在支票背面被背书栏内加盖收款单位财务专用章和法人章，填写好银行进账单后连同该支票交给收款单位的开户银行委托银行收款。

（3）付款行名称、出票人账号。即为本单位开户银行名称及银行账号，账号小写。

（4）人民币（大写）。数字大写写法：零、壹、贰、叁、肆、伍、陆、柒、捌、玖、亿、万、仟、佰、拾（注意：“万”字不带单人旁）。如 189 546.52 元的大写为：壹拾捌万玖仟伍佰肆拾陆元伍角贰分；532 元的大写为：伍佰叁拾贰元整。

（5）人民币（小写）。最高金额的前一位空白格用“￥”字打头，数字填写要求完整、清楚。

（6）用途。现金支票有一定限制，一般填写“备用金”、“差旅费”、“工资”、“劳务费”等。转账支票没有具体规定，可填写 “货款”、“代理费”等。

（7）盖章。支票正面盖财务专用章和法人章，缺一不可，印泥为红色，印章必须清晰，印章模糊只能将本张支票作废。

支票不能有涂改痕迹，否则本支票作废。

5. 信用卡

信用卡是指商业银行向个人和单位发行的，凭以向特约单位购物、消费和向银行存取现金，且具有消费信用的特制载体卡片。

凡在中国境内金融机构开立基本存款账户的单位可申领单位卡。单位卡可申领若干张，持卡人资格由申领单位法定代表人或其委托的代理人书面指定和注销。单位卡账户的资金一律从其基本存款账户转账存入，不得交存现金，不得将销货收入的款项存入其账户。持卡人可持信用卡在特约单位购物、消费，但单位卡不得用于 10 万元以上的商品交易、劳务供应款项的结算，不得支取现金。特约单位在每日营业终了，应将当日受理的信用卡签购单汇总，计算手续费和净计金额，并填写汇（总）计单和进账单，连同签购单一并送交收单银行办理进账。

信用卡按是否向发卡银行交存备用金分为贷记卡、准贷记卡两类。

（1）贷记卡。贷记卡是指发卡银行给予持卡人一定的信用额度，持卡人可在信用额度内先消费、后还款的信用卡。

（2）准贷记卡。准贷记卡是指持卡人须先按发卡银行要求交存一定金额的备用金，当备用金账户余额不足支付时，可在发卡银行规定的信用额度内透支的信用卡。准贷记卡的透支期限最长为 60 天，贷记卡的首月最低还款额不得低于其当月透支余额的 10%。持卡人使用信用卡不得发生恶意透支。恶意透支是指持卡人超过规定限额或规定期限，并且经发卡银行催收无效的透支行为。

信用卡结算的流程见图 2-8。

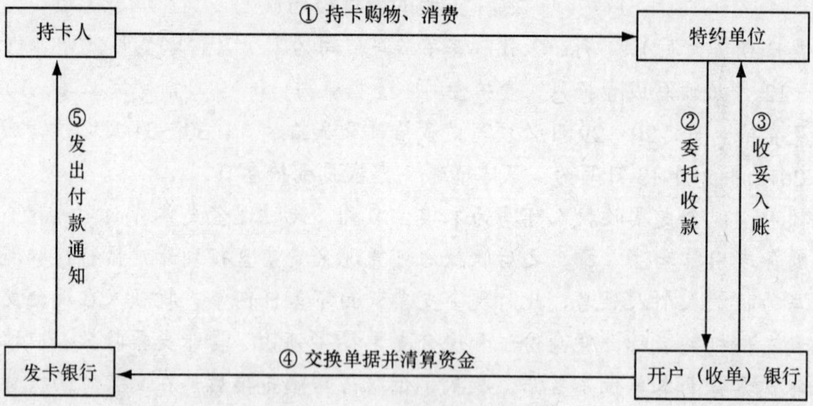


图 2-8　信用卡结算的流程

6. 汇兑

汇兑是汇款人委托银行将其款项支付给收款人的结算方式。汇兑按款项划转方式不同可分为信汇和电汇两种。信汇是指汇款人委托银行通过邮寄方式将款项划给收款人；电汇是指汇款人委托银行通过电报将款项划转给收款人。汇兑结算方式便于汇款人向异地的收款人主动付款，其手续简便，划款迅速，应用广泛，单位和个人的各种款项的结算均可使用汇兑结算方式。

采用汇兑结算方式，汇款单位汇出款项时，应填写银行印发的汇款凭证，列明收款单位名称、汇款金额及汇款的用途等项目，送达开户银行即汇出银行，汇出银行受理汇款单位签发的汇兑凭证，经审查无误后，应及时向汇入银行办理汇款，并向付款单位签发汇款回单。汇入银行对开立存款账户的收款人，应将款项直接转入其账户，并向其发出收账通知。汇兑结算的流程见图 2-9。

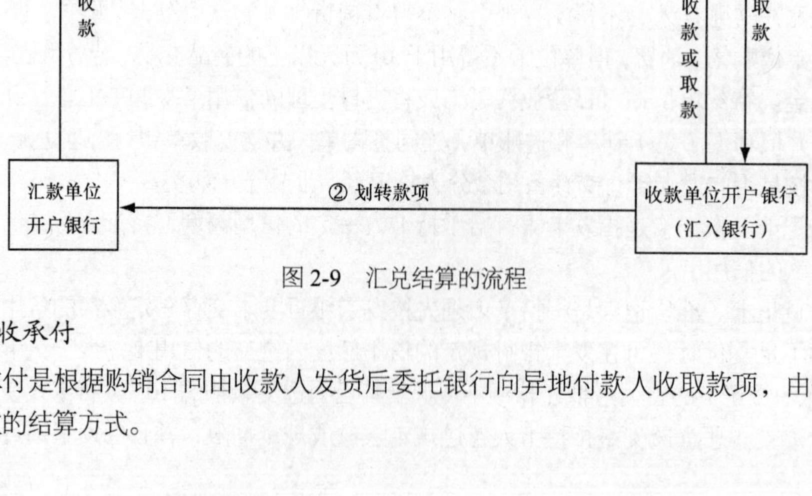


图 2-9　汇兑结算的流程

7. 托收承付

托收承付是根据购销合同由收款人发货后委托银行向异地付款人收取款项，由付款人向银行承认付款的结算方式。

根据《支付结算办法》的规定，托收承付的适用范围是：使用该结算方式的收款单位和付款单位，必须是国有企业、供销合作社及经营管理较好，并经开户银行审查同意的城乡集体所有制工业企业；办理结算的款项必须是商品交易及因商品交易而产生的劳务供应的款项，代销、寄销、赊销商品的款项，不得办理托收承付结算。

《支付结算办法》还规定，办理托收承付，除必须同时符合上述两项规定外，还必须具备以下 3 个条件。

（1）收付双方使用托收承付结算必须签有符合《合同法》的购销合同，并在合同上订明使用托收承付结算方式。

（2）收款人办理托收，必须具有商品确已发运的证件（包括铁路、航运、公路等运输部门签发运单、运单副本和邮局包裹回执），没有发运证件，可凭其他有关证件办理。

（3）收付双方办理托收承付结算，必须重合同、守信用。

符合上述使用范围和适用条件的企业间的款项结算，可采用托收承付结算方式。托收承付结算每笔的金额起点为 10 000 元，新华书店系统每笔的金额起点为 1 000 元。

销货企业按照购销合同发货后，填写托收承付凭证，盖章后连同发运凭证或其他符合托收承付结算的有关证明和交易单证送交开户银行办理托收手续。销货企业开户银行接到托收凭证及其附件后，应当按照托收范围、条件和托收凭证填写的要求认真进行审查，经审查无误的，将有关托收凭证连同交易单证一并寄交购货企业开户银行。购货企业开户银行收到托收凭证及其附件后，应及时通知并转交购货企业。购货企业在承付期内审查核对，安排资金以备承付。购货企业的承付期应在双方签订合同时约定验单还是验货付款，验单付款的承付期为 3 天，验货付款的承付期为 10 天。承付期内购货企业未表示拒绝付款的，银行视为同意承付，于承付期满的次日上午银行开始营业时，将款项划给销货企业。购货企业不得在承付货款中扣抵其他款项或以前托收的货款。

对于下列情况，购货企业可以在承付期内向银行提出全部或部分拒绝付款。

（1）没有签订购销合同或购销合同未订明托收承付结算方式的款项。

（2）未经双方事先达成协议，收款人提前交货或因逾期交货付款人不再需要该项货物的款项。

（3）未按合同规定的到货地址发货的款项。

（4）代销、寄销、赊销商品的款项。

（5）验单付款，发现所到货物的品种、规格、数量、价格与合同规定不符，或货物已到，经查验货物与合同规定或发货清单不符的款项。

（6）验货付款，经查验货物与合同规定或与发货清单不符的款项。

（7）货款已经支付或计算有错误的款项。

购货企业提出拒绝付款时，必须填写“拒绝付款理由书”并签章，购货企业开户银行必须认真审查拒绝付款理由，查验合同。银行同意部分或全部拒绝付款的，应在“拒绝付款理由书”上签注意见，并将拒绝付款理由书、拒付证明、拒付商品清单和有关单证邮寄销货企业开户银行转交销货企业。购货企业在承付期满银行营业终了时，如无足够资金支付，其不足部分即为逾期未付款项，开户银行根据逾期付款金额和逾期天数，按每天 0.5‰计算逾期付款赔偿金。赔偿金实行定期扣付，每月计算一次，于次月 3 日内单独划给销货企业。当购货企业账户有款时，开户银行必须将逾期未付款项和应付的赔偿金及时扣划给销货企业，不得拖延扣划。托收承付结算的流程见图 2-10。

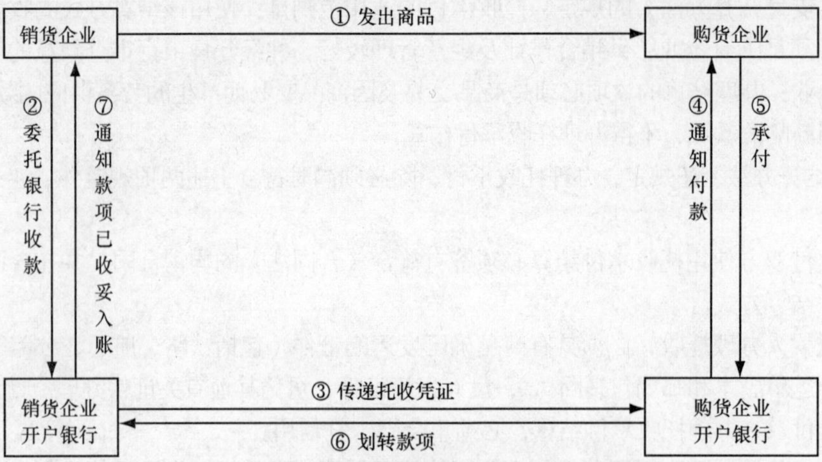


图 2-10　托收承付结算的流程

8. 委托收款

委托收款是收款人委托银行向付款人收取款项的结算方式。委托收款按结算款项的划回方式不同，分为邮寄和电报两种，由收款人选用。

委托收款便于收款人主动收款，在同城异地均可以办理，且不受金额限制，无论单位还是个人都可凭已承兑商业汇票、债券、存单等付款人债务证明，采用该结算方式办理款项的结算。委托收款还适用于收取电费、电话费等付款人众多、分散的公用事业费等有关款项。

收款企业委托银行收款时，应填写委托收款凭证和提供有关的债务证明，经开户银行审查后，据以办理委托收款。付款单位开户银行接到收款企业开户银行寄来的委托收款凭证，经审查后通知付款单位。付款单位收到银行交给的委托收款凭证及债务证明，应签收，并在 3 日之内审查债务证明是否真实，是否为本单位的债务，确认之后通知银行付款。如果付款单位不通知银行，则银行视其为同意付款，并在第 4 日从单位账户中付出此笔托收款项。付款单位在 3 日内审查有关债务凭证后，对收款企业委托收取的款项需要拒绝付款的，应出具拒绝证明，连同有关债务证明、凭证送交开户银行，开户银行不负审查责任，只将拒绝证明等凭证一并寄给收款企业开户银行，转交收款企业。付款单位在付款日期届满，如无足够资金支付全部款项的，其开户银行应将其债务证明连同未付款项通知书邮寄至收款企业银行转交收款企业。委托收款结算的流程见图 2-11。

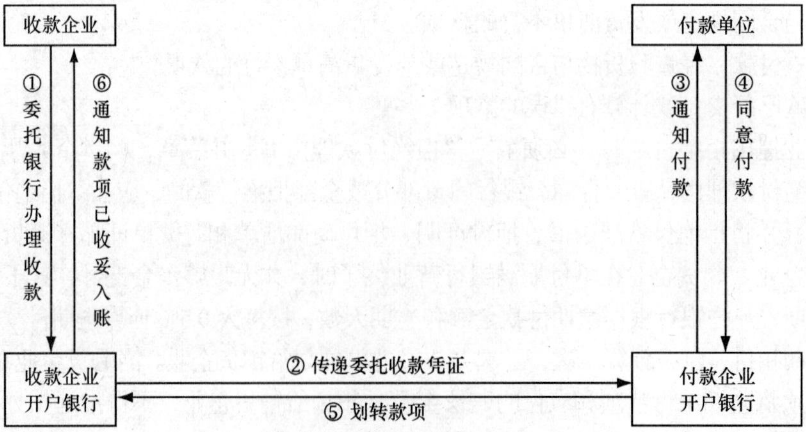


图 2-11　委托收款结算的流程

## （三）银行存款的账务处理

1. 账户设置

银行存款的总分类核算是通过设置“银行存款”账户进行的。该科目属于资产类账户，借方登记存款的增加数，贷方登记存款的减少数；期末借方余额表示期末存款的实际结存数。企业存在其他金融机构的存款也应在本账户内核算，但企业在银行的其他存款，如外埠存款、银行本票存款、银行汇票存款、信用卡存款、信用证保证金存款等，在“其他货币资金”账户核算，不在本账户核算。银行存款总账可直接根据收付款凭证逐笔登记，也可定期或于月份终了，根据汇总收付款凭证或科目汇总表登记。

银行存款的明细分类核算是通过设置银行存款日记账进行的。银行存款日记账应当按银行和其他金融机构、存款种类等开设，对于外币存款应按不同币种和开户银行分别设账。

银行存款日记账由企业出纳人员根据审核后的收付款凭证，按照业务发生的顺序逐笔登记，每日终了应结出余额。银行存款日记账应定期与银行对账单核对，月份终了，银行存款日记账的余额必须与银行存款总账的余额核对相符。

2. 账务处理

**【做中学 2-9】** 宏洲公司收到凯远公司归还前欠本企业货款的转账支票一张，金额 90 000 元，企业将支票和填制的进账单送交开户银行。根据银行盖章退回的进账单第一联和有关原始凭证，编制会计分录如下：

借：银行存款　　90 000
　　贷：应收账款——凯远公司　　90 000

**【做中学 2-10】** 宏洲公司向中百公司购买办公用品 2 000 元，开出转账支票支付款项，根据支票存根和有关发票，编制会计分录如下：

借：管理费用　　2 000
　　贷：银行存款　　2 000

**【做中学 2-11】** 宏洲公司采用汇兑结算方式，委托银行将款项 26 000 元划转给凯远公司，以偿还前欠货款。根据开户银行退回的汇款回单，编制会计分录如下：

借：应付账款——凯远公司　　26 000
　　贷：银行存款　　26 000

**【做中学 2-12】** 宏洲公司向甲公司采购材料一批，价款 30 000 元，增值税 5 100 元，双方订明采用托收承付结算方式验单付款，现甲企业收到银行转来的托收承付结算凭证和所附单据，经审核无误，在 3 日期满时承认付款，但材料尚未收到。根据托收承付结算凭证的承付支款通知和所附单据，编制会计分录如下：

借：材料采购（或在途物资）　　30 000
　　应交税费——应交增值税——进项税额　　5 100
　　贷：银行存款　　35 100

**【做中学 2-13】** 宏洲公司销售产品给乙公司，前已采用托收承付结算方式委托银行向乙公司收取有关款项 20 000 元，现收到银行转来的托收承付收账通知。根据通知及有关单据，编制会计分录如下：

借：银行存款　　20 000
　　贷：应收账款——A 公司　　20 000

## （四）银行存款的核对

### 1. 银行存款核对的内容

为了保证银行存款核算的真实、准确，及时纠正银行存款账目可能发生的差错，准确地掌握企业可运用的银行存款实有数，保证银行存款账实相符，企业必须做好银行存款核对的工作。银行存款的核对主要包括以下三项内容。

（1）银行存款日记账与银行存款收、付款凭证互相核对，做到账证相符。

（2）银行存款日记账与银行存款总账互相核对，做到账账相符。

（3）银行存款日记账与银行对账单互相核对，做到账单相符，从而达到账实相符。

但在核对中，往往会出现不一致，原因主要有两个：一是双方各自的记账错误，这种错误应由双方及时查明原因，予以更正；二是存在未达账项。所谓未达账项，是指企业与银行之间由于凭证传递上的时间差，一方已登记入账，而另一方尚未入账的账项。在核对中如发现未达账项，应编制“银行存款余额调节表”进行调节，使双方余额相等。

### 2. 银行存款余额调节表的编制

由于银行存款的收付有多种支付结算方式，收付凭证的传递又需要一定的时间，这就会出现在有些结算方式下，银行已完成了款项的收付但凭证还未到达企业，在另一些结算方式下情况则相反，所以，对同一笔业务，企业和银行各自入账的时间可能会不一致。

未达账项具体有如下四种情况。

（1）银行已收款记账，企业尚未收到银行的收账通知而未记账的款项。如企业委托银行收取的款项，银行办妥收款手续后入账，而收款通知尚未到达企业，企业尚未记增加。

（2）银行已付款记账，企业尚未收到银行的付款通知而未记账的款项。如银行向企业收取的借款利息、代企业支付的公用事业费用、到期的商业汇票付款等，银行办妥付款手续后入账，而付款通知尚未到达企业，企业尚未记减少。

（3）企业已收款记账，而银行尚未办妥入账手续的款项。如企业收到外单位的转账支票，填好进账单，并经银行受理盖章，即可入账记增加，而银行则要办妥转账手续后才能入账记增加。

（4）企业已付款记账，而银行尚未支付入账的款项。如企业签发转账支票后记存款减少，而持票人尚未到银行办理转账手续，银行尚未记减少。

出现未达账的（1）和（4）两种情况，会使银行对账单的余额大于企业银行存款账的余额，出现（2）和（3）两种情况的结果则相反。为了准确掌握企业可运用的银行存款实有数，合理调配使用资金，企业应通过编制“银行存款余额调节表”，对未达账项进行调节。

银行存款余额调节表的具体编制方法是：在银行与企业的存款账面余额的基础上，加上各自的未收款，减去各自的未付款，然后再计算出各自的余额。经调节后，双方余额如果相等，一般说明双方记账没有错误，该余额就是企业银行存款的实有数；双方余额如果不相等，则表明记账有差错，应立即查明错误原因。属于本企业原因的，应按规定的改错方法进行更正；属于银行方面的原因，应及时通知银行更正。

**【做中学 2-14】** 宏洲公司 2011 年 12 月 31 日银行存款日记账的余额为 5 400 000 元，银行转来对账单的余额为 8 300 000 元。经逐笔核对，发现以下未达账项。

（1）企业送存转账支票 6 000 000 元，并已登记银行存款增加，但银行尚未记账。

（2）企业开出转账支票 4 500 000 元，但持票单位尚未到银行办理转账，银行尚未记账。

（3）企业委托银行代收某公司购货款 4 800 000 元，银行已收妥并登记入账，但企业尚未收到收款通知，尚未记账。

（4）银行代企业支付电话费400 000元，银行已登记企业银行存款减少，但企业未收到银行付款通知，尚未记账。

根据以上未达账项，编制“银行存款余额调节表”，见表2-1。

**表2-1　银行存款余额调节表**

单位：元

| 项　目 | 金　额 | 项　目 | 金　额 |
|---|---|---|---|
| 银行存款日记账余额 | 5 400 000 | 银行对账单余额 | 8 300 000 |
| 加：银行已收、企业未收款 | 4 800 000 | 加：企业已收、银行未收款 | 6 000 000 |
| 减：银行已付、企业未付款 | 400 000 | 减：企业已付、银行未付款 | 4 500 000 |
| 调节后的存款余额 | 9 800 000 | 调节后的存款余额 | 9 800 000 |

表2-1调整后的余额相等，表示双方记账没有错误，调整后的余额就是企业目前银行存款的实有数。但要说明的是：企业在调节表上调整的未达账项不是记账，也不能据此作账面调整，要待结算凭证到达后再进行账务处理，登记入账。

企业应加强对银行存款的管理，并定期对银行存款进行检查，如果有确凿证据表明存在银行或其他金融机构的款项已经部分不能收回，或者全部不能收回的，例如，吸收存款的单位已宣告破产，其破产财产不足以清偿的部分，或者全部不能清偿的部分则应当作为当期损失，借记“营业外支出”账户，贷记“银行存款”账户。

# 四、其他货币资金业务

## （一）其他货币资金的内容

其他货币资金是企业除库存现金、银行存款以外的其他各种货币资金，包括外埠存款、银行汇票存款、银行本票存款、信用卡存款、信用证保证金存款和存出投资款等。

从某种意义上说其他货币资金也是一种银行存款，但它是承诺了专门用途的存款，不能像结算户存款那样可随时安排使用，所以专设“其他货币资金”账户对其进行核算。该账户属资产类账户，借方登记增加数，贷方登记减少数，期末借方余额反映其他货币资金的实存数。“其他货币资金”账户应设置“外埠存款”、“银行汇票”、“银行本票”、“信用卡”、“信用证保证金”、“存出投资款”等明细账户。

## （二）其他货币资金的账务处理

### 1. 外埠存款

外埠存款是指企业到外地进行临时或零星采购时，汇往采购地银行开立采购专户的款项。

企业将款项汇往外地时，应填写汇款委托书，委托开户银行办理汇款。汇入地银行以汇款单位名义开立临时采购账户，该账户的存款不计利息、只付不收、付完清户，除了采购人员可从中提取少量现金外，一律采用转账结算。采购结束后有结余款的，将其退回汇款企业开户银行。

**【做中学2-15】** 宏洲公司派采购员到外地某市采购甲材料，7月5日委托当地开户银行汇款50 000元到采购地开立采购专户。根据收到的银行汇款回单联，编制会计分录如下：

借：其他货币资金——外埠存款　　50 000

　　贷：银行存款　　50 000

7月21日，收到采购员交来供应单位发票账单，共支付甲材料款项47 970元，其中价款41 000元，增值税6 970元。根据收到的有关账单，编制会计分录如下：

借：原材料——甲材料　　41 000

　　应交税费——应交增值税（进项税额）　　6 970

　　贷：其他货币资金——外埠存款　　47 970

7月30日，收到开户银行的收款通知，该采购专户中的结余款项已经转回。根据收账通知，编制会计分录如下：

借：银行存款　　2 030

　　贷：其他货币资金——外埠存款　　2 030

2. 银行汇票存款

银行汇票存款是指企业为取得银行汇票按规定存入银行的款项。企业填写“银行汇票申请书”并将款项交存银行时，借记“其他货币资金——银行汇票”科目，贷记“银行存款”科目；企业持银行汇票购货、收到有关发票账单时，借记“材料采购”或“原材料”、“库存商品”、“应交税费——应交增值税（进项税额）”等科目，贷记“其他货币资金——银行汇票”科目；采购完毕收回剩余款项时，借记“银行存款”科目，贷记“其他货币资金——银行汇票”科目。企业收到银行汇票、填制进账单到开户银行办理款项入账手续时，根据进账单及销货发票等，借记“银行存款”科目，贷记“主营业务收入”、“应交税费——应交增值税（销项税额）”等科目。

【做中学2-16】 宏洲公司向银行提交“银行汇票申请书”并将款项100 000元交存开户银行，要求银行办理银行汇票并已取得汇票。根据银行盖章退回的申请书存根联，编制会计分录如下：

借：其他货币资金——银行汇票　　100 000

　　贷：银行存款　　100 000

企业持汇票往异地采购材料，实际使用汇票支付材料价款70 000元，增值税11 900元。根据发票账单等有关凭证，编制会计分录如下：

借：原材料——乙材料　　70 000

　　应交税费——应交增值税（进项税额）　　11 900

　　贷：其他货币资金——银行汇票　　81 900

银行汇票多余款18 100元已退回企业开户银行。根据开户银行转来的银行汇票第四联(多余款收账通知)，编制会计分录如下：

借：银行存款　　18 100

　　贷：其他货币资金——银行汇票　　18 100

3. 银行本票存款

银行本票存款是指企业为取得银行本票按规定存入银行的款项。

企业填写“银行本票申请书”并将款项交存银行时，借记“其他货币资金——银行本票”科目，贷记“银行存款”科目；企业持银行本票购货、收到有关发票账单时，借记“材料采购”或“原材料”、“库存商品”、“应交税费——应交增值税（进项税额）”等科目，贷记“其他货币资金——银行本票”科目。企业收到银行本票、填制进账单到开户银行办理款项入账手续时，根据进账单及销货发票等，借记“银行存款”科目，贷记“主营业务收入”、“应交税费——应交增值税（销项税额）”等科目。

**【做中学 2-17】** 宏洲公司向银行提交“银行本票申请书”并将款项 5 000 元交存银行。取得银行本票时，根据银行盖章退回的申请书存根联，编制会计分录如下:

借：其他货币资金——银行本票　　5 000

　　贷：银行存款　　5 000

企业使用本票购买办公用品 5 000 元。根据发票账单等有关凭证，编制会计分录如下:

借：管理费用　　5 000

　　贷：其他货币资金——银行本票　　5 000

如果企业因本票超过付款期等原因而要求退款时，应填制进账单一式两联，连同本票一并送交银行，根据银行盖章退回的进账单第一联，借记“银行存款”账户，贷记“其他货币资金——银行本票账户。

4. 信用卡存款

信用卡存款是指企业为取得信用卡按照规定存入银行的款项。

企业应填制“信用卡申请表”，连同支票和有关资料一并送存发卡银行，根据银行盖章退回的进账单第一联，借记“其他货币资金——信用卡”科目，贷记“银行存款”科目；企业用信用卡购物或支付有关费用，收到开户银行转来的信用卡存款的付款凭证及所附发票账单，借记“管理费用”等科目，贷记“其他货币资金——信用卡”科目；企业信用卡在使用过程中，需要向其账户续存资金的，借记“其他货币资金——信用卡”科目，贷记“银行存款”科目；企业的持卡人如不需要继续使用信用卡时，应持信用卡主动到发卡银行办理销户，销卡时，单位卡科目余额转入企业基本存款户，不得提取现金，借记“银行存款”科目，贷记“其他货币资金——信用卡”科目。

**【做中学 2-18】** 宏洲公司申请信用卡，将信用卡申请表连同 30 000 元的支票一并送交发卡银行，根据银行盖章退回的进账单第一联，编制会计分录如下:

借：其他货币资金——信用卡存款　　30 000

　　贷：银行存款　　30 000

企业用信用卡购货和支付费用共 26 000 元，根据银行转来的付款凭证及所附发票账单(经核对无误)，编制会计分录如下:

借：管理费用　　26 000

　　贷：其他货币资金——信用卡存款　　26 000

5. 信用证保证金存款

信用证保证金存款是指企业为取得信用证按规定存入银行的保证金。企业填写“信用证申请书”，并将信用证保证金交存银行时，应根据银行盖章退回的“信用证申请书”回单，借记“其他货币资金——信用证保证金”科目，贷记“银行存款”科目。企业接到开证行通知，根据供货单位信用证结算凭证及所附发票账单，借记“材料采购”或“原材料”、“库存商品”、“应交税费——应交增值税（进项税额）”等科目，贷记“其他货币资金——信用证保证金”科目；将未用完的信用证保证金存款余额转回开户银行时，借记“银行存款”科目，贷记“其他货币资金——信用证保证金”科目。

**【做中学 2-19】** 宏洲公司要求银行对境外甲公司开出信用证 100 000 元，按规定向银行提交开证申请书、信用证申请人承诺书、购销合同及保证金100 000元。根据银行退回的进账单第一联，编制会计分录如下：

借：其他货币资金——信用证保证金　　100 000
　　贷：银行存款　　100 000

20天后，企业收到境外甲公司发来的材料及银行转来的信用证结算凭证及所附发票账单，共支付款项93 600元，其中价款80 000元，增值税13 600元。编制会计分录如下：

借：原材料　　80 000
　　应交税费——应交增值税（进项税额）　　13 600
　　贷：其他货币资金——信用证保证金　　93 600

收到银行收账通知，信用证余款6 400元已退回企业开户银行。编制会计分录如下：

借：银行存款　　6 400
　　贷：其他货币资金——信用证保证金　　6 400

6. 存出投资款

存出投资款是指企业已存入证券公司但尚未进入交易性金融资产的现金。企业向证券公司划出资金时，应按实际划出的金额，借记"其他货币资金——存出投资款"科目，贷记"银行存款"科目；购买股票、债券等时，借记"交易性金融资产"等科目，贷记"其他货币资金——存出投资款"科目。

**【做中学2-20】** 宏洲公司向证券公司存入资金500 000元，10天后用该存款购买股票400 000元。编制会计分录如下。

企业向证券公司划出资金时：

借：其他货币资金——存出投资款　　500 000
　　贷：银行存款　　500 000

购买股票时：

借：交易性金融资产——成本　　400 000
　　贷：其他货币资金——存出投资款　　400 000

**知识拓展**

### 货币资金内部控制制度

1. 实行岗位分工制度

建立货币资金业务的岗位责任制，明确相关部门和岗位的职责权限，确保办理货币资金业务的不相容岗位分离、相互制约和监督。出纳人员不得兼任稽核、会计档案保管和收入、支出、费用、债权、债务账目的登记工作。严禁由一人（包括出纳及其他会计人员）办理货币资金业务的全过程。对涉及货币资金管理和控制业务的业务人员实行定期轮换岗位，以相互牵制、相互监督。

2. 坚持预算控制制度

编制资金预算控制旨在对企业一定时期货币资金的流入和流出进行统筹安排。货币资金预算编制和货币资金业务核算应分开，以便更有力地控制货币资金业务。

3. 坚持授权批准制度

单位应当对货币资金业务建立严格的授权批准制度，明确审批人对货币资金业务的授权批准方式、权限、程序、责任和相关控制措施，规定经办人员办理货币资金业务的职责范围和工作要求。货币资金的收入实行科目负责制，由会计人员（非出纳人员）逐笔审核、签收、登记、制单，无误后交出纳人员办理现金、银行收款手续，退票时出纳人员应及时通知有关会计人员冲账，将票证退还缴款单位。货币资金支出实行授权批准制度，由业务部门经办人员办理付款凭证，业务部门主管审批，本单位主管财务的副总经理或总会计师审批，财务部长审批，科目负责人审核，出纳人员从本单位的开户外部银行账户中办理银行付款业务。

4. 票据及有关印章的管理

单位应当加强与货币资金相关的票据保管，由银行出纳人员负责各种票据的购买、保管、领用、背书转让、注销等环节的工作，并专设登记簿进行记录，防止空白票据遗失被盗用；出纳人员不得擅自离岗，出纳人员离开时必须将现金、有关票据存入保险柜。同时，单位也要加强预留印鉴的管理，财务专用章应由会计人员（非出纳人员）专人保管，个人名章必须由本人或其授权人员保管。严禁一人保管支付款项所需的全部印章。按规定需要有关负责人签字或盖章的经济业务，必须严格履行签字或盖章手续。

5. 实行内部稽核制度

单位应建立内部稽核制度，对监督检查过程中发现的问题应积极采取有效措施，纠正和完善货币资金业务的内部稽核制度，明确相关机构或人员的工作职责，定期或不定期地进行检查。监督检查相关岗位和人员的设置情况，看是否存在不相容职务混岗的现象；监督检查授权批准制度的执行情况，看是否存在越权审批行为；监督检查印章的保管情况，看是否存在全部印章由一人保管现象；监督检查票据的保管情况，看是否存在票据管理漏洞。

# 五、外币折算业务

## （一）外币业务概述

1. 外币与外币交易

简单地说，外币是指企业记账本位币以外的货币。外汇的概念要比外币广泛，它通常是指以外国货币表示的用于国际支付的手段。根据我国《外汇管理条例》的规定，外汇具体包括如下内容。

（1）外国货币，包括纸币和铸币。

（2）外币有价证券，包括外国政府公债、外币国库券、外币公司债券、外币股票、外币息票等。

（3）外币支付凭证，包括外币票据（支票、汇票和期票）、外币银行存款凭证、外币邮政储蓄凭证等。

（4）其他外币资金。

企业外币业务核算中所讲的外币，既不是上述意义上的外币，也不是上述意义上的外汇，而是指企业选定的记账本位币以外的货币。记账本位币是指企业经营所处的主要经济环境中的货币。我国《会计法》规定，会计核算以人民币为记账本位币，业务收支以人民币以外的货币为主的单位，可以选定其中一种货币作为记账本位币。可见，企业选定的记账本位币不同，其外币包括的范围也不同。如在以人民币为记账本位币的企业里，其所收支的美元、英镑、港币等均属于外币；但在以美元为记账本位币的企业里，其收支的人民币、英镑、港币等均作为外币处理，美元则不属于外币。

外币交易是指以外币计价或者结算的交易。企业发生外币业务时，要把外币金额折算成记账本位币金额记账，若以人民币以外的货币作为记账本位币的，还要把编报的财务会计报告折算为人民币反映，这就涉及采用什么汇率进行折算的问题。

2. 汇率

汇率的全称为外汇汇率，是指一个国家货币兑换为另一个国家货币的比率，或者说是两种不同货币之间的比价。

（1）汇率的标价方法。在确定两种不同货币之间的比价时，按照以哪国货币作为计价标准的不同，分为两种不同的标价方法。

① 直接标价法，也称直接汇率。它是指以一定单位的外国货币作为标准，折成若干单位的本国货币来表示的汇率，如 1 美元 = 6.40 元人民币。直接标价法的特点是：外币的数额固定不变，汇率的升降均以本币数额的变化来表示。一定单位外币所折算的本币增多，说明外币币值上升，本币币值下降，汇率上升；反之，说明外币币值下降，本币币值上升，汇率下降。目前世界上大多数国家，包括我国在内，采用的都是直接标价法。

② 间接标价法，也称间接汇率。它是指以一定单位的本国货币作为标准，折成若干单位的外国货币来表示的汇率，如 1 元人民币 = 0.1563 美元。间接标价法的特点是：本币的数额固定不变，汇率的升降均以外币数额的变化来表示。一定单位本币所折算的外币增多，说明本币币值上升，外币币值下降，汇率上升；反之，说明本币币值下降，外币币值上升，汇率下降。采用间接标价法的主要有美国、英国等。

（2）汇率的分类。外汇汇率根据不同的要求和不同的作用，可以有多种分类。企业外币业务核算中所涉及的汇率主要有以下种类。

① 市场汇率与官方汇率。市场汇率是指在本国外汇市场上，完全由供需关系所决定的交易货币的汇率。官方汇率是指一国货币当局所制定和公布的汇率。

② 现行汇率与历史汇率。现行汇率是指某一具体时点现在的汇率。历史汇率是指过去某一时点的汇率。

③ 记账汇率与账面汇率。记账汇率是指企业发生外币业务进行会计账务处理所采用的汇率。这一汇率可以是会计记账当时的市场汇率（为现行汇率），也可能是会计记账当期期初的市场汇率（为历史汇率）。账面汇率是指企业以往发生的外币业务登记入账时所采用的汇率。账面汇率是过去的记账汇率，也就是历史汇率。

④ 买入汇率、卖出汇率和中间汇率。买入汇率是指银行向客户买入外币时所使用的汇率。卖出汇率是指银行向客户卖出外币时所使用的汇率。中间汇率是指银行买入汇率与卖出汇率之间的平均汇率，即根据某日买入汇率与卖出汇率之和计算的平均数。

⑤ 即期汇率、即期汇率的近似汇率与远期汇率。即期汇率是指当日中国人民银行公布的人民币汇率的中间价。即期汇率的近似汇率是指按照系统合理的方法确定的、与交易发生日即期汇率近似的汇率，通常采用当期平均汇率或加权平均汇率等，如周平均汇率和月平均汇率，周平均汇率=（周一即期汇率 + 周二即期汇率 + 周三即期汇率 + 周四即期汇率 + 周五即期汇率）÷ 5，月平均汇率与周平均汇率计算方法相同。远期汇率是相对即期汇率而言的，是指在未来某一日交付时的结算价格。

## （二）外币交易的账务处理

### 1. 外币业务核算的有关规定

外币交易的会计处理涉及的主要问题有：记账本位币的确定；外币交易发生日折算汇率的选择及相应的外币交易初始确认的会计处理；资产负债表日及结算日折算汇率的选择及所产生汇兑差额的会计处理。企业进行外币业务核算应按以下规定进行。

（1）为核算外币业务，企业应设置相应的外币账户，并设置与之相同的记账本位币账户，分别核算。外币账户具体包括“外币现金”、“外币银行存款”；核算以外币结算的债权的“应收账款”、“应收票据”、“预付账款”等；核算以外币结算的债务的“短期借款”、“应付票据”、“应付账款”、“预收账款”、“应付职工薪酬”、“长期借款”等。在外币业务发生时，既登记有关记账本位币账户，又要按外币金额登记相应的外币账户。

（2）企业发生外币业务时，应当将有关外币金额折合为记账本位币金额记账。除另有规定外，所有与外币业务有关的账户，应当采用业务发生时的汇率，也可采用业务发生当期即期汇率的近似汇率。

（3）企业因向银行出售、购入外汇或不同外币兑换而产生的银行买入、卖出价与折合汇率之间的差额，计入当期财务费用。

（4）在月份（或季度、年度）终了时，企业应将各种外币账户的外币余额，按照期末汇率折合成记账本位币金额，并与相对应的记账本位币账户的期末余额进行比较，其差额作为汇兑损益。企业对汇兑差额应当根据不同的情况进行处理：筹建期间发生的汇兑差额计入管理费用；与购建固定资产有关的借款产生的汇兑差额，在所购建固定资产达到预定可使用状态前，予以资本化，计入所购建固定资产的成本，在该项固定资产达到预定可使用状态后，计入当期财务费用；除上述情况外汇兑差额均计入当期财务费用。

（5）投资者投入的外币，无论是否有合同约定汇率，均采用交易日即期汇率折算，外币投入资本与相应货币性项目的记账本位币金额之间不产生外币折算差额。

### 2. 外币业务交易日的账务处理

（1）外币兑换业务的账务处理。外币兑换业务包括企业向银行买入外汇和把外汇卖给银行等。

① 企业向银行买入外汇一般是按照外汇卖出汇率成交的。在核算时，应按照买入当日的市场汇率将买入的外汇折合为记账本位币的数额入账，同时，将按外汇卖出汇率折算的实际付出的记账本位币的数额登记入账，两者之间的差额作为当期汇兑损益处理。

**【做中学 2-21】** 宏洲公司 6 月 2 日向银行买入美元 10 000 元，当日银行美元卖出价为 1 美元 = 6.50 元人民币，市场汇率为 1 美元 = 6.40 元人民币，实付人民币 65 000 元，采用即期汇率(当日的市场汇率)作为折算汇率(下同)。编制会计分录如下：

借：银行存款——美元户（$10 000 × 6.40）　　64 000
　　财务费用　　1 000
　贷：银行存款——人民币户（$10 000 × 6.50）　　65 000

② 企业把外汇卖给银行，一般是按照外汇买入汇率成交的。在核算时，应按照卖出当日的市场汇率将卖出的外汇折合为记账本位币的数额入账，同时，将按外汇买入汇率折算的实际收入的记账本位币的数额登记入账，两者之间的差额作为当期汇兑损益处理。

**【做中学 2-22】** 宏洲公司在 6 月 10 日将 5 000 美元卖给银行，当日银行美元买入价为 1 美元 = 6.30 元人民币，市场汇率为 1 美元 = 6.40 元人民币，企业实际收到人民币 31 500 元。编制

会计分录如下:

借：银行存款——人民币户（$5 000×6.30） 31 500

财务费用 500

贷：银行存款——美元户（$5 000×6.40） 32 000

（2）外币购销业务的账务处理。企业发生的外币购销业务，包括从国外或境外购进原材料、商品、引进设备及出口销售产品或商品等。外币购销业务发生时，按当日的市场汇率折合为记账本位币的金额记账。

**【做中学 2-23】** 宏洲公司在 6 月 12 日从国外进口原材料一批，价款共 20 000 美元，款项尚未支付（不考虑购入材料的进口关税和增值税）。即期汇率（当日的市场汇率）为 1 美元＝6.40 元人民币。编制会计分录如下:

借：原材料 128 000

贷：应付账款——美元户（$20 000×6.40） 128 000

6 月 24 日，上述材料货款 20 000 美元企业已支付。即期汇率(当日市场汇率)为 1 美元=6.35 元人民币。编制会计分录如下:

借：应付账款——美元户（$20 000×6.35） 127 000

贷：银行存款——美元户（$20 000×6.35） 127 000

**【做中学 2-24】** 宏洲公司 6 月 25 日出口销售商品一批，货款 30 000 美元，款项尚未收到（不考虑出口产品的关税和增值税）。即期汇率（当日的市场汇率）为 1 美元=6.35 元人民币。编制会计分录如下:

借：应收账款——美元户（$30 000×6.35） 190 500

贷：主营业务收入 190 500

企业以后收到货款时，按收款当日的市场汇率折合成记账本位币，借记“银行存款——美元户”账户，贷记“应收账款——美元户”账户。

**【做中学 2-25】** 宏洲公司 6 月 26 日从国外进口不需安装的设备一台，设备价款为 80 000 美元，款项已支付（不考虑购入设备的进口关税和增值税）。即期汇率（当日的市场汇率）为 1 美元＝6.35 元人民币。编制会计分录如下:

借：固定资产 508 000

贷：银行存款——美元户（$80 000×6.35） 508 000

（3）外币借款业务的账务处理。企业借入或归还外币，都是按发生当日的市场汇率折合为记账本位币金额记账。

**【做中学 2-26】** 宏洲公司 6 月 15 日向中国银行借入美元 50 000 元，期限为 3 个月。借入当日市场汇率为 1 美元＝6.40 元人民币。编制会计分录如下:

借：银行存款——美元户（$50 000×6.40） 320 000

贷：短期借款——美元户（$50 000×6.40） 320 000

企业以后到期归还借款时，按还款当日的市场汇率折合成记账本位币，借记“短期借款——美元户”账户，贷记“银行存款——美元户”账户。

（4）接受外币资本投资的账务处理。外商投资企业接受外币投资时，应将实际收到的外币资产按收到出资当日的即期汇率，折合成记账本位币金额作为资产入账，不再使用合同汇率，也不使用即期汇率的近似汇率，与其相对应的资产类科目也不使用即期汇率的近似汇率。这样，外币投入资本不会产生汇兑差额，资产类科目在期末仍分别货币性项目与非货币性项目进行处理。

【做中学 2-27】 宏洲公司 6 月 20 日收到投资者追加投入的资本 1 00 000 美元。收到款项的即期汇率(当日的市场汇率)为 1 美元 = 6.35 元人民币，投资合同中约定的折算汇率为1美元 = 6.30 元人民币。编制会计分录如下：

借：银行存款——美元户（$100 000 × 6.35）　　635 000

　　贷：实收资本（$100 000 × 6.35）　　635 000

3. 会计期末或结算日对外币交易余额的账务处理

在资产负债表日，企业应当分别外币货币性项目和外币非货币性项目进行处理。

（1）货币性项目。货币性项目是企业持有的货币和将以固定或可确定金额的货币收取的资产或者偿付的负债。货币性项目分为货币性资产和货币性负债，货币性资产包括现金、银行存款、应收账款、应收票据及准备持有至到期日的债券投资等，货币性负债包括应付账款、其他应付款、短期借款、应付债券和长期应付款等。

对于外币货币性项目，资产负债表日或结算日，因汇率波动而产生的汇兑差额作为财务费用处理，同时调增或调减外币货币性项目的记账本位币金额。汇兑差额是指对同样数量的外币金额采用不同的汇率折算为记账本位币金额所产生的差额。

【做中学 2-28】 宏洲公司 5 月 31 日有关外币账户期末余额资料见表 2-2。

**表 2-2　有关外币账户期末余额**

| 会计科目 | 外币账户金额（美元） | 汇率 | 记账本位币账户金额（人民币元） |
|---|---|---|---|
| 银行存款 | 30 000 | 6.40 | 192 000 |
| 应收账款 | 0 | | |
| 应付账款 | 0 | | |
| 短期借款 | 0 | | |

企业在 6 月发生的外币业务及发生时的账务处理详见【做中学 2-21】至【做中学 2-28】。根据上述账务处理，6 月计算汇兑差额前有关账户外币和记账本位币的发生额及余额资料见表 2-3。

**表 2-3　有关账户外币和记账本位币的发生额及余额**

| 日期 | 业务 | 银行存款 | | | 应收账款 | | | 应付账款 | | | 短期借款 | | |
|---|---|---|---|---|---|---|---|---|---|---|---|---|---|
| | | 借或贷 | 美元 | 记账本位币 | 借或贷 | 美元 | 记账本位币 | 借或贷 | 美元 | 记账本位币 | 借或贷 | 美元 | 记账本位币 |
| 6.1 | 余额 | 借 | 30 000 | 192 000 | | | | | | | | | |
| 6.2 | 学中做 2-21 | 借 | 10 000 | 65 000 | | | | | | | | | |
| 6.10 | 学中做 2-22 | 贷 | 5 000 | 31 500 | | | | | | | | | |
| 6.12 | 学中做 2-23 | | | | | | | 贷 | 20 000 | 128 000 | | | |
| 6.15 | 学中做 2-26 | 借 | 50 000 | 320 000 | | | | | | | 贷 | 50 000 | 320 000 |
| 6.20 | 学中做 2-27 | 借 | 100 000 | 635 000 | | | | | | | | | |
| 6.24 | 学中做 2-23 | 贷 | 20 000 | 127 000 | | | | 借 | 20 000 | 127 000 | | | |
| 6.25 | 学中做 2-24 | | | | 借 | 30 000 | 190 500 | | | | | | |
| 6.26 | 学中做 2-25 | 贷 | 80 000 | 508 000 | | | | | | | | | |
| 6.30 | 余额 | 借 | 85 000 | 545 500 | 借 | 30 000 | 190 500 | 贷 | 0 | 1 000 | 贷 | 50 000 | 320 000 |

6 月 30 日的市场汇率为 1 美元 = 6.40 元人民币，企业计算 6 月的汇兑差额如下。

银行存款账户发生的汇兑差额 = 85 000 × 6.40 − 545 500 = −1 500（元）（损失）

应收账款账户发生的汇兑差额=30 000 × 6.40 − 190 500=1 500（元）（收益）

应付账款账户发生的汇兑差额=0 × 6.40 − 1 000=− 1 000（元）（收益）

短期借款账户发生的汇兑差额=5 000 × 6.40 − 320 000=0（元）

该企业 6 月发生的汇兑差额=（− 1 500）+1 500 −（− 1 000）=1 000（元）（收益）

编制会计分录如下:

借：应收账款　　1 500

　　应付账款　　1 000

　　贷：银行存款　　1 500

　　　　财务费用　　1 000

6 月 30 日计算调整汇兑差额后有关账户外币和记账本位币余额见表 2-4。

表 2-4　有关账户外币和记账本位币余额

| 会 计 科 目 | 外币账户金额（美元） | 汇　　率 | 记账本位币账户金额（人民币） |
|---|---|---|---|
| 银行存款 | 85 000 | 6.40 | 544 000 |
| 应收账款 | 30 000 | 6.40 | 192 000 |
| 应付账款 | 0 | 6.40 | 0 |
| 短期借款 | 50 000 | 6.40 | 320 000 |

（2）非货币性项目。非货币性项目是货币性项目以外的项目，如存货、长期股权投资、交易性金融资产（股票、基金）、固定资产、无形资产等。

① 对于以历史成本计量的外币非货币性项目，已在交易发生日按当日即期汇率折算，资产负债表日不应改变其原记账本位币金额，不产生汇兑差额。

② 对于公允价值计量的股票、基金等非货币性项目，如果期末的公允价值以外币反映，则应当先将该外币按照公允价值确定当日的即期汇率折算为记账本位币金额，原记账本位币金额进行比较，其差额作为公允价值变动损益，计入当期损益。

## 小　结

本岗位是每个企业业务核算的设岗位，其核算过程是每个会计人员必备的基本常识之一；出纳岗位更是大部分会计从业人员的起点。货币资金是每个企业的生命，加强货币资金的管理和核算非常重要，通过本岗位内容的学习，不但要掌握货币资金的基本知识和具体核算，还应学会加强货币资金的管理控制。

## 岗位训练

### 一、单选题

1. 如果在清查过程中发现库存现金短款，批准处理前应借记（　　）。

　A. “其他应收款”科目　　B. “待处理财产损溢”科目

　C. “库存现金”科目　　D. “应收账款”科目

2. 使用银行支票支付各种款项，适用于（　　）。

A. 不同票据交换区域　　B. 同一票据交换区域

C. 同域异地均可　　D. 异地票据交换区域

3. 根据《现金管理暂行条例》的要求，银行结算起点为（　　）。

A. 500 元　　B. 1 000 元以下　　C. 1 000 元　　D. 2 000 元

4. 企业办理日常结算和库存现金收付的账户是（　　）。

A. 基本存款账户　　B. 一般存款账户　　C. 临时存款账户　　D. 专用存款账户

5. 出纳岗位一般职责中不包括（　　）。

A. 办理银行结算业务　　B. 办理库存现金收支

C. 登记现金日记账、银行存款日记账　　D. 登记库存现金总账、银行存款总账

## 二、多选题

1. 企业的货币资金包括（　　）。

A. 库存现金　　B. 应收票据　　C. 银行存款　　D. 其他货币资金

2. 下列内控制度中正确的是（　　）。

A. 实行钱账分管，出纳员不得兼管总账

B. 货币资金的收入、支出，必须立即入账

C. 空白支票与签发支票应经由同一人专人保管

D. 出纳员必须在每日结束盘点库存现金，做到日清月结

3. 商业汇票按承兑人不同分为（　　）。

A. 收款人承兑汇票　　B. 付款人承兑汇票

C. 商业承兑汇票　　D. 银行承兑汇票

4. 委托收款与托收承付结算方式的区别有（　　）。

A. 委托收款适用范围广泛很多，无论同城，还是异地，均可使用，而托收承付只适用于异地企业之间有协议的商品交易

B. 在两种结算方式中，银行的作用也不一样。采用委托收款方式，银行只起结算中介作用，付款方无款支付，只要退回单证就行；拒付，银行不审查理由。而采用托收承付，银行还行使行政仲裁职能，要审查拒付方的拒付理由

C. 委托收款方式不受金额起点限制，采用托收承付有金额起点，为 1 万元

D. 委托收款结算见票即付，采用托收承付结算有一定的承付期

5. 甲公司外币业务采用业务发生时的汇率进行折算，按月计算汇兑损益。5 月 20 日对外销售产品发生应收账款 500 万欧元，当日的市场汇率为 1 欧元=10.30 元人民币。5 月 31 日的市场汇率为 1 欧元=10.28 元人民币；6 月 1 日的市场汇率为 1 欧元=10.32 元人民币；6 月 30 日的市场汇率为 1 欧元=10.35 元人民币。7 月 10 日收到该应收账款，当日市场汇率为 1 欧元=10.34 元人民币。该应收账款 5 月份、6 月份应当确认的汇兑收益分别为（　　）。

A. 10 万元　　B. 15 万元　　C. 25 万元　　D. 35 万元

## 三、判断题

1. 银行汇票可以背书转让。（　　）

2. 银行本票结算方式是异地结算中应用比较广泛的一种结算方式。（　　）

3. 转账支票只能用于转账，而普通支票既可以转账也可以支取库存现金。（　　）

4. 企业可以根据经营需要，在一家或几家银行开立基本存款账户。（　　）

5. 商业承兑汇票到期日付款人账户不足支付时，其开户银行应代为付款。（ ）

## 四、综合训练题

1. 练习货币资金的核算

【资料】(1) 宏洲公司是一般纳税人，2012 年 6 月在外地采购，开设临时采购专户。

① 6 月 4 日通过银行转账，汇入采购专款 1 000 000 元。

② 6 月 11 日采购钢材一批，取得增值税发票，价款 800 000 元，增值税 136 000 元，材料尚未验收入库（按实际成本计价核算），已通过采购专户付款。

③ 6 月 11 日支付材料运费 5 000 元，已通过采购专户付款。

④ 采购员张海从采购专户提取现金 2 000 元作为差旅费。

⑤ 采购员回来，报销差旅费 1 800 元，列入了管理费用，还回现金 200 元。

⑥ 外地采购结束，将临时账户存款转回。

(2) 甲公司向开户银行申请办理银行汇票，用于与乙公司货款结算。

① 甲公司开出汇票委托书并将款项 10 000 元交存银行取得银行汇票。

② 甲公司用银行汇票办理采购货款的结算，其中货款 8 000 元，增值税 1 360 元，材料已验收入库。

③ 结算完毕，甲公司收到开户银行的收账通知，汇票余款 640 元已经汇还入账。

④ 乙企业销售产品收到银行汇票 9 360 元（含增值税），填写进账单交存银行后，凭进账单回执记账。

⑤ 若该汇票因超出付款期限未曾使用，甲公司向开户银行申请并退回款项。

【要求】根据以上业务，进行相关账务处理。

2. 练习支票的填写及核算

【资料】宏州公司 2012 年 8 月 18 日开出转账支票一张，金额为 58 500 元，用于支付在潍坊万家乐超市采购的办公用品货款，取得增值税专用发票。宏州公司基本存款开户行为中国建设银行潍坊分行鸢飞路支行，账号为：37001675408000000000。

中国建设银行（鲁）
转账支票存根
No.33306451
附加信息
出票日期 年 月 日
收款人：
金 额：
用 途：
单位主管 会计

本支票付款期限十天

**中国建设银行转账支票（鲁）** No. 33306451

出票日期（大写） 年 月 日 付款行名称：
收款人： 出票人账号：

| 人民币（大写） | 百 | 十 | 万 | 千 | 百 | 十 | 元 | 角 | 分 |
|---|---|---|---|---|---|---|---|---|---|
| | | | | | | | | | |

用途
上列款项请从
我账户内支付
出票人签章 复核 记账

【要求】请以出纳身份填开转账支票一张，同时互相讨论填开支票时应注意哪些事项。

3. 练习银行存款余额调节表的编制

【资料】甲企业 2012 年 6 月 31 日银行存款日记账账面余额为 465 000 元，银行对账单上企业存款余额为 468 500 元，经逐笔核对，发现以下未达账项。

（1）企业开出支票 2 000 元，持票人尚未到银行办理转账。

（2）企业送存支票 6 400 元，银行尚未入账。

（3）银行划转企业银行借款利息 600 元，尚未通知企业。

（4）企业委托银行代收款项 10 000 元，银行已收款入账，但尚未通知企业。

（5）银行代企业支付的电话费 1 500 元，尚未通知企业。

【要求】根据以上资料编制银行存款余额调节表。

**银行存款余额调节表**

年 月 日

| 项 目 | 金 额 | 项 目 | 金 额 |
|---|---|---|---|
| 银行存款日记账余额 | | 银行对账单余额 | |
| 加：银行已收、企业未收款 | | 加：企业已收、银行未收款 | |
| 减：银行已付、企业未付款 | | 减：企业已付、银行未付款 | |
| 调节后的存款余额 | | 调节后的存款余额 | |

4. 练习外币业务的核算

【资料】某工业企业采用当日即期汇率对外币业务进行折算，并按月计算汇兑损益。

（1）该企业 201×年 8 月 31 日有关外币账户期末余额如下（期末即期汇率 1 欧元 = 11 元人民币）：应收账款 20 万欧元；应付账款 10 万欧元；银行存款 40 万欧元。

（2）该企业 201×年 9 月份发生如下外币业务。

① 9 月 3 日对外出口销售产品一批，销售收入为 40 万欧元，当日汇率为 1 欧元 = 10.5 元人民币，款项尚未收回。

② 9 月 10 日从银行借入短期外币借款 30 万欧元，当日汇率为 1 欧元 = 10.8 元人民币。

③ 9 月 17 日从国外进口原材料一批，共计 50 万欧元，款项由外币存款支付，当日汇率为 1 欧元 = 10.5 元人民币。

④ 9 月 20 日从国外进口原材料一批，价款总计 20 万欧元，款项尚未支付，当日汇率为 1 欧元 = 11 元人民币。

⑤ 9 月 26 日收到 1 月 8 日赊销款 15 万欧元，当日汇率为 1 欧元 = 11.5 元人民币。

⑥ 9 月 30 日偿还 1 月 10 日借入的外币 30 万欧元，当日汇率为 1 欧元 = 11 元人民币。

【要求】（1）编制该企业 9 月份外币业务的会计分录（不考虑所发生的各项税费）；

（2）计算 9 月份的汇兑损益并进行账务处理。（金额单位：万元）。

# 岗位二

# 往来结算岗位

学习目标

- 了解往来结算岗位的核算任务和业务流程。
- 正确理解商业折扣和现金折扣，掌握各种应收款项发生及收回的核算方法。
- 掌握应收票据取得、转让和收回的核算方式。
- 掌握应收款项减值的确认及核算。
- 掌握各种应付和预收款项、应付票据的账务处理方法。

## 一、知识准备

### （一）往来结算岗位核算任务

往来结算业务，从广义讲，企业在经济活动过程中与其他一切会计主体之间发生的经济业务都属于往来业务的内容。狭义上理解，往来业务是本企业与其他非银行机构发生的经济业务往来。实务中对往来结算业务的理解是狭义的，包括债权结算业务和债务结算业务，核算规模较大的单位，一般专门设有核算往来账款的会计岗位，具体任务如下。

（1）负责建立往来款项结算手续制度。

（2）负责往来款项的结算业务和明细核算，对于债权部分，要按债务人名称分别设置明细账；对于债务部分，要按债权人名称分别设置明细账，根据审核后的记账凭证逐笔登记，并经常核对余额。年终要抄列清单，并向领导或有关部门报告。

（3）对各种应收、暂付款项，要及时催收结算；应付、暂收款项，应在付款期限内进行清偿。

（4）定期对往来款项进行清算、催收和与对方对账。对确认无法收回的应收款项和无法支付的应付款项，应查明原因，按现行规定报经批准后处理。

（5）实行备用金制度的公司，要核定备用金定额，及时办理领用和报销手续，加强管理。对预借的差旅费，要督促相关人员及时办理报销手续，收回余额，不得拖欠挪用。

（6）负责计提坏账准备；评判客户，减少坏账损失。

### （二）往来结算岗位业务流程

往来结算岗位的业务流程如图 3-1 所示。

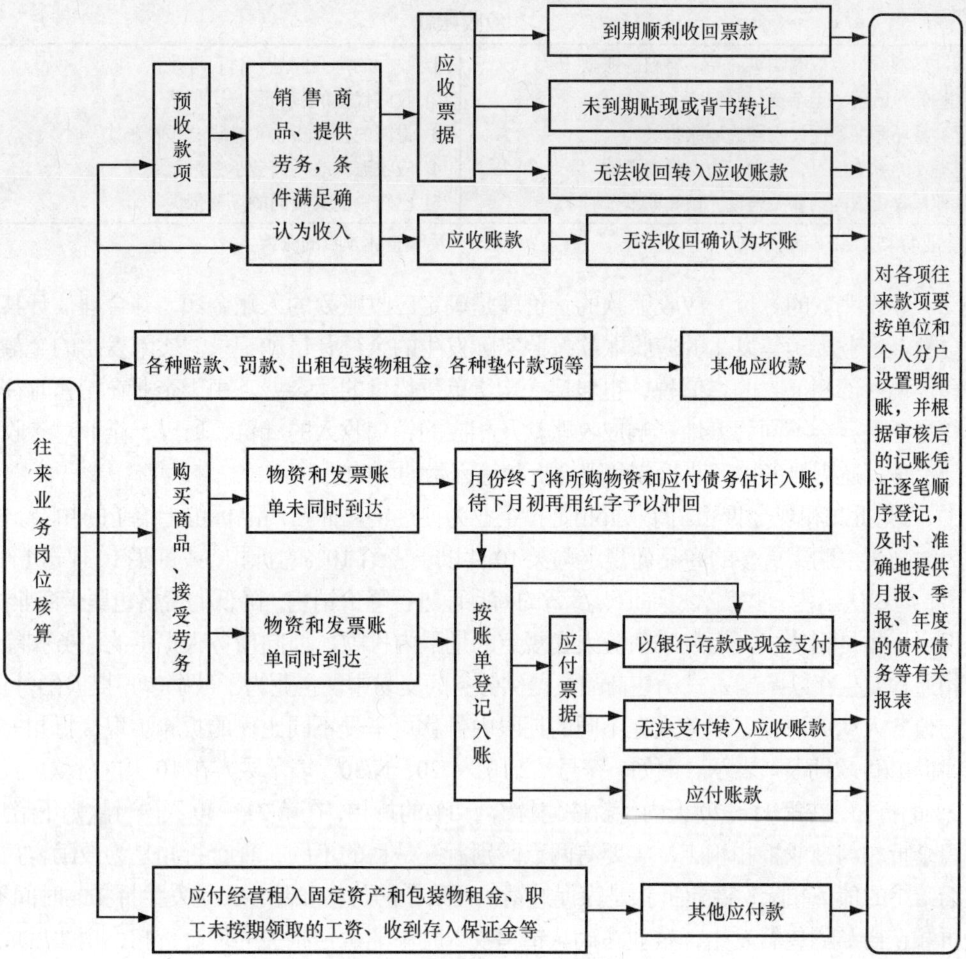


图 3-1　往来结算岗位业务流程

# 二、债权核算业务

## （一）应收账款

1. 应收账款的内容

应收账款是指企业因销售商品、产品或提供劳务等，应向购货单位或接受劳务单位收取的款项。应收账款有其特定的范围，企业在非购销活动中产生的应收款项，如企业与外单位之间的各种应收赔款、罚款、存出保证金，以及企业应向职工收取的各种垫付款项等，不属于应收账款而应作为其他应收款；同样，企业在销售产品、商品或提供劳务时，如因采用商业汇票结算方式而以票据化形式表现的应收款项，也不属于应收账款而应作为应收票据。

2. 应收账款的核算

（1）账户设置。为了反映和监督应收账款的增减变动及其结存情况，企业应设置“应收账款”账户，并按债务人的名称分别设置明细账，进行明细核算。不单独设置“预收账款”账户的企业，预收的账款也在“应收账款”账户核算。“应收账款”属于资产类账户。

| 借方 | 应收账款　　　　　　　　贷方 |
|---|---|
| ① 应向购货单位收取的购买商品、材料等账款<br>② 代垫的包装费、运杂费<br>③ 已冲减坏账准备而又收回的坏账损失<br>④ 已贴现的承兑汇票，对方无力支付的票款<br>⑤ 其他预收货款的结算（未设“预收账款”时） | ① 收回的购买商品、材料等账款<br>② 收回代垫的包装费、运杂费<br>③ 退回的预收货款（未设“预收账款”时）<br>④ 应收账款改用商业承兑汇票结算<br>⑤ 已转销而又收回的坏账损失 |
| 反映企业尚未收回的应收账款 | 反映企业预收的账款 |

（2）应收账款的计价。应收账款的计价就是确定应收账款的入账金额，并合理估计其可收回的金额。企业因销售发生的应收账款按照实际发生的金额计量和记录。实际发生的金额包括货款和代税务部门征收的增值税，也包括代购货单位垫付的运杂费。由于企业在销售时往往实行折扣的办法，会不同程度地影响应收账款及相应的销售收入的计价，所以，企业对应收账款进行计价时，还需要考虑商业折扣和现金折扣等因素的影响。

① 商业折扣和现金折扣。商业折扣是指企业为促进销售而在商品标价上给予的扣除。例如，企业为鼓励买主购买更多的商品而规定购买 10 件以上者给 10%的折扣，或每买 10 件送 1 件；再如，企业为尽快出售一些残次、陈旧、冷背的商品而进行降价销售，降低的价格也属于商业折扣。

现金折扣是指债权人为鼓励债务人在规定的期限内付款，而向债务人提供的债务扣除。现金折扣通常发生在以赊销方式销售商品及提供劳务的交易中。企业为了鼓励客户提前偿付货款，通常与债务人达成协议，债务人在不同的期限内付款可享受不同比例的折扣。现金折扣一般用符号“折扣/付款期限”表示。例如，符号“2/10，1/20，N/30”表示买方在 10 天内付款可按售价给予 2%的折扣，在第 11～20 天内付款按售价给予 1%的折扣，在第 21～30 天内付款则不给折扣。

现金折扣与商业折扣相比，主要有两点区别。一是目的不同，现金折扣是为鼓励客户提前付款而给予的债务扣除；商业折扣是为促进销售而给予的价格扣除。二是发生折扣的时间不同，现金折扣在商品销售后发生，企业在确认销售收入时不能确定相关的现金折扣，销售后现金折扣是否发生应视买方的付款情况而定；而商业折扣在销售时即已发生，企业销售实现时，只要按扣除商业折扣后的净额确认销售收入即可，无需作账务处理。

② 总价法和净价法。现金折扣使得销售方的应收账款的收回金额随客户付款时间的不同而有差异，必然对应收账款的入账价值产生影响。对于这种影响，会计上有两种处理方法可供选择，即总价法和净价法。

总价法是将未扣减现金折扣前的金额作为实际售价，记作应收账款的入账价值。在这种方法下，只有客户在折扣期内付款时，企业才确认现金折扣，并把它视为一项企业融通资金的成本，在会计上作为财务费用处理。根据我国《企业会计准则第 14 号——收入》规定，企业销货或提供劳务，并且附有现金折扣条件的应收账款的入账价值，应按照总价法确定。

净价法是将扣减现金折扣后的金额作为实际售价，记作应收账款的入账价值。在这种方法下，把客户为取得现金折扣而在折扣期内付款视为正常现象，将客户由于超过折扣期限付款而使销售方多收入的金额视为提供信贷而获得的收入，在会计上作为利息收入入账。

（3）应收账款的账务处理。企业发生应收账款，按应收金额，借记“应收账款”科目，按确认的营业收入，贷记“主营业务收入”等科目。收回应收账款时，借记“银行存款”等科目，贷记“应收账款”科目。涉及增值税销项税额的，还应进行相应的处理。

**【做中学 3-1】** 宏洲公司向甲企业销售一批产品，发票上价款为 50 000 元，增值税 8 500 元，付款条件为“2/10，1/20, N/30”。销售产品时，编制会计分录如下：

| | |
| --- | --- |
| 借：应收账款——甲企业 | 58 500 |
| 　　贷：主营业务收入 | 50 000 |
| 　　　　应交税费——应交增值税（销项税额） | 8 500 |

如果甲企业在10天内付款，付款额为57 330元（58 500－58 500×2%）。收到款项时，编制会计分录如下：

| | |
| --- | --- |
| 借：银行存款 | 57 330 |
| 　　财务费用 | 1 170 |
| 　　贷：应收账款——甲企业 | 58 500 |

如果甲企业在第11～20天内付款，则付款额为57 915元(58 500－58 500 ×1%)，收到款项时，编制会计分录如下：

| | |
| --- | --- |
| 借：银行存款 | 57 915 |
| 　　财务费用 | 585 |
| 　　贷：应收账款——甲企业 | 58 500 |

如果甲企业超过20天付款，则不能享受现金折扣优惠，需按全额支付。收到款项时，编制会计分录如下：

| | |
| --- | --- |
| 借：银行存款 | 58 500 |
| 　　贷：应收账款——甲企业 | 58 500 |

**【做中学3-2】** 宏洲公司向乙企业销售一批产品，按照价目表上标明的价格计算，其售价为30 000元，由于是老客户，企业给予10%的商业折扣，金额为3 000元，企业开出的发票上标明价款为27 000元，增值税税额为4 590元，产品发运时，企业以支票支付代垫运杂费850元。上述款项按合同规定采用托收承付结算方式结算。该企业根据有关的发票账单向银行办妥托收手续后，编制会计分录如下：

| | |
| --- | --- |
| 借：应收账款——乙企业 | 32 440 |
| 　　贷：主营业务收入 | 27 000 |
| 　　　　应交税费——应交增值税（销项税额） | 4 590 |
| 　　　　银行存款 | 850 |

乙企业验单或验货后承付款项，该企业收到银行转来的收款通知，编制会计分录如下：

| | |
| --- | --- |
| 借：银行存款 | 32 440 |
| 　　贷：应收账款——乙企业 | 32 440 |

按照规定，企业向购货单位预收账款的，如果预收账款的业务不多，可以将预收账款直接记入"应收账款"账户核算。"应收账款"账户期末如为贷方余额，反映企业预收的账款。在期末编制财务报表时，需要对"应收账款"账户的明细账进行分析，分别填列"应收账款"和"预收账款"项目。

## （二）应收票据

应收票据是指企业因销售商品、产品或提供劳务等而收到的商业汇票。企业持有的商业汇票按承兑人不同，分为商业承兑汇票和银行承兑汇票。按是否计息分为不带息商业汇票和带息商业汇票。不带息商业汇票是指商业汇票到期时，承兑人只按票面金额（面值）向收款人或被背书人支付款项的汇票。带息商业汇票是指商业汇票到期时，承兑人必须按票面金额加上应计利息向收款人或被背书人支付票款的票据。按现行制度规定，企业收到开出、承兑的商业汇票，无论是否带息，均按应收票据的票面价值入账。带息应收票据应于期末按票据的票面价值和确定的利率计提利息，并同时计入当期损益。

1. 商业汇票的到期日和到期值

（1）到期日。票据的期限一般有按月表示和按日表示两种。

① 按月表示。票据期限按月表示时，其不考虑各月份实际天数多少，统一按次月对日为整月计算，即以到期月份中与出票日相同的那一天为到期日。如 1 月 1 日签发期限为 3 个月的票据，到期日应为 4 月1日。月末签发的票据，不论月份大小，统一以到期月份的最后一日为到期日。如1 月 31 日签发的期限分别为 1 个月、2 个月的票据，其到期日分别为 2 月 28 日（闰年为 2 月29 日）、3 月 31 日。

② 按日表示。票据期限按日表示时，统一按票据的实际天数计算，但通常在出票日和到期日这两天中，只计算其中的一天。例如，3 月 2 日签发的承兑期限为 180 天的商业汇票，到期日为 8 月 29 日；1 月 1 日签发期限为 60 天的票据，其到期日应为 4 月 1 日（当年 2 月为 28 天）。

（2）到期值。不带息的商业汇票，到期值等于票据面值，与期限的长短没有关系；带息的商业票据到期收回时，收取的票款等于票据面价值加上票据利息。

票据到期价值 = 应收票据票面价值 + 应收票据利息

应收票据利息是按照票据上载明的利率和期限计算的。

应收票据利息 = 应收票据票面价值 × 利率 × 期限

利率和期限应保持一致，公式中的利率一般以年利率表示。当票据期限按月表示时，要将年利率换算成月利率（年利率 ÷ 12），应收票据利息按票面价值、票据期限（月数）和月利率计算。当票据期限按天表示时，要将年利率换算成日利率（年利率 ÷ 360），应收票据利息按票面价值、票据期限（天数）和日利率计算。

2. 应收票据取得和到期收回的核算

为了反映应收票据的取得和收回情况，企业应设置“应收票据”账户。该账户是资产类账户，应按不同债务人名称设置明细账，进行明细核算。

| 借方　　　　应收票据 | 贷方 |
|---|---|
| ①取得票据（面值）<br>②分期计提的票据利息 | ①票据到期收回的票款<br>②票据转让<br>③票据贴现 |
| 企业持有的商业汇票面值及利息金额 | |

（1）不带息应收票据的财务处理。企业收到商业汇票时，按票面金额，借记“应收票据”账户，按实现的营业收入，贷记“主营业务收入”等账户，按专用发票上注明的增值税税额，贷记“应交税费——应交增值税（销项税额）”账户。企业收到应收票据以抵偿应收账款时，借记“应收票据”账户，贷记“应收账款”账户。应收票据到期收回时，按票面金额，借记“银行存款”账户，贷记“应收票据”账户。

**【做中学 3-3】** 宏洲公司向甲公司销售产品一批，价款 70 000 元，增值税 11 900 元，收到由甲公司开出、承兑的面值为 81 900 元、期限为 3 个月的商业承兑汇票一张。编制会计分录如下：

| | | |
|---|---|---|
| 借：应收票据——甲公司 | 81 900 | |
| 　贷：主营业务收入 | | 70 000 |
| 　　　应交税费——应交增值税（销项税额） | | 11 900 |

3个月后，应收票据到期，票面金额81 900元已收存银行。编制会计分录如下：

借：银行存款 81 900

　　贷：应收票据——甲公司 81 900

如果企业持有的商业承兑汇票到期，因付款人无力支付票款，企业收到银行退回的商业承兑汇票、委托收款凭证、未付票款通知书或拒绝付款证明等，应将到期票据的票面金额转入“应收账款”账户。

如果3个月后甲公司无力偿还票款，企业应编制会计分录如下：

借：应收账款——甲公司 81 900

　　贷：应收票据——甲公司 81 900

（2）带息应收票据的账务处理。带息应收票据到期，应当计算票据利息。对于尚未到期的带息应收票据，企业应在期末按应收票据的票面价值和确定的利率计提利息，计提的利息增加应收票据的账面余额，同时冲减当期财务费用。

**【做中学3-4】** 宏洲公司2011年3月1日向乙公司销售产品一批，价款为30 000元，增值税税额为5 100元，收到乙公司当日签发的面值为35 100元、期限为60天（到期日为4月30日）的银行承兑汇票一张，票面利率为4%。编制会计分录如下：

借：应收票据——乙公司 35 100

　　贷：主营业务收入 30 000

　　　　应交税费——应交增值税（销项税额） 5 100

4月30日，票据到期，票据面值及利息共35 334元已收存银行。

应收票据利息 = 35 100 × 4% ÷ 360 × 60 = 234（元）

票据到期价值 = 35 100+234 = 35 334（元）

编制会计分录如下：

借：银行存款 35 334

　　贷：应收票据——乙公司 35 100

　　　　财务费用 234

**【做中学3-5】** 宏洲公司2011年10月1日向丙公司销售产品一批，价款为1 00 000元，增值税税额为17 000元，收到丙公司当日签发的面值为17 000元、期限为6个月（到期日为2012年4月1日）的商业承兑汇票一张，票面利率为4%。

收到票据时，编制会计分录如下：

借：应收票据——丙公司 117 000

　　贷：主营业务收入 1 00 000

　　　　应交税费——应交增值税（销项税额） 17 000

2011年12月31日，年度终了，计提票据利息（企业对带息应收票据也可按月计提利息）。

票据利息 = 117 000 × 4% ÷ 12 × 3 = 1 170（元）

编制会计分录如下：

借：应收票据——丙公司 1 170

　　贷：财务费用 1 170

2012年4月1日，票据到期收回款项。

收款金额 = 117 000 ×（1+4% ÷ 12 × 6）= 119 340（元）

2012年计提的票据利息 = 117 000 × 4% ÷ 12 × 3 = 1 170（元）

编制会计分录如下:

借：银行存款　　119 340

　　贷：应收票据——丙公司　　118 170

　　　　财务费用　　1 170

如果2012年4月1日到期，承兑人拒付或无力支付票款，银行把商业承兑汇票退回企业时:

借：应收账款　　119 340

　　贷：应收票据——丙公司　　118 170

　　　　财务费用　　1 170

3. 应收票据转让的核算

企业将持有的应收票据背书转让，以取得所需物资时，按应计入取得物资成本的价值，借记“材料采购”、“在途物资”、“原材料”、“库存商品”等账户，按专用发票上注明的增值税税额，贷记“应收票据”、“应交税费——应交增值税（进项税额）”账户，按应收票据的账面余额贷记“应收票据”账户，如有差额，借记或贷记“银行存款”等账户。

如果企业背书转让的为带息应收票据，除按上述规定借记有关账户，贷记“应收票据”账户外，还应按尚未计提的利息，贷记“财务费用”账户，按应收或应付的金额，借记或贷记“银行存款”账户。

【做中学3-6】宏洲公司向甲企业采购材料，材料价款为57 000元，增值税为9 690元，款项共66 690元，材料已验收入库。企业将一票面金额为60 000元的不带息应收票据背书转让，以偿付甲企业货款，同时，差额6 690元当即以银行存款支付。编制会计分录如下:

借：原材料　　57 000

　　应交税费——应交增值税（进项税额）　　9 690

　　贷：应收票据　　60 000

　　　　银行存款　　6 690

4. 应收票据贴现的核算

票据贴现是指持票人因急需资金，将尚未到期的票据在背书后送交银行，银行受理后从票据到期值中扣除按银行贴现率计算确定的贴现利息后，将余额付给持票人的经济活动。其实质是企业融通资金的一种形式。

在票据贴现中，不带息票据的到期值就是其票面价值；带息票据的到期值就是其票面价值加上到期利息。票据贴现日至票据到期日的间隔期称为贴现天数，但通常是在贴现日与到期日两天中，只计算其中的一天。贴现中所使用的利率称为贴现率。贴现银行按贴现率计算扣除的利息称为贴现息。贴现银行将票据到期值扣除贴现息后支付给企业的资金额称为贴现净额。有关计算公式如下。

贴现天数＝贴现日至票据到期日实际天数－1

贴现息＝票据到期值×贴现率÷360×贴现天数

贴现净额＝票据到期值-贴现息

按照中国人民银行《支付结算办法》的规定，承兑人在异地的，贴现利息的计算应另加3天的划款日期。

企业将未到期的应收票据向银行贴现，应按实际收到的金额（即减去贴现息后的净额），借记“银行存款”账户，按贴现息部分，借记“财务费用”账户，按应收票据的票面余额，贷记“应收票据”账户。如为带息应收票据，按实际收到的金额，借记“银行存款”账户，按应收票据的账面余额，贷记“应收票据”账户，按其差额，借记或贷记“财务费用”账户。

其核算过程可分为 4 个步骤。

第一步，计算应收票据到期值。

第二步，计算贴现利息。

第三步，计算贴现收入。

第四步，编制会计分录。

**【做中学 3-7】** 宏洲公司 2012 年 4 月 1 日，企业持所收到的出票日期为 3 月 1 日、期限为 3 个月（到期日为 6 月 1 日）、面值为 100 000 元的不带息商业承兑汇票一张到银行贴现，假设该企业与票据承兑企业在同一票据交换区域内，银行年贴现率为 6%。有关计算如下：

贴现天数 =（30+31+1）－1 = 61（天）

贴现息 = 100 000 × 6% ÷ 360 × 61 = 1 016.67（元）

贴现净额 = 100 000－1 016.67 = 98 983.33（元）

编制会计分录如下：

借：银行存款　　98 983.33

　　财务费用　　1016.67

　　贷：应收票据　　100 000

**【做中学 3-8】** 沿用【做中学 3-7】的资料，假设贴现的票据为带息应收票据，票面年利率为 4%，且该企业与票据承兑企业不在同一票据交换区域内。有关计算如下：

票据到期值 = 100 000 ×（1+4% ÷ 12 × 3）= 101 000（元）

贴现天数 = 61+3 = 64（天）

贴现息 = 101 000 × 6% ÷ 360 × 64 = 1 077.33（元）

贴现净额 = 101 000－1 077.33 = 99 922.67（元）

编制会计分录如下：

借：银行存款　　99 922.67

　　财务费用　　77.33

　　贷：应收票据　　100 000

如果企业向银行贴现的票据是银行承兑汇票，这种汇票到期时不会发生银行收不回票款的情况。如果贴现的是商业承兑汇票，在汇票到期时有可能出现承兑人银行账户不足支付的情况，这时，贴现银行即将已贴现的应收票据退回申请贴现的企业，同时从贴现企业的账户中将票据本息划回；若贴现企业的银行存款账户余额不足，银行将作为逾期贷款处理。

**【做中学 3-9】** 沿用【做中学 3-8】的资料，如果企业贴现的商业承兑汇票到期，因承兑人的银行账户不足支付，贴现银行将已贴现的票据退回企业，同时从企业的银行账户中划回本息 101 000 元。企业应在收到银行退回的应收票据、支款通知和拒绝付款理由书或付款人未付票款通知书时，编制会计分录如下：

借：应收账款　　101 000

　　贷：银行存款　　101 000

如果企业的银行账户余额不足支付，作为逾期贷款处理。编制会计分录如下：

借：应收账款　　101 000

　　贷：短期借款　　101 000

由此可见，企业以商业汇票向银行贴现时，要承担因背书而在法律上负有的连带偿还责任，如果票据到期后，承兑人不予如期付款，贴现企业有责任向贴现银行兑付。这种有可能发生的特殊的现时义务，是企业的一项或有负债。按照《企业会计准则第 13 号——或有事项》的规定，企业因贴现而形成的或有负债应在会计报表附注中予以披露。

为加强对应收票据的管理，企业应专门设置“应收票据备查簿”，逐笔登记每一应收票据的资料。

知识拓展

**即期票据和远期票据**

票据按能否立即兑付，分为即期票据和远期票据。即期票据是指付款人见票后必须立即付款给持票人，如支票和见票即付的汇票、本票。远期票据是付款人见票后在一定期限或特定日期付款的票据。应收票据主要指应收的商业汇票，属于远期票据。其他的银行票据，如支票、银行本票、银行汇票等，都是作为货币资金来核算的，不作为应收票据处理。

## （三）其他应收款

1. 其他应收款的内容

其他应收款是指企业除应收票据、应收账款、预付账款等以外的其他各种应收及暂付款项。其主要内容如下。

（1）应收的各种赔款、罚款，如因企业财产等遭受意外损失而应向有关保险公司收取的赔款等。

（2）应收的出租包装物租金。

（3）应向职工收取的各种垫付款项，如为职工垫付的水电费、应由职工负担的医药费、房租费等。

（4）存出保证金，如租入包装物支付的押金。

（5）备用金，如向企业各职能科室、车间有关部门拨出的备用金。

（6）其他各种应收、暂付款项。

2. 其他应收款的账务处理

为了反映和监督其他应收账款的增减变动及其结存情况，企业应当设置“其他应收款”科目进行核算。“其他应收款”科目的借方登记其他应收款的增加，即发生的各种其他应收款；贷方登记其他应收款的减少，即企业收到的款项和结转情况；期末余额一般在借方，反映企业尚未收回的其他应收款项。该账户应按其他应收款的项目分类，并按不同的债务人设置明细账户进行明细核算。

**【做中学 3-10】** 宏洲公司向甲单位购买物品，借用包装物，以银行存款支付包装物押金 1 500 元。编制会计分录如下：

借：其他应收款——包装物押金——甲单位　　1 500
　　贷：银行存款　　1 500

以后退还包装物，收回押金时，编制会计分录如下：

借：银行存款　　1 500
　　贷：其他应收款——包装物押金——甲单位　　1 500

**【做中学 3-11】** 宏洲公司因自然灾害造成材料毁损，保险公司已确认赔偿损失 200 000 元。

编制会计分录如下：

借：其他应收款——应收保险赔款 200 000

贷：待处理财产损溢——待处理流动资产损溢 200 000

以后收到赔款时，编制会计分录如下：

借：银行存款 200 000

贷：其他应收款——应收保险赔款 200 000

**【做中学 3-12】** 宏洲公司以银行存款替职工李维垫付应由其个人负担的医疗费 6 000 元，拟从其工资中扣回。

垫支时编制会计分录如下：

借：其他应收款——李维 6 000

贷：银行存款 6 000

扣款时编制会计分录如下：

借：应付职工薪酬 6 000

贷：其他应收款——李维 6 000

3. 备用金制度及备用金的核算

备用金是企业拨付给内部用款单位或职工个人作为零星开支的备用款项。对于备用金，企业可单独设置“备用金”账户进行核算，不设置“备用金”账户的，其核算在“其他应收款——备用金”账户中进行。

按对备用金管理方式的不同，备用金可分为定额备用金和非定额备用金两种。

（1）定额备用金制度。定额备用金是指用款单位按定额持有的备用金。实行这种制度，通常是根据用款单位的实际需要，由财会部门会同有关用款单位核定备用金定额并拨付款项，同时规定其用途和报销期限，待用款单位实际支用后，凭有效单据向财会部门报销，财会部门根据报销数用现金补足备用金定额。报销数和拨补数都不再通过“其他应收款”账户核算。这种方法便于企业对备用金的使用进行控制，并可减少财会部门日常的核算工作，一般适用于有经常性费用开支的内部用款单位。

**【做中学 3-13】** 宏洲公司行政科实行定额备用金制度，财会部门根据核定的备用金定额 3 000 元开出现金支票拨付。编制会计分录如下：

借：其他应收款——备用金——行政科 3 000

贷：银行存款 3 000

**【做中学 3-14】** 行政科向财会部门报销日常办公用品费 2 530 元，财会部门经审核有关单据后，同意报销，并以现金补足定额。编制会计分录如下：

借：管理费用 2 530

贷：库存现金 2 530

（2）非定额备用金制度。非定额备用金是指用款单位或个人不按固定定额持有的备用金。当用款单位或个人因进行零星采购、出差或其他日常开支需要用备用金时，是按需要逐次借用和报销的。

**【做中学 3-15】** 宏洲公司采购员张华出差借支差旅费 2 000 元，以现金支付。编制会计分录如下：

借：其他应收款——备用金——张华 2 000

贷：库存现金 2 000

【做中学 3-16】 采购员张华出差回来报销差旅费 1 800 元，交回现金 200 元。编制会计分录如下：

借：管理费用　　1 800
　　库存现金（现金）　　200
　　贷：其他应收款——备用金——张华　　2 000

## （四）预付账款

1. 预付账款的内容

预付账款是企业按照购货合同的规定预付给供应单位的款项，属于企业的短期性债权。按现行制度规定，预付款项情况不多的企业，也可以将预付的款项直接记入“应付账款”账户的借方，不设置“预付账款”账户。但在期末编制财务报表时，需要对“应付账款”账户的明细账进行分析，分别填列“应付账款”和“预付账款”项目。

预付账款与应收账款的差别在于，应收账款是企业销货引起的，是应向购货方收取的款项，代表的是收款的权利；二预付账款是企业购货引起的，是预先支付给供货方的款项，代表的是收货的权利。

2. 预付账款的账务处理

企业应设置“预付账款”账户对预付款项的付出和结算情况进行核算。该账户应按供应单位设置明细账，进行明细核算。

| 借方　　　　预付账款 | 贷方 |
|---|---|
| ①预先支付的货款<br>②补付的款项 | ①收到所购物资的应付金额<br>②退回的多付款项 |
| 反映企业实际预付的款项 | 反映企业尚未补付的款项 |

【做中学 3-17】 宏洲公司向甲公司采购材料，按合同规定预付款项 50 000 元，以银行存款支付。

以银行存款支付时，编制会计分录如下：

借：预付账款——甲公司　　50 000
　　贷：银行存款　　50 000

收到甲公司的材料和专用发票等单据，材料价款为 100 000 元，增值税为 17 000 元，材料已验收入库。编制会计分录如下：

借：原材料　　100 000
　　应交税费——应交增值税——进项税额　　17 000
　　贷：预付账款——甲公司　　117 000

用银行存款补付款项 67 000 元。编制会计分录如下：

借：预付账款——甲公司　　67 000
　　贷：银行存款　　67 000

【做中学 3-18】 沿用【做中学 3-17】的资料，甲公司发来的材料价款为 20 000 元，增值税为 3 400 元，退回预付货款余额 26 600 元。编制会计分录如下：

借：原材料　　20 000
　　应交税费——应交增值税——进项税额　　3 400

　　贷：预付账款——甲公司　　23 400

借：银行存款　　26 600

　　贷：预付账款——甲公司　　26 600

## （五）应收款项减值

### 1. 应收账款减值的确定方法

企业的各项应收款项可能会因购货人拒付、破产、死亡等原因而无法收回。这类无法收回的应收款项就是坏账。因坏账而遭受的损失为坏账损失。企业应当在资产负债表日对应收款项的账面价值进行检查，有客观证据表明该应收款项发生减值的，应当将该应收款项的账面价值减记至预计未来现金流量现值，减记的金额确认减值损失，计提坏账准备。确定应收款项减值有两种方法，即直接转销法和备抵法，我国《企业会计准则》规定采用备抵法确定应收款项的减值。

（1）直接转销法。采用直接转销法时，日常核算中应收款项可能发生的坏账损失不予考虑，只有在实际发生坏账时，才作为损失计入当期损益，同时冲销应收款项，即借记“资产减值损失”科目，贷记“应收账款”科目。

**【做中学 3-19】** 宏洲公司 2009 年发生的一笔 30 000 元的应收账款，长期无法收回，于 2011 年末确认为坏账，2011 年年末企业编制如下会计分录：

借：资产减值损失——坏账损失　　30 000

　　贷：应收账款　　30 000

这种方法的优点是账务处理简单、实用，其缺点是不符合权责发生制和收入与费用相互配比的会计原则。在这种方法下，只有坏账已经发生时，才能将其确认为当期费用，导致各期收益不实；另外，在资产负债表日，应收账款是按其账面余额而不是按净额反映，这在一定程度上歪曲了期末的财务状况。所以，一般不采用直接转销法。

（2）备抵法。备抵法是采用一定的方法按期估计坏账损失，计入当期费用，同时建立坏账准备的。企业对于不能收回的应收款项，应当查明原因，追究责任，对有确凿证据表明确实无法收回的应收账款，如债务单位已撤销、破产、资不抵债、现金流量严重不足等，根据企业的管理权限，经股东大会或董事会，总经理办公会议或类似机构批准作为坏账损失，冲销已提的坏账准备和相应的应收款项。采用这种方法，坏账损失计入同一期间的损益，体现了配比原则的要求，避免了企业明盈实亏；在报表上列示应收款项净额，使报表使用者能了解企业应收款项的可变现金额。

在企业的实际工作中，备抵法下坏账准备的计提方法一般有应收账款余额百分比法、账龄分析法、销货百分比法三种。计提坏账准备的方法和提取比例可由企业自行确定，但提取方法一经确定，不得随意变更。

### 2. 坏账准备的账务处理

企业应当设置“坏账准备”和“资产减值损失”等账户。

“坏账准备”账户为资产类账户，是“应收款项”账户的备抵账户，核算企业坏账准备的计提、转销等情况。

| 借方　　　　坏账准备 | 贷方 |
|---|---|
| ①实际发生的坏账损失<br>②冲减的坏账准备金额 | ①计提的坏账准备<br>②收回确认并转销坏账损失 |
| | 已提取但尚未转销的坏账准备 |

“资产减值损失”账户属损益类，主要用于核算企业计提各项减值准备所形成的损失。

| 借方　　资产减值损失 | 贷方 |
|---|---|
| ①计提的各项资产减值准备 | ①计提减值准备后相关资产价值的回复金额<br>②期末结转到本年利润科目的金额 |
| 期末一般没有余额 | |

（1）应收账款余额百分比法。应收账款余额百分比法，是根据会计期末应收账款的余额和估计的坏账准备提取比例估计坏账损失、计提坏账准备的方法。坏账准备提取比例由企业自行确定。

会计期末，当企业按估计的坏账率提取的坏账准备大于或小于“坏账准备”账面余额的，应按其差额补提或冲回多提的坏账准备。可按以下公式计算。

当期应计提的坏账准备＝当期按应收款项计算应提坏账准备金－（或＋）“坏账准备”科目的贷方（或借方）余额

**【做中学 3-20】** 宏洲公司采用余额百分比法计提坏账准备，提取比例为 3%，2010 年年末应收账款的余额为 400 000 元，坏账准备计提前的余额为 0；2011 年发生了坏账损失 24 000 元，期中甲企业 8 000 元，乙企业 16 000 元，年末应收账款余额为 480 000 元；2012 年，上年已冲销的乙企业的应收账款 16 000 元又收回，年末应收账款的余额为 560 000 元。根据该公司 2010 年、2011 年和 2012 年发生的经济业务，进行相关的账务处理。

根据上述资料，计算如表 3-1 所示。

**表 3-1　坏账准备计算表**

| 年份 | 年末应收账款余额 | 年末坏账准备应有余额 | 坏账准备已有余额（贷方为正，借方为负） | 坏账准备应计提（正数）或冲减（负数） |
|---|---|---|---|---|
| 2010 | 400 000 | 12 000 | 0 | 12 000－0=12 000 |
| 2011 | 480 000 | 14 400 | 12 000－24 000=－12 000 | 14 400－（－12 000）=26 400 |
| 2012 | 560 000 | 16 800 | 14 400+16 000=30 400 | 16 800－30 400=－13 600 |

① 2010 年，年末计提坏账准备。

借：资产减值损失——计提的坏账准备　　12 000

　　贷：坏账准备　　12 000

② 2011 年发生的经济业务。

确认发生坏账时：

借：坏账准备　　24 000

　　贷：应收账款——甲企业　　8 000

　　　　　　　　——乙企业　　16 000

年末计提坏账准备时：

年末坏账准备应有的账面余额＝480 000×3%＝14 400（元）

计提前坏账准备为借方余额 12 000 元：期初贷方余额 12 000 元减去本期借方发生额 24 000 元。为了使坏账准备年末达到 14 400 元的贷方余额，可进行如下调整。

实际计提的坏账准备＝14 400－（－12 000）＝26 400（元）

借：资产减值损失——计提的坏账准备　　26 400

　　贷：坏账准备　　26 400

③ 2012 年发生的经济业务。

2011 年已冲销的乙企业账款 16 000 元又收回入账。

借：应收账款——乙企业　16 000

　　贷：坏账准备　16 000

同时：

借：银行存款　16 000

　　贷：应收账款——乙企业　16 000

年末冲回多计提的坏账准备如下。

2012 年年末应收账款余额为 560 000 元。

年末坏账准备应有的账面余额=560 000 × 3%=16 800（元）

年末计提坏账准备之前，账面已有余额为期初贷方余额 14 400 元加上本期贷方发生额 16 000 元，出现贷方余额 30 400 元。

为了使坏账准备年末达到 16 800 元的贷方余额，可进行如下调整。

实际应冲减的坏账准备=16 800－30 400=－13 600（元）

借：坏账准备　13 600

　　贷：资产减值损失——计提的坏账准备　13 600

（2）账龄分析法。账龄分析法是根据应收款项入账时间的长短来估计坏账损失的方法。一般来讲，账款拖欠的时间越长，发生坏账的可能性就越大，应提取的坏账准备金额就越多。账龄分析法据此原理，按应收款项入账时间的长短分为若干区段，并根据债务单位的财务状况、现金流量等情况，为每个区段规定一个坏账损失的百分比，入账时间越长，该比例越大。将各区段上的应收款项余额乘以坏账损失百分比，然后相加，即可确定估计坏账损失总额，该坏账损失总额就是“坏账准备”账户期末应保持的规模，即期末余额。

企业在期末估计出坏账损失总额后，应将其同“坏账准备”原账面金额进行比较，然后确定出本期应提取的坏账准备数额，并按该数额调整“坏账准备”账户，使其期末金额与本期估计的坏账损失数额相符。

【做中学 3-21】 宏洲公司 2011 年 12 月 31 日应收账款账龄及估计坏账损失见表 3-2。该企业 2011 年年初“坏账准备”账户为贷方余额 29 000 元，2011 年没有发生已确认并转销的坏账又收回的业务。

**表 3-2　应收账款账龄和估计坏账损失表**

| 应收账款账龄 | 应收账款金额 | 估计损失率 | 估计损失额 |
|---|---|---|---|
| 未到期 | 896 000 | 1% | 8 960 |
| 逾期 1 年以下 | 134 000 | 5% | 6 700 |
| 逾期 1～2 年 | 69 700 | 20% | 13 940 |
| 逾期 2～3 年 | 14 000 | 50% | 7 000 |
| 逾期 3 年以上 | 2 000 | 100% | 2 000 |
| 合　计 | 1 115 700 | | 38 600 |

表 3-2 中所计算出的坏账损失额 38 600 元是指本年末“坏账准备”账户的余额，由于“坏账准备”账户已有贷方余额 29 000 元，所以，本年应计提的坏账准备数额为 9 600 元（38 600－29 000）。编制会计分录如下：

借：资产减值损失　9 600

　　贷：坏账准备　9 600

如果2011年年初“坏账准备”账户为贷方余额40 000元，则本年应计提的坏账准备为－1 400元（38 600－40 000）。这表明原已提取的坏账准备超过了期末应提取的坏账准备数，应冲回多提的1 400元。编制会计分录如下：

借：坏账准备　　1 400

　　贷：资产减值损失　　1 400

（3）销货百分比法。销货百分比法就是根据赊销金额的一定百分比估计坏账损失的方法。在这种方法下以赊销金额为基础估计坏账。坏账百分比一般根据企业以往的经验，按赊销金额中平均发生坏账损失的比率加以计算确定。坏账百分比的计算公式如下。

$$\text{估计坏账百分比}=\frac{\text{估计坏账}}{\text{估计赊销额}}\times 100\%$$

采用销货百分比法，一般不需调整坏账准备余额。企业应根据生产经营及销售政策的变化情况，及时调整坏账百分比，以使其计提的坏账准备较符合企业坏账损失的实际情况。

【做中学3-22】 宏洲公司2011年全年赊销金额为1 000 000元，坏账百分比按以前5年的资料计算确定。以前5年平均赊销金额为800 000元，发生坏账损失12 000元，则

$$\text{估计坏账百分比}=\frac{12\,000}{800\,000}\times 100\%=1.5\%$$

年末提取的坏账准备=1 000 000 ×1.5% =15 000（元）

编制会计分录如下：

借：资产减值损失　　15 000

　　贷：坏账准备　　15 000

3. 坏账准备的信息披露

在资产负债表上，“应收账款”、“其他应收款” 等项目应按照减去已计提的坏账准备后的净额反映。

企业在报表附注中应说明坏账的确认标准，以及坏账准备的计提方法和计提比例。

## 知识拓展

### 应收及预付款项坏账损失所得税税前扣除的确认

企业依据会计准则确认的坏账损失，在计算缴纳企业所得税时，按照2011年1月1日起施行的《企业资产损失所得税税前扣除管理办法》的规定，只有提交有关证据材料、符合相关条件时，才允许税前扣除。

1. 一般规定

企业应收及预付款项坏账损失应依据以下相关证据材料确认。

（1）相关事项合同、协议或说明。

（2）属于债务人破产清算的，应有人民法院的破产、清算公告。

（3）属于诉讼案件的，应出具人民法院的判决书或裁决书或仲裁机构的仲裁书，或者被法院裁定终（中）止执行的法律文书。

（4）属于债务人停止营业的，应有工商部门注销、吊销营业执照证明。

（5）属于债务人死亡、失踪的，应有公安机关等有关部门对债务人个人的死亡、失踪证明。

（6）属于债务重组的，应有债务重组协议及其债务人重组收益纳税情况说明。

（7）属于自然灾害、战争等不可抗力而无法收回的，应有债务人受灾情况说明及放弃债权申明。

2. 特别规定

（1）企业逾期三年以上的应收款项在会计上已作为损失处理的，可以作为坏账损失，但应说明情况，并出具专项报告。

（2）企业逾期一年以上，单笔数额不超过五万或者不超过企业年度收入总额万分之一的应收款项，会计上已经作为损失处理的，可以作为坏账损失，但应说明情况，并出具专项报告。

# 三、债务核算业务

## （一）应付账款

### 1. 应付账款的确认

应付账款是指企业因购买材料、商品或接受劳务供应等经营活动应支付的款项。应付账款一般应在与所购买物资所有权相关的主要风险和报酬已经转移，或者所购买的劳务已经接受时确认。在实际工作中，一般在物资和发票账单同时到达的情况下，所购物资验收入库后，再根据发票账单登记入账，确认应付账款。

### 2. 应付账款的账务处理

企业应通过“应付账款”科目核算应付账款的发生、偿还、转销等情况。本科目是负债类科目，一般应按照债权人设置明细科目进行明细核算。

应付账款

| 借方 | 贷方 |
| --- | --- |
| ①支付前欠货款<br>②应付账款改用商业汇票结算<br>③前欠货款发生现金折扣<br>④无法归还的货款<br>⑤预付的款项（未单独设预付账款账户） | ①购入材料、商品等，款项未付<br>②接受劳务发生的应付但尚未支付的款项<br>③承兑汇票到期，无力支付的票款 |
| 企业预付的款项 | 企业尚未支付的应付账款 |

（1）应付账款的发生。企业购入材料、商品或接受劳务等所产生的应付账款，应按应付金额入账。购入材料、商品等验收入库，但货款尚未支付，根据有关凭证（发票账单、随货同行发票上记载的实际价款或暂估价值），借记“材料采购”、“在途物资”等科目，按可抵扣的增值税税额借记“应交税费——应交增值税（进项税额）”科目，按应付的价款，贷记“应付账款”科目。企业接受供应单位提供劳务而发生的应付未付款项，根据供应单位的发票账单，借记“生产成本”、“管理费用”等科目，贷记“应付账款”科目。

应付账款附有现金折扣的，应按照扣除现金折扣前的应付款总额入账。因在折扣期限内付款而获得的现金折扣，应在偿付应付账款时冲减财务费用。

**【做中学 3-23】** 宏洲公司为增值税一般纳税人，2012 年 2 月 1 日，从甲公司购入一批材料，货款为 100 000 元，增值税为 17 000 元，对方代垫运杂费 1 000 元。材料已运到并验收入库（该企业材料按实际成本计价核算），款项尚未支付。按照购货协议的规定，宏洲公司如在 20 天内付清货款，将获得 1%的现金折扣（假定计算现金折扣时需考虑增值税）。该企业的有关会计分录如下：

借：原材料　　　　101 000

应交税费——应交增值税（进项税额） 17 000

贷：应付账款——甲公司 118 000

【做中学 3-24】 宏洲公司根据供电部门通知，本月应支付电费 58 000 元。其中生产车间电费 42 000 元，企业行政管理部门电费 16 000 元，款项尚未支付。有关会计分录如下：

借：制造费用 42 000

管理费用 16 000

贷：应付账款——电力公司 58 000

（2）应付账款的偿还、抵付。企业偿还应付账款或开出商业汇票抵付应付账款时，借记“应付账款”科目，贷记“银行存款”、“应付票据”等科目。

【做中学 3-25】 沿用【做中学 3-23】的资料，2012 年 2 月 17 日，宏洲公司用银行存款支付上述应付账款。有关会计分录如下：

借：应付账款——甲公司 118 000

贷：银行存款 116 820

财务费用 1 180

宏洲公司在 2 月 17 日（即购货后的第 16 天）付清所欠甲公司的货款，按照购货协议可以获得现金折扣。宏洲公司获得的现金折扣 = 118 000 × 1 % = 1 180（元），实际支付的货款 = 118 000 − 1 180 × 1 % = 116 820（元）。

（3）应付账款的转销。企业转销确实无法支付的应付账款（如因债权人撤销等原因而产生无法支付的应付账款），应按其账面余额计入营业外收入，借记“应付账款”科目，贷记“营业外收入”科目。

【做中学 3-26】 宏洲公司 2011 年 12 月 31 日确定一笔应付账款 5 000 元为无法支付的款项，应予转销。有关会计分录如下：

借：应付账款 5 000

贷：营业外收入——其他 5 000

## （二）应付票据

1. 应付票据的确认

应付票据是指企业购买材料、商品和接受劳务供应等而开出、承兑的商业汇票，包括商业承兑汇票和银行承兑汇票。

商业汇票按照是否带息，分为带息票据和不带息票据。不带息应付票据，应按票据面值计价入账；带息应付票据，企业开出承兑票据时应按面值计价入账，期末计算的应付利息也应列为应付票据款计价入账。

2. 账户设置

企业应通过“应付票据”科目核算应付票据的发生、偿付等情况。

借方　　　　应付票据　　　　贷方

| 借方 | 贷方 |
|---|---|
| ①支付票据款及票据利息<br>②到期无法支付的票款 | ①购入材料、商品等开出承兑的票据<br>②货款到期、开出票据<br>③计提票据利息 |
|  | 企业尚未到期的商业汇票的票面金额和应计未付的利息金额 |

企业应当设置“应付票据备查簿”，详细登记商业汇票的种类、号数和出票日期、到期日、票面余额、交易合同号和收款人姓名或单位名称及付款日期和金额等资料。应付票据到期结清时，应当在备查簿内予以注销。

3. 不带息应付票据的账务处理

（1）应付票据的发生。企业因购买材料、商品和接受劳务供应等而开出、承兑的商业汇票，应当按其票面金额作为应付票据的入账金额，借记“材料采购”、“原材料”、“库存商品”、“应付账款”、“应交税费——应交增值税（进项税额）”等科目，贷记“应付票据”科目。

企业支付的银行承兑汇票手续费应当计入当期财务费用，借记“财务费用”科目，贷记“银行存款”科目。

**【做中学 3-27】** 宏洲公司为增值税一般纳税人。该企业于 2012 年 2 月 6 日开出并承兑一张面值 58 500 元、期限 4 个月的不带息银行承兑汇票，用以采购一批材料，材料已收到，按计划成本核算、增值税专用发票上注明的材料价款为 50 000 元，增值税税额为 8 500 元。该企业的有关会计分录如下：

借：材料采购 50 000
　　应交税费——应交增值税（进项税额） 8 500
　贷：应付票据 58 500

**【做中学 3-28】** 沿用【做中学 3-27】的资料。宏洲公司已交纳承兑手续费 29.25 元。该企业的有关会计分录如下：

借：财务费用 29.25
　贷：银行存款 29.25

（2）应付票据的偿还。应付票据到期支付票款时，应按账面余额予以结转，借记“应付票据”科目，贷记“银行存款”科目。

**【做中学 3-29】** 继续沿用【做中学 3-27】的资料。2012 年 6 月 6 日，宏洲公司于 2 月 6 日开出的商业汇票到期，通知其开户银行以银行存款支付票款。该企业的有关会计分录如下：

借：应付票据 58 500
　贷：银行存款 58 500

（3）应付票据的转销。应付商业承兑汇票到期，如企业无力支付票款，应将应付票据按账面余额转作应付账款。借记“应付票据”科目，贷记“应付账款”科目。应付银行承兑汇票到期，如企业无力支付票款，应将应付票据的账面余额转作短期借款，借记“应付票据”科目，贷记“短期借款”科目。

**【做中学 3-30】** 继续沿用【做中学 2-27】的资料。假设上述银行承兑汇票到期时宏洲公司无力支付票款。有关会计分录如下：

借：应付票据 58 500
　贷：短期借款 58 500

4. 带息应付票据的账务处理

带息应付票据与不带息应付票据的会计处理的不同之处是，企业开出、承兑的带息票据，应于期末计算应付利息，计入当期财务费用，借记“财务费用”科目，贷记“应付票据”科目。

**【做中学 3-31】** 2012 年 3 月 1 日，宏洲公司开出带息商业承兑汇票一张，面值 330 000 元，用于抵付其前欠乙公司的货款。该票据票面利率为 4%，期限为 3 个月。有关会计分录如下：

借：应付账款——乙公司　　330 000

　　贷：应付票据　　330 000

【做中学 3-32】 沿用【做中学 3-31】的资料。3 月 31 日，宏洲公司计算开出的带息应付票据应计利息。有关会计分录如下：

3 月份应计提的应付票据利息=330 000 × 4% ÷ 12=1 100（元）

借：财务费用　　1 100

　　贷：应付票据　　1 100

宏洲公司 4 月末和 5 月末的会计处理同上。

【做中学 3-33】 继续沿用【做中学 3-31】的资料。6 月 1 日，宏洲公司开出的带息商业承兑汇票到期，企业以银行存款全额支付到期票款和 3 个月的票据利息。有关会计分录如下：

该商业承兑汇票到期应偿还的金额=本金+利息=330 000+330 000 × 4% ÷ 12 × 3=333 300（元）

借：应付票据　　333 300

　　贷：银行存款　　333 300

【做中学 3-34】 继续沿用【做中学 3-31】的资料。6 月 1 日，带息商业承兑汇票到期，如果宏洲公司无力支付票款，应将应付票据的账面余额转入“应付账款”科目。该企业的有关会计分录如下：

借：应付票据　　333 300

　　贷：应付账款　　333 300

## （三）其他应付款

1. 其他应付款的确认

其他应付款是指企业除应付票据、应付账款、预收账款、应付职工薪酬、应交税费、应付利息、应付股利等经营活动以外的其他各项应付、暂收的款项，如应付租入包装物租金、存入保证金等。

2. 其他应付款的账务处理

企业应设置“其他应付款”账户，核算其他应付款的增减变动及其结存情况，并按照其他应付款的项目和对方单位（或个人）设置明细科目进行明细核算。

| 借方 | 其他应付款　　贷方 |
|---|---|
| ①偿还的应付或暂收款项<br>②转销的各种应付、暂收款项 | ①应付经营性租入固定资产或包装物租金<br>②职工未按期领取的工资<br>③应付、暂收所属单位和个人的款项<br>④收取的包装物等的押金 |
| | 应付未付的其他应付款项 |

【做中学 3-35】 宏洲公司从 2012 年 1 月 1 日起，以经营租赁方式租入管理用办公设备一批，每月租金 3 000 元，按季支付。3 月 31 日，以银行存款支付应付租金。有关会计分录如下：

（1）1 月 31 日计提应付经营租入固定资产租金。

借：管理费用　　3 000

　　贷：其他应付款　　3 000

2 月底计提应付经营租入固定资产租金的会计处理同上。

（2）3月31日支付租金。

借：其他应付款 6 000

管理费用 3 000

贷：银行存款 9 000

## （四）预收账款

1. 预收账款的确认

预收账款是指企业按照合同的规定向购货单位预收的款项。与应付账款不同，预收账款所形成的负债不是以货币偿付，而是以货物偿付。

2. 预收账款的账务处理

企业应通过“预收账款”科目，核算预收账款的取得、偿付等情况。企业应当按照购货单位设置明细科目进行明细核算。预收货款业务不多的企业，可以不单独设置“预收账款”科目，其所发生的预收货款，可通过“应收账款”科目核算。

| 借方 | 预收账款　　　　贷方 |
| --- | --- |
| ①向购货方发货后冲销的预收账款数额<br>②退回购货方多付账款的数额 | ①预收账款数额<br>②购货单位补付账款的数额 |
| 企业应收的款项 | 企业向购货单位预收的款项但尚未向购货方发货的数额 |

企业预收购货单位的款项时，借记“银行存款”科目，贷记“预收账款”科目；销售实现时，按实现的收入和应交的增值税销项税额，借记“预收账款”科目，按照实现的营业收入，贷记“主营业务收入”科目，按照增值税专用发票上注明的增值税税额，贷记“应交税费——应交增值税（销项税额）”等科目；企业收到购货单位补付的款项，借记“银行存款”科目，贷记“预收账款”科目；向购货单位退回其多付的款项时，借记“预收账款”科目，贷记“银行存款”科目。

**【做中学3-36】** 宏洲公司为增值税一般纳税人。2012年5月9日，与乙公司签订供货合同，向其出售一批产品，货款金额共计100 000元，应交增值税17 000元。根据购货合同的规定，乙公司在购货合同签订后一周内，应当向宏洲公司预付货款60 000元，剩余货款在交货后付清。2012年5月15日，宏洲公司收到乙公司交来的预付货款60 000元并存入银行，5月16日，宏洲公司将货物发到乙公司并开出增值税专用发票，乙公司验收后付清了剩余货款。有关会计分录如下：

（1）5月15日收到乙公司交来预付货款60 000元。

借：银行存款 60 000

贷：预收账款——乙公司 60 000

（2）5月16日按合同规定，向乙公司发出货物。

借：预收账款——乙公司 117 000

贷：主营业务收入 100 000

应交税费——应交增值税（销项税额） 17 000

（3）收到乙公司补付的货款。

借：银行存款 57 000

贷：预收账款——乙公司 57 000

【做中学 3-37】 沿用【做中学 3-36】的资料。假设宏洲公司不设置“预收账款”科目，通过“应收账款”科目核算有关业务。有关会计分录如下：

（1）5 月 15 日收到乙公司交来预付货款 60 000 元。

借：银行存款　　60 000

　　贷：应收账款——乙公司　　60 000

（2）5 月 16 日按合同规定，向乙公司发出货物。

借：应收账款——乙公司　　117 000

　　贷：主营业务收入　　100 000

　　　　应交税费——应交增值税（销项税额）　　17 000

（3）收到乙公司补付的货款。

借：银行存款　　57 000

　　贷：应收账款——乙公司　　57 000

## 小　结

本岗位工作是每个企业日常业务核算的核心工作之一，债权债务的处理过程要与实际相结合。在业务处理过程中，一是要注意“应收”与“应付”、“预收”与“预付”、“其他应收”与“其他应付”的对应关系；二是对票据贴现，要算准期限和利息，特别是带息票据；三是正确把握应收款项的减值及坏账的处理。

## 岗位训练

### 一、单选题

1. 在我国，应收票据是指（　　）。

　A. 支票　　B. 银行本票　　C. 银行汇票　　D. 商业汇票

2. 某企业 2012 年 7 月 2 日将一张带息应收票据到银行贴现。该票据面值为 2 000 000 元，2012 年 6 月 30 日已计利息 2 000 元，尚未计提利息 2 400 元，银行贴现息为 1 800 元。该应收票据贴现时计入财务费用的金额为（　　）元。

　A. －600　　B. －200　　C. －2 600　　D. 1 800

3. 如果企业将预付货款记入“应付账款”科目，在编制会计报表时，应（　　）。

　A. 以预付账款抵减应付账款金额

　B. 将预付账款金额反映在应收账款项目中

　C. 将预付账款和应付账款的金额分开报告

　D. 以预付账款抵减预收账款的金额

4. 某企业销售产品，每件单价为 120 元。若客户购买 100 件（含 100 件）以上，每件可得到 20 元的商业折扣。某客户 2012 年 9 月 10 日购买该产品 100 件，按规定现金折扣条件为 2/10，1/20，*n*/30。适用的增值税税率为 17%。该企业于 9 月 29 日收到该笔款项时，应给予客户的现金折扣为（　　）元。假定计算现金折扣时不考虑增值税。

　A. 0　　B. 100　　C. 117　　D. 1 100

5. 企业对于无法支付的应付账款，应列入（　　）。

A. 营业收入　　B. 其他业务收入　　C. 营业外收入　　D. 待处理财产损溢

## 二、多选题

1. 对于带息的应收票据，企业应在中期、期末和年终时（　　）。

A. 计提坏账准备　　B. 计提票据利息

C. 增加应收票据的票面价值　　D. 冲减“财务费用”科目

2. 下列各项中，应计入“坏账准备”科目贷方的有（　　）。

A. 提取坏账准备　　B. 冲回多提坏账准备

C. 收回以前确认并转销的坏账　　D. 备抵法下实际发生的坏账

3. 我国目前会计实务中对应付票据利息的账务处理不正确的有（　　）。

A. 计算应付利息，并增加应付票据的账面价值

B. 按期预提利息，记入“财务费用”科目

C. 发生时列支，一次记入“财务费用”科目

D. 记入“待摊费用”科目，按期摊销

4. 应收账款的入账价值包括（　　）。

A. 确认销售收入时尚未收到的价款　　B. 代购货方垫付的包装费

C. 代购货方垫付运杂费　　D. 销售货物发生的商业折扣

5. 下列各项中，不应通过“其他应收款”科目核算的有（　　）。

A. 存出保证金　　B. 收取的出租包装物的押金

C. 应向购货方收取的代垫运杂费　　D. 存出投资款

## 三、判断题

1. 应收票据有发生坏账的风险，一般企业应对其计提坏账准备。（　　）

2. “其他应付款”科目核算企业应付其他单位或个人的货款、股利及其他款项。（　　）

3. 现金折扣是债权人为鼓励债务人在规定期限内付款而向其提供的债务扣除。（　　）

4. 带息应付票据到期时，若付款人无力支付票款，企业应按票据的账面余额转入“应付账款”科目核算。（　　）

5. 预收账款业务不多的企业，可以不设置“预收账款”科目。企业预收客户货款时，直接将其记入“其他应收款”科目的贷方。（　　）

## 四、综合训练题

1. 练习往来应收、应付款项的核算。

【资料】（1）9月19日，甲公司向乙公司销售产品一批，销价4万元，给予15%的商业折扣，增值税税率为17%。10月10日，收回乙公司款项39 780元。

（2）9月20日，甲公司向丙公司销售产品200件，单价10 000元，增值税税率为17%，代垫运费2 000元，货款未收到。

（3）9月21日，按购货合同规定，甲公司预付给丁公司材料价款40 000元。

（4）10月11日，甲公司与乙公司结清购进材料款5万元，增值税税额8 500元，共计58 500元，已预付40 000元，余款以银行存款支付。

（5）2012年10月16日，A百货商场从B公司购入一批家电产品并已验收入库。增值税专用发票上列明，该批家电的价款为2 000 000元，增值税为34 000元。按照购货协议规定，A百

货商场如在10天内付款，将获得1%的现金折扣（假定计算现金折扣时需考虑增值税）。①2012年10月13日，A百货商场按照扣除现金折扣后的金额，用银行存款付清了所欠B公司货款。②假设10月31日A百货商场用银行存款支付上述应付账款。

（6）甲公司向乙单位购买物品，借用包装物，以银行存款支付包装物押金2 000元。

（7）甲公司行政科实行定额备用金制度。①财会部门根据核定的备用金定额5 000元开出现金支票拨付。②行政科向财会部门报销日常办公用品费4 630元，财会部门经审核有关单据后，同意报销，并以现金补足定额。

【要求】根据以上经济业务做出相关会计分录。

2. 练习应收票据业务的核算。

【资料】(1) 2011年9月3日，甲企业向乙企业销售产品，货款30 000元，增值税税额5 100元，共计35 100元，取得期限为2个月不带息商业承兑汇票一张，面值35 100元。2011年11月3日，乙单位承兑的商业汇票到期，企业收回款项35 100万元，存入银行。

（2）甲企业向丙公司销售产品，货款50 000元，增值税税额8 500元，共计58 500元。取得期限为3个月的带息商业承兑汇票一张，出票日期为2011年11月1日，票面利息为6%。①2011年12月31日，计提丙公司商业汇票利息。②2012年2月1日，该张商业承兑汇票到期，企业收回款项，票款及利息存入银行。③假设2012年2月1日，丙公司无力偿还票款。

（3）2012年4月9日，甲公司持所收到的出票日期为3月9日、期限为3个月（到期日为6月9日）、面值为200 000元的不带息商业承兑汇票一张到银行贴现。①假设甲公司与票据承兑企业在同一票据交换区域内，银行年贴现率为8%。②假设贴现的票据为带息应收票据，票面年利率为6%，且甲公司与票据承兑企业不在同一票据交换区域内。

【要求】根据以上经济业务做出相关会计分录。

3. 练习应付票据业务的核算。

【资料】(1) 甲企业为增值税一般纳税人，该企业于2012年2月6日开出一张面值为35 100元，期限为5个月的不带息银行承兑汇票，用以采购一批材料，材料已收到，按实际成本核算。增值税专用发票上注明的材料价款为30 000元，增值税5 100元。甲企业已交纳承兑手续费20元。

（2）2012年7月6日，甲企业于2月6日开出的商业承兑汇票到期，甲企业通知其开户行以银行存款支付票款。

（3）假设上述银行承兑汇票到期，甲企业无力支付票款。

（4）假设上述无力支付的票据是张商业承兑汇票。

【要求】根据以上经济业务做出相关会计分录。

4. 练习坏账准备业务的核算。

【资料】某企业采用“应收账款余额百分比法”核算坏账损失，坏账准备的提取比例为5%，有关资料如下。

（1）2009年年末，应收账款余额2 000 000元。

（2）2010年年末，应收账款余额1 500 000元。

（3）2011年年末，发生坏账80 000元。

（4）2011年年末，应收账款余额1 000 000元。

（5）2012年某日，以前确认的坏账又收回50 000元。

（6）2012年年末，应收账款余额1 800 000元。

【要求】做出每年年末计提坏账准备及发生坏账、坏账又收回的相关会计分录。

岗位三

# 存货岗位

学习目标

- 了解存货岗位的核算任务和业务流程。
- 明确存货的确认和计价方法。
- 掌握原材料按实际成本计价的核算方式。
- 掌握原材料按计划成本计价的核算方式。
- 掌握库存商品、周转材料、委托加工物资等存货的核算。
- 掌握存货的期末计价和清查的核算。

## 一、知识准备

### （一）存货岗位核算任务

（1）熟悉国家有关存货管理的基本规定，明确存货收发、领退、保管等各项责任。

（2）配合有关部门制定材料消耗定额，编制材料计划成本目录。能够运用实际成本法和计划成本法对原材料、周转材料、库存商品、委托加工物资等进行具体核算。

（3）对领料单要加以审查，发现异常，拒绝盖章。

（4）对退料单要加强管理，正确进行账务处理，冲减成本等。

（5）监督各部门做好采购、用料计划，降低采购成本、防止盲目采购，杜绝浪费。

（6）做好对账工作，做到账证、账账相符；参与库存盘点，正确运用存货盘点的方法、程序和技巧，进行定期或不定期的财产清查，处理清查账务。

（7）正确判断存货减值并做好核算工作。

（8）分析储备情况，防止呆滞积压。对于超过正常储备和长期呆滞积压的存货，要分析原因，提出处理意见和建议，督促有关部门处理。

### （二）存货岗位业务流程

存货岗位业务流程如图 4-1 所示。

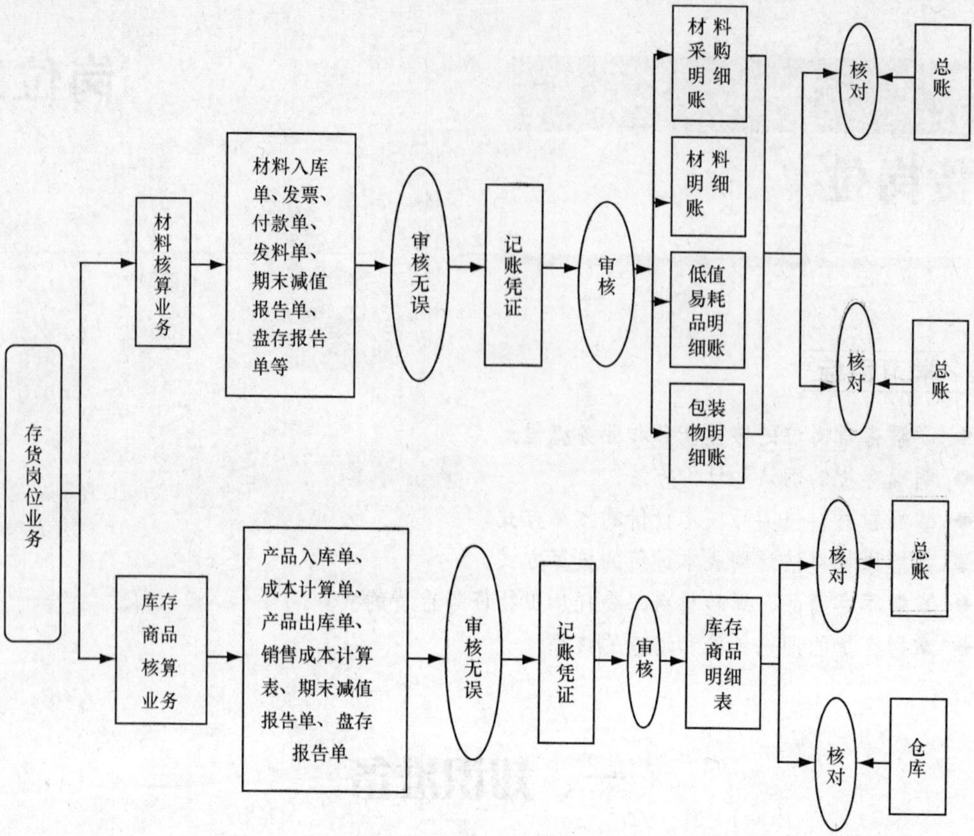


图 4-1 存货岗位业务流程

# 二、存货概述

## （一）存货的确认

1. 存货的概念

存货是指企业在日常活动中持有以备出售的产成品或商品、处在生产过程中的在产品、在生产过程或提供劳务过程中耗用的材料或物料等，包括各类材料、在产品、半成品、产成品、商品及包装物、低值易耗品、委托代销商品等。

2. 存货的确认条件

界定企业存货范围的基本原则是：凡在盘存日期，法定产权属于企业的物品，不论其存放在何处或处于何种状态，都应确认为企业的存货；反之，凡是法定产权不属于企业的物品，即使存放于企业，也不应确认为企业的存货。当然，存货必须在符合定义的前提下，还要同时满足以下两个条件。

（1）与该存货有关的经济利益很可能流入企业。在实务中，主要通过判断与该项存货所有权相关的风险和报酬是否转移到了企业来确定。其中，与存货所有权相关的风险是指由于经营情况发生变化造成的相关收益的变动，以及由于存货滞销、毁损等原因造成的损失；与存货所有权相关的报酬是指在处置该项存货或其经过进一步加工取得的其他存货时获得的收入，以及处置该项存货实现的利润等。通常情况下，取得存货的所有权是与存货相关的经济利益很可能流入本企业的一个重要标志。例如，委托代销商品，由于其所有权并未转移至受托方，因而委托代销的商品仍应当确认为委托企业存货的一部分。

（2）该存货的成本能够可靠地计量。作为企业资产的组成部分，要确认存货，企业必须能够对其成本进行可靠的计量。存货的成本能够可靠地计量必须以取得确凿、可靠的证据为依据，并且具有可验证性。例如，企业承诺的订货合同，由于并未实际发生，不能可靠确定其成本，因此就不能确认为购买企业的存货。

3. 存货的分类

存货可以按照不同的标准进行分类。

（1）按经济用途不同，存货可以分为以下三类。

① 在正常经营过程中储存以备出售的存货，是指企业在正常的经营过程中处于待销售状态的各种物品，如工业企业的库存产成品、委托代销商品，商品流通企业的库存商品等。特种储备及按国家指令专项储备的资产不属于存货范围。

② 为了最终出售正处于生产过程中的存货，是指为了最终出售但目前尚处于生产加工过程中的各种物品，如工业企业的在产品和自制半成品等。

③为了生产供销售的商品或提供劳务以备消耗的存货，是指企业为产品生产或提供劳务过程中耗用而储存的各种物品，如工业企业为生产产品耗用而储存的原材料、包装物、低值易耗品等。为建造固定资产等工程而储备的各种材料，不属于为生产产品而储备的材料，所以不属于存货的范围。

（2）按存放地点不同，存货可以分为以下三类。

① 库存存货，是指已经运到企业并已验收入库的各种原材料、商品，以及已验收入库的自制半成品和产成品等。

② 在途存货，是指已经支付货款，正在运输途中或已到达企业但尚未验收入库的各种存货。

③ 加工中的存货，是指企业自行生产加工及委托外单位加工中的各种存货。

（3）存货按取得的来源不同，可以分为以下几类。

① 外购的存货。

② 自制的存货。

③ 委托加工的存货。

④ 接受投资的存货。

⑤ 接受捐赠的存货。

⑥ 非货币性资产交换取得的存货。

⑦ 债务人以非货币资产抵债形成的存货。

## （二）存货成本的确定

存货应当按照成本进行初始计量。存货成本包括采购成本、加工成本和其他成本。

1. 存货采购成本的构成

存货的采购成本包括购买价款、相关税费、运输费、装卸费、保险费及其他可归属于存货采购成本的费用。

（1）购买价款，是指企业购入的材料或商品的发票账单上列明的价款，一般已扣除了商业折扣但包括现金折扣。一般纳税人不包括按规定可以抵扣的增值税额进项税额。

（2）相关税费，是指企业购买存货发生的进口关税、消费税、资源税和不能抵扣的增值税进项税额，以及相应的教育费附加等应计入存货采购成本的税费。购入存货时所支付的税金是否计入存货成本，需视具体情况而定。

① 购入存货应负担的价内税，如消费税、资源税、城市维护建设税等，构成存货的成本。

② 购入存货应负担的价外税，如增值税，应按一般纳税人和小规模纳税人分别处理：一般纳税人采购存货支付的增值税，凡专用发票、完税证明等有关凭证中注明，并按税法规定可以抵扣的进项税额，不计入所购存货的成本，作为进项税额单独记账；购入存货用于非应交增值税项目或免征增值税项目的，以及未能取得增值税专用发票、完税证明等有关凭证的，支付的增值税计入购入存货的成本。一般纳税人采购的农产品，可按其买价的13%计算作为增值税进项税额予以抵扣，企业应按扣除这部分进项税额后的价款作为购入存货的成本。一般纳税人收购的废旧物资不能取得增值税专用发票的，根据经税务机关批准使用的收购凭证上注明的收购金额10%的扣除率计算增值税进项税额，企业应按扣除这部分进项税额后的价款作为购入物资的采购成本。小规模纳税人购入存货所支付的增值税进项税额，无论是否取得增值税专用发票等凭证，其支付的增值税税额均计入所购存货的成本。

③ 进口物资所缴纳的关税构成进口物资的成本。

（3）运输费，是指采购时取得符合规定的运输发票所记载的运输费用，根据税法规定，一般纳税人外购物资所支付的运输费用可根据货物运输业增值税专用发票所列运费金额的11%计算增值税进项税额准予扣除。

（4）其他可归属于存货采购成本的费用，是指采购成本中除上述各项以外可归属于存货采购的费用，如在存货采购过程中发生的仓储费、包装费，运输途中的合理损耗，入库前的挑选整理费用等。

但是，对于采购过程中发生的物资毁损、短缺等，除合理的损耗应作为存货的“其他可归属于存货采购成本的费用”计入采购成本外，应区别不同情况进行会计处理：应从供货单位、外部运输机构等收回的短缺物资或其他赔款，冲减物资的采购成本；因遭受意外灾害发生的损失和尚待查明原因的途中损耗，不得增加物资的采购成本，应暂作为待处理财产损溢进行核算，在查明原因后再作处理。

商品流通企业在采购商品过程中发生的运输费、装卸费、保险费及其他可归属于存货采购成本的费用等进货费用应当计入存货采购成本，也可以先行归集，期末根据所购商品的销售情况进行分摊。对于已售商品的进货费用，计入当期损益；对于未售商品的进货费用，计入期末存货成本。企业采购商品的进货费用金额较小的，可以在发生时直接计入当期损益。

2. 存货加工成本的构成

存货加工成本是指在存货加工过程中发生的各项费用，包括直接人工及按照一定方法分配的制造费用。

（1）直接人工，是指企业在生产产品和提供劳务过程中发生的直接从事产品生产和劳务提供人员的职工薪酬。

（2）制造费用，是指企业为生产产品和提供劳务而发生的各项间接费用。

3. 存货的其他成本

存货的其他成本是指除采购成本、加工成本以外的，使存货达到目前场所和状态所发生的其他支出。企业设计产品发生的设计费用通常应计入当期损益，但是为特定客户设计产品所发生的、可直接确定的设计费用应计入存货的成本。

存货的来源不同，其成本的构成内容也不同。原材料、商品、低值易耗品等通过购买而取得的存货的成本由采购成本构成；产成品、在产品、半成品等自制或需委托外单位加工完成的存货的成本由采购成本、加工成本及使存货达到目前场所和状态所发生的其他支出构成。具体情况如下。

（1）外购的存货，其成本包括买价、运杂费（包括运输费、装卸费、保险费、包装费、仓储费等）、运输途中的合理损耗、入库前的挑选整理费用（包括挑选整理中发生的工、费支出和挑选整理过程中所发生的数量损耗，并扣除回收的下脚废料价值）及按规定应计入成本的税费和其他费用。

（2）自制的存货，包括自制原材料、自制包装物、自制低值易耗品、自制半成品及库存商品等，其成本包括直接材料、直接人工和制造费用等的各项实际支出。

（3）委托外单位加工完成的存货，包括加工后的原材料、包装物、低值易耗品、半成品、产成品等，其成本包括实际耗用的原材料或者半成品、加工费、装卸费、保险费、委托加工的往返运输费等费用及按规定应计入成本的税费。

（4）投资者投入存货的成本，应当按照投资合同或协议约定的价值确定，但合同或协议约定价值不公允的除外。

（5）通过非货币资产交换和债务重组等取得的存货的成本。

（6）通过提供劳务取得的存货，其成本按从事劳务提供人员的直接人工和其他直接费用及可归属于该存货的间接费用确定。

但是，下列费用不应计入存货成本，而应在其发生时计入当期损溢。

（1）非正常消耗的直接材料、直接人工和制造费用，应在发生时计入当期损溢，不应计入存货成本。如由于自然灾害而发生的直接材料、直接人工和制造费用，由于这些费用的发生无助于使该存货达到目前场所和状态，不应计入存货成本，而应确认为当期损溢。

（2）仓储费用，指企业在存货采购入库后发生的储存费用，应在发生时计入当期损益。但是，在生产过程中为达到下一个生产阶段所必需的仓储费用应计入存货成本。如某种酒类产品生产企业为使生产的酒达到规定的产品质量标准，而必须发生的仓储费用，应计入酒的成本，而不应计入当期损益。

（3）不能归属于使存货达到目前场所和状态的其他支出，应在发生时计入当期损益，不得计入存货成本。

# 三、原材料业务

## （一）原材料概述

### 1. 原材料的概念

原材料是指经过加工能构成产品主要实体的各种原料、材料及不构成产品主要实体但有助于产品形成的各种辅助材料。

原材料是企业存货的重要组成部分，品种、规格较多，应加强对原材料的管理和核算。

2. 原材料的分类

（1）原材料按其经济内容可分为以下六类。

① 原料及主要材料。

② 辅助材料。

③ 外购半成品（外购件）。

④ 修理用备件（备品备件）。

⑤ 包装材料。

⑥ 燃料。

（2）原材料按其存放地点可分为以下三类。

① 在途材料。

② 库存材料。

③ 委托加工材料。

3. 原材料的核算方法

企业原材料品种繁多，收发频繁，每批收入原材料的单价会因收入的方式或采购时间、地点的不同而不同，这样，在每次发出原材料时，就会发生按哪一种单价计价的问题，即用什么方法在发出原材料与结存原材料之间分配成本。按照现行规定，原材料的日常收发及结存可以采用实际成本核算，也可以采用计划成本核算，企业应根据具体情况自行选择合适的方法。

（1）实际成本核算法。原材料按实际成本计价核算时，原材料的收发及结存，明细分类账和总分类账全部按实际成本计价。原材料按实际成本计价的核算也称为实际成本法，采用这种方法，反映不出材料成本是节约还是超支，从而不能考核企业采购业务的经营成果，因此，实际成本法一般适用于规模较小、原材料品种简单、采购业务不多、收发业务较少的企业。

（2）计划成本核算法。原材料按计划成本核算时，原材料的收发及结存，总分类账和明细分类账均按计划成本计价。并按期结转领用或发出原材料应负担的成本差异，将计划成本调整为实际成本。计划成本法适用材料收发业务较多并且计划资料较为健全和准确的企业。

## （二）原材料采用实际成本核算

1. 账户设置

原材料按实际成本计价核算时，设置的账户主要有“原材料”、“在途物资”、“应付账款”、“预付账款”等。

（1）“原材料”账户。属资产类账户，用于核算企业库存原材料的实际成本。该账户应按原材料的保管地点（仓库），材料的类别、品种和规格设置材料明细账（或材料卡片）。

| 借方 | 原材料　　　　　　贷方 |
|---|---|
| 入库原材料的实际成本 | 出库原材料的实际成本 |
| 企业库存原材料的实际成本 | |

（2）“在途物资”账户。属资产类账户，本科目用于核算企业采用实际成本（进价）进行材料、商品等物资的日常核算、货款已付尚未验收入库的各种物资（即在途物资）的采购成本，本科目应按供应单位和物资品种进行明细核算。

| 借方 | 在途物资　贷方 |
| --- | --- |
| 企业购入的，已付款或已开出、承兑商业汇票的在途物资的实际成本 | 验收入库的在途物资的实际成本 |
| 企业已付款或已开出、承兑商业汇票但尚未到达或尚未验收入库的在途物资的实际成本 | |

2. 购进原材料的账务处理

企业外购原材料时，既可以从本地进货，又可以从外地进货，而且可以根据购货业务的不同特点采用不同的结算方式。由于采购地点和采用的结算方式等因素的影响，经常会出现材料入库和付款时间不一致的情况，因此，其账务处理方法也不一样。

（1）货款已经支付或开出、承兑商业汇票，材料同时已验收入库。

**【做中学 4-1】** 宏州公司购入铜材一批，取得的增值税专用发票上注明的材料价款为 100 000 元，增值税税额为 17 000 元，货款 117 000 元已通过银行转账支付，材料已验收入库。编制会计分录如下：

借：原材料——铜材　100 000
　　应交税费——应交增值税（进项税额）　17 000
　　贷：银行存款　117 000

（2）货款已经支付或已开出、承兑商业汇票，材料尚未验收入库。

**【做中学 4-2】** 宏洲公司 2012 年 5 月 10 日向外地某钢铁厂购进钢材一批，有关发票账单已收到，增值税专用发票上注明的材料价款为 500 000 元，增值税税额为 85 000 元，货物运输业增值税专用发票标明运费 4 000 元[增值税税额为 440 元（4 000 × 11%）]、装卸费 800 元、运输保险费 1 500 元，企业签发并承兑一张票面价值为 591 140 元、3 个月到期的商业汇票结算材料款项，但材料尚未收到。编制会计分录如下：

借：在途物资——某钢铁厂　506 300
　　应交税费——应交增值税（进项税额）　85 440
　　贷：应付票据　591 740

这种情况是在付款或开出、承兑商业汇票时，材料尚未到达或尚未验收入库，相隔一段时间后，材料才收到并验收入库。发生此类业务时，应先通过“在途物资”账户进行核算。

5 月 18 日上述钢材到达验收入库时，再编制如下会计分录：

借：原材料——钢材　506 300
　　贷：在途物资——某钢铁厂　506 300

（3）材料已验收入库，货款尚未支付或尚未开出、承兑商业汇票。此时又要分两种具体情况。

① 材料已验收入库，发票账单也已到达，款项未支付。这种情况包括企业采用赊购方式购买材料未付款，以及结算单据已到，但由于企业银行存款不足而暂未付款，其表明企业因购入材料已占用了供货单位的资金，形成了应付账款，企业应在收到材料和发票账单时进行账务处理。

**【做中学 4-3】** 宏洲公司 2012 年 6 月 4 日采用赊购方式向甲公司购买一批材料，材料已验收入库，发票账单也已收到，增值税专用发票上注明的材料价款为 100 000 元，增值税税额为 17 000 元，货款暂欠。编制会计分录如下：

借：原材料　100 000
　　应交税费——应交增值税（进项税额）　17 000
　　贷：应付账款——甲公司　117 000

② 在材料验收入库时，因为发票账单未到达，所以未付款。发生这种业务是由于材料运输

时间短于结算凭证的传递时间所致，一般在收料后的短时间内结算凭证就能到达。为了简化核算手续，在月份内发生此类业务时，可暂不进行总分类核算，只将收到的材料登记明细分类账，待有关发票账单到达并支付货款后，再按正常程序进行账务处理。如果月末发票账单还未到达，为了使账实相符，应按材料的暂估价款（合同价格或计划成本等）入账，下月初再用红字编制同样的会计分录予以冲回，以便下月收到发票账单付款时按正常程序进行账务处理。

**【做中学 4-4】** 宏州公司 2012 年 6 月 27 日从外地采购甲材料一批，材料已到并验收入库，但银行的结算凭证和发票等单据未到，货款尚未支付。月末，按暂估价入账，假设其暂估价为 195 000 元。编制会计分录如下：

借：原材料——甲材料　　195 000

　　贷：应付账款——暂估应付账款　　195 000

下月初用红字予以冲回：

借：原材料——甲材料　　195 000

　　贷：应付账款——暂估应付账款　　195 000

7 月 5 日收到该批材料的发票账单，增值税专用发票上注明的材料价款为 193 000 元，增值税税额为 32 810 元，货物运输业增值税专用发票标明运费 4 000 元（增值税税额为 440 元）、装卸费等 500 元，款项共 230 150 元已用银行存款支付。编制会计分录如下：

借：原材料——甲材料　　197 500

　　应交税费——应交增值税（进项税额）　　33 250

　　贷：银行存款　　230 750

（4）预付货款方式采购材料。企业在采购材料时，可按合同规定预付一部分款项，待材料收到后，再进行结算，多退少补。预付款项购料业务应通过“预付账款”账户进行核算，具体账务处理在岗位二的“预付账款业务”中已作介绍，此处从略。

（5）外购材料的短缺与损耗。企业外购原材料可能会发生短缺与损耗，必须认真查明原因，分清经济责任，分别不同情况进行处理。

① 运输途中的合理损耗，如由于自然损耗等原因而发生的短缺，应当计入验收入库材料的采购成本之中，相应提高入库材料的实际单位成本，不再另作账务处理。

② 由供应单位少发货等原因造成的短缺，应分两种情况处理。一是货款尚未支付的情况，企业应按短缺的数量和发票单价计算拒付金额，填写拒付理由书，向银行办理拒付手续，经银行同意后即可根据收料单、发票账单、拒付理由书和银行结算凭证，按实际支付金额记账；二是货款已经支付并已记入“在途物资”账户的情况，企业应将短缺部分的成本和增值税转入“应付账款”账户，同时，按实际收到的材料记入“原材料”账户。凡属由运输机构或过失人造成的短缺，应将短缺部分的成本和增值税转入“其他应收款”账户。

③ 尚待查明原因和需要报经批准才能转销的损失，应先转入“待处理财产损溢”账户，待查明原因后再分别处理：属于应由供应单位、运输机构、保险公司或其他过失人负责赔偿的损失，记入“应付账款”、“其他应收款”等账户；属于自然灾害等非常原因造成的损失，应将扣除残料价值和过失人、保险公司赔款后的净损失，记入“营业外支出——非常损失”账户；属于无法收回的其他损失，记入“管理费用”账户。

**【做中学 4-5】** 宏州公司 7 月 3 日向外地甲单位购入 A 材料 1 000 吨，每吨单价 500 元，单位增值税 85 元，单位运费 40 元（其中按规定准予扣除的进项税额为 2.80 元），装卸费、保险费共计 6 800 元，货款共 631 800 元已用银行存款支付。7 月 20 日，A 材料运达，验收入库 950 吨，短缺 50 吨，其中 2 吨属定额内合理损耗，其余 48 吨短缺原因不明，待查。编制会计分录如下：

7 月 3 日付款：

借：在途物资——甲单位　544 000

　　应交税费——应交增值税（进项税额）　87 800

　　贷：银行存款　631 800

7 月 20 日材料验收入库：

入库前材料的实际单位成本 = 544 000 ÷ 1 000 = 544（元）

验收入库材料的实际总成本 =（1 000 − 48）× 544 = 517 888（元）

验收入库材料的实际单位成本 = 517 888 ÷ 950 = 545.15（元）

短缺材料的实际总成本 = 48 × 544 = 26 112（元）

短缺材料的进项税额 = 48 ×（85+2.8）= 4 214.40（元）

借：原材料——A 材料　517 888

　　贷：在途物资——甲单位　517 888

借：待处理财产损溢——待处理流动资产损溢　30 326.40

　　贷：在途物资——甲单位　26 112

　　　　应交税费——应交增值税（进项税额转出）　4 214.40

甲以后查明原因，短缺的 48 吨材料是运输部门的责任造成，运输部门已同意赔款但款项尚未收到。

借：其他应收款——运输部门　30 326.40

　　贷：待处理财产损溢——待处理流动资产损溢　30 326.40

（6）外购材料的溢余。企业购进原材料发生溢余时，未查明原因的溢余材料一般只作为代保管物资在备查簿中登记，不作为进货业务入账核算。

（7）小规模纳税人及购入材料不能取得增值税专用发票的企业，购入材料时，按支付或应支付的金额，作为材料成本入账。

**【做中学 4-6】** 某小规模纳税人企业采购材料，取得的增值税专用发票上注明的材料价款为 100 000 元，增值税税额为 17 000 元，材料已验收入库。企业开出一张 90 天到期、票面价值为 117 000 元的银行承兑汇票交给供货单位。同时，用银行存款支付银行承兑的手续费 58.5 元。编制会计分录如下：

借：原材料　117 000

　　贷：应付票据　117 000

借：财务费用　58.5

　　贷：银行存款　58.5

企业收入原材料还可以有自制材料、委托加工收回、投资者投入、接受捐赠等方式，其账务处理将在以后有关岗位业务中介绍。

## 知识拓展

### 材料购进业务流程

1. 同城材料购进业务流程

同城材料购进业务流程如图 4-2 所示。

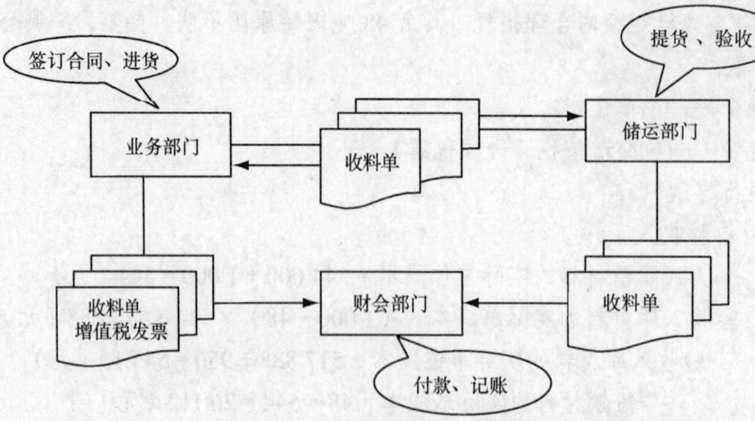


图 4-2 同城材料购进业务流程

**说明** 同城材料购进一般是由业务部门根据事先制订的进货计划，与供货单位签订购销合同组织进货。业务部门根据供货单位开来的增值税专用发票，与合同核对相符后，即填制“收料单”一式数联，将增值税专用发票和“收料单”（结算联）送交财会部门，其余各联收料单送交储运部门。财会部门审核购货凭证无误后，作为付款依据，作材料购进的账务处理。

2. 异地材料购进业务流程

异地材料购进业务流程如图 4-3 所示。

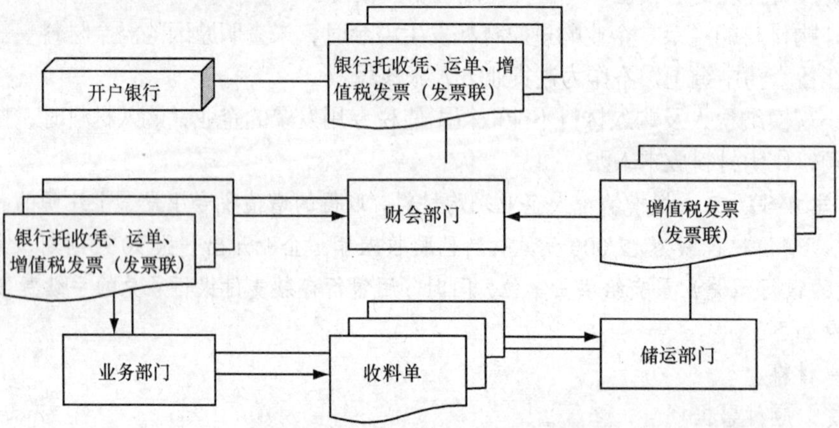


图 4-3 异地材料购进业务流程

**说明** 异地商品购进一般是购货单位的财会部门收到银行转来的“托收凭证”及附来的增值税专用发票（发票联）和“运单”时，应先送交业务部门，经与购销合同查对无误后，由业务部门填制“收料单”一式数联，送交储运部门，并将“托收凭证”及其附件退还财会部门，经审核无误后，即支付货款。当材料到达时，储运部门根据“收料单”与供货单位随货同行的增值税专用发票（发票联）核对无误后将材料验收入库，并在“收料单”各联上加盖“收讫”印章，自留一联，据以登记材料保管账，一联退回业务部门，由其注销合同，另一联连同增值税专用发票（发票联）送交财会部门，经审核无误后，据以进行原材料的总分类核算和明细分类核算。

3. 发出原材料的账务处理

（1）发出原材料的计价方法。由于企业材料品种繁多，收发频繁，每批收入材料的单价会因收入的方式或采购时间、地点的不同而不同，这样，在每次发出材料时，就会发生按哪一种单价计价的问题，即用什么方法在发出材料与结存材料之间分配成本。按照现行规定，企业材料按照实际成本核算的，应当采用先进先出法、加权平均法、移动平均法或个别计价法等确定其发出实际成本。

① 先进先出法。先进先出法是以先收到的材料先发出为假定前提，并按这种假定的材料流转程序对发出材料和期末材料进行计价的方法。采用这种方法，收到材料时，应在材料明细分类账中逐笔登记每一批材料的数量、单价和金额；发出材料时，按照先进先出的原则确定单价，逐笔登记材料的发出金额和结存金额。举例说明如下。

【做中学 4-7】 宏洲公司 2012 年 8 月份甲材料收发结存资料见表 4-1。

表 4-1　材料收发结存资料

名称及规格：甲材料　　　　计量单位：千克　　　　金额单位：元

| 业　务 | 收入 | | 发出数量 | 结存数量 |
|---|---|---|---|---|
| | 数量 | 单价 | | |
| 8 月 1 日结存 | | 10.00 | | 1 500 |
| 8 月 2 日发出 | | | 800 | 700 |
| 8 月 8 日购入 | 1 000 | 11.75 | | 1 700 |
| 8 月 10 日发出 | | | 1 200 | 500 |
| 8 月 18 日购入 | 1 500 | 11.50 | | 2 000 |
| 8 月 25 日发出 | | | 1 000 | 1 000 |
| 8 月 31 日结存 | | | | 1 000 |

采用先进先出法计算甲材料的发出金额和结存金额见表 4-2。

表 4-2　材料明细分类账

名称及规格：甲材料　　　　计量单位：千克　　　　金额单位：元

| 2012 年 | | 凭证字号 | 摘要 | 收入 | | | 发出 | | | 结存 | | |
|---|---|---|---|---|---|---|---|---|---|---|---|---|
| 月 | 日 | | | 数量 | 单价 | 金额 | 数量 | 单价 | 金额 | 数量 | 单价 | 金额 |
| 8 | 1 | | 月初结存 | | | | | | | 1 500 | 10.00 | 15 000 |
| | 2 | 略 | 发出 | | | | 800 | 10.00 | 8 000 | 700 | 10.00 | 7 000 |
| | 8 | | 购入 | 1 000 | 11.75 | 11 750 | | | | 700<br>1 000 | 10.00<br>11.75 | 7 000<br>11 750 |
| | 10 | | 发出 | | | | 700<br>500 | 10.00<br>11.75 | 700<br>5 875 | 500 | 11.75 | 5 875 |
| | 18 | | 购入 | 1 500 | 11.50 | 17 250 | | | | 500<br>1 500 | 11.75<br>11.50 | 5 875<br>17 250 |
| | 25 | | 发出 | | | | 500<br>500 | 11.75<br>11.50 | 5 875<br>5 750 | 1 000 | 11.50 | 11 500 |
| | 31 | | 本月合计 | 2 500 | | 29 000 | 3 000 | | 32 500 | 1 000 | 11.50 | 11 500 |

由表 4-2 可以得出如下结果。

本月发出原材料成本 =（800 × 10）+（700 × 10+500 × 11.75）+（500 × 11.75+500 × 11.5）= 32 500（元）

月末结存成本 = 15 000+29 000−32 500 = 11 500（元）

先进先出法可以随时结转存货发出成本，但在材料收发业务频繁、单价经常变动的情况下，企业计算的工作量较大；在物价持续上升时，期末存货成本接近于市价，而发出成本偏低，会高估企业当期利润和库存存货价值；反之，会低估企业存货价值和当期利润。

② 月末一次加权平均法。月末一次加权平均法是指以本月全部进货数量加上月初材料结存数量作为权数，去除本月全部进货成本加上月初结存材料成本，计算出材料的加权平均单位成本，以此为基础计算本月发出材料的成本和期末结存材料的成本的一种方法。计算公式如下。

材料加权平均单位成本 = [ 月初库存材料的实际成本 + Σ（本月各批进货的实际单位成本 × 本月各批进货的数量）] /（月初库存材料数量 + 本月各批进货数量之和）

本月发出材料成本 = 本月发出材料的数量 × 材料加权平均单位成本

本月月末库存材料成本 = 月末库存材料的数量 × 材料加权平均单位成本

如果计算出的加权平均单位成本不是整数，需四舍五入的，为优先保证材料结存成本的正确性，应采用倒挤成本法计算发出材料成本。

期末结存材料成本=期末结存材料数量 × 材料加权平均单位成本

本期发出存货成本=期初结存存货成本+本期收入存货成本 − 期末结存材料成本

**【做中学 4-8】** 沿用【做中学 4-7】的资料。采用一次加权平均法计算甲材料发出成本和期末结存成本，见表 4-3。

**表 4-3 材料明细分类账**

名称及规格：甲材料　　计量单位：元/千克　　金额单位：元

| 2012 年 | | 凭证字号 | 摘要 | 收入 | | | 发出 | | | 结存 | | |
|---|---|---|---|---|---|---|---|---|---|---|---|---|
| 月 | 日 | | | 数量 | 单价 | 金额 | 数量 | 单价 | 金额 | 数量 | 单价 | 金额 |
| 8 | 1 | | 月初结存 | | | | | | | 1 500 | 10.00 | 15 000 |
| | 2 | 略 | 发出 | | | | 800 | | | 700 | | |
| | 8 | | 购入 | 1 000 | 11.75 | 11 750 | | | | 1 700 | | |
| | 10 | | 发出 | | | | 1 200 | | | 500 | | |
| | 18 | | 购入 | 1 500 | 11.50 | 17 250 | | | | 2 000 | | |
| | 25 | | 发出 | | | | 1 000 | | | 1 000 | | |
| | 31 | | 本月合计 | 2 500 | | 29 000 | 3 000 | 11.00 | 33 000 | 1 000 | 11.00 | 11 000 |

$$加权平均单位成本=\frac{15\ 000+29\ 000}{1\ 500+2\ 500}=11（元）$$

本月发出材料成本=3 000 × 11=33 000（元）

月末结存材料成本=1 000 × 11=11 000（元）

采用加权平均法只在月末一次计算加权平均单价比较简单，有利于简化成本计算工作，特别是在市场价格上涨或下跌时所计算出来的单位成本平均化，对材料成本的分摊较为折中。但由于平时无法从账上提供发出和结存存货的单价及金额，因此不利于存货成本的日常管理与控制。

③ 移动加权平均法。移动加权平均法是指每次收到材料以后，立即根据库存材料的数量和

总成本，计算出新的平均单位成本，并对发出材料进行计价的一种方法，其计算公式如下。

$$移动加权平均单位成本=\frac{原有材料成本+本批实际收入材料成本}{原有材料数量+本批收入材料数量}$$

$$本批发出材料成本==本批发出材料数量\times 移动加权平均单位成本$$

**【做中学 4-9】** 沿用表 4-1 的资料。采用移动平均法计算甲材料发出成本和结存成本，见表 4-4。

**表 4-4　材料明细分类账**

名称及规格：甲材料　　　　　　　　　　计量单位：千克　　　　　　　　　　金额单位：元

| 2012 年 | | 凭证字号 | 摘要 | 收入 | | | 发出 | | | 结存 | | |
|---|---|---|---|---|---|---|---|---|---|---|---|---|
| 月 | 日 | | | 数量 | 单价 | 金额 | 数量 | 单价 | 金额 | 数量 | 单价 | 金额 |
| 8 | 1 | | 月初结存 | | | | | | | 1 500 | 10.00 | 15 000 |
| | 2 | 略 | 发出 | | | | 800 | 10.00 | 8 000 | 700 | 10.00 | 7 000 |
| | 8 | | 购入 | 1 000 | 11.75 | 11 750 | | | | 1 700 | 11.03 | 18 750 |
| | 10 | | 发出 | | | | 1 200 | 11.03 | 13 235 | 500 | 11.03 | 5 515 |
| | 18 | | 购入 | 1 500 | 11.50 | 17 250 | | | | 2 000 | 11.38 | 22 765 |
| | 25 | | 发出 | | | | 1 000 | 11.38 | 11 385 | 1 000 | 11.38 | 11 380 |
| | 31 | | 本月合计 | 2 500 | | 29 000 | 3 000 | | 32 620 | 1 000 | 11.38 | 11 380 |

$$第一批发出材料的成本=800\times 10=8\,000（元）$$

$$发货后结存材料的成本=700\times 10=7\,000（元）$$

$$第一批购入材料后的平均单位成本=\frac{7\ 000+11\ 750}{700+1\ 000}\approx 11.03（元）$$

$$第二批发货后结存材料的成本=500\times 11.03=5\,515（元）$$

$$第二批发出材料的成本=18\,750-5\,515=13\,235（元）$$

$$第二批购入材料后的平均单位成本-\frac{5\ 515+17\ 250}{500+1\ 500}\approx 11.38（元）$$

$$第三批发货后结存材料的成本=1\,000\times 11.38=11\,380（元）$$

$$第三批发出材料的成本=22\,765—11\,380=11\,385（元）$$

$$本月发出材料的成本=8\,000+13\,235+11\,385=32\,620（元）$$

采用移动加权平均法能够使企业管理当局及时了解材料的结存情况，计算的平均单位成本及发出和结存的材料成本比较客观。但由于每次收货都要计算一次平均单价，计算工作量较大，对收发材料较频繁的企业不适用。

④ 个别计价法。个别计价法亦称个别认定法、具体辨认法、分批实际法，采用这一方法是假设材料的实物流转与成本流转相一致，逐一辨认各批发出材料和期末结存材料所属的购进批别或生产批别，分别按其购入或生产时所确定的单位成本计算各批发出材料和期末结存材料成本的方法。在这种方法下，是把每一种材料的实际成本作为计算发出材料成本和期末结存材料成本的基础。

**【做中学 4-10】** 沿用表 4-1 的资料。假设月初只结存一批次的材料，8 月 2 日发出材料是月初结存存货；8 月 10 日发出材料 1 200 千克，其中 600 千克是月初结存存货，另外 600 千克是 8

月 8 日购入的存货；8 月 25 日发出材料均是 8 月 18 日购入的存货。采用个别计价法计算发出材料的发出成本和结存成本见表 4-5。

**表 4-5　材料明细分类账**

名称及规格：甲材料　　　　　　　　计量单位：千克　　　　　　　　金额单位：元

| 2012 年 | | 凭证字号 | 摘要 | 收入 | | | 发出 | | | 结存 | | |
|---|---|---|---|---|---|---|---|---|---|---|---|---|
| 月 | 日 | | | 数量 | 单价 | 金额 | 数量 | 单价 | 金额 | 数量 | 单价 | 金额 |
| 8 | 1 | | 月初结存 | | | | | | | 1 500 | 10.00 | 15 000 |
| | 2 | 略 | 发出 | | | | 800 | 10.00 | | 700 | 10.00 | 7 000 |
| | 8 | | 购入 | 1 000 | 11.75 | 11 750 | | | | 700<br>1 000 | 10.00<br>11.75 | 7 000<br>11 750 |
| | 10 | | 发出 | | | | 600<br>600 | 10.00<br>11.75 | 6 000<br>7 050 | 100<br>400 | 10.00<br>11.75 | 1 000<br>4 700 |
| | 18 | | 购入 | 1 500 | 11.50 | 17 250 | | | | 100<br>400<br>1 500 | 10.00<br>11.75<br>11.50 | 1 000<br>4 700<br>17 250 |
| | 25 | | 发出 | | | | 1 000 | 11.50 | 11 500 | 100<br>400<br>500 | 10.00<br>11.75<br>11.50 | 1 000<br>4 700<br>5 750 |
| | 31 | | 本月合计 | 2 500 | | 29 000 | 3 000 | | 32 550 | 100<br>400<br>500 | 10.00<br>11.75<br>11.50 | 1 000<br>4 700<br>5 750 |

个别计价法的成本计算准确，符合实际情况，但在存货收发频繁情况下，其发出成本分辨的工作量较大；另外，容易出现企业随意选用较高或较低价格的货以调整当期利润的现象。因此，这种方法适用于一般不能替代使用的存货、为特定项目专门购入或制造的存货及提供的劳务，如珠宝、名画等贵重物品。

材料发出计价方法的不同，直接影响到当期销售成本和期末材料价值的确定，进而影响到企业损益的计算及资产负债表中相关项目的价值表现。所以，企业应根据自身的经营性质、经营规模和材料收发的实际情况，选用合适的材料发出计价方法。计价方法一经确定，不得随意变更。如需变更，应在附注中予以说明。

（2）账务处理。企业各生产单位及有关部门领用的材料具有种类多、业务频繁等特点。为了简化核算，可以在月末根据“领料单”或“限额领料单”中有关领料的单位、部门等加以归类，编制“发料凭证汇总表”，据以编制记账凭证、登记入账。发出材料实际成本的确定，可以由企业从上述个别计价法、先进先出法、月末一次加权平均法、移动加权平均法等方法中选择。

**【做中学 4-11】** 宏洲公司 2012 年 8 月末根据领发料凭证，汇总编制“发料凭证汇总表”，见表 4-6。

**表 4-6　发料凭证汇总表**

2012 年 8 月　　　　　　　　单位：元

| 类别<br>用途 | 原料及主要材料 | 辅助材料 | 燃料 | 外购半成品 | 修理用备件 | 包装材料 | 合计 |
|---|---|---|---|---|---|---|---|
| 基本生产车间领用 | 320 000 | 57 000 | | 110 000 | | 6 600 | 493 600 |
| 辅助生产车间领用 | 49 000 | 2 300 | | | | | 51 300 |
| 车间一般性消耗 | | 800 | 3 400 | | 1 200 | | 5 400 |
| 厂部管理部门领用 | | 1 800 | 600 | | 500 | | 2 900 |

续表

| 用途＼类别 | 原料及主要材料 | 辅助材料 | 燃料 | 外购半成品 | 修理用备件 | 包装材料 | 合计 |
|---|---|---|---|---|---|---|---|
| 在建工程领用 | | 2 700 | | | 1 960 | | 4 660 |
| 对外销售 | 1 000 | | | | | | 1 000 |
| 合　计 | 370 000 | 64 600 | 4 000 | 110 000 | 3 660 | 6 600 | 558 860 |

根据发料凭证汇总表，不同用途的材料应借记不同的账户，贷记“原材料”账户。编制会计分录如下:

借：生产成本——基本生产成本　493 600
　　　　　　——辅助生产成本　51 300
　　制造费用　5 400
　　管理费用　2 900
　　在建工程　4 660
　　其他业务成本　1 000
　　贷：原材料　558 860

**知识拓展**

**材料领用发出业务程序**

按照生产计划，领用部门根据生产需求量在领用材料时填制领料单，经部门负责人签章后，到仓库领取材料。仓库审核后办理发料手续，在领料单上填写实发数量，并由领料人和发料人同时签章，以明确经济责任。

领料单应一式多联。一联由领用部门带回作为车间核算依据，一联由仓库留存据以登记仓库材料明细账（卡），一联送交会计部门据以编制记账凭证并登记材料明细账。

为了便于核对，仓库定期编制发料凭证汇总表作为存货总分类核算的依据。

## （三）原材料采用计划成本核算

1. 账户设置

原材料按计划成本计价核算时，设置的账户主要有“原材料”、“材料采购”、“材料成本差异”等。

（1）“原材料”账户。该账户与按实际成本计价的核算内容相同，但借方、贷方和余额均反映材料的计划成本，材料计划成本的构成内容应当与实际成本的构成内容相一致。

| 借方　　原材料 | 贷方 |
|---|---|
| 入库原材料的计划成本 | 出库原材料的计划成本 |
| 企业库存原材料的计划成本 | |

（2）“材料采购”账户。属于资产类账户，核算企业购入材料、商品等的采购成本，该账户应按供应单位和物资品种设置明细账，进行明细核算。

| 借方 | 材料采购 | 贷方 |
|---|---|---|
| ①采购材料的实际成本<br>②结转购入材料的节约差异 | | ①采购材料的计划成本<br>②结转购入材料的超支差异 |
| 企业在途材料的采购成本 | | |

（3）“材料成本差异”账户。该账户是一个调整账户，用来核算企业各种材料实际成本与计划成本的差异。实际成本大于计划成本的差异为超支差异，实际成本小于计划成本的差异为节约差异。该账户应分“原材料”、“周转材料”等，按照类别或品种进行明细核算，不能使用一个综合差异率。

| 借方 | 材料成本差异 | 贷方 |
|---|---|---|
| ①入库材料的超支差异<br>②发出材料应负担的节约差异 | | ①入库材料的节约差异<br>②发出材料应负担的超支差异 |
| 库存材料的超支差异 | | 库存材料的节约差异 |

2. 购进原材料的账务处理

（1）货款已经支付或已开出、承兑商业汇票，材料同时验收入库。

**【做中学 4-12】** 海纳公司 2012 年 7 月 5 日向甲企业购入 A 材料一批，增值税专用发票上注明的材料价款为 300 000 元，增值税税额为 51 000 元，材料已验收入库，计划成本为 305 000 元。企业当即开出并承兑一张面值为 351 000 元、期限为 3 个月的商业承兑汇票结算货款。编制会计分录如下。

开出、承兑商业汇票结算货款时:

| | 借方 | 贷方 |
|---|---|---|
| 借: 材料采购——原材料 | 300 000 | |
| 应交税费——应交增值税（进项税额） | 51 000 | |
| 贷: 应付票据 | | 351 000 |

材料验收入库时:

| | 借方 | 贷方 |
|---|---|---|
| 借: 原材料——A 材料 | 305 000 | |
| 贷: 材料采购——原材料 | | 305 000 |

结转入库材料成本差异（节约差异）时:

| | 借方 | 贷方 |
|---|---|---|
| 借: 材料采购——原材料 | 5 000 | |
| 贷: 材料成本差异——原材料 | | 5 000 |

（2）货款已经支付或已开出、承兑商业汇票，材料尚未验收入库。

企业对货款已付或已开出、承兑商业汇票的材料采购业务，不论材料是否收到，都应根据发票账单支付的材料实际成本，借记“材料采购”账户，待以后材料验收入库时，再按计划成本贷记“材料采购”账户并结转材料成本差异。若到月末材料仍未收到，在“材料采购”账户有借方余额，表现为在途材料。

**【做中学 4-13】** 海纳公司 2012 年 7 月 10 日向外地乙单位购入 B 材料一批，发票账单已收到，有关单据上列明材料价款 100 000 元，增值税税额 17 000 元，运输费 1 000 元（其中增值税 70 元），货款共 118 000 元已通过银行转账支付，但到月末材料仍未运到。编制会计分录如下:

| | 借方 | 贷方 |
|---|---|---|
| 借: 材料采购——原材料 | 100 930 | |
| 应交税费——应交增值税（进项税额） | 17 070 | |
| 贷: 银行存款 | | 118 000 |

如果该批材料在下月 3 日运到并验收入库，其计划成本为 100 500 元，入库材料成本差异为超支差异 430 元，则在下月收料时才做材料入库和结转成本差异的账务处理。编制会计分录如下：

借：原材料——B 材料　　100 500
　　贷：材料采购——原材料　　100 500
借：材料成本差异——原材料　　430
　　贷：材料采购——原材料　　430

（3）材料已验收入库，货款尚未支付或尚未开出、承兑商业汇票。

这类业务包括两种情况：一是发票账单尚未到达，因而尚未付款；二是发票账单已经到达，尚未付款。为了简化核算手续，在月份内发生此类业务时，可暂不进行总分类核算，待付款或开出、承兑商业汇票后，再按正常程序进行账务处理。如果月终仍未付款或未开出、承兑商业汇票的，则应根据发票账单收到与否而进行不同的账务处理。

① 尚未收到发票账单的情况。月终时，企业应根据收料凭证，按材料的计划成本暂估入账，下月初用红字冲回，其账务处理与按实际成本计价的账务处理基本相同，不需通过“材料采购”账户核算。等下月付款或开出、承兑商业汇票后，才按正常程序通过“材料采购”账户核算。

**【做中学 4-14】** 海纳公司 2012 年 7 月 25 日向丙企业购入 C 材料一批，材料已运到并验收入库，其计划成本为 50 000 元，到月终时该批材料的发票账单尚未收到，货款未付。企业应于月终按计划成本估价入账，编制会计分录如下：

借：原材料——C 材料　　50 000
　　贷：应付账款——暂估应付账款　　50 000

下月初用红字将上述会计分录冲回：

借：原材料——C 材料　　50 000
　　贷：应付账款——暂估应付账款　　50 000

以后收到发票账单并支付款项时，按正常程序记账。

② 已收到发票账单，或虽然发票账单未到但根据合同、随货同行发票等能够计算并确定材料实际成本的情况。月终时，应按材料采购的正常核算程序，通过“材料采购”账户进行核算。

**【做中学 4-15】** 沿用【做中学 4-14】的资料。假定企业在 7 月 31 日已收到发票账单，该批材料价款为 49 000 元，增值税税额为 8 330 元，但仍未付款。月终时，编制会计分录如下：

借：材料采购——原材料　　49 000
　　应交税费——应交增值税（进项税额）　　8 330
　　贷：应付账款——丙企业　　57 330
借：原材料——C 材料　　50 000
　　贷：材料采购——原材料　　50 000
借：材料采购——原材料　　1 000
　　贷：材料成本差异——原材料　　1 000

（4）预付款项购料。企业采购材料预付款项时，应在“预付账款”账户核算，待收料结算时，再通过“材料采购”账户核算。

**【做中学 4-16】** 海纳公司在 7 月 9 日向丁企业订购燃料一批，根据合同规定以银行存款预付购货款 50 000 元。编制会计分录如下：

借：预付账款——丁企业　　50 000
　　贷：银行存款　　50 000

7月29日，上述预购的材料按时到达，已验收入库，计划成本为99 500元，有关发票上注明的材料价款为100 000元，增值税税额为17 000元，共计117 000元，同时以银行存款补付货款67 000元。编制会计分录如下：

借：材料采购——原材料　100 000
　　应交税费——应交增值税（进项税额）　17 000
　　贷：预付账款——丁企业　117 000
借：预付账款——丁企业　67 000
　　贷：银行存款　67 000
借：原材料——燃料　99 500
　　贷：材料采购——原材料　99 500
借：材料成本差异——原材料　500
　　贷：材料采购——原材料　500

为简化日常核算工作，企业平时可不进行材料入库和结转材料成本差异的总分类核算，待到月终时，集中结转核算。

3. 发出原材料的账务处理

原材料在按计划成本计价核算的方式下，发出原材料业务包括如下两方面的内容。

（1）结转发出材料的计划成本。月末企业根据领料单等，编制“发料凭证汇总表”结转发出材料的计划成本，应当根据所发出材料的用途，按计划成本分别记入“生产成本”、“制造费用”、“销售费用”、“管理费用”等科目，贷记“原材料”账户。

【做中学4-17】 海纳公司7月末根据领发料凭证，汇总编制“发料凭证汇总表”见表4-7。

表4-7 发料凭证汇总表

2012年7月31日　　单位：元

| 应贷账户＼应借账户 | | 生产成本 | | 制造费用 | 管理费用 | 在建工程 | 其他业务成本 | 合计 |
|---|---|---|---|---|---|---|---|---|
| | | 基本生产成本 | 辅助生产成本 | | | | | |
| 原材料 | 原料及主要材料 | 260 000 | 52 000 | | | | 1 400 | 313 400 |
| | 辅助材料 | 48 000 | 2 300 | 1 100 | 1 800 | 700 | | 53 900 |
| | 燃料 | | 1 600 | 700 | | | | 2 300 |
| | 外购半成品 | 43 200 | | | | | | 43 200 |
| | 修理用备件 | | | 2 000 | 1 300 | 2 200 | | 5 500 |
| | 包装材料 | 3 000 | | | | | | 3 000 |
| | 计划成本小计 | 354 200 | 55 900 | 3 800 | 3 100 | 2 900 | 1 400 | 421 300 |
| 材料成本差异（差异率：0.64%） | | 2 266.88 | 357.76 | 24.32 | 19.84 | 18.56 | 8.96 | 2696.32 |
| 实际成本 | | 356 466.88 | 56 257.76 | 3 824.32 | 3 119.84 | 2 918.56 | 1 408.96 | 423 996.32 |

根据“发料凭证汇总表”结转发出材料的计划成本，编制会计分录如下：

借：生产成本——基本生产成本　354 200
　　　　　　——辅助生产成本　55 900
　　制造费用　3 800

管理费用 3 100

在建工程 2 900

其他业务成本 1 400

贷：原材料 421 300

（2）计算并结转发出材料负担的成本差异。计算本期材料成本差异率，确定发出材料应负担的成本差异，按照所发出材料的用途，借记“生产成本”、“制造费用”、“销售费用”、“管理费用”等科目有关账户，贷记“材料成本差异”账户（超支差异用蓝字，节约差异用红字）。发出材料的计划成本加上（或减去）应负担的成本差异就是发出材料的实际成本。发出材料应负担的成本差异应当按期（月）分摊，不得在季末或年末一次计算。

$$本期材料成本差异率=\frac{月初结存材料的成本差异+本月收入材料的成本差异}{月初结存材料的计划成本+本月收入材料的计划成本}\times 100\%$$

$$期初材料成本差异率=\frac{期初结存材料的成本差异}{期初结存材料的计划成本}\times 100\%$$

发出材料应负担的成本差异=发出材料的计划成本×本期材料成本差异率

发出材料的实际成本=发出材料的计划成本±发出材料应负担的成本差异

结存材料的实际成本=结存材料的计划成本±结存材料应负担的成本差异

注意：上述公式中，借方差异即超支差异用正数表示，贷方差异即节约差异用负数表示。

**【做中学 4-18】** 沿用【做中学 4-17】的资料。海纳公司 7 月初结存原材料的计划成本为 80 000 元，成本差异为节约 1 600 元；当月入库原材料的计划成本 452 500 元，成本差异为超支 5 000 元，计算材料成本差异，编制会计分录如下：

$$本月材料成本差异率=\frac{-1\ 600+5\ 000}{80\ 000+452\ 500}\times 100\%=0.64\%$$

$$发出材料应负担的成本差异=421\ 300\times 0.64\%=2\ 696.32$$

借：生产成本——基本生产成本 2 266.88

——辅助生产成本 357.76

制造费用 24.32

管理费用 19.84

在建工程 18.56

其他业务成本 8.96

贷：材料成本差异——原材料 2 696.32

# 四、其他存货业务

## （一）包装物

周转性材料是指企业能够多次使用、逐渐转移其价值但仍保持原有实物形态、不确认为固定资产的材料，包括低值易耗品和包装物等。

1. 包装物概述

包装物是指为了包装本企业商品而储备的各种包装容器，如桶、箱、瓶、坛、袋等。企业的包装物种类繁多，按其具体用途的不同可分为以下几种。

（1）生产过程中用于包装产品作为产品组成部分的包装物。

（2）随同商品出售而不单独计价的包装物。

（3）随同商品出售而单独计价的包装物。

（4）出租或出借给购买单位使用的包装物。

注意：下列各项不属于包装物核算的范围。

（1）各种包装材料，如纸、绳、铁丝、铁皮等应作为“原材料”进行管理和核算。

（2）用于储存和保管商品、材料而不对外出售的包装物，应按其价值大小和使用年限长短，分别作为“固定资产”或“周转材料（低值易耗品）进行管理和核算。

2. 包装物的核算

（1）账户设置。企业应设置“周转材料（包装物）”账户，用于核算企业库存的各种包装物的实际成本或计划成本，也可单独设置“包装物”账户。该账户应按包装物的种类设置明细账，进行明细核算。

| 借方 | 周转材料（包装物） 贷方 |
|---|---|
| 购入的包装物实际成本或计划成本 | 发出的包装物实际成本或计划成本<br>已摊销的包装物成本 |
| 在库包装物的实际成本（或计划成本）<br>及摊余价值 | |

包装物实际成本的组成内容与原材料相同。包装物采购、入库的核算，不论是按实际成本计价还是按计划成本计价，均与原材料的账务处理基本相同，可参照原材料业务处理。

（2）账务处理。包装物发出的核算企业应按发出包装物的不同用途进行不同的处理。多次使用的包装物还应当根据使用次数分次进行摊销。

① 生产过程中领用包装物。生产过程中领用的包装物，在包装产品后，就成为产品的一部分，因此，应将包装物的成本计入产品的生产成本。

**【做中学 4-19】** 宏洲公司生产车间为包装产品，领用包装物一批，计划成本 5 000 元，材料成本差异率为 -0.5%。编制会计分录如下：

借：生产成本——基本生产成本　　4 975

　贷：周转材料——包装物　　5 000

　　材料成本差异——包装物　　[25]

② 随商品出售但不单独计价的包装物。随同商品出售但不单独计价的包装物，其发出主要是为了确保销售商品的质量或提供较为良好的销售服务，因此，应将这部分包装物的成本作为企业发生的销售费用处理。

**【做中学 4-20】** 宏洲公司在商品销售过程中领用包装物一批，计划成本 3 000 元，材料成本差异率为 -0.5%，该批包装物随同商品出售而不单独计价。编制会计分录如下：

借：销售费用　　2 985

　贷：周转材料——包装物　　3 000

　　材料成本差异——包装物　　[15]

③ 随同商品出售并单独计价的包装物。包装物随同商品出售并单独计价，实际上就是出售包装物，其账务处理与出售原材料相同。出售包装物取得的收入记入“其他业务收入”账户，出售包装物的成本记入“其他业务成本”账户。

**【做中学 4-21】** 宏洲公司业务部门在商品销售过程中领用包装物一批，实际成本为 5 000

元，该批包装物随同商品出售，单独计算售价为 5 800 元，应收取的增值税税额为 986 元，款项已收到。编制会计分录如下。

取得出售包装物收入时:

借: 银行存款　　6 786

　　贷: 其他业务收入　　5 800

　　　　应交税费——应交增值税（销项税额）　　986

结转出售包装物成本时:

借: 其他业务成本　　5 000

　　贷: 周转材料——包装物　　5 000

④ 出租、出借包装物的核算。企业对于一些可周转使用的包装物一般采用出租或出借的方式提供给客户使用，并要求客户用毕后归还。出租包装物可以取得租金收入，作为企业的其他业务收入，并且包装物的租金收入在销货时作为价外费用按照所销货物的税率计算增值税，与之对应的包装物成本及修理费用应作为租金收入的减项，列作企业的其他业务支出。企业出借包装物因不向客户收取费用，没有业务收入，所以，出借包装物的成本及修理费用应作为销售费用处理。企业为了督促客户能按时归还包装物，不论采用出租还是出借方式，一般都收取包装物押金，包装物押金应通过“其他应付款”账户核算。对于逾期未退包装物没收的押金，应按扣除应交增值税后的差额记入“其他业务收入”账户。

出租、出借收回的包装物，如发现有损坏不能使用而报废的，按其残料价值，借记“原材料”等账户，贷记“其他业务成本”（出租包装物）、“销售费用”（出借包装物）等账户。

企业对出租、出借的包装物，可采用一次或分次摊销的方法摊销其价值。

**【做中学 4-22】** 宏洲公司业务部门月初向仓库领用一批新的包装物，实际成本为 5 000 元，用于出租，出租期限为 3 个月，每月租金 600 元，月末收取，包装物采用一次摊销法。收取押金 6 000 元，已存银行。编制会计分录如下。

结转发出包装物的成本时:

借: 其他业务成本——包装物出租　　5 000

　　贷: 周转材料——包装物　　5 000

收到押金时:

借: 银行存款　　6 000

　　贷: 其他应付款——存入保证金——某单位　　6 000

每月月末收取租金（前两个月）时:

借: 银行存款　　702

　　贷: 其他业务收入——包装物出租　　600

　　　　应交税费——应交增值税(销项税额)　　102

第 3 个月末如数收回出租的包装物，在 6 000 元的押金中扣除应收取的第 3 个月的租金 600 元和按规定应交的增值税 102 元后，余额 5 298 元已通过银行转账退回。

借: 其他应付款——存入保证金　　6 000

　　贷: 其他业务收入——包装物出租　　600

　　　　应交税费——应交增值税（销项税额）　　102

　　　　银行存款　　5 298

**【做中学 4-23】** 宏洲公司业务部门向仓库领用一批新的包装物，实际成本 3 000 元，用于出借，期限为1个月，包装物采用一次摊销法。收取押金4 000元，已收存银行。编制会计分录如下。

结转发出包装物的成本时：

借：销售费用　　3 000

　贷：周转材料——包装物　　3 000

收到押金时：

借：银行存款　　4 000

　贷：其他应付款——存入保证金　　4 000

假设1个月后按期如数收回出借的包装物，4 000元的押金已通过银行转账退回。

借：其他应付款——存入保证金　　4 000

　贷：银行存款　　4 000

假设1个月后收回的包装物有损坏，没收押金1 000元，其中应交的增值税为854.70元［1 000÷（1+17%）×17%］，同时，通过银行转账退回押金3 000元。编制会计分录如下：

借：其他应付款——存入保证金——某单位　　4 000

　贷：应交税费——应交增值税（销项税额）　　145.30

　　其他业务收入　　854.70

　　银行存款　　3 000

## （二）低值易耗品

1. 低值易耗品概述

（1）低值易耗品的概念。低值易耗品是指不能作为固定资产的各种用具物品，如工具、管理用具、玻璃器皿及在经营过程中周转使用的包装容器等。低值易耗品按用途可分为一般工具、专用工具、替换设备、管理用具、劳动保护用品等几大类。

（2）低值易耗品的特点。低值易耗品可以参加多次生产周转而不改变其原有的实物形态，价值是随着实物的不断磨损逐渐地转移到成本、费用中去的；有些低值易耗品在使用过程中需要进行维修，报废时有一定的残值。从这些方面看，低值易耗品与固定资产是相同的。但低值易耗又具有品种多、数量大、价值较低、使用年限较短、容易损坏、收发频繁等特点，这又不同于固定资产而与原材料有些类似。实际工作中，为了简化管理和核算工作，将低值易耗品列入流动资产的存货类，其购入、库存的管理和核算，与原材料基本相同，但对其在使用中转移或损耗的价值则采用了摊销的方法摊入成本、费用中。

2. 低值易耗品的核算

（1）账户设置。低值易耗品实际成本的组成内容与原材料相同。企业应设置“周转材料——低值易耗品”账户，用于核算企业库存低值易耗品的实际成本或计划成本，也可单独设置“低值易耗品”账户。该账户属资产类账户，应按低值易耗品的类别、品种规格进行数量和金额的明细核算。

借方　　周转材料——低值易耗品　　贷方

| | |
|---|---|
| 入库的低值易耗品实际成本或计划成本 | 发出的低值易耗品实际成本或计划成本<br>已摊销的低值易耗品成本 |
| 在库低值易耗品的实际成本（或计划成本）及摊余价值 | |

（2）账务处理。低值易耗品采购、入库的核算，不论是按实际成本计价还是按计划成本计价，均与原材料的账务处理基本相同，这里不再重述。

低值易耗品从仓库领用发出直到报废以前，可在生产过程中反复使用，其损耗的价值需要采用一定的摊销方法分期计入成本、费用。低值易耗品摊销的方法有两种。

① 一次摊销法，是指在领用低值易耗品时，就将其价值一次全部计入到当期的成本、费用中的摊销方法。采用这种摊销方法，核算简单，但若领用的低值易耗品价值较大时，会使当期成本、费用增高，不利于成本费用的均衡性。这种方法主要适用于一次领用数量不多，价值较低，使用期限较短或者容易破损的低值易耗品的摊销。采用一次摊销法，应加强实物管理，并在备查簿上进行登记。

**【做中学 4-24】** 宏洲公司生产车间领用专用工具一批，计划成本 2 300 元，厂部管理部门领用办公用品一批，计划成本 2 100 元，当月材料成本差异率为 1%。编制会计分录如下。

领用时:

借：制造费用　　2 300
　　管理费用　　2 100
　　贷：周转材料——低值易耗品　　4 400

分摊材料成本差异时:

借：制造费用　　23
　　管理费用　　21
　　贷：材料成本差异——低值易耗品　　44

② 分次摊销法，是指根据低值易耗品价值和预计使用期限求得每期平均摊销额，分次摊入成本、费用的方法。这种摊销方法克服了一次摊销法各期成本费用负担不均衡的缺点。它主要适用于使用期限较长、单位价值较高或一次领用数量较大的低值易耗品的摊销。

对在用低值易耗品按使用车间、部门进行数量和金额明细核算的企业，也可以采用五五摊销法核算，即领用时摊销一半，报废时摊销剩余的一半。

在采用分次摊销法的情况下，需要单独设置“周转材料——低值易耗品——在用”、“周转材料——低值易耗品——在库”和“周转材料——低值易耗品——摊销”明细科目。

**【做中学 4-25】** 宏洲公司的基本生产车间领用专用工具一批，实际成本为 200 000 元，不符合固定资产定义，采用分次摊销法进行摊销。该专用工具的估计使用次数为 2 次。编制会计分录如下。

领用专用工具时:

借：周转材料——低值易耗品——在用　　200 000
　　贷：周转材料——低值易耗品——在库　　200 000

第一次领用时摊销其价值的一半:

借：制造费用　　100 000
　　贷：周转材料——低值易耗品——摊销　　100 000

第二次领用时摊销其价值的一半:

借：制造费用　　100 000
　　贷：周转材料——低值易耗品——摊销　　100 000

同时:

借：周转材料——低值易耗品——摊销　　200 000

贷：周转材料——低值易耗品——在用 200 000

## （三）委托加工物资

1. 委托加工物资概述

委托加工物资是指企业委托外单位加工的各种材料、商品等物资。

企业委托外单位加工物资的成本包括加工中实际耗用物资的成本、支付的加工费用及应负担的运杂费等，支付的税金包括委托加工物资所应负担的消费税（指属于消费税应税范围的加工物资）等。委托加工物资也可以采用计划成本或售价进行核算，其方法与库存商品相似。

2. 委托加工物资的核算

（1）账户设置。企业应设置"委托加工物资"账户，用来核算企业委托外单位加工的各种物资的实际成本。该账户属资产类账户。企业应按加工合同和受托加工单位设置"委托加工物资"明细账，反映加工单位名称、加工合同号数，发出加工物资的名称、数量，发生的加工费用和运杂费，退回剩余物资的数量、实际成本，以及加工完成物资的实际成本等资料。

| 借方　　　　　　委托加工物资 | 贷方 |
|---|---|
| ①委托加工物资的实际成本 | ①加工完成入库物资的实际成本<br>②退回材料的实际成本 |
| 尚未完工的委托加工物资的实际成本 | |

（2）账务处理。委托加工物资的核算主要有以下内容。

① 发出委托加工物资。

② 支付加工费用及应负担的运杂费。

③ 缴纳消费税。

④ 加工完成物资验收入库和退回剩余材料。

需要注意的是，如果委托加工物资属于应纳消费税的应税消费品，应由受托方在向委托方交货时代收代缴消费税。委托方缴纳消费税时，应分别不同情况处理：凡属加工物资收回后直接用于销售的，应将受托方代收代缴的消费税计入委托加工物资的成本，借记"委托加工物资"账户，贷记"银行存款"等账户；凡属加工物资收回后用于连续生产应税消费品的，所纳税款按规定准予抵扣以后销售环节应缴纳的消费税，借记"应交税费——应交消费税"账户，贷记"银行存款"等账户。

**【做中学 4-26】**宏洲公司 2012 年 7 月委托甲企业加工包装用品一批（属于应税消费品）2 000 件，有关经济业务如下。

① 7 月 20 日，发出材料一批，计划成本为 500 000 元，材料成本差异率为-1%。编制会计分录如下。

发出委托加工材料时：

借：委托加工物资 500 000

　　贷：原材料 500 000

结转发出材料应分摊的材料成本差异时：

借：委托加工物资 5 000

　　贷：材料成本差异 5 000

② 7 月 20 日，支付材料加工费 60 000 元，支付应当交纳的消费税 61 666 元，该包装用品

收回后用于连续生产，消费税可抵扣，宏洲公司和甲企业均为一般纳税人，适用增值税税率为17%。编制会计分录如下：

借：委托加工物资 60 000
　　应交税费——应交消费税 61 666
　　　　　　——应交增值税（进项税额） 10 200
　　贷：银行存款 131 866

③ 8月4日，用银行存款支付往返运杂费4 000元。

借：委托加工物资 4 000
　　贷：银行存款 4 000

④ 8月5日，上述包装用品2 000件（每件计划成本为275元）加工完毕，公司已办理验收入库手续。

借：周转材料——包装物 550 000
　　材料成本差异 9 000
　　贷：委托加工物资 559 000

## （四）库存商品

### 1. 库存商品概述

库存商品是指企业已完成全部生产过程并已验收入库、合乎标准规格和技术条件，可以按照合同规定的条件送交订货单位，或可以作为商品对外销售的产品及外购或委托加工完成验收入库用于销售的各种商品。库存商品具体包括库存产成品、外购商品、存放在门市部准备出售的商品、发出展览的商品、寄存在外的商品、接受来料加工制造的代制品和为外单位加工修理的代修品等。已完成销售手续，但购买单位在月末未提取的产品，不应作为企业的库存商品，而应作为代管商品处理，单独设置代管商品备查簿进行登记。库存商品可以采用实际成本核算，也可以采用计划成本核算，其方法与原材料相似。采用计划成本核算时，库存商品实际成本与计划成本的差异，可单独设置“产品成本差异”科目核算。

### 2. 库存商品的核算

（1）账户设置。为了反映和监督库存商品的增减变动及其结存情况，企业应当设置“库存商品”科目，该账户是资产类账户，应按库存商品的种类设置明细账，进行明细核算。

借方　　　　库存商品　　　　贷方

| 验收入库的库存商品的成本 | 发出库存商品的成本 |
|---|---|
| 各种库存商品的实际成本或计划成本 | |

（2）账务处理。库存商品的核算主要有以下内容。

① 验收入库商品。对于库存商品采用实际成本核算的企业，当库存商品生产完成并验收入库时，应按实际成本借记“库存商品”科目，贷记“生产成本——基本生产成本”科目。

**【做中学4-27】** 宏洲公司“商品入库汇总表”记载，7月份已验收入库甲产品1 000台，实际单位成本300元，计300 000元；乙产品2 000台，实际单位成本200元，计400 000元。编制会计分录如下：

借：库存商品——甲产品 300 000
　　　　　　——乙产品 400 000

贷：生产成本——基本生产成本（甲产品） 300 000

——基本生产成本（乙产品） 400 000

② 销售商品。企业销售商品、确认收入时，应结转其销售成本，借记“主营业务成本”等科目，贷记“库存商品”科目。

**【做中学 4-28】** 宏洲公司 7 月末汇总的发出商品中，当月已实现销售的甲产品有 600 台，乙产品有 1 500 台。该月甲产品实际单位成本 300 元，乙产品实际单位成本 200 元。在结转其销售成本时，编制会计分录如下：

借：主营业务成本 480 000

贷：库存商品——甲产品 180 000

——乙产品 300 000

企业购入的商品可以采用进价或售价核算。采用售价核算的，商品售价和进价的差额可通过“商品进销差价”科目核算。月末应分摊已销商品的进销差价，将已销商品的销售成本调整为实际成本，借记“商品进销差价”科目，贷记“主营业务成本”科目。

③ 商品流通企业业务。商品流通企业的库存商品还可以采用毛利率法和售价金额核算法进行日常核算。

A. 毛利率法是指根据本期销售净额乘以上期实际（或本期计划）毛利率匡算本期销售毛利，并据以计算发出存货和期末存货成本的一种方法。其计算公式如下。

$$毛利率=销售毛利/销售净额\times 100\%$$

$$销售净额=商品销售收入-销售退回与折让$$

$$销售毛利=销售净额\times 毛利率$$

$$销售成本=销售净额-销售毛利$$

$$期末存货成本=期初存货成本+本期购货成本-本期销售成本$$

这一方法是商品流通企业，尤其是商业批发企业常用的计算本期商品销售成本和期末库存商品成本的方法。商品流通企业由于经营商品的品种繁多，如果分品种计算商品成本，工作量将大大增加，而且，一般来讲，商品流通企业同类商品的毛利率大致相同，采用这种存货计价方法既能减轻工作量，也能满足对存货管理的需要。

**【做中学 4-29】** 某商场 2012 年 4 月 1 日化妆品存货 150 万元，本月购进 350 万元，本月销售收入 600 万元，上季度该类商品毛利率为 40%。本月已销商品和月末库存商品的成本计算如下。

$$本月销售收入=600（万元）$$

$$销售毛利=600\times 40\%=240（万元）$$

$$本月销售成本=600-240=360（万元）$$

$$月末库存商品成本=150+350-360=140（万元）$$

B. 售价金额核算法是指平时商品的购入、加工收回、销售均按售价记账，售价与进价的差额通过“商品进销差价”科目核算，期末计算进销差价率和本期已销商品应分摊的进销差价，并据以调整本期销售成本的一种方法。计算公式如下。

商品进销差价率=（期初库存商品进销差价+本期购入商品进销差价）/（期初库存商品售价+本期购入商品售价）×100%

$$本期销售商品应分摊的商品进销差价=本期商品销售收入\times 商品进销差价率$$

$$本期销售商品的成本=本期商品销售收入-本期销售商品应分摊的商品进销差价$$

$$期末结存商品的成本=期初库存商品的进价成本+本期购进商品的进价成本-本期销售商品的成本$$

企业的商品进销差价率各期之间是比较均衡的，因此，也可以采用上期商品进销差价率计算分摊本期的商品进销差价。年度终了，应对商品进销差价进行核实调整。

对于从事商业零售业务的企业（如百货公司、超市等），由于经营商品种类、品种、规格等繁多，而且要求按商品零售价格标价，采用其他成本计算结转方法均较困难，因此广泛采用这一方法。

**【做中学 4-30】** 某商场 2012 年 7 月期初库存商品的进价成本为 100 万元，售价总额为 110 万元，本月购进该商品的进价成本为 155 万元，售价总额为 190 万元，本月销售收入为 200 万元。有关计算如下。

商品进销差价率 = （10 + 35）/（110 + 190）× 100％ = 15％

已销商品应分摊的商品进销差价 = 200 × 15％ = 30（万元）

本期销售商品的实际成本=200 − 30 = 170（万元）

期末结存商品的实际成本=100 + 155 − 170 = 85（万元）

# 五、存货清查和期末计价

## （一）存货的清查

存货清查是指通过对存货的实地盘点，确定存货的实有数量，并与账面结存数核对，从而确定存货实存数与账面结存数是否相符的一种专门方法。

1. 存货清查的方法

存货清查通常采用实地盘点的方法。在清查时，通过点数、过磅等方法，确定实存数量。对于一些无法通过具体的方法进行度量的存货，则应通过测量、估计等方法确定其实际数量。有些存货还要通过物理方法或化学方法来检查其质量是否合格、是否变质等。

存货应当定期盘点，每年至少盘点一次。在实地盘点之前，应先把有关存货明细账登记齐全，算出结存数量和金额，以备核对。盘点后，应根据盘点记录，将实存数与账面数进行核对，核实盘盈、盘亏和毁损的数量，并据以编制“存货盘点报告表”，并及时查明原因，按照规定程序报批处理。

2. 存货清查的账务处理

为了反映企业在财产清查中查明的各种存货的盘盈、盘亏和毁损情况，企业应当设置“待处理财产损溢”科目，借方登记存货的盘亏、毁损金额及盘盈的转销金额，贷方登记存货的盘盈金额及盘亏的转销金额。企业清查的各种存货的损溢，应于期末结账前查明原因，并根据企业的管理权限，经股东大会、董事会、总经理会议或类似机构批准后，在期末结账前处理完毕，期末处理后，本科目应无余额。

存货清查的账务处理一般分两步，第一步，在批准处理之前企业应先将盘盈、盘亏和毁损的存货价值记入“待处理财产损溢”账户，并调整存货的账面价值，使存货账实相符；第二步，批准之后，按不同的原因和处理结果转销“待处理财产损溢”账户。

（1）存货盘盈的账务处理。企业发生存货盘盈时，借记“原材料”、“库存商品”等科目，贷记“待处理财产损溢”科目；在按管理权限报经批准后，借记“待处理财产损溢”科目，贷记“管理费用”科目。

**【做中学 4-31】** 宏洲公司在年末进行存货清查，发现一批材料账实不符，见表 4-8。

**表 4-8 存货盘点报告表**

2011 年 12 月 31 日　　金额单位：元

| 存货类别 | 规格名称 | 计量单位 | 数量 | | 单价 | 盘盈 | | 盈亏 | | 盈亏原因 |
|---|---|---|---|---|---|---|---|---|---|---|
| | | | 账存 | 实存 | | 数量 | 金额 | 数量 | 金额 | |
| 原材料 | 甲料 | 千克 | 2 300 | 2 250 | 40 | | | 50 | 2 000 | 管理不善毁损 |
| 原材料 | 乙料 | 千克 | 4 750 | 2 100 | 15 | | | 2 650 | 39 750 | 自然灾害毁损 |
| 周转材料 | 塑料桶 | 件 | 200 | 210 | 60 | 10 | 600 | | | 记账差错 |

根据存货盘点报告表，编制会计分录如下：

第一步：周转材料盘盈。

借：周转材料——包装物（塑料桶）　　600

　　贷：待处理财产损溢——待处理流动资产损溢　　600

第二步：周转材料盘盈属记账错误造成，经批准后进行处理。

借：待处理财产损溢——待处理流动资产损溢　　600

　　贷：管理费用　　600

（2）存货盘亏及毁损的账务处理。企业发生存货盘亏及损毁时，借记“待处理财产损溢”科目，贷记“原材料”、“库存商品”等科目。在按管理权限报经批准后应做如下会计处理：对于入库的残料价值，计入“原材料”等科目；对于保险公司和过失人的赔款，记入“其他应收款”科目；扣除残料价值和应由保险公司、过失人赔款后的净损失，属于一般经营损失的部分，记入“管理费用”科目，属于非常损失的部分，记入“营业外支出”科目。

**【做中学 4-32】** 宏洲公司在年末进行存货清查，发生材料盘亏毁损，见表 4-8。编制会计分录如下：

第一步：原材料盘亏。

借：待处理财产损溢——待处理流动资产损溢　　41 750

　　贷：原材料——甲材料　　2 000

　　　　　　——乙材料　　39 750

由于甲材料、乙材料毁损是属于非正常损失，按照有关规定，企业发生非正常损失的购进货物及非正常损失的在产品、产成品所耗用的购进货物或应税劳务的进项税额应当予以转出，不得从销项税额中抵扣，所以，毁损的甲材料、乙材料的价值还应包括其应负担的进项税额。此例中，增值税税率为 17%，甲材料的实际成本为 2 000 元，扣除残料价值 100 元，实际发生非正常净损失为 1 900 元，应负担的进项税额为 323 元；乙材料发生非正常净损失为 39 750 元，应负担的进项税额为 6 757.50 元。编制会计分录如下：

借：待处理财产损溢——待处理流动资产损溢　　7 080.50

　　贷：应交税费——应交增值税（进项税额转出）　　7 080.50

第二步：原材料盘亏属非正常损失，经批准后进行处理。

甲材料、乙材料毁损的原因已查明，甲材料属管理不善造成，扣除残料价值 100 元后，净损失 2 223 元（2 000−100 +323）应记入“管理费用”账户；乙材料是由于自然灾害造成，扣除应收保险公司赔偿款 2 9 000 元之后，净损失 17 507.50 元（39 750+6 757.50 − 29 000）应记入“营业外支出”账户。编制会计分录如下：

| | |
|---|---|
| 借：原材料 | 100 |
| 　　其他应收款——应收保险赔款 | 29 000 |
| 　　管理费用 | 2 223 |
| 　　营业外支出——非常损失 | 17 507.50 |
| 　　贷：待处理财产损溢——待处理流动资产损溢 | 48 830.50 |

若企业存货是采用计划成本（或售价）核算的，盘亏和毁损的存货还应当同时结转成本差异。

**知识拓展**

**存货损失所得税税前扣除的确认**

企业依据会计准则确认的存货损失，在计算缴纳企业所得税时，按照2011年1月1日起施行的《企业资产损失所得税税前扣除管理办法》的规定，只有提交有关证据材料、符合相关条件时，才允许税前扣除。

（1）存货盘亏损失，为其盘亏金额扣除责任人赔偿后的余额，应依据以下证据材料确认。

① 存货计税成本确定依据。

② 企业内部有关责任认定、责任人赔偿说明和内部核批文件。

③ 存货盘点表。

④ 存货保管人对于盘亏的情况说明。

（2）存货报废、毁损或变质损失，为其计税成本扣除残值及责任人赔偿后的余额，应依据以下证据材料确认。

① 存货计税成本的确定依据。

② 企业内部关于存货报废、毁损、变质、残值情况说明及核销资料。

③ 涉及责任人赔偿的，应当有赔偿情况说明。

④ 该项损失数额较大的（指占企业该类资产计税成本10%以上，或减少当年应纳税所得、增加亏损10%以上，下同），应有专业技术鉴定意见或法定资质中介机构出具的专项报告等。

（3）存货被盗损失，为其计税成本扣除保险理赔及责任人赔偿后的余额，应依据以下证据材料确认。

① 存货计税成本的确定依据。

② 向公安机关的报案记录。

③ 涉及责任人和保险公司赔偿的，应有赔偿情况说明等。

## （二）存货的期末计价

1. 存货期末计量的原则

在资产负债表日，存货应当按照成本与可变现净值孰低计量。即资产负债表日，当存货成本低于可变现净值时，存货按成本计量；当存货成本高于其可变现净值时，应当计提存货跌价准备，记入当期损益。其中，可变现净值是指在日常活动中，存货的估计售价减去至完工时估计将要发生的成本、估计的销售费用及相关税费后的金额；存货成本是指期末存货的实际成本。如果企业在存货成本的日常核算中采用计划成本法、售价金额核算法等简化核算方法，则成本应为经调整后的实际成本。

2. 存货减值迹象的判断

存货存在下列情况之一的，通常表明存货的可变现净值低于成本。

（1）该存货的市场价格持续下跌，并且在可预见的未来无回升的希望。

（2）企业使用该项原材料生产的产品的成本大于产品的销售价格。

（3）企业因产品更新换代，原有库存原材料已不适应新产品的需要，而该原材料的市场价格又低于其账面成本。

（4）因企业所提供的商品或劳务过时或消费者偏好改变而使市场的需求发生变化，导致市场价格逐渐下跌。

（5）其他足以证明该项存货实质上已经发生减值的情形。

存货存在下列情形之一的，通常表明存货的可变现净值为零。

（1）已霉烂变质的存货。

（2）已过期且无转让价值的存货。

（3）生产中已不再需要，并且已无使用价值和转让价值的存货。

（4）其他足以证明已无使用价值和转让价值的存货。

3. 可变现净值的确定

企业确定存货的可变现净值，应当以取得的确凿证据为基础，并且考虑持有存货的目的、资产负债表日后事项的影响等因素。存货可变现净值的确凿证据是指对确定存货的可变现净值有直接影响的客观证明。存货的采购成本、加工成本和其他成本及以其他方式取得的存货的成本，应当以取得外来原始凭证、生产成本资料、生产成本账簿记录等作为确凿证据；产成品或商品的市场销售价格、与产成品或商品相同或类似商品的市场销售价格、销售方提供的有关资料等。

不同情况下存货可变现净值的构成和确定方法也不同。

（1）产成品、商品等直接用于出售的商品存货，没有销售合同约定的，其可变现净值应当为在正常生产经营过程中，产成品或商品的一般销售价格（即市场销售价格）减去估计的销售费用和相关税费等后的金额。

**【做中学 4-33】** 2011 年 12 月 31 日，宏洲公司库存的 B 型机器的账面价值（成本）为 210 000 元，数量为 14 台，单位成本为 15 000 元/台。2011 年 12 月 31 日，B 型机器的市场销售价格（不含增值税）为 18 000 元/台。宏洲公司没有签订有关 A 型机器的销售合同。

本例中，由于宏洲公司没有就 B 型机器签订销售合同，因此，在这种情况下，计算确定 B 型机器的可变现净值应以其一般销售价格总额 252 000 元（18 000 × 14）作为计量基础。

（2）用于出售的材料等，应当以市场价格减去估计的销售费用和相关税费等后的金额作为其可变现净值。这里的市场价格是指材料等的市场销售价格。

**【做中学 4-34】** 由于产品更新换代，宏洲公司决定停止生产 C 型机器。为减少不必要的损失，公司决定将原材料中专门用于生产 C 型机器的外购原材料——钢材全部出售，2011 年 12 月 31 日其账面价值（成本）为 100 000 元，数量为 20 吨。根据市场调查，此种钢材的市场销售价格（不含增值税）为 4 500 元/吨，同时销售这 20 吨钢材可能发生销售费用及税金 6 000 元。

本例中，由于企业已决定不再生产 C 型机器，因此，该批钢材的可变现净值不能再以 C 型机器的销售价格作为其计量基础，而应按钢材本身的市场销售价格作为计量基础。因此，该批钢材的可变现净值应为 84 000 元（4 500 × 20 − 6 000）。

（3）需要经过加工的材料存货，如原材料、在产品、委托加工材料等，由于持有该材料的目的是用于生产产成品，而不是出售，该材料存货的价值将体现在用其生产的产成品上。因此，在确定需要经过加工的材料存货的可变现净值时，需要以其生产的产成品的可变现净值与该产成品的成本进行比较，如果该产成品的可变现净值高于其成本，则该材料应当按照其成本计量。

**【做中学 4-35】** 2011 年 12 月 31 日，宏洲公司库存原材料——甲材料的账面价值（成本）为 950 000 元，市场销售价格总额（不含增值税）为 900 000 元，假设不发生其他购买费用；用甲材料生产的产成品——H 型机器的可变现净值高于成本。

本例中，虽然甲材料在 2011 年 12 月 31 日的账面价值（成本）高于其市场价格。但是由于用其生产的产成品——H 型机器的可变现净值高于其成本，即用该原材料生产的最终产品此时并没有发生价值减损。因而，在这种情况下，甲材料即使其账面价值（成本）已高于市场价格，也不应计提存货跌价准备，仍应按其原账面价值（成本）950 000 元列示在甲公司 2011 年 12 月 31 日资产负债表的存货项目之中。

如果材料价格的下降表明以其生产的产成品的可变现净值低于成本，则该材料应当按可变现净值计量。其可变现净值为在正常生产经营过程中，以该材料所生产的产成品的估计售价减去至完工时估计将要发生的成本、估计的销售费用及相关税费后的金额确定。

**【做中学 4-36】** 宏洲公司 2011 年 12 月 31 日，公司库存原材料——钢材的账面价值为 50 000 元，可用于生产 1 台 D 型机器，相对应的市场销售价格为 48 000 元，假设不发生其他购买费用。由于钢材的市场销售价格下降，用钢材作为原材料生产的 D 型机器的市场销售价格由 120 000 元下降为 113 000 元，但其生产成本仍为 115 000 元，即将该批钢材加工成 D 型机器尚需投入 65 000 元，估计销售费用及税金为 4 500 元。

根据上述资料，可按以下步骤确定该批钢材的账面价值。

第一步，计算用该原材料所生产的产成品的可变现净值。

D 型机器的可变现净值 = D 型机器估计售价 − 估计销售费用及税金 = 113 000 − 4 500 = 108 500（元）

第二步，将用该原材料所生产的产成品的可变现净值与其成本进行比较。

D 型机器的可变现净值 108 500 元小于其成本 115 000 元，即钢材价格的下降和 D 型机器销售价格的下降表明 D 型机器的可变现净值低于其成本，因此该批钢材应当按可变现净值计量。

第三步，计算该批钢材的可变现净值，并确定其期末价值。

该批钢材的可变现净值 = D 型机器的估计售价 − 将该批钢材加工成 D 型机器尚需投入的成本 − 估计销售费用及税金 = 113 000 − 65 000 − 4 500 = 43 500（元）

该批钢材的可变现净值 43 500 元小于其成本 50 000 元，因此该批钢材的期末价值应为其可变现净值 43 500 元，即该批钢材应按 43 500 元列示在 2011 年 12 月 31 日资产负债表的存货项目之中。

（4）为执行销售合同或者劳务合同而持有的存货，其可变现净值应当以合同价格而不是估计售价，减去估计的销售费用和相关税费等后的金额确定。

如果企业持有的同一项存货数量多于销售合同或劳务合同订购的数量，应分别确定其可变现净值，并与其相对应的成本进行比较，分别确定存货跌价准备的计提或转回金额。超出合同部分的存货的可变现净值应当以一般销售价格为基础计算。

**【做中学 4-37】** 2011 年 10 月 10 日，宏洲公司与甲公司签订了一份不可撤销的销售合同，双方约定，2012 年 3 月 10 日，宏洲公司应按 50 000 元/台的价格向甲公司提供 W 型机器 12 台。2011 年 12 月 31 日，宏洲公司 W 型机器的账面价值（成本）为 600 000 元，数量为 15 台，单位成本为 40 000 元/台，2011 年 12 月 31 日，W 型机器的市场销售价格为 48 000 元/台。估计销售费用及税金为 10 000 元。

第一步，计算 W 型机器的可变现净值。

宏洲公司该批W型机器的销售价格已在双方签订的销售合同中约定，但是其库存数量大于销售合同约定的数量。这种情况下，对于销售合同约定数量内（12台）的W型机器的可变现净值应以销售合同约定的价格总额600 000元（50 000×12）作为计量基础；而对于超出部分（3台）的W型机器的可变现净值应以一般销售价格总额144 000元（48 000×3）作为计量基础。

W型机器的可变现净值=（50 000×12）+（48 000×3）－10 000=734 000（元）

第二步，将W型机器的账面价值与可变现净值进行比较。

W型机器的可变现净值734 000元高于W型机器的账面价值600 000元。

第三步，确定W型机器的期末价值。

W型机器的期末成本=600 000（元）

即该批W型机器应按600 000元列示在2011年12月31日资产负债表的存货项目之中。

4. 存货跌价准备的账务处理

企业应设置"存货跌价准备"账户，用于核算企业提取的存货跌价准备，该账户属于资产类账户。"存货跌价准备"账户是有关存货账户的抵减调整账户，有关存货账户的期末借方余额减去"存货跌价准备"账户的贷方余额即为期末存货的价值。

| 借方 | 存货跌价准备　　　　贷方 |
|---|---|
| ①实际发生的存货跌价损失金额<br>②冲减的存货跌价准备金额 | ①计提的存货跌价准备金额 |
| | 企业已计提尚未转销的存货跌价准备 |

存货跌价准备的计提和转回。在资产负债表日，存货的可变现净值低于成本，企业应当计提存货跌价准备。

企业通常应当按照单个存货项目计提存货跌价准备。即在资产负债表日，企业将每个存货项目的成本与其可变现净值逐一进行比较，按较低者计量存货。其中可变现净值低于成本的，两者的差额即为应计提的存货跌价准备。企业计提的存货跌价准备应计入当期损溢。

对于数量繁多、单价较低的存货，可以按照存货类别计提存货跌价准备。与在同一地区生产和销售的产品系列相关、具有相同或类似最终用途或目的，且难以与其他项目分开计量的存货，可以合并计提存货跌价准备。

当以前减记存货价值的影响因素已经消失，减记的金额应当予以恢复，并在原已计提的存货跌价准备金额内转回，转回的金额计入当期损益。在核算存货跌价准备的转回时，转回的存货跌价准备与计提该准备的存货项目或类别应当存在直接对应关系。在原已计提的存货跌价准备金额内转回，意味着转回的金额以将存货跌价准备的余额冲减至零为限。

**【做中学4-38】** 宏洲公司采用成本与可变现净值孰低法进行期末存货的计价核算。假设企业在2007年年末开始计提存货跌价准备，有关年度乙产品存货的资料见表4-9。其中2010年6月30日，对16 000元已过期且无转让价值的商品做出处理。

**表4-9　　存货资料表**　　单位：元

| 日　期 | 账面成本 | 可变现净值 |
|---|---|---|
| 2007.12.31 | 160 000 | 155 000 |
| 2008.12.31 | 186 700 | 180 100 |
| 2009.12.31 | 153 000 | 150 150 |
| 2010.12.31 | 130 000 | 128 000 |
| 2011.12.31 | 168 330 | 172 000 |

相关账务处理如下。

① 2007 年年末应计提的存货跌价准备＝160 000－155 000＝5 000（元）。

借：资产减值损失　5 000

　　贷：存货跌价准备　5 000

② 2008 年年末应计提的存货跌价准备＝186 700－180 100＝6 600（元）。

2008 年年末应补提的存货跌价准备＝6 600－5 000＝1 600（元）。

借：资产减值损失　1 600

　　贷：存货跌价准备　1 600

③ 2009 年末应计提的存货跌价准备=153 000－150 150=2 850（元）。

2009 年年末冲销的存货跌价准备＝6 600－2 850＝3 750（元）。

借：存货跌价准备　3 750

　　贷：资产减值损失　3 750

④ 2010 年 6 月 30 日对已过期且无转让价值的乙产品做出处理。

借：资产减值损失　13 150

　　存货跌价准备　2 850

　　贷：库存商品　16 000

⑤ 2010 年年末应计提的存货跌价准备＝130 000－128 000＝2 000（元）。

借：资产减值损失　2 000

　　贷：存货跌价准备　2 000

⑥ 2011 年年末，因可变现净值大于成本，应冲销已计提的存货跌价准备 2 000 元。

借：存货跌价准备　2 000

　　贷：资产减值损失　2 000

需要注意的是，导致存货跌价准备转回的是以前减记存货价值的影响因素的消失，而不是在当期造成存货可变现净值高于其成本的其他影响因素。如果本期导致存货可变现净值高于其成本的影响因素不是以前减记该存货价值的影响因素，则不允许将该存货跌价准备转回。

5. *存货跌价准备的结转*

企业计提了存货跌价准备，如果其中有部分存货已经销售，则企业在结转销售成本时，应同时结转对其已计提的存货跌价准备。对于因债务重组、非货币性资产交换转出的存货，也应同时结转已计提的存货跌价准备。如果按存货类别计提存货跌价准备的，应当按照发生销售、债务重组、非货币性资产交换等而转出存货的成本占该存货未转出前该类别存货成本的比例结转相应的存货跌价准备。

**【做中学 4-39】** 2011 年年末，宏洲公司库存甲产品 10 台，每台成本为 6 000 元，已经计提的存货跌价准备合计为 10 000 元。2012 年，公司将库存的 10 台产品全部以每台 8 000 元的价格售出，适用的增值税税率为 17%，货款已收到。相关的账务处理如下：

借：银行存款　93 600

　　贷：主营业务收入——甲产品　80 000

　　　　应交税费——应交增值税（销项税额）　13 600

借：主营业务成本——甲产品　50 000

　　存货跌价准备——甲产品　10 000

　　贷：库存商品——甲产品　60 000

在资产负债表中，“存货”项目按减去存货跌价准备后的净额反映。

## 小　结

无论是工业企业还是商品流通企业，存货岗位工作是企业日常业务核算的重要内容之一。存货的流动性较强，任何企业都需要加强管理。学习本岗位知识时需要注意以下几点：一是不同方式下取得的存货如何确定其入账价值；二是明确区分实际成本法和计划成本法；三是正确理解可变现净值的含义，掌握存货跌价准备的计提。

## 岗位训练

### 一、单选题

1. 进行存货核算时，确认存货的时间为（　　）。

A．支付货款的时间　　B．收到货款的时间
C．取得其产权的时间　　D．签订购货合同的时间

2. 企业下列科目的期末余额不应列示于资产负债表“存货”项目下的是（　　）。

A. 在途物资　　B. 工程物资
C. 委托加工物资　　D. 生产成本

3. 存货计价采用先进先出法，在存货价格持续上涨的情况下，将会（　　）。

A. 高估期末存货价值、低估当期利润　　B. 高估期末存货价值和当期利润
C. 低估期末存货价值和当期利润　　D. 低估期末存货价值、高估当期利润

4. 材料采购途中发生的合理损耗，应当（　　）。

A. 计入管理费用　　B. 向保险公司索赔
C. 由运输部门赔偿　　D. 计入材料采购成本

5. 甲工业企业为增值税一般纳税人。本期外购原材料一批，购买价格为10 000元，增值税为1 700元，入库前发生的挑选整理费用为500元。该批原材料的入账价值为（　　）元。

A. 10 000　　B. 11 700　　C. 10 500　　D. 12 200

6. 凡属委托加工的物资收回后，用于连续生产应交消费税产品的，应将负担的消费税记入（　　）。

A. “应交税费——应交消费税”科目借方　　B. “应交税费——应交消费税”科目贷方
C. “委托加工物资”科目借方　　D. “委托加工物资”科目贷方

7. 某企业4月1日存货的结存数量为200件，单价为4元；4月2日发出存货150件；4月5日购进存货200件，单价4.4元；4月8日发出存货100件。在存货采用移动加权平均法的情况下，4月8日结存的存货实际成本为（　　）元。

A. 648　　B. 432　　C. 1 080　　D. 1 032

8. 在物价不断上涨时期，一个公司可以选用的存货计价方法中，若要使会计报表中的净收益最高，可以采用（　　）的计价方法。

A. 加权平均法　　B. 先进先出法　　C. 移动加权平均法　　D. 个别计价法

9. 某企业2011年3月31日，乙存货的实际成本为100万元，加工该存货至完工产成品估计还将发生成本为20万元，估计销售费用和相关税费为2万元，估计用该存货生产的产成品售

价 110 万元。假定乙存货月初“存货跌价准备”科目余额为 0，2011 年 3 月 31 日应计提的存货跌价准备为（　　）万元。

A. -10　　B. 0　　C. 10　　D. 12

10. 甲公司是增值税一般纳税人（增值税税率为 17%），本期购入一批商品，增值税专用发票上注明的售价为 400 000 元，所购商品到达后验收发现短缺 30%，其中合理损失 5%，另 25% 的短缺尚待查明原因。假设不考虑其他因素，该存货的实际成本为（　　）元。

A. 468 000　　B. 400 000　　C. 368 000　　D. 300 000

## 二、多选题

1. 下列各项属于企业“存货”的是（　　）。

A. 原材料　　B. 在产品、半成品、产成品

C. 包装物及低值易耗品　　D. 委托代销商品

2. 下列项目中，应计入材料采购成本的有（　　）。

A. 制造费用　　B. 进口关税

C. 运输途中的合理损耗

D. 一般纳税人购入材料支付的可以抵扣的增值税

3. 企业对发出存货的实际成本进行确认的方法有（　　）。

A. 个别计价法　　B. 加权平均法　　C. 先进先出法　　D. 后进先出法

4. 一般纳税企业委托其他单位加工材料收回后用于连续生产的，其发生的下列支出中应计入委托加工物资成本的有（　）。

A. 加工费　　B. 增值税

C. 发出材料的实际成本　　D. 受托方代收代缴的消费税

5. 原材料按计划成本核算的特点是（　）。

A. 设置“材料采购”科目　　B. “材料采购”科目按计划成本核算

C. “原材料”科目按计划成本核算　　D. 设置“材料成本差异”科目

6. 计算存货的可变现净值时，应从预计售价中扣除的项目有（　　）。

A. 出售前发生的行政管理人员的工资　　B. 存货的账面成本

C. 销售过程中发生的销售费用　　D. 出售前进一步加工的加工费

7. 企业进行材料清查时，对于盘亏的材料，应先计入“待处理财产损溢”账户，待期末或报经批准后，根据不同的原因可分别转入（　　）。

A. 其他应付款　　B. 管理费用　　C. 营业外支出　　D. 其他应收款

8. “材料成本差异”账户贷方可以用来登记（　　）。

A. 购进材料实际成本小于计划成本的差额

B. 发出材料应负担的超支差异

C. 发出材料应负担的节约差异

D. 购进材料实际成本大于计划成本的差额

9. 下列各项，会引起企业期末存货账面价值变动的是（　　）。

A. 已发出商品但尚未确认销售收入　　B. 已确认销售收入但尚未发出商品

C. 已收到材料但尚未收到发票账单　　D. 已收到发票账单并付款但尚未收到材料

10. 期末存货的计价过高，可能会引起（　　）。

A. 当期收益增加　　B. 当期负债减少

C. 所有者权益增加　　D. 销售成本减少

## 三、判断题

1. 企业已发出的商品，均不属于企业的存货。（　）

2. 商品流通企业在采购商品过程中发生的运输费、装卸费、保险费以及其他可归属于存货采购成本的费用等进货费用，应当计入当期损益。（　）

3. 企业购入材料运输途中发生的合理损耗应计入材料成本，使材料的单位成本减少。（　）

4. 持有存货的数量多于销售合同订购数量的，超出部分的存货可变现净值应当以产成品或商品的合同价格作为计算基础。（　）

5. 对于已售存货，应当将其成本结转为当期损益，相应的存货跌价准备也应当予以结转。（　）

6. 需要缴纳消费税的委托加工物资，由受托方代收代缴的消费税，收回后用于继续加工应税消费品的，记入“委托加工物资”科目。（　）

7. 随同商品出售且单独计价的包装物，其销售收入应计入其他业务收入，其实际销售成本应计入其他业务成本。（　）

8. 某商场2012年6月期初库存商品的进价成本为80万元，售价为100万元，本月购进该商品的进价成本为60万元，售价总额为75万元，本月销售收入为90万元，则期末结存存货的实际成本为68万元。（　）

9. 企业清查的各种存货损溢，应在期末结账前处理完毕，期末处理后，“待处理财产损溢”科目应无余额。（　）

10. 存货发生减值时，要提取存货跌价准备，提取存货跌价准备后，当存货的价值又得到恢复时，不能将提取的存货跌价准备转回。（　）

## 四、实务题

1. 练习原材料按实际成本计价的核算。

【资料】甲企业为一般纳税人，原材料按实际成本计价，发生以下经济业务。

（1）购进A种原材料一批，增值税发票标明价款40 000元，标明增值税税额6 800元，运输单据标明运费2 000元，共计48 800元，以银行存款支付，材料尚未运到。

（2）购进B种原材料一批，价款30 000元，增值税税额5 100元，共计35 100元，材料验收入库，款项以银行存款支付。

（3）购进的A种材料运到并验收入库。

（4）购进C种材料一批，合同价50 000元，材料验收入库，结算凭证尚未到达。

（5）月末购进C种材料的结算凭证仍未到达，按暂估价50 000元入账。

（6）下月初冲回已入库C种材料的暂估货款。

（7）购进C种材料的结算凭证到达，价款60 000元，增值税税额10 200元，共计70 200元，以银行存款支付。

（8）根据B种材料“发料凭证汇总表”所列，生产车间领用20 000元，管理部门领用15 000元。

【要求】根据以上经济业务编制会计分录。

2. 练习原材料按计划成本计价的核算。

【资料】乙企业原材料按计划成本计价核算。A 材料计划单位成本为每千克 10 元。该企业 2012 年 4 月份发生以下经济业务。

（1）“原材料”账户月初余额 40 000 元，“材料成本差异”账户月初贷方余额为 500 元，“材料采购”账户月初借方余额为 10 600 元。

（2）4 月 5 日，企业上月已付款的 A 材料 1 000 千克如数收到，已验收入库。

（3）4 月 15 日，从外地某企业购入 A 材料 6 000 千克，增值税专用发票注明的材料价款为 59 000 元，增值税税额为 10 030 元，企业已用银行存款支付上述款项，材料尚未到达。

（4）4 月 20 日，从外地公司购入的 A 材料到达，验收入库时发现短缺 40 千克，经查明为途中定额内自然损耗。按实收数量验收入库。

（5）4 月 30 日，汇总本月发料凭证，本月共发出 A 材料 7 000 千克，全部用于产品生产。

【要求】根据上述业务编制相关的会计分录，并计算本月材料成本差异率、本月发出材料应负担的成本差异及月末库存材料的实际成本。

3. 练习周转材料的核算。

【资料】甲公司发生如下经济业务。

（1）2011 年 9 月 4 日，购入工具 10 件，总价值 2 000 元，增值税税额 340 元，运杂费 60 元。价款已用银行存款支付，工具已交付行政部门使用。2012 年 4 月 10 日，该批工具报废（采用五五摊销法摊销成本）。

（2）甲公司为增值税一般纳税人，业务部门月初向仓库领用一批新的包装物，实际成本 6 000 元，用于出租，出租期限为 3 个月，每月租金 800 元，月末收取，包装物采用一次摊销法。收取押金 7 000 元，已存银行。分别核算:

① 结转发出包装物的成本。

② 收到的押金。

③ 每月月末收取的租金（前两个月）。

④ 第 3 个月末如数收回出租的包装物，在 7 000 元的押金中扣除应收取的第 3 个月的租金 800 元和按规定应交的增值税 136 元后，余额 6 064 元已通过银行转账退回。

（3）甲公司业务部门向仓库领用一批新的包装物，实际成本 3 500 元，用于出借，期限为 1 个月，包装物采用一次摊销法。收取押金 4 000 元，已收存银行。分别核算:

① 结转发出包装物的成本。

② 收到的押金。

③ 假设 1 个月后按期如数收回出借的包装物，4 000 元的押金已通过银行转账退回。

【要求】根据上述业务编制相关的会计分录。

4. 练习委托加工物资的核算。

【资料】甲公司为一般纳税人，原材料按计划成本计价核算。2012 年 9 月委托乙企业加工包装用品一批（属于应税消费品）1 000 件，有关经济业务如下。

（1）9 月 20 日，发出材料一批，计划成本为 300 000 元，材料成本差异率为-1%。

（2）9 月 20 日，支付材料加工费 80 000 元，支付应当交纳的消费税 41 888 元，该包装用品收回后用于连续生产，消费税可抵。

（3）10 月 16 日，用银行存款支付往返运杂费 5 000 元。

（4）10 月 16 日，上述包装用品 1 000 件（每件计划成本为 390 元）加工完毕，公司已办理验收入库手续。

【要求】根据上述业务编制相关的会计分录。

5. 练习存货清查的核算

【资料】某企业对存货进行清查，清查结果及批准处理情况如下。

**存货盘点表** 盘点时间：2011年12月23日

| 项　目 | 账面数量 | 盘存数量 | 盈亏数（+/-） | 被盘点责任人签字 |
|---|---|---|---|---|
| A低值易耗品 | 300件 | 305件 | 5件 | 李萍 |
| B原材料 | 4 000千克 | 3 500千克 | -500千克 | 李萍 |
| C产成品 | 1 000件 | 920件 | -80件 | 孙海 |

盘点人：张三强　　监盘人：王立刚　　记录人：宋志超

存货盘点批复

经查实确认，A低值易耗品盘盈是收发计量差错所致；B原材料短缺是管理制度不健全所造成；C产品毁损属意外事故造成，其残料价值500元，可获保险公司赔偿18 450元。

总会计师：吴贵仁　　财务科长：张天浩　　会计：李成龙

2011年12月28日

A低值易耗品单位实际成本为300元；B原材料单位计划成本为100元，材料成本差异率为2%，其购进时的增值税进项税额为8 670元；C产成品80件，单位实际成本为350元，其负担的增值税进项税额为4 675元。

【要求】根据以上经济业务编制会计分录。

6. 练习存货跌价准备的计提。

【资料】甲企业采用成本与可变现净值孰低法进行存货计价，并且用备抵法进行账务处理。

（1）2010年年末，A种存货账面成本为52万元，预计可变现净值为48万元，计提存货跌价准备4万元。

（2）2011年年末，A种存货的预计可变现净值有所恢复，数额为8 000元。

（3）2012年年末，A种存货的可变现净值已恢复到原账面成本以上，冲减计提的存货跌价损失准备。

【要求】根据以上经济业务编制会计分录。

# 岗位四

# 长期资产岗位

学习目标

- ◆ 了解长期资产岗位的核算任务和业务流程。
- ◆ 掌握固定资产取得、折旧、后续支出、处置、清查、减值的核算方法。
- ◆ 掌握无形资产取得、摊销、减值、处置的核算方法。
- ◆ 掌握投资性房地产在两种计量方式的核算过程。

## 一、知识准备

### （一）长期资产岗位核算任务

（1）正确划分固定资产和周转材料的界限，划分固定资产和投资性房地产的界限，编制资产目录，准确完成资产分类编码业务，建立、健全资产卡片和资产明细账，做到账、卡、物、资金四对应。

（2）对固定资产、无形资产、投资性房地产进行总分类和明细分类核算。督促有关部门或管理人员对日常增减的长期资产办理会计手续，掌握长期资产的存量及增减变动情况。

（3）正确核算在建工程成本，严格审核自建工程支出。

（4）每月编制固定资产折旧费用计算表，计算提取固定资产折旧。

（5）监督使用部门按要求使用、检修、养护资产，做好资产后续支出的核算并登记账簿。

（6）参与固定资产不定期的清查盘点，对于在财产清查中盘盈、盘亏的固定资产，要分情况进行不同的处理，做到账实相符。

（7）正确对投资性房地产进行后续计量的账务处理。

（8）每月编制无形资产摊销汇总表，正确摊销无形资产并登记账簿。

（9）对毁损、报废和出售转让的固定资产、无形资产、投资性房地产，按“资产管理责任制”的规定办理手续，进行账务处理。

（10）定期分析资产的使用效果，向企业提供有价值的会计信息和建议。

（11）接受和完成主管领导临时安排的其他工作，协助本部门其他岗位的工作。

### （二）长期资产岗位业务流程

长期资产岗位业务流程如图 5-1～图 5-3 所示。

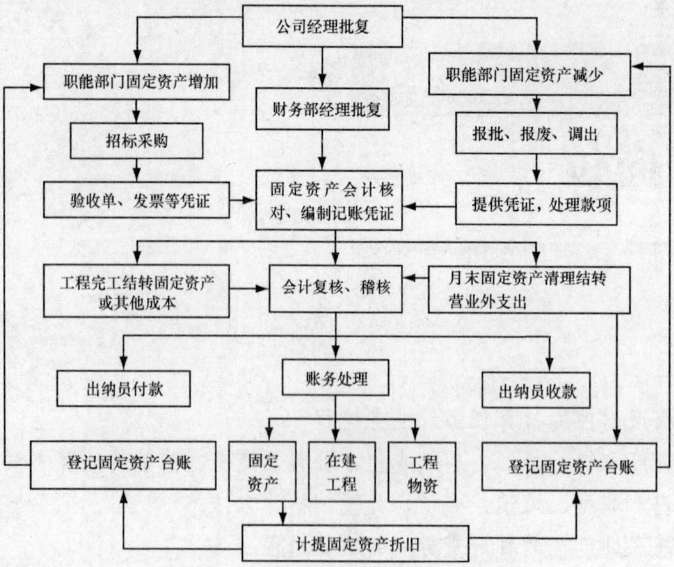


图 5-1　固定资产业务核算流程

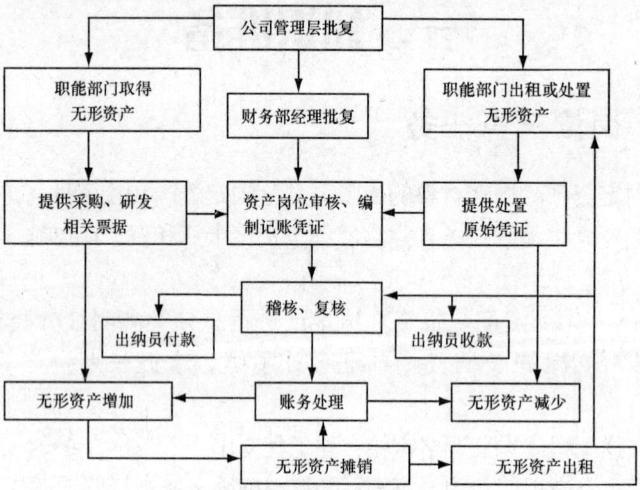


图 5-2　无形资产业务核算流程

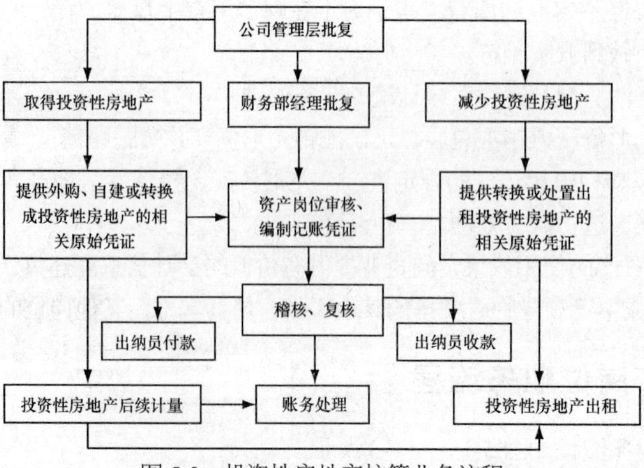


图 5-3　投资性房地产核算业务流程

# 二、固定资产业务

## （一）固定资产概述

### 1. 固定资产的定义

固定资产是指为生产商品、提供劳务、出租或经营管理而持有的，使用寿命超过一个会计年度的有形资产，如房屋建筑物、机器设备等。企业的固定资产应具备以下特征。

（1）企业持有固定资产的目的是用于生产商品、提供劳务、出租或经营管理，而不是直接用于出售。其中，出租是指以经营租赁方式出租的机器设备等，以经营租赁方式出租的建筑物属于企业的投资性房地产。

（2）固定资产的使用寿命超过一个会计年度。该特征使固定资产明显区别于流动资产。使用寿命超过一个会计年度，意味着固定资产属于长期资产，能在一年以上的时间里为企业创造经济利益。

（3）固定资产必须是有形资产。该特征将固定资产与无形资产区别开来。

（4）单位价值较高，有些企业规定，单位价值在一定限额以上的为固定资产，限额以下为低值易耗品。

（5）价值逐渐转移。固定资产在使用过程中磨损的价值，以折旧的形式，逐渐转移到成本、费用中去。

### 2. 固定资产的确认条件

一项资产如要作为固定资产加以确认，首先需要符合固定资产的定义，其次还要符合固定资产的确认条件。

（1）与该固定资产有关的经济利益很可能流入企业。企业在确认固定资产时，需要判断与该项固定资产有关的经济利益是否很可能流入企业。通常情况下，取得固定资产所有权是判断与固定资产所有权有关的风险和报酬是否转移到企业的一个重要标志。凡是所有权已属于企业，无论企业是否收到或拥有该固定资产，均可作为企业的固定资产；但是所有权是否转移不是判断的唯一标准。在有些情况下，某项固定资产的所有权虽然不属于企业，但是，企业能够控制与该项固定资产有关的经济利益流入企业，在这种情况下，企业应将该固定资产予以确认。例如，融资租赁方式下租入的固定资产，企业（承租人）虽然不拥有该项固定资产的所有权，但企业能够控制与该固定资产有关的经济利益流入企业，与该固定资产所有权相关的风险和报酬实质上已转移到了企业，因此，符合固定资产确认的第一个条件。

（2）该固定资产的成本能够可靠地计量。成本能够可靠地计量是资产确认的一项基本条件。要确认固定资产，企业取得该固定资产所发生的支出必须能够可靠地计量。

### 3. 固定资产的分类

企业的固定资产种类繁多、规格不一，为加强管理，便于组织会计核算，有必要对其进行科学、合理的分类。根据不同的管理需要和核算要求以及不同的分类标准，可以对固定资产进行不同的分类，主要有以下几种分类方法。

（1）按经济用途分类。按固定资产的经济用途分类，可分为生产经营用固定资产和非生产经营用固定资产。

① 生产经营用固定资产，是指直接服务于企业生产、经营过程的各种固定资产，如生产经营用的房屋、建筑物、机器、设备、器具、工具等。

② 非生产经营用固定资产，是指不直接服务于生产、经营过程的各种固定资产，如职工宿舍等使用的房屋、设备和其他固定资产等。

按照固定资产的经济用途分类，可以归类反映和监督企业生产经营用固定资产和非生产经营用固定资产之间，以及生产经营用各类固定资产之间的组成和变化情况，借以考核和分析企业固定资产的利用情况，促使企业合理地配备固定资产，充分发挥其效用。

（2）综合分类。按固定资产的经济用途和使用情况等综合分类，可把企业的固定资产划分为七大类。

① 生产经营用固定资产。

② 非生产经营用固定资产。

③ 租出固定资产（指在经营租赁方式下出租给外单位使用的固定资产）。

④ 不需用固定资产。

⑤ 未使用固定资产。

⑥ 土地（指过去已经估价单独入账的土地。因征地而支付的补偿费，应计入与土地有关的房屋、建筑物的价值内，不单独作为土地价值入账。企业取得的土地使用权，应作为无形资产管理，不作为固定资产管理）。

⑦ 融资租入固定资产（指企业以融资租赁方式租入的固定资产，在租赁期内，应视同自有固定资产进行管理）。

由于企业的经营性质不同，经营规模各异，对固定资产的分类不可能完全一致。但实际工作中，企业大多采用综合分类的方法作为编制固定资产目录，进行固定资产核算的依据。

## （二）固定资产的取得

### 1. 固定资产的成本

固定资产的成本是指企业购建某项固定资产达到预定可使用状态前所发生的一切合理、必要的支出。这些支出包括直接发生的价款、相关税费、运杂费、包装费和安装成本等，也包括间接发生的，如应承担的借款利息、外币借款折算差额及应分摊的其他间接费用。

企业取得固定资产的方式一般包括购买、自行建造、接受投资、接受捐赠、融资租入等，取得方式不同，初始计量的成本构成也各不相同。

### 2. 账户设置

企业一般需要设置“固定资产”、“在建工程”、“工程物资”等账户核算固定资产的取得情况。

（1）“固定资产”账户属资产类账户，核算企业固定资产的原始价值。

借方　　　固定资产　　　贷方

| 借方 | 贷方 |
|---|---|
| 增加固定资产的原始价值 | 减少固定资产的原始价值 |
| 企业现有固定资产的账面原价 | |

（2）“在建工程”账户属资产类账户，核算企业基建、更新改造等在建工程发生的实际支出。

| 借方 | 在建工程 贷方 |
|---|---|
| 工程建设所发生的各项实际支出 | 转出完工交付使用的工程实际成本 |
| 企业尚未达到预定可使用状态的在建工程的成本 | |

（3）“工程物资”账户属资产类账户，核算企业为在建工程而准备的各种物资的实际成本。

| 借方 | 工程物资 贷方 |
|---|---|
| 企业购入工程物资的成本 | 领用工程物资的成本 |
| 企业为在建工程准备的各种物资的成本 | |

3. 固定资产取得的账务处理

（1）外购固定资产。企业外购的固定资产，应按实际支付的购买价款、相关税费、使固定资产达到预定可使用状态前所发生的可归属于该项资产的运输费、装卸费、安装费和专业人员服务费等作为固定资产的取得成本。

企业所购建的固定资产达到预定可使用状态是指资产已经达到购买方或建造方预定的可使用状态。具体可从以下几个方面判断：一是固定资产的实体建造（包括安装）工作已经全部完成或者实质上已经完成；二是所购建的固定资产与设计要求或合同要求相符或基本相符，即使有极个别与设计或合同要求不相符的地方，也不影响其正常使用；三是继续发生在所购建固定资产上的支出金额很少或几乎不再发生。

① 企业购入不需要安装的固定资产。企业购入不需要安装的固定资产，应按实际支付的购买价款、相关税费及使固定资产达到预定可使用状态前所发生的可归属于该项资产的运输费、装卸费和专业人员服务费等，作为固定资产成本，借记“固定资产”科目，贷记“银行存款”等科目。

**【做中学 5-1】** 宏洲公司于 2012 年 7 月 3 日购入一台不需要安装即可投入使用的生产用镗床，取得的增值税专用发票上注明的设备价款为 50 000 元，增值税税额为 8 500 元，另支付运输费 1 000 元，增值税税额 110 元，包装费 600 元，款项以银行存款支付。宏洲公司为一般纳税人，编制会计分录如下。

计算固定资产的成本时：

固定资产买价 50 000
加：增值税 8 500
运输费 1 000
包装费 600
合 计 60 100

进项税额 = 8 500+1 000 × 11% = 8 610（元）

编制购入固定资产的会计分录时：

借：固定资产——镗床 60 100
应交税费——应交增值税（进项税额） 8 610
贷：银行存款 68 110

② 购入需要安装的固定资产。企业购入需要安装的固定资产，应在购入的固定资产取得成本的基础上加上安装调试成本等，作为购入固定资产的成本，先通过“在建工程”科目核算，待安装完毕达到预定可使用状态时，再由“在建工程”科目转入“固定资产”科目。

**【做中学 5-2】** 宏洲公司 2012 年 7 月 5 日购入一台需要安装的生产用铣床，取得的增值税专用发票上注明的设备价款为 500 000 元，增值税进项税额为 85 000 元，支付的运输费为 2 500

元，增值税税额为 275 元，款项已通过银行支付；安装设备时，领用本公司原材料一批，价值 30 000 元，购进该批原材料时支付的增值税进项税额为 5 100 元；支付安装工人的工资为 4 900 元。假定不考虑其他相关税费。宏洲公司为一般纳税人，编制会计分录如下：

支付设备价款、增值税、运输费合计为 587 775 元，进项税额=85 000+2 500 × 11%=85 275（元）。

借：在建工程——铣床　　502 500
　　应交税费——应交增值税（进项税额）　　85 275
　　贷：银行存款　　587 775

领用本公司原材料、支付安装工人工资等费用合计为 34 900 元。

借：在建工程——铣床　　34 900
　　贷：原材料　　30 000
　　　　应付职工薪酬　　4 900

设备安装完毕达到预定可使用状态的账务处理。

固定资产的成本 = 502 500 + 34 900 = 537 400（元）

借：固定资产——铣床　　537 400
　　贷：在建工程——铣床　　537 400

③ 一笔款项购入多项没有单独标价的固定资产。企业基于产品价格等因素的考虑，可能以一笔款项购入多项没有单独标价的固定资产。如果这些资产均符合资产定义，并满足固定资产的确认条件，则应将各项资产单独确认为固定资产，并按各项固定资产公允价值的比例对总成本进行分配，分别确定各项固定资产的成本。

**【做中学 5-3】** 宏洲公司于 2012 年 7 月 10 日一次购入 3 套不同型号且具有不同生产能力的设备甲、乙和丙。宏洲公司为该批设备共支付货款 5 00 000 元，增值税进项税额 85 000 元，保险费 1 700 元，装卸费 300 元，全部以银行转账支付；假定甲、乙和丙设备分别满足固定资产确认条件，公允价值分别为 156 000 元、234 000 元和 130 000 元。假定不考虑其他相关税费，甲公司的账务处理如下。

确定应计入固定资产成本的金额，包括购买价款、保险费、装卸费等。

应计入固定资产成本的金额 = 500 000 + 1 700 + 300 = 502 000（元）

确定甲、乙和丙设备的价值分配比例。

甲设备应分配的固定资产价值比例 = 156 000 ÷（156 000 + 234 000 + 130 000）× 100% = 30%

乙设备应分配的固定资产价值比例 = 234 000 ÷（156 000 + 234 000 + 130 000）× 100% = 45%

丙设备应分配的固定资产价值比例 = 130 000 ÷（156 000 + 234 000 + 130 000）× 100% = 25%

确定甲、乙和丙设备各自的成本。

甲设备的成本 = 502 000 × 30% = 150 600（元）

乙设备的成本 = 502 000 × 45% = 225 900（元）

丙设备的成本 = 502 000 × 25% = 125 500（元）

会计分录如下：

借：固定资产——甲设备　　150 600
　　　　　　——乙设备　　225 900
　　　　　　——丙设备　　125 500
　　应交税费——应交增值税（进项税额）　　85 000
　　贷：银行存款　　587 000

（2）自行建造固定资产。自行建造的固定资产，其成本由建造该项资产达到预定可使用状态前所发生的必要支出构成，包括工程用物资成本、人工成本、交纳的相关税费、应予资本化的借款费用及应分摊的间接费用等。企业为建造固定资产通过出让方式取得土地使用权而支付的土地出让金不计入在建工程成本，应确认为无形资产（土地使用权）。企业自行建造固定资产包括自营建造和出包建造两种方式。

自建固定资产应先通过“在建工程”科目核算，工程达到预定可使用状态时，再从“在建工程”科目转入“固定资产”科目。

① 自营方式建造固定资产。企业以自营方式建造固定资产是指企业自行组织工程物资采购、自行组织施工人员从事工程施工完成固定资产建造，其成本应当按照实际发生的材料、人工、机械施工费等计量。

**【做中学 5-4】** 宏洲公司 2012 年 7 自建厂房一幢（不动产），购入为工程准备的各种物资 600 000 元，支付的增值税进项税额为 102 000 元，款项用银行存款支付。工程先后领用工程物资 585 000 元（含增值税），本企业生产的钢材一批，实际成本为 80 000 元，税务部门确定的计税价格为 100 000 元，增值税税率 17%；工程还领用生产用原材料 70 000 元，购进该批原材料时支付的增值税进项税额 11 900 元；工程人员应计工资 100 000 元；辅助生产车间提供有关劳务支出 30 000 元。工程完工并达到预定可使用状态，剩余工程物资转入原材料仓库。编制会计分录如下。

购入工程物资时：

借：工程物资　　702 000

　　贷：银行存款　　702 000

工程领用工程物资时：

　领用物资=500 000 ×（1+17%）= 585 000（元）

借：在建工程　　585 000

　　贷：工程物资　　585 000

工程领用原材料时：

借：在建工程　　81 900

　　贷：原材料　　70 000

　　　　应交税费——应交增值税（进项税额转出）　　11 900

工程领用本企业生产的钢材，确定应计入在建工程成本的金额

= 80 000+100 000 × 17% = 97 000（元）。

借：在建工程　　97 000

　　贷：库存商品　　80 000

　　　　应交税费——应交增值税（销项税额）　　17 000

分配工程人员工资时：

借：在建工程　　100 000

　　贷：应付职工薪酬　　100 000

辅助生产车间提供有关劳务支出时：

借：在建工程　　30 000

　　贷：生产成本——辅助生产成本　　30 000

工程完工达到预定可使用状态并交付使用时：

固定资产成本 = 585 000+81 900+97 000+100 000+30 000 = 893 900（元）

借：固定资产　　893 900

　贷：在建工程　　893 900

剩余工程物资转入原材料仓库时：

剩余工程物资成本（含增值税）= 702 000－585 000 = 117 000（元）

借：原材料　　100 000

　应交税费——应交增值税（进项税额）　　17 000

　贷：工程物资　　117 000

【做中学 5-5】 宏洲公司 2012 年 8 月自建一大型生产用机械设备，为工程购入专用物资 100 000 元，支付的增值税进项税额为 17 000 元，并取得增值税专用发票，款项用银行存款支付，专用物资全部用于本工程建设；同时，工程还领用生产用原材料 20 000 元，购进该批原材料时支付的增值税进项税额 3 400 元；还领用本企业生产的钢材一批，实际成本为 50 000 元，税务部门确定的计税价格为 60 000 元，增值税税率 17%；工程人员应计工资 30 000 元；工程完工并达到预定可使用状态，交付使用。编制会计分录如下。

购入工程物资时：

借：工程物资　　100 000

　应交税费——应交增值税（进项税额）　　17 000

　贷：银行存款　　117 000

领用工程物资时：

借：在建工程　　100 000

　贷：工程物资　　100 000

领用原材料时：

借：在建工程　　20 000

　贷：原材料　　20 000

领用本企业生产的钢材，确定应计入在建工程成本的金额为：50 000+60 000 × 17% = 60 200（元）。

借：在建工程　　60 200

　贷：库存商品　　50 000

　　应交税费——应交增值税（销项税额）　　10 200

分配工程人员工资时：

借：在建工程　　30 000

　贷：应付职工薪酬　　30 000

工程完工达到预定可使用状态并交付使用时：

固定资产成本 = 100 000+20 000+60 200+30 000 = 210 200（元）

借：固定资产　　210 200

　贷：在建工程　　210 200

② 出包方式建造固定资产。出包工程是指企业通过招标等方式将工程项目发包给建造承包商，由建造承包商组织施工的建筑工程和安装工程。企业采用出包方式进行的固定资产工程，其工程的具体支出主要由建造承包商核算，在这种方式下，"在建工程"科目主要是企业与建造承包商办理工程价款的结算科目，企业支付给建造承包商的工程价款作为工程成本，通过"在

建工程”科目核算。

**【做中学 5-6】** 宏洲公司将一幢厂房的建造工程出包给甲公司承建，按合理估计的发包工程进度和合同规定向甲公司结算进度款 800 000 元，工程完工后，收到甲公司有关工程结算单据，补付工程款 500 000 元，工程完工并达到预定可使用状态。编制会计分录如下。

按合理估计的发包工程进度和合同规定向甲公司结算进度款时：

借：在建工程　　800 000

　　贷：银行存款　　800 000

补付工程款时：

借：在建工程　　500 000

　　贷：银行存款　　500 000

工程完工并达到预定可使用状态时：

借：固定资产　　1 300 000

　　贷：在建工程　　1 300 000

通过接受投资、接受捐赠、融资租入等方式取得的固定资产的核算，将在以后有关岗位中介绍，此处从略。

## 知识拓展

### 固定资产增值税抵扣的相关规定

根据《关于全国实施增值税转型改革若干问题的通知》规定，2009 年 1 月 1 日增值税转型改革后，企业购建（包括购进、接受捐赠、实物投资、自制、改扩建和安装）生产用固定资产发生的增值税进项税额可以从销项税额中抵扣。因此，此处的“相关税费”中不包括允许抵扣的增值税进项税额。具体来讲：只有增值税一般纳税人 2009 年 1 月 1 日以后新增的并取得合法凭证的固定资产才允许抵扣；非生产用的固定资产增值税的进项税额仍不能抵扣，还应当计入固定资产的原值中，由于房屋等不动产缴纳的是营业税，理所当然不在增值税抵扣之列，与企业技术更新无关且容易混为个人消费的自用消费品（如小汽车、游艇等）所含的进项税额，不得予以抵扣；新增的固定资产包括购进，接受捐赠和实物投资，自制、改扩建和安装的固定资产等；新增固定资产符合规定的运输费用也可以按照运费金额的 11%进行抵扣。

4. 固定资产取得的明细分类核算

（1）固定资产卡片。为了反映和监督每项不同性质的固定资产的增减变化情况，应该以每一个固定资产项目为对象开设固定资产卡片，进行固定资产的明细分类核算。固定资产卡片一般分为正面和反面两部分，如表 5-1 和表 5-2 所示。

**表 5-1　固定资产卡片（正面）**

| 形　式 | | 停用记录 | | | | | | |
|---|---|---|---|---|---|---|---|---|
| 制造国家 | | 原因 | 日期 | 原因 | 日期 | 原因 | 日期 | 备注 |
| 制造厂商 | | | | | | | | |
| 制造日期 | | | | | | | | |
| 制造号码 | | | | | | | | |
| 使用年限 | | | | | | | | |
| 购置日期 | | | | | | | | |

续表

| 形式 | | | 停用记录 | | | | | | |
|---|---|---|---|---|---|---|---|---|---|
| 原值 | | | | | | | | | |
| 其中：安装费 | | | | | | 大修记录 | | | |
| 净残值 | | | | | | 日期 | 凭证号 | 摘要 | 金额 |
| 折旧 | 年 | 月 | | | | | | | |
| 折旧额 | | | | | | | | | |

**表 5-2　固定资产卡片（反面）**

| 附属物品 | 名称 | 规格 | 数量 | | 设备变动 | 安装地址 | | 用途 | 变动年月 |
|---|---|---|---|---|---|---|---|---|---|
| | | | | | | | | | |
| | | | | | | | | | |
| | | | | | | | | | |
| 部件备品 | 名称 | 规格 | 数量 | 单价 | 最大外形 | 长 | 厘米 | 清理记录 | |
| | | | | | | 宽 | 厘米 | 清理日期 | |
| | | | | | | 高 | 厘米 | 累计折旧额 | |
| | | | | | | | | 清理费用 | |
| | | | | | | 总重量 | 千克 | 变价收入 | |
| 会计科长 | | 动力设备科长 | | | | 复核 | 登记 | 设卡日期 | |

固定资产卡片一般一式两份，一份由使用部门登记保管，另一份由财会部门保管。为防止固定资产卡片丢失，固定资产管理部门还应设立固定资产卡片登记簿，逐一登记卡片的开设和注销情况。固定资产卡片登记簿的格式如表 5-3 所示。

**表 5-3　固定资产卡片登记簿**

| | 固定资产项目 | | 开设 | | 卡片所在部门 | 注销 | |
|---|---|---|---|---|---|---|---|
| 卡片编号 | 编号 | 名称及编号 | 日期 | 凭证名称及编号 | | 日期 | 凭证名称及编号 |
| | | | | | | | |

（2）固定资产登记簿。为了正确反映各类固定资产的使用、保管和增减动态，除了设置“固定资产卡片”外，还要设置“固定资产登记簿”及固定资产的二级账，分年度按照固定资产的类别进行明细分类核算，并定期与“固定资产卡片”进行核对。其格式如表 5-4 所示。

**表 5-4　固定资产登记簿**

| 日期 | | 摘要 | 凭证号 | 增加 | | | | | | | | | 减少 | | | | | | 余额 |
|---|---|---|---|---|---|---|---|---|---|---|---|---|---|---|---|---|---|---|---|
| 月 | 日 | | | 外购 | 自建 | 投资者投入 | 融资租入 | 接受捐赠 | 盘盈 | 改扩建 | 其他 | 合计 | 出售 | 盘亏 | 投资转出 | 毁损 | 其他 | 合计 | |
| | | | | | | | | | | | | | | | | | | | |
| | | | | | | | | | | | | | | | | | | | |

## （三）固定资产的折旧

1. 固定资产折旧概述

（1）固定资产折旧的定义。固定资产折旧是指在固定资产的使用寿命内，按照确定的方法对应计折旧额进行的系统分摊。也是固定资产在使用过程中，因不断发生损耗和磨损而减少价值。

应计折旧额是指应当计提折旧的固定资产的原价扣除其预计净残值后的金额。如果已对固定资产计提减值准备，还应当扣除已计提的固定资产减值准备累计金额。

应计折旧额 = 固定资产原值 − 预计净残值 − 固定资产减值准备

（2）影响固定资产折旧的因素。影响折旧的因素主要有以下几个方面。

① 固定资产原价，是指固定资产的成本。

② 预计净残值，是指假定固定资产预计使用寿命已满并处于使用寿命终了时的预期状态，企业目前从该项资产处置中获得的扣除预计处置费用后的金额。

③ 固定资产减值准备，是指固定资产已计提的固定资产减值准备累计金额。

④ 固定资产的使用寿命，是指企业使用固定资产的预计期间，或者该固定资产所能生产产品或提供劳务的数量。企业确定固定资产使用寿命时，应当考虑下列因素：该项资产预计生产能力或实物产量；该项资产预计有形损耗，有形磨损也称物质磨损，是指固定资产的物质要素由于使用及自然力作用而形成的磨损，如机械设备的物理磨损，房屋、建筑物日晒雨淋等；该项资产预计无形损耗，无形磨损也称精神磨损，是指固定资产在其有效使用期内，由于技术进步而引起的价值上的损失，包括由于提高劳动生产率和发明高性能新设备而使原固定资产贬值，如手机、电脑由于更新换代带来的价值降低等；法律或者类似规定对该项资产使用的限制。

总之，企业应当根据固定资产的性质和使用情况，合理确定固定资产的使用寿命和预计净残值。固定资产的使用寿命、预计净残值一经确定，不得随意变更，但是企业至少应当于每年年度终了，对固定资产的使用寿命、预计净残值和折旧方法进行复核。使用寿命预计数与原先估计数有差异的，应当调整固定资产使用寿命。预计净残值预计数与原先估计数有差异的，应当调整预计净残值。与固定资产有关的经济利益预期实现方式有重大改变的，应当改变固定资产折旧方法。固定资产使用寿命、预计净残值和折旧方法的改变应当作为会计估计变更。

（3）固定资产折旧的计提范围。计提折旧不仅要明确影响折旧的因素，而且还要明确计提折旧的范围，即哪些固定资产应提折旧，哪些固定资产不提折旧。

企业应计提折旧的固定资产包括以下几种情况。

① 房屋和建筑物（无论使用与否，均应计提折旧）。

② 未使用、不需用、在用的机器设备、仪器仪表、运输工具、工具器具。

③ 季节性停用、大修理停用的固定资产。

④ 融资租入的固定资产。

⑤ 以经营租赁方式租出的固定资产。

⑥ 已达到预定可使用状态但尚未办理竣工决算的固定资产，应当按照估计价值确定其成本，并计提折旧；待办理竣工决算后，再按实际成本调整原来的暂估价值，但不需要调整原已计提的折旧额。

企业不应计提折旧的固定资产包括以下几种情况。

① 已提足折旧仍继续使用的固定资产；所谓提足折旧，是指已经提足该项固定资产的应计

折旧额。

② 按规定单独计价作为固定资产入账的土地。

③ 提前报废的固定资产，也不再补提折旧。

④ 以经营租赁方式租入的固定资产。

⑤因更新改造停止使用的固定资产。

⑥ 未达到预定可使用状态的固定资产。

在确定计提折旧的范围时，还要明确固定资产开始折旧和终止折旧的时间：固定资产应当按月计提折旧，当月增加的固定资产，当月不计提折旧，从下月起计提折旧；当月减少的固定资产，当月仍计提折旧，从下月起不计提折旧。

2. 固定资产的折旧方法

企业应当根据与固定资产有关的经济利益的预期实现方式，合理选择固定资产折旧方法。可选用的折旧方法包括年限平均法、工作量法、双倍余额递减法和年数总和法等。企业选用不同的固定资产折旧方法，将影响固定资产使用寿命期间内不同时期的折旧费用，因此，固定资产的折旧方法一经确定，不得随意变更。

（1）年限平均法。年限平均法又称直线法，是指将固定资产的应计折旧额均衡地分摊到固定资产预计使用寿命内的一种方法。年限平均法的计算公式如下。

$$年折旧率=（1-预计净残值率）\div 预计使用寿命（年）\times 100\%$$

$$月折旧率=年折旧率\div 12$$

$$月折旧额=固定资产原价\times 月折旧率$$

预计净残值率是指固定资产使用寿命结束时预计净残值与固定资产原价之比。

固定资产折旧率是指一定期间内固定资产折旧额与固定资产原价之比，按计算对象不同，分为个别折旧率、分类折旧率和综合折旧率。

个别折旧率是按单项固定资产计算的折旧率。

$$某项固定资产年折旧率=（1-预计净残值率）\div 预计使用年限\times 100\%$$

分类折旧率是按固定资产的类别计算的折旧率。

$$某类固定资产年折旧率=\Sigma 该类各项固定资产年折旧额\div \Sigma 该类各项固定资产原价\times 100\%$$

综合折旧率是按全部固定资产计算的平均折旧率。

$$固定资产年综合折旧率=\Sigma 各项固定资产年折旧额\div \Sigma 各项固定资产原价\times 100\%$$

**【做中学 5-7】** 宏洲公司有一幢厂房，原价为 6 000 000 元，预计可使用 20 年，预计报废时的净残值率为 4%。该厂房的折旧率和折旧额的计算如下。

$$年折旧率=（1-4\%）\div 20=4.8\%$$

$$月折旧率=4.8\%\div 12=0.4\%$$

$$月折旧额=6\,000\,000\times 0.4\%=24\,000（元）$$

年限平均法计提固定资产折旧，其特点是将固定资产的应计折旧额均衡地分摊到固定资产预计使用寿命内，采用这种方法计算的每期折旧额是相等的。

采用年限平均法计算固定资产折旧虽然比较简便，但它也存在一些明显的局限性。首先，固定资产在不同使用年限提供的经济效益是不同的。一般来讲，固定资产在其使用前期工作效率相对较高，所带来的经济利益也就多；而在其使用后期，工作效率一般呈下降趋势，因而，所带来的经济利益也就逐渐减少。年限平均法不予考虑，明显是不合理的。其次，固定资产在不同的使用年限发生的维修费用也不一样。固定资产的维修费用将随着其使用时间的延长而不断增加，而年限平均法也没有考虑这一因素。

当固定资产各期负荷程度相同时，各期应分摊相同的折旧费，这时采用年限平均法计算折旧是合理的。但是，如果固定资产各期负荷程度不同，采用年限平均法计算折旧时，则不能反映固定资产的实际使用情况，计提的折旧额与固定资产的损耗程度也不相符。

（2）工作量法。工作量法是根据实际工作量计算每期应提折旧额的一种方法。行驶里程、工作小时、工作台班等都是工作量的不同表现形式。

工作量法的计算公式如下。

单位工作量折旧额 = 固定资产原价 ×（1 – 预计净残值率）÷ 预计总工作量

某项固定资产月折旧额=该项固定资产当月工作量 × 单位工作量折旧额

**【做中学 5-8】** 宏洲公司的一辆运货卡车的原价为 500 000 元，预计总行驶里程为 600 000 公里，预计报废时的净残值率为 5%，本月行驶 5 000 公里。该辆汽车的月折旧额计算如下。

单位里程折旧额 = 500 000 ×（1 – 5%）÷ 600 000 = 0.79（元/公里）

本月折旧额 = 5 000 × 0.79 = 3 950（元）

（3）双倍余额递减法。双倍余额递减法是指在不考虑固定资产预计净残值的情况下，根据每期期初固定资产原价减去累计折旧后的金额（即固定资产净值）和双倍的直线法折旧率计算固定资产折旧的一种方法。

双倍余额递减法的计算公式如下：

年折旧率 = 2 ÷ 预计使用寿命（年）× 100%

月折旧率 = 年折旧率 ÷ 12

月折旧额 = 每月月初固定资产账面净值 × 月折旧率

由于每年年初固定资产净值没有扣除预计净残值，因此，在应用这种方法计算折旧额时，必须注意不能使固定资产的净值降低到其预计净残值以下，即采用双倍余额递减法计提折旧的固定资产，通常在其折旧年限到期前两年内，将固定资产净值扣除预计净残值后的余额平均摊销。

**【做中学 5-9】** 宏洲公司一项固定资产的原价为 80 000 元，预计使用年限为 5 年，预计净残值率 4%（净残值 3 200 元），按双倍余额递减法计提折旧，每年的折旧额计算如下，见表 5-5。

**表 5-5　固定资产折旧计算表**　　金额单位：元

| 年 份 | 期初账面净值 | 年折旧率 | 年折旧额 | 累计折旧额 | 期末账面净值 |
|---|---|---|---|---|---|
| 1 | 80 000 | 40% | 32 000 | 32 000 | 48 000 |
| 2 | 48 000 | 40% | 19 200 | 51 200 | 28 800 |
| 3 | 28 800 | 40% | 11 520 | 62 720 | 17 280 |
| 4 | 17 280 | | 7 040 | 69 760 | 10 240 |
| 5 | 10 240 | | 7 040 | 76 800 | 3 200 |

年折旧率 = 2 ÷ 5 × 100% = 40%

第 1 年应提的折旧额=80 000 × 40% = 32 000（元）

第 2 年应提的折旧额 =（80 000 – 32 000）× 40% = 19 200（元）

第 3 年应提的折旧额 =（48 000 – 19 200）× 40% = 11 520（元）

从第 4 年起改用年限平均法（直线法）计提折旧。

第 4 年、第 5 年的年折旧额 = [（28 800 – 11 520）– 3 200] ÷ 2 = 7 040（元）

每年各月折旧额根据年折旧额除以 12 来计算。

（4）年数总和法。年数总和法又称年限合计法，是指固定资产的原价减去预计净残值后的余额，乘以一个逐年递减的分数计算每年的折旧额，这个分数的分子代表固定资产尚可使用寿命，分母代表预计使用寿命逐年数字之和。

年数总和法的计算公式如下。

年折旧率＝（预计使用寿命－已使用年限）/预计使用寿命×（预计使用寿命+1）÷2×100%

或者：

年折旧率＝尚可使用年限/预计使用寿命的年数总和×100%

月折旧率＝年折旧率÷12

月折旧额=（固定资产原值－预计净残值）×月折旧率

【做中学 5-10】 沿用【做中学 5-9】的资料。假如采用年数总和法，计算各年折旧额如表5-6所示。

表 5-6 固定资产折旧计算表

金额单位：元

| 年 份 | 尚可使用年限 | 原价－预计净残值 | 年折旧率 | 年折旧额 | 累计折旧额 |
|---|---|---|---|---|---|
| 第 1 年 | 5 | 76 800 | 5/15 | 25 600 | 25 600 |
| 第 2 年 | 4 | 76 800 | 4/15 | 20 480 | 46 080 |
| 第 3 年 | 3 | 76 800 | 3/15 | 15 360 | 61 440 |
| 第 4 年 | 2 | 76 800 | 2/15 | 10 240 | 71 680 |
| 第 5 年 | 1 | 76 800 | 1/15 | 5 120 | 76 800 |

预计使用寿命的年数总和＝5+4+3+2+1=5×（5+1）÷2＝15

双倍余额递减法和年数总和法都属于加速折旧法，其特点是在固定资产使用的早期多提折旧，后期少提折旧，其递减的速度逐年加快。从而相对加快折旧的速度。目的是使固定资产成本在估计使用期内加快得到补偿。

3. 固定资产折旧的核算

（1）账户设置。为核算固定资产折旧，企业需设置“累计折旧”账户，该账户是 “固定资产”的调整账户，核算企业固定资产的累计折旧额。

| 借方 | 累计折旧 贷方 |
|---|---|
| 处置固定资产转出的累计折旧 | 企业计提的固定资产折旧 |
| | 企业固定资产的累计折旧额 |

（2）账务处理。固定资产应当按月计提折旧，计提的折旧应当记入“累计折旧”科目，并根据用途计入相关资产的成本或者当期损益。

① 企业自行建造固定资产过程中使用的固定资产，其计提的折旧应计入在建工程成本。

② 基本生产车间所使用的固定资产，其计提的折旧应计入制造费用。

③ 管理部门所使用的固定资产，其计提的折旧应计入管理费用。

④ 销售部门所使用的固定资产，其计提的折旧应计入销售费用。

⑤ 经营租出的固定资产，其应提的折旧额应计入其他业务成本。

⑥ 未使用的固定资产，其计提的折旧应计入管理费用。

在实际工作中，企业各月计算提取折旧时，可以在上月计提折旧的基础上，对上月固定资产的增减情况进行调整后计算当月应计提的折旧额。

本月应计提折旧额＝上月计提折旧额＋上月增加固定资产应计提折旧额－上月减少固定资

产应计提折旧额

各月计算折旧的工作是通过编制“固定资产折旧计算表”来完成的。

**【做中学 5-11】** 宏洲公司 2012 年 8 月由会计部门根据各部门编制的固定资产折旧计算表，汇总编制的全公司固定资产折旧计算表，如表 5-7 所示。

表 5-7　固定资产折旧计算表　　单位：元

| 使用部门 | | 上月计提折旧额 | 上月增加固定资产应计提折旧额 | 上月减少固定资产应计提折旧额 | 本月应计提折旧额 |
|---|---|---|---|---|---|
| 生产车间 | 生产用 | 225 000 | 7 000 | 4 000 | 228 000 |
| | 管理用 | 20 000 | 5 000 | — | 25 000 |
| | 合　计 | 245 000 | 12 000 | 4 000 | 253 000 |
| 行政管理部门 | | 53 000 | — | 5 000 | 48 000 |
| 销售部门 | | 8 000 | — | — | 8 000 |
| 总　计 | | 306 000 | 12 000 | 9 000 | 309 000 |

借：制造费用　　253 000
　　管理费用　　48 000
　　销售费用　　8 000
　　贷：累计折旧　　309 000

## （四）固定资产的后续支出

固定资产的后续支出是指固定资产使用过程中发生的更新改造支出、修理费用等。企业的固定资产在投入使用后，为了适应新技术发展的需要，或者为维护或提高固定资产的使用效能，往往需要对现有固定资产进行维护、改建、扩建或者改良。

后续支出的处理原则为：符合固定资产确认条件的，应当计入固定资产成本（资本化），同时将被替换部分的账面价值扣除；不符合固定资产确认条件的，应当计入当期损益（费用化）。

1. 资本化的后续支出

固定资产发生可资本化的后续支出时，企业一般应将该固定资产的原价、已计提的累计折旧和减值准备转销，将其账面价值转入在建工程，并停止计提折旧。发生的可资本化的后续支出通过“在建工程”科目核算。在固定资产发生的后续支出完工并达到预定可使用状态时，再从在建工程转为固定资产，并按重新确定的使用寿命、预计净残值和折旧方法计提折旧。

企业发生的一些固定资产后续支出可能涉及替换原固定资产的某组成部分。如对某项机器设备进行检测时，发现其中的电机（未单独确认为一项固定资产）出现难以修复的故障，将其拆除，重新安装了一个新电机。在这种情况下，当发生的后续支出符合固定资产确认条件时，应将其计入固定资产成本，同时将被替换部分的账面价值扣除，以避免将替换部分的成本和被替换部分的成本同时计入固定资产成本，导致固定资产成本重复计算。

**【做中学 5-12】** 2012 年 8 月 1 日，宏洲公司一台生产用大型起重设备出现故障，经检修发现其中的电动机磨损严重，需要更换。该起重设备购买于 2008 年 8 月 1 日，宏洲公司已将其整体作为一项固定资产进行了确认，原价 400 000 元（其中的电动机在 2008 年 8 月 1 日的市场价格为 85 000 元），预计净残值为 0，预计使用年限为 10 年，采用年限平均法计提折旧。为继续使用该起重设备并提高工作效率，宏洲公司决定对其进行改造，为此购买了一台更大功率的电动机代替原电动机。新购置电动机的价款为 82 000 元，增值税税额为 13 940 元，款项已通过银行转账支付；在改造过程中，辅助生产车间提供了劳务支出 15 000 元。假定原电动机磨损严重，没有任何价值。不考虑其他相关税费，宏洲公司的账务处理为如下。

① 固定资产转入在建工程。该项更新改造支出符合固定资产的确认条件，应予资本化。2012 年 8 月 1 日，原起重设备的累计折旧额 =（400 000 ÷ 10 × 4）= 160 000（元）。

借：在建工程——起重设备　240 000
　　累计折旧——起重设备　160 000
　　贷：固定资产——起重设备　400 000

② 终止确认原电动机价值，做报废处理，无残值。2012 年 8 月 1 日，原电动机的账面价值为：85 000 −（85 000 ÷ 10）× 4 = 51 000（元）。

借：营业外支出——处置非流动资产损失　51 000
　　贷：在建工程——起重设备　51 000

③ 购买并安装新电动机。

A.借：工程物资——新电动机　82 000
　　应交税费——应交增值税（进项税额）　13 940
　　贷：银行存款　95 940

B.借：在建工程——起重设备　97 000
　　贷：工程物资——新电动机　82 000
　　　　生产成本——辅助生产成本　15 000

④ 新电动机安装完毕，在建工程转回固定资产。固定资产的入账价值 = 240 000 − 51 000+ 97 000 = 286 000（元）。

借：固定资产——起重设备　286 000
　　贷：在建工程——起重设备　286 000

企业对固定资产进行定期检查发生的大修理费用，符合资本化条件的，可以计入固定资产成本，不符合资本化条件的，计入当期损益。

**2. 费用化的后续支出**

一般情况下，固定资产投入使用之后，由于固定资产磨损、各组成部分耐用程度不同，可能导致固定资产的局部损坏，为了维护固定资产的正常运转和使用，充分发挥其使用效能，企业会对固定资产进行必要的维护。

固定资产的日常维护支出通常不满足固定资产的确认条件，应在发生时直接计入当期损益。企业生产车间和行政管理部门等发生的固定资产修理费用等后续支出计入管理费用；企业专设销售机构的，其发生的与专设销售机构相关的固定资产修理费用等后续支出计入销售费用。固定资产更新改造支出不满足固定资产确认条件的，也应在发生时直接计入当期损益。

**【做中学 5-13】** 2012 年 8 月 5 日，宏洲公司对现有的一台生产用设备进行日常修理，修理过程中发生的材料费 20 000 元，应支付的维修人员工资为 8 000 元。

借：管理费用　28 000
　　贷：原材料　20 000
　　　　应付职工薪酬　8 000

## （五）固定资产的处置

### 1. 固定资产处置的概念

固定资产处置就是确认固定资产终止退出企业，包括固定资产的出售、报废、毁损、对外投资、非货币性资产交换、债务重组等。

在生产经营过程中，可能将不适用或不需用的固定资产对外出售转让，或因磨损、技术进步等原因对固定资产进行报废，或因遭受自然灾害而对毁损的固定资产进行处理。

### 2. 固定资产处置的核算

（1）账户设置。处置固定资产应通过"固定资产清理"账户核算。"固定资产清理"账户属于资产类账户，核算企业因出售、报废、毁损、对外投资、非货币性资产交换、债务重组等原因转出的固定资产价值及在清理过程中发生的费用和清理收入。该科目应按被清理的固定资产项目设置明细账，进行明细核算。

| 借方　　固定资产清理 | 贷方 |
|---|---|
| ① 转入清理的固定资产的净值<br>② 固定资产清理税费<br>③ 结转固定资产清理净收益 | ① 出售固定资产的价款<br>② 固定资产清理残料及变价收入、赔偿收入<br>③ 结转的固定资产清理净损失 |
| 未结转的清理损失 | 未结转的清理收益 |

（2）账务处理。固定资产处置的账务处理，一般包括以下几个环节。

① 固定资产转入清理。企业因出售、报废、毁损、对外投资、非货币性资产交换、债务重组等转出的固定资产，按该项固定资产的账面价值，借记"固定资产清理"科目，按已计提的累计折旧，借记"累计折旧"科目，按已计提的减值准备，借记"固定资产减值准备"科目，按其账面原价，贷记"固定资产"科目。

② 发生的清理费用等。固定资产清理过程中应支付的相关税费及其他费用，借记"固定资产清理"科目，贷记"银行存款"、"应交税费——应交营业税"等科目。

③ 收回出售固定资产的价款、残料价值和变价收入等，借记"银行存款"、"原材料"等科目，贷记"固定资产清理"科目。

④ 保险赔偿等的处理。应由保险公司或过失人赔偿的损失，借记"其他应收款"等科目，贷记"固定资产清理"科目。

⑤ 清理净损益的处理。固定资产清理完成后，属于生产经营期间正常的处理损失，借记"营业外支出——非流动资产处置损失"科目，贷记"固定资产清理"科目；属于自然灾害等非正常原因造成的损失，借记"营业外支出——非常损失"科目，贷记"固定资产清理"科目。如为贷方余额，借记"固定资产清理"科目，贷记"营业外收入"科目。

**【做中学 5-14】** 2012 年 8 月 10 日，宏洲公司出售一座建筑物，原价为 1 500 000 元，已计提折旧 800 000 元，未计提减值准备，实际出售价格为 1 000 000 元，已通过银行收回价款。甲公司应作如下会计处理。

① 将出售固定资产转入清理时：

| | | |
|---|---|---|
| 借：固定资产清理 | 700 000 | |
| 　　累计折旧 | 800 000 | |
| 　　贷：固定资产 | | 1 500 000 |

② 收回出售固定资产的价款时：

借：银行存款　　1 000 000

　　贷：固定资产清理　　1 000 000

③ 计算销售该固定资产应交纳的营业税，按规定适用的营业税税率为5%，应纳税为50 000（1 000 000×5%）元。

借：固定资产清理　　50 000

　　贷：应交税费——应交营业税　　50 000

④ 结转出售固定资产实现的利得时：

借：固定资产清理　　250 000

　　贷：营业外收入——非流动资产处置利得　　250 000

**【做中学5-15】** 2012年8月10日，宏洲公司现有一台于2010年6月份购入的设备，由于转产闲置，决定对外出售，原价为600 000元（不含增值税），已计提折旧240 000元，减值准备10 000元；现售价234 000元（含增值税）。有关收入、支出均通过银行办理结算。公司应作如下会计处理。

① 将报废固定资产转入清理时：

借：固定资产清理　　350 000

　　累计折旧　　240 000

　　固定资产减值准备　　10 000

　　贷：固定资产　　600 000

② 收到价款时：

应交增值税 = 234 000 ÷（1+17%）× 17% = 34 000（元）

借：银行存款　　234 000

　　贷：固定资产清理　　200 000

　　　　应交税费——应交增值税（销项税额）　　34 000

③ 结转售出固定资产发生的净损失时：

借：营业外支出——处置非流动资产损失　　150 000

　　贷：固定资产清理　　150 000

**【做中学5-16】** 2012年8月，宏洲公司因遭受火灾而毁损一套流水线，该流水线原价5 000 000元，已计提折旧1 500 000元，未计提减值准备。其残料估计价值60 000元，残料已办理入库。发生的清理费用30 000元，以现金支付。经保险公司核定应赔偿损失2 000 000元，尚未收到赔款。宏洲公司应作如下会计处理。

① 将毁损的流水线转入清理时：

借：固定资产清理　　3 500 000

　　累计折旧　　1 500 000

　　贷：固定资产　　5 000 000

② 残料入库时：

借：原材料　　60 000

　　贷：固定资产清理　　60 000

③ 支付清理费用时：

借：固定资产清理　　30 000

　　贷：库存现金　　30 000

④ 确定应由保险公司理赔的损失时：

借：其他应收款　　2 000 000

　　贷：固定资产清理　　2 000 000

⑤ 结转毁损固定资产发生的损失时：

借：营业外支出——非常损失　　1 470 000

　　贷：固定资产清理　　1 470 000

其他方式减少的固定资产，如以固定资产清偿债务、投资转出固定资产、以非货币性资产交换换出固定资产等，分别按照债务重组、非货币性资产交换等的处理原则进行核算，参考有关岗位学习处理。

## （六）固定资产的清查

固定资产清查是指从实物管理的角度对单位实际拥有的固定资产进行实物清查，并与固定资产进行账务核对，确定盘盈、毁损、报废及盘亏资产。固定资产清查的范围主要包括土地、房屋及建筑物、通用设备、专用设备、交通运输设备等。

企业应定期或者至少于每年年末对固定资产进行清查盘点，以保证固定资产核算的真实性，充分挖掘企业现有固定资产的潜力。在固定资产清查过程中，如果发现盘盈、盘亏的固定资产，应填制固定资产盘盈盘亏报告表。清查固定资产的损溢，应及时查明原因，并按照规定程序报批处理。

1. 固定资产盘盈

企业在财产清查中盘盈的固定资产，作为前期差错处理。企业在财产清查中盘盈的固定资产，在按管理权限报经批准处理前应先通过“以前年度损益调整”科目核算。

以前年度损益调整

| 借方 | 贷方 |
|---|---|
| ① 企业调整减少以前年度利润或增加以前年度亏损<br>② 因以前年度损益调整增加的所得税费用<br>③ 将本科目贷方余额转入“利润分配——未分配利润” | ① 企业调整增加以前年度利润或减少以前年度亏损<br>② 因以前年度损益调整减少的所得税费用<br>③ 将本科目借方余额转入“利润分配——未分配利润” |
| 本科目结转后无余额 | |

盘盈的固定资产应按重置成本确定其入账价值，借记“固定资产”科目，贷记“以前年度损益调整”科目。

**【做中学 5-17】** 2012 年 8 月，宏洲公司在财产清查过程中，发现一台未入账的车床，重置成本为 50 000 元（假定与其计税基础不存在差异）。假定宏洲公司适用的所得税税率为 25%，按净利润的 10% 计提法定盈余公积。宏洲公司应作如下会计处理。

① 盘盈固定资产时：

借：固定资产　　50 000

　　贷：以前年度损益调整　　50 000

② 确定应交纳的所得税时：

借：以前年度损益调整（50 000 × 25%）　　12 500

　　贷：应交税费——应交所得税　　12 500

③ 结转为留存收益时：

借：以前年度损益调整（50 000 − 12 500）　　37 500

　　贷：盈余公积——法定盈余公积（37 500 × 10%）　　3 750

　　　　利润分配——未分配利润　　33 750

2. 固定资产盘亏

企业在财产清查中盘亏的固定资产，按盘亏固定资产的账面价值，借记“待处理财产损溢——待处理固定资产损溢”科目，按已计提的累计折旧，借记“累计折旧”科目，按已计提的减值准备，借记“固定资产减值准备”科目，按固定资产的原价，贷记“固定资产”科目。按管理权限报经批准后处理时，按可收回的保险赔偿或过失人赔偿，借记“其他应收款”科目，按应计入营业外支出的金额，借记“营业外支出——盘亏损失”科目，贷记“待处理财产损溢”科目。

**【做中学 5-18】** 2012 年 8 月，宏洲公司进行财产清查时发现短缺一台设备，原价为 30 000 元，已计提折旧 10 000 元，已提减值准备 5 000 元。经查，设备丢失应有管理员负责，经董事会批准，管理员赔偿 12 000 元。公司应作如下会计处理。

① 盘亏固定资产时：

| | 借方 | 贷方 |
|---|---|---|
| 借：待处理财产损溢 | 15 000 | |
| 累计折旧 | 10 000 | |
| 固定资产减值准备 | 5 000 | |
| 贷：固定资产 | | 30 000 |

② 报经批准转销时：

| | 借方 | 贷方 |
|---|---|---|
| 借：营业外支出——盘亏损失 | 3 000 | |
| 其他应收款——管理员 | 12 000 | |
| 贷：待处理财产损溢 | | 15 000 |

**知识拓展**

### 固定资产损失所得税税前扣除的确认

企业依据会计准则确认的固定资产损失，在计算缴纳企业所得税时，按照 2011 年 1 月 1 日起施行的《企业资产损失所得税税前扣除管理办法》的规定，只有提交有关证据材料、符合相关条件时，才允许税前扣除。

（1）固定资产盘亏、丢失损失，为其账面净值扣除责任人赔偿后的余额，应依据以下证据材料确认。

① 企业内部有关责任认定和核销资料。

② 固定资产盘点表。

③ 固定资产的计税基础相关资料。

④ 固定资产盘亏、丢失情况说明。

⑤ 损失金额较大的，应有专业技术鉴定报告或法定资质中介机构出具的专项报告等。

（2）固定资产报废、毁损损失，为其账面净值扣除残值和责任人赔偿后的余额，应依据以下证据材料确认。

① 固定资产的计税基础相关资料。

② 企业内部有关责任认定和核销资料。

③ 企业内部有关部门出具的鉴定材料。

④ 涉及责任赔偿的，应当有赔偿情况的说明。

⑤ 损失金额较大的或自然灾害等不可抗力原因造成固定资产毁损、报废的，应有专业技术鉴定意见或法定资质中介机构出具的专项报告等。

（3）固定资产被盗损失，为其账面净值扣除责任人赔偿后的余额，应依据以下证据材料确认。

① 固定资产计税基础相关资料。

② 公安机关的报案记录，公安机关立案、破案和结案的证明材料。

③ 涉及责任赔偿的，应有赔偿责任的认定及赔偿情况的说明等。

## （七）固定资产的减值

### 1. 固定资产减值的确认

固定资产发生损坏、技术陈旧或者其他经济原因，导致其可收回金额低于其账面价值，这种情况称之为固定资产减值。如果固定资产的可收回金额低于其账面价值，应当按可收回金额低于其账面价值的差额计提减值准备，并计入当期损益。

（1）企业应于期末对固定资产进行检查，如发现存在以下情况，应当计算固定资产的可收回金额，以确定资产是否已经发生减值。

① 固定资产市价大幅度下跌，其跌幅大大高于因时间推移或正常使用而预计的下跌，并且预计在近期内不可能恢复。

② 企业所处经营环境，如技术、市场、经济或法律环境，或者产品营销市场在当期发生或在近期发生重大变化，并对企业产生负面影响。

③ 同期市场利率等大幅度提高，进而很可能影响企业计算固定资产可收回金额的折现率，并导致固定资产可收回金额大幅度降低。

④ 固定资产陈旧过时或发生实体损坏等。

⑤ 固定资产预计使用方式发生重大不利变化，如企业计划终止或重组该资产所属的经营业务、提前处置资产等情形，从而对企业产生负面影响。

⑥ 其他有可能表明资产已发生减值的情况。

（2）当存在下列情况之一时，应当按照该项固定资产的账面价值全额计提固定资产减值准备。

① 长期闲置不用，在可预见的未来不会再使用，且已无转让价值的固定资产。

② 由于技术进步等原因，已不可使用的固定资产。

③ 虽然固定资产尚可使用，但使用后产生大量不合格品的固定资产。

④ 已遭毁损，以至于不再具有使用价值和转让价值的固定资产。

⑤ 其他实质上已经不能再给企业带来经济利益的固定资产。

### 2. 固定资产减值的计量

可收回金额的计量结果表明，固定资产的可收回金额低于其账面价值的，应当将固定资产的账面价值减记至可收回金额，减记的金额应确认为固定资产减值损失，计入当期损益，同时计提相应的固定资产减值准备。

固定资产可收回金额应当根据固定资产的公允价值减去处置费用后的净额与固定资产预计未来现金流量的现值两者之间较高者确定。

固定资产减值损失＝固定资产账面价值－可收回金额

账面价值＝固定资产原值－累计折旧－累计减值准备

固定资产减值损失确认后，减值后的固定资产其折旧应在未来期间作相应调整，以使该固定资产在剩余使用期内，系统地分摊调整后的账面价值（扣除预计净残值）。

固定资产减值损失一经确认，在以后会计期间不得转回。

3. 固定资产减值的核算

固定资产减值准备不像固定资产折旧那样按月计提，无法按照用途分别计入相关的成本或当期费用，其核算通常是在年末或指定的核算期末根据实际情况来进行，在无证据表明减值已发生的情况下，一般不做账务处理。

企业应设置“固定资产减值准备”账户，该账户是固定资产的备抵账户，核算企业因固定资产的可收回金额低于其账面价值时应计提的固定资产减值准备。

借方　　　　　　　　　　　　固定资产减值准备　　　　　　　　　　　　贷方

| 处置固定资产结转的减值准备 | 计提的固定资产减值准备 |
| --- | --- |
| | 固定资产可收回金额低于其账面价值累计额 |

计提固定资产减值准备时，借记“资产减值损失——计提的固定资产减值准备”科目，贷记“固定资产减值准备”科目。

**【做中学 5-19】** 宏洲公司 2008 年 12 月 31 日购入一台大型设备，价值 3 000 000 元，预计该设备使用寿命为 8 年，预计净残值为 5%，采用平均年限法计提折旧。2011 年 12 月 31 日，在进行检查时发现此设备可能进一步减值。检查结果表明：有人愿意以 1 200 000 元的价格收购该设备，但在出售时将发生相关处置费用 50 000 元；目前该设备尚可使用 5 年，未来 5 年的现金流量现值为 1 100 000 元。假设预计使用寿命和预计净残值没有变化。请确定 2012 年该设备的年折旧额。

根据上述资料，计算及账务处理如下。

① 计算 2011 年 12 月 31 日固定资产的账面价值。

2009 年 1 月～2011 年 12 月的累计折旧额 = 3 000 000 ×（1 - 5%）÷ 8 × 3 = 1 068 750（元）

2011 年 12 月 31 日减值前账面价值 = 3 000 000 - 1 068 750 = 1 931 250（元）

② 确定 2010 年 12 月 31 日固定资产的可收回金额。

销售净价 = 1 200 000 - 50 000=1 150 000（元）

现金净流量 = 1 100 000（元）

可收回金额 = 1 150 000（元）

③ 确定 2010 年 12 月 31 日固定资产减值损失。

固定资产减值损失 = 1 931 250 - 1 150 000 = 781 250（元）

借：资产减值损失　　781 250

　　贷：固定资产减值准备　　781 250

④ 调整确定 2011 年该固定资产的折旧额。

2011 年 12 月 31 日减值后账面价值 = 3 000 000 - 1 068 750 - 781 250 = 1 150 000（元）

2012 年该固定资产的折旧额 =（1 150 000 - 3 000 000 × 5%）÷ 5 = 200 000（元）

# 三、无形资产和其他资产业务

## （一）无形资产概述

1. 无形资产的概念和特征

（1）无形资产的概念。无形资产是指企业拥有或者控制的没有实物形态的可辨认非货币性资产，通常包括专利权、非专利技术、商标权、著作权、特许权、土地使用权等。

（2）无形资产的特征。无形资产的特征主要体现在以下几方面。

① 不具有实物形态。无形资产是不具有实物形态的非货币性资产，它不像固定资产、存货等有形资产具有实物形体。

② 具有可辨认性。资产满足下列条件之一的，符合无形资产定义中的可辨认性标准：一是能够从企业中分离或者划分出来，并能单独或者与相关合同、资产或负债一起，用于出售、转让、授予许可、租赁或者交换；二是源自合同性权利或其他法定权利，无论这些权利是否可以从企业或其他权利或义务中转移或者分离。

商誉通常是与企业整体价值联系在一起的，其存在无法与企业自身相分离，不具有可辨认性，不属于本章所指无形资产。

③ 属于非货币性长期资产。无形资产属于非货币性资产且能够在多个会计期间为企业带来经济利益。无形资产的使用年限在一年以上，其价值将在各个受益期间逐渐摊销。

### 2. 无形资产的内容

无形资产主要包括专利权、非专利技术、商标权、著作权、土地使用权、特许权等。

（1）专利权。专利权是指国家专利主管机关依法授予发明创造专利申请人对其发明创造在法定期限内所享有的专有权利，包括发明专利权、实用新型专利权和外观设计专利权。它给予持有者独家使用或控制某项发明的特殊权利。《中华人民共和国专利法》明确规定，专利人拥有的专利权受到国家法律保护。专利权是允许其持有者独家使用或控制的特权，但它并不保证一定能给持有者带来经济效益，如有的专利可能会被另外更有经济价值的专利所淘汰等。因此，企业不应将其所拥有的一切专利权都予以资本化，作为无形资产管理和核算。一般而言，只有从外单位购入的专利或者自行开发并按法律程序申请取得的专利，才能作为无形资产管理和核算。这种专利可以降低成本，或者提高产品质量，或者将其转让出去获得转让收入。

企业从外单位购入的专利权，应按实际支付的价款作为专利权的成本。企业自行开发并按法律程序申请取得的专利权，应按照无形资产准则确定的金额作为成本。

（2）商标权。商标是用来辨认特定的商品或劳务的标记。商标权是指专门在某类指定的商品或产品上使用特定的名称或图案的权利。商标经过注册登记，就获得了法律上的保护。《中华人民共和国商标法》明确规定，经商标局核准注册的商标为注册商标，商标注册人享有商标专用权，受法律的保护。

企业自创的商标并将其注册登记，所花费用一般不大，是否将其资本化并不重要。能够给拥有者带来获利能力的商标，往往是通过多年的广告宣传和其他传播商标名称的手段，以及客户的信赖等树立起来的。广告费一般不作为商标权的成本，而是在发生时直接计入当期损益。

按照《中华人民共和国商标法》的规定，商标可以转让，但受让人应保证使用该注册商标的产品质量。如果企业购买他人的商标，一次性支出费用较大的，可以将其资本化，作为无形资产管理。这时，应根据购入商标的价款、支付的手续费及有关费用作为商标的成本。

（3）土地使用权。土地使用权是指国家准许某一企业或单位在一定期间内对国有土地享有开发、利用、经营的权利。企业取得土地使用权，应将取得时发生的支出资本化，作为土地使用权的成本，记入“无形资产”科目。

（4）非专利技术。非专利技术即专有技术，或技术秘密、技术诀窍，是指先进的、未公开的、未申请专利、可以带来经济效益的技术及诀窍。主要内容包括：一是工业专有技术，即在生产上已经采用，仅限于少数人知道，不享有专利权或发明权的生产、装配、修理、工艺或加工方法的技术知识；二是商业（贸易）专有技术，即具有保密性质的市场情报、原材料价格情报及用户、竞争对象的情况和有关知识；三是管理专有技术，即生产组织的经营方式、管理方式、培训职工方法等保密知识。非专利技术并不是专利法的保护对象，专有技术所有人依靠自我保密的方式来维持其独占权，可以用于转让和投资。

企业的非专利技术，有些是自己开发研究的，有些是根据合同规定从外部购入的。如果是企业自己开发研究的，应将符合《企业会计准则第 6 号——无形资产》规定的开发支出资本化条件的确认为无形资产。对于从外部购入的非专利技术，应将实际发生的支出予以资本化，作为无形资产入账。

（5）著作权。著作权又称版权，制作者对其创作的文学、科学和艺术作品依法享有的某种特殊权利。著作权包括两方面的权利，即精神权利（人身权利）和经济权利（财产权利）。前者指作品署名权、发表作品、确认作者身份、保护作品完整性、修改已经发表的作品等各项权利，包括发表权、署名权、修改权和保护作品完整权；后者指以出版、表演、广播、展览、录制唱片、摄制影片等方式使用作品及因授权他人使用作品而获得经济利益的权利。

（6）特许权。特许权又称经营特许权、专营权，指企业在某一地区经营或销售某种特定商品的权利或是一家企业接受另一家企业使用其商标、商号、技术秘密等的权利。前者一般是指政府机关授权、准许企业使用或在一定地区享有经营某种业务的特权，如水、电、邮电通信等专营权、烟草专卖权等；后者指企业间依照签订的合同，有期限或无期限使用另一家企业的某些权利，如连锁店分店使用总店的名称等。

### 3. 无形资产的确认

无形资产应当在符合定义的前提下，同时满足以下两个确认条件时，才能予以确认。

（1）与该无形资产有关的经济利益很可能流入企业。作为无形资产确认的项目，必须具备其所产生的经济利益很可能流入企业这一条件。通常情况下，无形资产产生的未来经济利益可能包括在销售商品、提供劳务的收入当中，或者企业使用该项无形资产而减少或节约了成本，或者体现在获得的其他利益当中。例如，生产加工企业在生产工序中使用了某种知识产权，使其降低了未来生产成本。

要确定无形资产所创造的经济利益是否很可能流入企业，需要实施职业判断。在实施这种判断时，需要对无形资产在预计使用寿命内可能存在的各种经济因素作出合理估计，并且应当有确凿的证据支持。例如，企业是否有足够的人力资源、高素质的管理队伍、相关的硬件设备、相关的原材料等来配合无形资产为企业创造经济利益。同时，更为重要的是关注一些外界因素的影响，例如，是否存在与该无形资产相关的新技术、新产品冲击，或据其生产的产品是否存在市场等。在实施判断时，企业管理层应对在无形资产的预计使用寿命内存在的各种因素作出最稳健的估计。

（2）该无形资产的成本能够可靠地计量。成本能够可靠地计量是确认资产的一项基本条件，对于无形资产而言，这个条件显得更为重要。例如，企业内部产生的品牌、报刊名、刊头、客户名单和实质上类似项目的支出，由于不能与整个业务开发成本区分开来，成本无法可靠计量，因此，不应确认为无形资产。

### 4. 账户设置

为了核算无形资产的取得、摊销和处置等情况，企业应当设置“无形资产”、“累计摊销”、“研发支出”、“无形资产减值准备”等科目。

（1）“无形资产”科目核算企业持有的无形资产成本，借方登记取得无形资产的成本，贷方登记出售无形资产转出的无形资产账面余额，期末借方余额反映企业无形资产的成本。本科目应按无形资产项目设置明细账，进行明细核算。

（2）“累计摊销”科目属于“无形资产”的调整科目，核算企业对使用寿命有限的无形资产计提的累计摊销，贷方登记企业计提的无形资产摊销，借方登记处置无形资产转出的累计摊销，期末贷方余额，反映企业无形资产的累计摊销额。

（3）“研发支出”账户。该账户属于成本类账户，分别“费用化支出”、“资本化支出”进行明细核算。期（月）末，将本账户归集的费用化支出金额转入“管理费用”账户，借记“管理费用”账户，贷记“研发支出（费用化支出）”账户。该账户期末借方余额，反映企业正在进行的无形资产研究开发项目满足资本化条件的支出。

（4）“无形资产减值准备”账户。该账户贷方登记计提的无形资产减值准备；借方登记无形资产处置时结转的已计提的减值准备；期末余额在贷方，反映企业已计提但尚未转销的无形资产减值准备。

## （二）无形资产取得的核算

无形资产通常按照实际成本进行初始计量，即以取得无形资产并使之达到预定用途而发生的全部支出作为无形资产的成本。企业取得无形资产的主要方式有外购、自行研究开发、接受投资、接受捐赠等。取得的方式不同，其会计处理也有所差别。

1. 外购的无形资产

外购无形资产的成本包括购买价款、相关税费及直接归属于使该项资产达到预定用途所发生的其他支出。

**【做中学 5-20】** 宏洲公司 2011 年 3 月 1 日向另外一家企业外购取得一项专利权，以银行存款支付了买价和相关费用，分别为 700 000 元和 8 000 元。根据专利转让协议、专利产权过户手续和付款凭证，编制会计分录如下：

借：无形资产——专利权　　708 000
　　贷：银行存款　　708 000

**【做中学 5-21】** 2011 年 4 月宏洲公司向土地管理部门申请取得土地使用权，以银行存款 8 000 000 元支付土地出让金。根据土地使用权证书和付款凭证，编制会计分录如下：

借：无形资产——土地使用权　　8 000 000
　　贷：银行存款　　8 000 000

2. 自行研究开发的无形资产

对于企业自行进行的研究开发项目，应当区分研究阶段与开发阶段分别进行核算。关于研究阶段与开发阶段的具体划分，企业应当根据自身实际情况以及相关信息加以判断。

企业内部研究开发项目所发生的支出应区分研究阶段支出和开发阶段支出，企业自行开发无形资产发生的研发支出，不满足资本化条件的，借记“研发支出——费用化支出”科目，满足资本化条件的，借记“研发支出——资本化支出”科目，贷记“原材料”、“银行存款”、“应付职工薪酬”等科目。研究开发项目达到预定用途形成无形资产的，应按“研发支出——资本化支出”科目的余额，借记“无形资产”科目，贷记“研发支出——资本化支出”科目。期（月）末，应将“研发支出——费用化支出”科目归集的金额转入“管理费用”科目，借记“管理费用”科目，贷记“研发支出——费用化支出”科目。

**【做中学 5-22】** 飞跃公司是一家高科技软件实业公司，2011 年开发一种新的应用程序软件。软件开发分三个阶段进行。第一阶段为市场调研阶段，主要是通过中介公司进行市场调查，本阶段发生的调研费用为 100 000 元。第二阶段为研究阶段，对产品进行可行性研究，并提出具体的开发产品的初步方案，本阶段发生了科研人员的工资、各种耗材费用、办公费用等 1 000 000 元。第三阶段为开发阶段，使研究的产品具有商品价值，直接能上市出售。企业发生于这一阶段的费用为 3 000 000 元。

① 记录第一阶段发生的相关费用，根据咨询费、资料费、差旅费和相关的付款凭证，编制会计分录如下：

借：研发支出——费用化支出　　100 000
　　贷：银行存款　　100 000
借：管理费用　　100 000
　　贷：研发支出——费用化支出　　100 000

② 记录第二阶段发生的相关费用，根据研发人员职工薪酬支付表、材料领用单、银行存款付款凭证，编制会计分录如下：

借：研发支出——费用化支出　　1 000 000
　　贷：应付职工薪酬（原材料、银行存款等）　　1 000 000
借：管理费用　　1 000 000
　　贷：研发支出——费用化支出　　1 000 000

③ 记录第三阶段发生的相关费用，根据研发人员职工薪酬支付表、材料领用单、银行存款付款凭证，无形资产鉴定证书，编制会计分录如下：

借：研发支出——资本化支出　　3 000 000
　　贷：银行存款　　3 000 000
借：无形资产　　3 000 000
　　贷：研发支出——资本化支出　　3 000 000

## 知识拓展

### 无形资产研究与开发阶段的区分

1. 研究阶段

研究是指为了获取并理解新的科学或技术知识等进行的独创性的有计划的调查。研究活动的例子包括：意在获取知识而进行的活动；研究成果或其他知识的应用研究、评价和最终选择；材料、设备、产品、工序、系统或服务替代品的研究；新的或经改进的材料、设备、产品、工序、系统或服务的可能替代品的配制、设计、评价和最终选择等。

研究阶段基本上是探索性的，是为进一步的开发活动进行资料及相关方面的准备，已经进行的研究活动将来是否会转入开发、开发后是否会形成无形资产等均具有较大的不确定性。在这一阶段一般不会形成阶段性成果。

2. 开发阶段

开发是指在进行商业性生产或使用前，将研究成果或其他知识应用于某项计划或设计，以生产出新的或具有实质性改进的材料、装置、产品等。开发活动的例子包括：生产前或使用前的原型和模型的设计、建造和测试；含新技术的工具、夹具、模具和冲模的设计；不具有商业性生产经济规模的试生产设施的设计、建造和运营；新的或经改造的材料、设备、产品、工序、系统或服务所选定的替代品的设计、建造和测试等。

相对于研究阶段而言，开发阶段应当是已完成研究阶段的工作，在很大程度上具备了形成一项新产品或新技术的基本条件。

3. 投资者投入的无形资产

投资者投入无形资产的成本，应当按照投资合同或协议约定的价值确定，但合同或协议约定价值不公允的除外。

**【做中学 5-23】** 宏洲公司、文源公司合资设立甲公司，注册资本为 4 000 000 元，经双方协商约定，宏洲公司以商标权折价 500 000 元、专利权折价 300 000 元，现金 1 200 000 元进行投资；文源公司投入生产厂房 1 000 000 元，现金 1 000 000 元。宏洲、文源公司各占一半股权。在考虑各种因素后，认定商标使用权寿命没有期限，投资的专利权按有关法律规定其受保护的期限为 15 年。按合同约定享有该专利 10 年期的收益权。甲公司收到投资后，根据投资协议、商标权、专利权产权转移证书、厂房产权转移证书、进账单等编制会计分录如下:

| | | |
|---|---|---|
| 借：银行存款 | 2 200 000 | |
| 固定资产 | 1 000 000 | |
| 无形资产——商标权 | 500 000 | |
| ——专利权 | 300 000 | |
| 贷：实收资本— 宏洲公司 | | 2 000 000 |
| ——文源公司 | | 2 000 000 |

4. 接受捐赠的无形资产

企业接受捐赠的无形资产，应按以下规定确定其实际成本：捐赠方提供了有关凭据的，按凭据上标明的金额加上应支付的相关税费，作为实际成本。若捐赠方没有提供了有关凭据的，按如下顺序确定其实际成本。

（1）同类或类似无形资产存在活跃市场的，按同类或类似无形资产的市场价格估计的金额，加上应支付的相关税费，作为实际成本。

（2）同类或类似无形资产不存在活跃市场的，按该接受捐赠的无形资产的预计未来现金流量现值，作为实际成本。

**【做中学 5-24】** 宏洲公司接受一项专利技术捐赠，捐赠者提供的有关凭据表明：该专利技术的价值为 400 000 元。企业认为凭据中的价值是公允的，根据无形资产捐赠协议、捐赠者提供的有关凭证和无形资产产权转移手续，编制会计分录如下（假定所得税税率为 25%）:

| | | |
|---|---|---|
| 借：无形资产——专利权 | 400 000 | |
| 贷：营业外收入——捐赠利得 | | 300 000 |
| 递延所得税负债 | | 100 000 |

## （三）无形资产摊销的核算

1. 无形资产的摊销方法

企业应当于取得无形资产时分析判断其使用寿命。使用寿命有限的无形资产应进行摊销。使用寿命不确定的无形资产不应摊销。使用寿命有限的无形资产，其残值应当视为零。对于使用寿命有限的无形资产应当自可供使用（即其达到预定用途）当月起开始摊销，处置当月不再摊销。

无形资产摊销方法包括直线法、生产总量法等。企业选择的无形资产的摊销方法，应当反映与该项无形资产有关的经济利益的预期实现方式。无法可靠确定预期实现方式的，应当采用直线法摊销。

知识拓展

所得税法有关无形资产摊销的规定

1. 摊销范围

《中华人民共和国企业所得税法》规定，在计算应纳税所得额时，无形资产按照直线法计算摊销费用，准予税前扣除。外购商誉的支出，在企业整体转让或者清算时，准予扣除。但下列无形资产不得计算摊销费用扣除。

（1）自行开发的支出已在计算应纳税所得额时扣除的无形资产。

（2）自创商誉。

（3）与经营活动无关的无形资产。

（4）其他不得计算摊销费用扣除的无形资产。

2. 摊销时间

（1）无形资产的摊销年限不得低于10年。

（2）作为投资或者受让的无形资产，有关法律规定或者合同约定了使用年限的，可以按照规定或者约定的使用年限分期摊销。

企业应当按月对无形资产进行摊销。无形资产的摊销额一般应当计入当期损益，企业自用的无形资产，其摊销金额计入管理费用；出租的无形资产，其摊销金额计入其他业务成本；某项无形资产包含的经济利益通过所生产的产品或其他资产实现的，其摊销金额应当计入相关资产成本。

2. 无形资产使用寿命的确定

（1）源自合同性权利或其他法定权利取得的无形资产，其使用寿命通常不应超过合同性权利或其他法定权利的期限。例如，企业取得的某项实用新型专利权，法律规定的保护期限为10年，企业预计运用该项实用新型专利权所生产的产品在未来 6 年内会为企业带来经济利益，则该项专利权的预计使用寿命为6年。

（2）没有明确的合同或法律规定无形资产的使用寿命的，企业应当综合各方面因素判断，例如，企业经过努力，聘请相关专家进行论证、与同行业的情况进行比较及参考企业的历史经验等，来确定无形资产为企业带来未来经济利益的期限。

（3）经过上述努力仍确实无法合理确定无形资产为企业带来经济利益的期限的，才能将其作为使用寿命不确定的无形资产。

3. 无形资产摊销的账务处理

**【做中学5-25】** 2011年1月1日，宏洲公司从外单位购得一项新专利技术用于产品生产，支付价款75 000 000元，款项已支付。该项专利技术法律保护期为15年，公司预计运用该项专利生产的产品在未来10年内会为公司带来经济利益。假定这项无形资产的净残值为零，并按年采用直线法摊销。

宏洲公司外购的专利技术的预计使用期限（10 年）短于法律保护期间（15 年），则应当按照企业预期使用期限确定其使用寿命，同时这也就表明该项专利技术是使用寿命有限的无形资产，且该项无形资产用于产品生产，因此，应当将其摊销金额计入相关产品的成本。

宏洲公司的账务处理如下。

① 取得无形资产时：

借：无形资产——专利权　　75 000 000

　　贷：银行存款　　75 000 000

② 按年摊销时：

借：制造费用——专利权摊销　　7 500 000

　　贷：累计摊销　　7 500 000

**【做中学 5-26】** 2011 年 1 月 1 日，宏洲公司将其自行开发完成的非专利技术出租给甲公司，该非专利技术成本为 3 600 000 元，双方约定的租赁期限为 10 年，宏洲公司每月应摊销 30 000（3 600 000 ÷ 10 ÷ 12）元。每月摊销时，甲公司应编制会计分录如下：

借：其他业务成本　　30 000

　　贷：累计摊销　　30 000

**知识拓展**

**无形资产摊销与固定资产计提折旧的时间差异**

（1）固定资产按月摊销，当月增加，当月不计提折旧；当月减少，当月照提折旧。

（2）对于使用寿命有限的无形资产，按月摊销，当月增加，当月开始摊销；当月减少，当月不再摊销；使用寿命不确定的无形资产不应摊销。

## （四）无形资产减值的核算

无形资产在资产负债表日存在可能发生减值的迹象时，其可收回金额低于账面价值的，企业应当将该无形资产的账面价值减记至可收回金额，减记的金额确认为减值损失，计入当期损益，同时计提相应的资产减值准备，按应减记的金额，借记“资产减值损失——计提的无形资产减值准备”科目，贷记“无形资产减值准备”科目。无形资产减值损失一经确认，在以后会计期间不得转回。

**【做中学 5-27】** 2011 年 3 月 1 日，宏洲公司向凯胜公司购得一项商标所有权，以银行存款支付买价 400 万元和相关费用 8 000 元。该商标权预计带来未来经济利益的年限为 10 年，2011 年末该商标权可收回金额为 360 万元，无形资产减值表显示，该无形资产预计减值 74 000 元，根据减值表作会计分录如下：

该无形资产 2011 年度计提的摊销额 = 33 400 × 10 = 334 000（元）

该资产 2011 年年末应提减值准备 = 4 008 000 − 334 000 − 3 600 000 = 74 000（元）

借：资产减值损失——无形资产减值准备　　74 000

　　贷：无形资产减值准备　　74 000

## （五）无形资产处置的核算

无形资产的处置主要是指无形资产对外出租、出售，或者是无法为企业带来未来经济利益时，应予转销并终止确认。

1. 无形资产出租

企业让渡无形资产使用权并收取租金，在满足收入确认条件的情况下，应确认相关的收入和费用。具体参见本书岗位八中“让渡资产使用权收入”的相关内容。

2. 无形资产出售

企业出售无形资产，表明企业放弃该无形资产的所有权，应将所取得的价款与该无形资产账面价值的差额作为资产处置利得或损失，计入当期损益。但值得注意的是，企业出售无形资产确认其利得的时点，应按照收入确认中的相关原则进行确定。

出售无形资产时，应按实际收到的金额，借记“银行存款”等科目；按已计提的累计摊销额，借记“累计摊销”科目；原已计提减值准备的，借记“无形资产减值准备”科目；按应支付的相关税费及其他费用，贷记“应交税费”、“银行存款”等科目；按其账面余额，贷记“无形资产”科目；按其差额，贷记“营业外收入——非流动资产处置利得”科目或借记“营业外支出——非流动资产处置损失”科目。

**【做中学 5-28】** 宏洲公司出售一项无形资产（专利权），收取价款 100 000 元，增值税税额 6 000 元，应交城市维护建设税 420 元，应交教育费附加 180 元，该无形资产的原始价值为 150 000 元，累计摊销额为 40 000 元，已计提减值准备 20 000 元。会计人员应根据转让合同、销售发票和银行收账通知，编制会计处理如下：

借：银行存款　　106 000
　　无形资产减值准备　　20 000
　　累计摊销　　40 000
　　贷：应交税费——应交增值税（销项税额）　　6 000
　　　　　　　　——应交城市维护建设税　　420
　　　　　　　　——应交教育费附加　　180
　　　　无形资产——专利权　　150 000
　　　　营业外收入——非流动资产处置利得　　9 400

3. 无形资产报废

如果无形资产预期不能为企业带来未来经济利益，则不再符合无形资产的定义，应将其报废并予以转销，其账面价值转作当期损益。

转销时，应按已计提的累计摊销额，借记“累计摊销”科目，按已计提的减值准备，借记“无形资产减值准备”科目，按无形资产账面余额，贷记“无形资产”科目，按其差额，借记“营业外支出”科目。

**【做中学 5-29】** 宏洲公司原拥有一项非专利技术，采用直线法进行摊销，预计使用期限为 10 年。现该项非专利技术已被内部研发成功的新技术所替代，并且根据市场调查，用该非专利技术生产的产品已没有市场，预期不能再为企业带来任何经济利益，故应当予以转销。转销时，该项非专利技术的成本为 9 000 000 元，已摊销 6 年，累计计提减值准备 2 400 000 元，该项非专利技术的残值为 0。假定不考虑其他相关因素。

宏洲公司的账务处理如下：

借：累计摊销　　5 400 000
　　无形资产减值准备——专利权　　2 400 000

营业外支出——处置非流动资产损失　　1 200 000

贷：无形资产——专利权　　9 000 000

## （六）其他资产

其他资产是指除货币资金、交易性金融资产、应收及预付款项、存货、长期股权投资、固定资产、无形资产等以外的资产，如长期待摊费用等。

1. 长期待摊费用的核算

长期待摊费用是指企业已经发生但应由本期和以后各期负担的分摊期限在一年以上的各项费用，如以经营租赁方式租入的固定资产发生的改良支出等。

**【做中学 5-30】** 2011 年 4 月 1 日，宏洲公司对其以经营租赁方式新租入的办公楼进行装修，发生以下有关支出：领用生产材料 500 000 元，购进该批原材料时支付的增值税进项税额为 85 000 元；辅助生产车间为该装修工程提供的劳务支出为 180 000 元；有关人员工资等职工薪酬 435 000 元。2011 年 12 月 1 日，该办公楼装修完工，达到预定可使用状态并交付使用，并按租赁期 10 年开始进行摊销。假定不考虑其他因素，宏洲公司应作如下会计处理。

① 装修领用原材料时：

借：长期待摊费用　　585 000

贷：原材料　　500 000

应交税费——应交增值税（进项税额转出）　　85 000

② 辅助生产车间为装修工程提供劳务时：

借：长期待摊费用　　180 000

贷：生产成本——辅助生产成本　　180 000

③ 确认工程人员职工薪酬时：

借：长期待摊费用　　435 000

贷：应付职工薪酬　　435 000

④ 2011 年摊销装修支出时：

借：管理费用　　10 000

贷：长期待摊费用　　10 000

2. 其他长期资产的核算

其他长期资产是指具有特定用途，不参加正常生产经营过程的，除流动资产、长期投资、固定资产、无形资产和长期待摊费用以外的资产。一般包括经国家特批的特准储备物资、银行冻结存款和冻结物资、涉及诉讼中的财产等。

特准储备物资是指由于特殊原因经国家批准储备的特定用途的物资，未经批准，不得挪作他用。

银行冻结存款和冻结物资是指人民法院对被执行人在银行的存款或企业的物资实施强制执行的一种措施，经冻结后的存款和物资。

涉及诉讼中的财产是指案件当事人被查封、扣押、冻结的财产。

其他长期资产的主要特征如下。

（1）其他长期资产一般具有特定的用途或其使用被限制。

（2）其他长期资产不参加企业正常的生产经营活动。

（3）其他长期资产的动用一般需要经过批准。

【做中学 5-31】 甲公司收到国家下拨的用于备战的特种物资 80 000 元。

① 验收入库时：

借：特准储备物资 80 000

　　贷：特准储备基金 80 000

② 按国家有关规定，动用特准储备的战备物资 50 000 元。

借：特准储备基金 50 000

　　贷：特准储备物资 50 000

# 四、投资性房地产业务

## （一）投资性房地产概述

### 1. 投资性房地产的定义

投资性房地产是指为赚取租金或资本增值，或者两者兼有而持有的房地产。主要包已出租的土地使用权、持有并准备增值后转让的土地使用权和已出租的建筑物。投资房地产应当能够单独计量和出售。

房地产是土地和房屋及其权属的总称。在我国，土地归国家或集体所有，企业只能取得土地使用权。因此，房地产中的土地是指土地使用权。房屋是指土地上的房屋等建筑物及构筑物。

### 2. 投资性房地产的确认条件

投资性房地产只有在符合定义的前提下，同时满足下列条件的，才能予以确认。

（1）与该投资性房地产有关的经济利益很可能流入企业。

（2）该投资性房地产的成本能够可靠地计量。

对已出租的土地使用权、已出租的建筑物，其作为投资性房地产的确认时点一般为租赁期开始日，即土地使用权、建筑物进入出租状态、开始赚取租金的日期。对持有并准备增值后转让的土地使用权，其作为投资性房地产的确认时点为企业将自用土地使用权停止自用，准备增值后转让的日期。

### 3. 投资性房地产的特征

（1）投资性房地产是一种经营活动。投资性房地产的主要形式是出租建筑物、出租土地使用权，这实质上属于一种让渡资产使用权行为。投资性房地产的另一种形式是持有并准备增值后转让的土地使用权，目的是为了增值后转让以赚取增值收益。根据税法的规定，企业房地产出租、国有土地使用权增值后转让均属于一种经营活动，其取得的房地产租金收入或国有土地使用权转让收益应当缴纳营业税等。

（2）投资性房地产在用途、状态、目的等方面区别于作为生产经营场所的房地产和用于销售的房地产。企业持有的房地产除了用作自身管理、生产经营活动场所和对外销售之外，出现了将房地产用于赚取租金或增值收益的活动，甚至成为个别企业的主营业务。这就需要将投资性房地产单独作为一项资产核算和反映，与自用的厂房、办公楼等房地产和作为存货（已建完工商品房）的房地产加以区别，从而更加清晰地反映企业所持有房地产的构成情况和盈利能力。

（3）投资性房地产有两种后续计量模式。企业通常应当采用成本模式对投资性房地产进行后续计量。只有确凿证据表明其所有投资性房地产的公允价值能够持续可靠取得的，才可以采用公允价值模式进行后续计量。同一企业只能采用一种模式对所有投资性房地产进行后续计量，不得同时采用两种计量模式。

4. 投资性房地产的范围

（1）投资性房地产主要包括已出租的土地使用权、持有并准备增值后转让的土地使用权和已出租的建筑物。

① 已出租的土地使用权。已出租的土地使用权是指企业通过出让或转让方式取得并以经营租赁方式出租的土地使用权。企业计划用于出租但尚未出租的土地使用权不属于此类。对于以经营租赁方式租入土地使用权再转租给其他单位的，不能确认为投资性房地产。

② 持有并准备增值后转让的土地使用权。持有并准备增值后转让的土地使用权是指企业通过出让或转让方式取得并准备增值后转让的土地使用权。但是，按照国家有关规定认定的闲置土地，不属于持有并准备增值的土地使用权。

③ 已出租的建筑物。已出租的建筑物是指企业拥有产权并以经营租赁方式出租的房屋等建筑物，包括自行建造或开发活动完成后用于出租的建筑物。

企业在判断和确认已出租的建筑物时，应当把握以下要点。一是用于出租的建筑物是指企业拥有产权的建筑物，企业以经营租赁方式租入再转租的建筑物不属于投资性房地产。二是已出租的建筑物是企业已经与其他方签订了租赁协议，约定以经营租赁方式出租的建筑物。一般应自租赁协议规定的租赁期开始日起，经营租出的建筑物才属于已出租的建筑物。三是企业将建筑物出租，按租赁协议向承租人提供的相关辅助服务在整个协议中不重大的，应当将该建筑物确认为投资性房地产。例如，企业将其办公楼出租，同时向承租人提供维护、保安等日常辅助服务，企业应当将其确认为投资性房地产。

（2）不属于投资性房地产的项目主要有以下两方面。

① 自用房地产，即为生产商品、提供劳务或者经营管理而持有的房地产，包括自用建筑物（固定资产）和自用土地使用权（无形资产）。

② 作为存货的房地产，通常指房地产开发企业在正常经营过程中销售的或为销售而正在开发的商品房和土地。

如果某项房地产部分用于赚取租金或资本增值、部分自用（即用于生产商品、提供劳务或经营管理），能够单独计量和出售的、用于赚取租金或资本增值的部分，应当确认为投资性房地产；不能够单独计量和出售的、用于赚取租金或资本增值的部分，不确认为投资性房地产。该项房地产自用的部分，以及不能够单独计量和出售的、用于赚取租金或资本增值的部分，应当确认为固定资产或无形资产。

## （二）采用成本模式计量的投资性房地产

成本模式下投资性房地产的核算方法与固定资产、无形资产的核算方法类似。只是需要另设置“投资性房地产”和“投资性房地产累计折旧（摊销）”科目，可比照“固定资产”、“无形资产”、“累计折旧”、“累计摊销”科目处理。

1. 成本模式下投资性房地产的初始计量

（1）外购投资性房地产。企业外购的房地产，只有在购入的同时开始对外出租或用于资本增值，才能作为投资性房地产加以确认。

企业外购投资性房地产时，应当按照取得时的实际成本进行初始计量。取得时的实际成本，包括购买价款、相关税费和可直接归属于该资产的其他支出。企业应当在购入投资性房地产时，借记“投资性房地产”科目，贷记“银行存款”等科目；

**【做中学 5-32】** 宏洲公司 2012 年 6 月计划购入一栋写字楼用于对外出租。6 月 15 日，公司与甲企业签订了经营租赁合同，约定自写字楼购买日起将这栋写字楼出租给甲企业，为期 5 年。7 月 3 日，宏洲公司实际购入写字楼，支付价款共计 1 000 万元。账务处理如下：

借：投资性房地产——写字楼　　10 000 000
　　贷：银行存款　　10 000 000

（2）自行建造的投资性房地产。企业自行建造的房地产，只有在自行建造活动完成（即达到预定可使用状态）的同时开始对外出租或用于资本增值，才能将自行建造的房地产确认为投资性房地产。

自行建造投资性房地产，其成本由建造该项资产达到预定可使用状态前发生的必要支出构成，包括土地开发费、建筑成本、安装成本、应予资本化的借款费用、支付的其他费用和分摊的间接费用等，应按照确定的自行建造投资性房地产成本借记“投资性房地产”科目，贷记“在建工程”或“开发产品”科目。

**【做中学 5-33】** 2012 年 1 月，宏洲公司从其他单位购入一块土地，并在这块土地上开始自行建造三栋厂房。2012 年 7 月，宏洲公司预计厂房即将完工，与乙公司签订了经营租赁合同，将其中的一栋厂房租赁给乙公司使用。租赁合同约定，该厂房于完工时开始起租。2012 年 8 月 5 日，三栋厂房同时完工。该块土地使用权的成本为 9 000 000 元，三栋厂房的实际造价均为 10 000 000 元，能够单独出售。账务处理如下。

① 购入土地使用权时：

借：无形资产——土地使用权　　9 000 000
　　贷：银行存款　　9 000 000

② 支付建造成本时：

借：在建工程——厂房　　30 000 000
　　贷：银行存款　　30 000 000

③ 工程完工租赁开始时：

借：固定资产——厂房　　20 000 000
　　投资性房地产——厂房　　10 000 000
　　贷：在建工程——厂房　　30 000 000

土地使用权中的对应部分同时转换为投资性房地产 = 9 000 000 ×（10 000 000 ÷ 30 000 000）= 3 000 000（元）

借：投资性房地产——已出租土地使用权　　3 000 000
　　贷：无形资产——土地使用权　　3 000 000

2. 成本模式下投资性房地产的后续计量

企业采用成本模式进行后续计量的投资性房地产，应当遵循以下会计处理规定。

（1）按照固定资产或无形资产的有关规定，按期（月）计提折旧或摊销，借记“其他业务成本”等科目，贷记“投资性房地产累计折旧（摊销）”科目。

（2）取得的租金收入，借记“银行存款”等科目，贷记“其他业务收入”等科目。

（3）投资性房地产存在减值迹象的，适用资产减值的有关规定。经减值测试后确定发生减值的，应当计提减值准备，借记“资产减值损失”科目，贷记“投资性房地产减值准备”科目。已经计提减值准备的投资性房地产，其减值损失在以后的会计期间不得转回。

**【做中学 5-34】** 华鑫公司将一栋写字楼出租给乙公司使用，确认为投资性房地产，采用成本模式进行后续计量，假设这栋办公楼的成本为 4 800 000 元，按照年限平均法计提折旧，使用寿命为 20 年，预计净残值为零。经营租赁合同约定，乙公司每月等额支付华鑫公司租金 30 000 元。华鑫公司的账务处理如下。

① 每月计提折旧时：

每月计提的折旧 =（4 800 000 ÷ 20）÷ 12 = 20 000（元）

借：其他业务成本——出租写字楼折旧　　20 000

　　贷：投资性房地产累计折旧　　20 000

② 每月确认租金收入时：

借：银行存款（或其他应收款）　　30 000

　　贷：其他业务收入——出租写字楼租金收入　　30 000

### 3. 成本模式下非投资性房地产与投资性房地产的相互转换

非投资性房地产与投资性房地产的相互转换，是因房地产用途发生改变而对房地产进行的重新分类。企业必须有确凿证据表明房地产用途发生改变，才能将投资性房地产转换为非投资性房地产或者将非投资性房地产转换为投资性房地产。这里所指确凿证据包括两个方面：一是企业董事会或类似机构应当就改变房地产用途形成正式的书面决议；二是房地产因用途改变而发生实际状态上的改变，如从自用状态改为出租状态。

房地产转换日的确定也很重要，必须正确把握。一是将投资性房地产转为自用房地产，转换日为房地产达到自用状态，企业开始将其用于生产商品、提供劳务或者经营管理的日期。二是将作为存货的房地产改为出租、将自用建筑物停止自用改为出租，转换日为房地产的租赁期开始日。租赁期开始日是指承租人有权行使其使用租赁资产权利的日期。三是自用土地使用权停止自用，改用于赚取租金或资本增值。转换日为自用土地使用权停止自用后，确定用于赚取租金或资本增值的日期。四是从投资性房地产转为存货，转换日为租赁期满，企业董事会或类似机构作出书面决议明确表明将其重新开发用于对外销售的日期。

（1）投资性房地产转换为自用房地产。企业将原本用于赚取租金或资本增值的房地产改用于生产商品、提供劳务或者经营管理，投资性房地产相应地转换为固定资产或无形资产，例如，企业将出租的厂房收回，并用于生产本企业的产品。

企业将采用成本模式计量的投资性房地产转换为自用房地产时，应当按该项投资性房地产在转换日的账面余额、累计折旧、减值准备等，分别转入“固定资产”、“累计折旧”、“固定资产减值准备”等科目，按其账面余额，借记“固定资产”或“无形资产”科目，贷记“投资性房地产”科目，按已计提的折旧或摊销，借记“投资性房地产累计折旧（摊销）”科目，贷记“累计折旧”或“累计摊销”科目，原已计提减值准备的，借记“投资性房地产减值准备”科目，贷记“固定资产减值准备”或“无形资产减值准备”科目。

**【做中学 5-35】** 2012 年 8 月 31 日，宏洲公司将出租在外、租赁期满的厂房收回，公司董事会就将该厂房用于本公司生产产品形成了书面决议，2012 年 9 月 1 日开始用于本公司生产产品。该项房地产在转换前采用成本模式计量，截至 2012 年 8 月 31 日，账面价值为 5 000 000 元，其中，原价 6 000 000 元，累计已提折旧 1 000 000 元。2012 年 9 月 1 日做出的账务处理如下：

借：固定资产——厂房　6 000 000
　　投资性房地产累计折旧　1 000 000
　　贷：投资性房地产——厂房　6 000 000
　　　　累计折旧——厂房　1 000 000

（2）自用房地产转换为投资性房地产。企业将原本用于日常生产商品，提供劳务或者经营管理的房地产改用于出租，通常包括：一是将自用土地使用权停止自用，用于赚取租金或资本增值，相应地由无形资产转换为投资性房地产；二是自用建筑物停止自用，改为出租，相应地由固定资产转换为投资性房地产。

企业将自用土地使用权或建筑物转换为采用成本模式计量的投资性房地产时，应当按该项建筑物或土地使用权在转换日的原价、累计折旧、减值准备等，分别转入“投资性房地产”、“投资性房地产累计折旧（摊销）”、“投资性房地产减值准备”科目，按其账面余额，借记“投资性房地产”科目，贷记“固定资产”或“无形资产”科目，按已计提的折旧或摊销，借记“累计折旧”或“累计摊销”科目，贷记“投资性房地产累计折旧（摊销）”科目，原已计提减值准备的，借记“固定资产减值准备”或“无形资产减值准备”科目，贷记“投资性房地产减值准备”科目。

**【做中学 5-36】** 2012 年 8 月 31 日，宏洲公司拥有一栋分公司办公使用的办公楼，公司董事会就将该栋办公楼用于出租形成了书面决议。2012 年 6 月 20 日，宏洲公司与丙公司签订了经营租赁协议，将这栋办公楼整体出租给丙公司使用，租赁期开始日为 2012 年 7 月 1 日，租期为 5 年。2012 年 7 月 1 日，这栋办公楼的账面余额为 8 000 000 元，已计提折旧 2 000 000 元。2012 年 7 月 1 日做出的账务处理如下：

借：投资性房地产——办公楼　8 000 000
　　累计折旧　2 000 000
　　贷：固定资产——办公楼　8 000 000
　　　　投资性房地产累计折旧　2 000 000

（3）投资性房地产转换为存货。房地产企业将用于经营出租的房地产重新开发用于对外销售，从投资性房地产转为存货。

企业将采用成本模式计量的投资性房地产转换为存货时，应当按照该项房地产在转换日的账面价值，借记“开发产品”科目，按照已计提的折旧或摊销，借记“投资性房地产累计折旧（摊销）”科目，原已计提减值准备的，借记“投资性房地产减值准备”科目，按其账面余额，贷记“投资性房地产”科目。

**【做中学 5-37】** 华鑫公司是一家房地产开发公司，原先出租给丁企业使用的一栋写字楼，因租赁期满，2012 年 6 月 1 日华鑫公司将该写字楼收回，并由董事会做出书面决议，将该写字楼重新开发对外出售。该房地产转换前采用成本模式计量。原价 24 000 000 元，已提折旧 8 000 000 元，公司 2012 年 6 月 1 日做出的账务处理如下：

借：开发产品　16 000 000
　　投资性房地产累计折旧　8 000 000
　　贷：投资性房地产——写字楼　24 000 000

（4）作为存货的房地产转换为投资性房地产。通常指房地产开发企业将其持有的开发产品以经营租赁的方式出租，相应地由存货转换为投资性房地产。

企业将作为存货的房地产转换为采用成本模式计量的投资性房地产时，应当按该项存货在转换日的账面价值，借记“投资性房地产”科目，原已计提跌价准备的，借记“存货跌价准备”，按其账面余额，贷记“开发产品”等科目。

**【做中学 5-38】** 华鑫公司是一家房地产开发的企业，2012 年 6 月 10 日，公司董事会就将其开发的一栋写字楼不再出售改用作出租形成了书面决议。公司遂与甲公司签订了租赁协议，将此写字楼整体出租给甲公司使用，租赁期开始日为 2012 年 7 月 1 日，租赁期为 6 年。2012 年 7 月 1 日，该写字楼的账面余额为 60 000 000 元，未计提存货跌价准备，转换后采用成本模式进行后续计量。公司 2012 年 7 月 1 日的账务处理如下：

借：投资性房地产——写字楼　　60 000 000

　　贷：开发产品　　60 000 000

4. 成本模式下投资性房地产的处置

企业可以通过对外出售或转让的方式处置投资性房地产取得收益。

处置采用成本模式计量的投资性房地产时，应当按实际收到的金额，借记“银行存款”等科目，贷记“其他业务收入”科目；按该项投资性房地产的账面价值，借记“其他业务成本”科目，按其账面余额，贷记“投资性房地产”科目，按照已计提的折旧或摊销，借记“投资性房地产累计折旧（摊销）”科目，原已计提减值准备的，借记“投资性房地产减值准备”科目。

**【做中学 5-39】** 华鑫公司将其出租的一栋写字楼确认为投资性房地产。租赁期届满后，华鑫公司将该栋写字楼出售给丙公司，合同价款为 40 000 000 元，丙公司已用银行存款付清。假设这栋写字楼原采用成本模式计量。出售时，该栋写字楼的成本为 50 000 000 元，已计提折旧 15 000 000 元，不考虑相关税费。公司的账务处理如下：

借：银行存款　　40 000 000

　　贷：其他业务收入　　40 000 000

借：其他业务成本　　35 000 000

　　投资性房地产累计折旧　　15 000 000

　　贷：投资性房地产——写字楼　　50 000 000

## （三）采用公允价值模式计量的投资性房地产

只有存在确凿证据表明投资性房地产的公允价值能够持续可靠取得的情况下，企业才可以采用公允价值模式对投资性房地产进行核算。同时还应当满足以下两个条件：一是投资性房地产所在地有活跃的房地产交易市场；二是企业能够从活跃的房地产交易市场上取得同类或类似房地产的市场价格及其他相关信息，从而对投资性房地产的公允价值作出合理的估计。

投资性房地产的公允价值是指在公平交易中，熟悉情况的当事人之间自愿进行房地产交换的价格。

企业一旦选择采用公允价值计量模式，就应当对其所有投资性房地产均采用公允价值模式进行核算。

公允价值模式下投资性房地产的核算，应另设置“投资性房地产——成本”和“投资性房地产——公允价值变动”明细科目。同时，设置“公允价值变动损益”科目，该科目属损益类科目，核算交易性金融资产及采用公允价值模式计量的投资性房地产等业务中因公允价值变动形成的应计入当期损益的利得和损失。

| 借方 | 公允价值变动损益　　　　贷方 |
|---|---|
| 资产负债表日相关资产公允价值低于其账面余额的差额 | 资产负债表日相关资产公允价值高于其账面余额的差额 |
| 期末，转入“本年利润”，结转后本科目无余额 | |

1. 公允价值模式下投资性房地产的初始计量

公允价值模式下投资性房地产的初始计量与成本模式类似，应当按照成本进行计量。企业应当在购入投资性房地产时，借记“投资性房地产——成本”科目，贷记“银行存款”等科目；对自行建造的投资性房地产，按其成本，借记“投资性房地产——成本”科目，贷记“在建工程”或“开发产品”科目。

2. 公允价值模式下投资性房地产的后续计量

采用公允价值模式进行后续计量的，企业应当以资产负债表日投资性房地产的公允价值为基础调整其账面价值，公允价值与原账面价值之间的差额计入当期损益，不再对投资性房地产计提折旧或摊销。

资产负债表日，投资性房地产的公允价值高于原账面价值的差额，借记“投资性房地产——公允价值变动”科目，贷记“公允价值变动损益”科目；公允价值低于原账面价值的差额，作相反的账务处理。取得的租金收入，借记“银行存款”等科目，贷记“其他业务收入”等科目。

**【做中学 5-40】** 华鑫公司与乙公司签订租赁协议，约定将公司新建造的一栋写字楼租赁给乙公司使用，租赁期为 10 年。2011 年 9 月 1 日，该写字楼开始起租，写字楼的工程造价为 30 000 000 元，公允价值也为相同金额。华鑫公司决定采用公允价值模式对该项出租的房地产进行后续计量。2011 年 12 月 31 日，该写字楼的公允价值为 35 000 000 元。公司的账务处理如下:

① 2011 年 9 月 1 日，甲公司出租写字楼时:

借: 投资性房地产——写字楼——成本　　　　30 000 000

　　贷: 固定资产——写字楼　　　　30 000 000

② 2011 年 12 月 31 日，按照公允价值调整期账面价值，公允价值与原账面价值之间的差额计入当期损益。

借: 投资性房地产——写字楼——公允价值变动　　　　5 000 000

　　贷: 公允价值变动损益——投资性房地产　　　　5 000 000

3. 公允价值模式下非投资性房地产与投资性房地产的相互转换

（1）投资性房地产转换为自用房地产。企业将采用公允价值模式计量的投资性房地产转换为自用房地产时，应当以其转换当日的公允价值作为自用房地产的账面价值，公允价值与原账面价值的差额计入当期损益。转换日，按该项投资性房地产的公允价值，借记“固定资产”或“无形资产”科目，按该项投资性房地产的成本，贷记“投资性房地产——成本”科目，按该项投资性房地产的累计公允价值变动，贷记或借记“投资性房地产——公允价值变动”科目，按其差额，贷记或借记“公允价值变动损益”科目。

**【做中学 5-41】** 2012 年 6 月 1 日，华鑫公司将租赁期满的出租写字楼收回，公司董事会就将该写字楼作为办公楼用于本公司的行政管理形成了书面决议。6 月 1 日，该写字楼正式开始自用，相应由投资性房地产转换为自用房地产，当日的公允价值为 48 000 000 元。该项房地产在转换前采用公允价值模式计量，原账面价值为 42 000 000 元，其中，成本为 35 000 000 元，公允价值变动为增值 7 000 000 元。公司的账务处理如下:

借：固定资产——写字楼　　48 000 000

　　贷：投资性房地产——写字楼——成本　　35 000 000

　　　　　　　　　　　　　　——公允价值变动　　7 000 000

　　　　公允价值变动损益——投资性房地产　　6 000 000

（2）自用房地产转换为投资性房地产。企业将自用土地使用权或建筑物转换为采用公允价值模式计量的投资性房地产时，应当按该项土地使用权或建筑物在转换日的公允价值，借记“投资性房地产——成本”科目，按已计提的累计摊销或累计折旧，借记“累计摊销”或“累计折旧”科目，原已计提减值准备的，借记“无形资产减值准备”、“固定资产减值准备”科目，按其账面余额，贷记“无形资产”或“固定资产”科目；同时，转换日的公允价值小于账面价值的，按其差额，借记“公允价值变动损益”科目，转换日的公允价值大于账面价值的，按其差额，贷记“资本公积——其他资本公积”科目。待该项投资性房地产处置时，因转换计入资本公积的部分应转入当期损益。

**【做中学 5-42】** 2012 年 4 月 1 日，海纳公司打算搬迁至新建办公楼，由于原办公楼处于中心商务区，海纳公司准备将其出租，以赚取租金收入，已经公司董事会批准形成书面决议。2012 年 6 月底，甲公司完成了搬迁工作，原办公楼停止自用。2012 年 7 月 1 日，海纳公司与甲公司签订了租赁协议，租赁期为 5 年。海纳公司对出租的该办公楼采用公允价值模式计量。2012 年 1 月 1 日，该办公楼的公允价值为 38 000 000 元，其原价为 50 000 000 元，已提折旧 10 000 000 元。2012 年 7 月 1 日，公司的账务处理如下：

借：投资性房地产——办公楼——成本　　38 000 000

　　公允价值变动损益——投资性房地产　　2 000 000

　　累计折旧　　10 000 000

　　贷：固定资产　　50 000 000

（3）投资性房地产转换为存货。企业将采用公允价值模式计量的投资性房地产转换为存货时，应当以其转换当日的公允价值作为存货的账面价值，公允价值与原账面价值的差额计入当期损益。

转换日，按该项投资性房地产的公允价值，借记“开发产品”等科目，按该项投资性房地产的成本，贷记“投资性房地产——成本”科目；按该项投资性房地产的累计公允价值变动，贷记或借记“投资性房地产——公允价值变动”科目；按其差额，贷记或借记“公允价值变动损益”科目。

（4）作为存货的房地产转换为投资性房地产。企业将作为存货的房地产转换为采用公允价值模式计量的投资性房地产时，应当按该项房地产在转换日的公允价值，借记“投资性房地产——成本”科目，原已计提跌价准备的，借记“存货跌价准备”科目，按其账面余额，贷记“开发产品”等科目；同时，转换日的公允价值小于账面价值的，按其差额，借记“公允价值变动损益”科目，转换日的公允价值大于账面价值的，按其差额，贷记“资本公积——其他资本公积”科目。待该项投资性房地产处置时，因转换计入资本公积的部分应转入当期损益。

#### 4. 公允价值模式计量的投资性房地产的处置

处置采用公允价值模式计量的投资性房地产时，应当按实际收到的金额，借记“银行存款”等科目，贷记“其他业务收入”科目；按该项投资性房地产的账面余额，借记“其他业务成本”科目，按其成本，贷记“投资性房地产——成本”科目，按其累计公允价值变动，贷记或借记“投资性房地产——公允价值变动”科目。同时结转投资性房地产累计公允价值变动。若存在原转换日计入资本公积的金额，也一并结转。

【做中学 5-43】 2012 年 6 月 1 日，华鑫公司将其出租的一栋写字楼确认为投资性房地产，采用公允价值模式计量。租赁期满后，华鑫公司将该栋写字楼出售给甲公司，合同价款为 18 000 000 元，甲公司已用银行存款付清。出售时，该栋写字楼的成本为 14 000 000 元，公允价值变动为借方余额 2 000 000 元。假定不考虑营业税等税费，华鑫公司应编制如下会计分录。

① 收取处置收入时：

借：银行存款　　18 000 000

　　贷：其他业务收入　　18 000 000

② 结转处置成本时：

借：其他业务成本　　16 000 000

　　贷：投资性房地产——写字楼——成本　　14 000 000

　　　　　　　　　　——写字楼——公允价值变动　　2 000 000

③ 结转投资性房地产累计公允价值变动时：

借：公允价值变动损益　　2 000 000

　　贷：其他业务成本　　2 000 000

## （四）投资性房地产计量模式的变更

为保证会计信息的可比性，企业对投资性房地产的计量模式一经确定，不得随意变更。只有在房地产市场比较成熟、能够满足采用公允价值模式条件的情况下，才允许企业对投资性房地产从成本模式计量变更为公允价值模式计量。成本模式转为公允价值模式的，应当作为会计政策变更处理，将计量模式变更时公允价值与账面价值的差额，调整期初留存收益。企业变更投资性房地产计量模式，符合《企业会计准则第 3 号——投资性房地产》规定的，应当按照计量模式变更日投资性房地产的公允价值，借记“投资性房地产——成本”科目，按照已计提的折旧或摊销，借记“投资性房地产累计折旧（摊销）”科目，原已计提减值准备的，借记“投资性房地产减值准备”科目，按照原账面余额，贷记“投资性房地产”科目，按照公允价值与其账面价值之间的差额，贷记或借记“利润分配——未分配利润”、“盈余公积”等科目。

已采用公允价值模式计量的投资性房地产，不得从公允价值模式转为成本模式。

## 小　结

无论是工业企业还是商品流通企业，存货岗位工作是企业日常业务核算的重要内容之一。固定资产、无形资产、投资性房地产的核算有很多共同规律，比如都按实际成本确认取得时的初始成本，但实际成本的确定按取得方式的不同又各有特点；在使用过程中都需要按规定计提折旧或摊销，但投资性房地产在公允价值模式下不再计提折旧等。一定注意区别比较，掌握规律。

## 岗位训练

### 一、单选题

1. 某企业 2012 年 3 月购入一台需要安装的设备，取得的增值税发票上注明的设备买价为

50 000 元，增值税税额为 8 500 元，支付的运输费为 1 500 元，设备安装时领用工程用材料价值 1 000 元（不含增值税），设备安装时支付有关人员工资 2 000 元。该固定资产的成本为（ ）元。

A. 63 170　　B. 54 395　　C. 63 000　　D. 54 500

2. 某项固定资产原值为 15 500 元，预计使用年限为 5 年，预计净残值为 500 元，按年数总和法计提折旧，则第二年末该固定资产的账面价值为（ ）元。

A. 5 580　　B. 6 000　　C. 5 900　　D. 6 500

3. 某企业对一条生产线进行更新改造。该生产线的原价 100 万元，已提折旧 60 万元。改造过程中发生支出 35 万元，被替换部分的账面价值 5 万元。该生产线更新改造后的成本为（ ）万元。

A. 65　　B. 70　　C. 125　　D. 130

4. 企业的固定资产在盘亏时应通过下列（ ）账户核算。

A. 在建工程　　B. 固定资产清理　　C. 待处理财产损溢　　D. 管理费用

5. 下列关于投资性房地产核算的表述中，正确的是（ ）。

A. 采用成本模式计量的投资性房地产不需要确认减值损失

B. 采用公允价值模式计量的投资性房地产可转换为成本模式计量

C. 采用公允价值模式计量的投资性房地产，公允价值的变动金额应计入资本公积

D. 采用成本模式计量的投资性房地产，符合条件时可转换为公允价值模式计量

6. 甲公司为房地产开发企业，对投资性房地产按照公允价值模式计量，该公司 2011 年 7 月 1 日将一项账面价值 2 000 万元、已经开发完成作为存货的房产转为经营性出租，公允价值为 2 500 万元。2011 年 12 月 31 日，其公允价值为 2 400 万元，甲公司确认了该公允价值变动，2012 年 7 月租赁期满甲公司以 3 000 万元价款将其出售，甲公司应确认的其他业务收入是（ ）万元。

A. 3 000　　B. 3 500　　C. 2 900　　D. 3 400

7. 某企业研制一项新技术，开始并无成功把握，该企业的此项研究过程中花费材料费 60 000 元，支付人工费 10 000 元。研究成功后申请获得专利权，在申请专利的过程中发生的专利登记费 40 000 元，律师费 8 000 元。该项专利权的入账价值为（ ）元。

A. 58 000　　B. 130 000　　C. 118 000　　D. 48 000

8. 各种无形资产的摊销，一般都应计入（ ）。

A. 其他业务支出　　B. 长期待摊费用　　C. 营业费用　　D. 管理费用

9. 企业为建造仓库而购进工程物资负担的增值税税额应当计入（ ）。

A. 应交税费——应交增值税　　B. 工程物资　　C. 营业外支出　　D. 管理费用

10. 某企业对账面原价为 110 万元，累计折旧为 70 万元的某一项固定资产进行清理。清理时发生清理费用 5 万元，清理收入 80 万元（按 5% 的营业税率交纳营业税，其他税费略）。该固定资产的清理净收入为（ ）万元。

A. 31　　B. 35　　C. 41　　D. 45

## 二、多选题

1. 下列各项中，应计提固定资产折旧的有（ ）。

A. 经营租入的设备　　B. 融资租入的办公楼

C. 已投入使用但未办理竣工决算的厂房　　D. 已达到预定可使用状态但未投产的生产线

2. 下列各项中，属于投资性房地产的有（ ）。

A. 房地产企业持有的待售商品房　　B. 以经营租赁方式出租的商用房

C. 以经营租赁方式出租的土地使用权　　D. 以经营租赁方式租入后再转租的建筑物

3. 固定资产所具有的基本特征为（　　）。

A．使用年限超过一年　　B．在使用过程中保持原有物质形态

C．使用寿命有限　　D．用于生产经营活动不是为了出售

4. 在计提固定资产折旧的初期，需要考虑固定资产净残值的折旧方法是（　　）。

A. 年限平均法　　B. 工作量法

C. 双倍余额递减法　　D. 年数总和法

5. 双倍余额递减法和年数总和法这两种计算固定资产累计折旧的方法的共同点有（　　）。

A. 属于加速折旧法　　B. 每期折旧率固定

C. 前期折旧高，后期折旧低　　D. 不考虑净残值

6. 下列各项，应通过“固定资产清理”科目核算的有（　　）。

A. 盘亏的固定资产　　B. 出售的固定资产

C. 报废的固定资产　　D. 损毁的固定资产

7. 企业计提固定资产折旧时，下列会计分录正确的有（　　）。

A. 计提行政管理部门固定资产折旧：借记“管理费用”科目，贷记“累计折旧”科目

B. 计提生产车间固定资产折旧：借记“制造费用”科目，贷记“累计折旧”科目

C. 计提专设销售机构固定资产折旧：借记“销售费用”科目，贷记“累计折旧”科目

D. 计提自建工程使用的固定资产折旧：借记“在建工程”科目，贷记“累计折旧”科目

8. 下列各项中，不会引起无形资产账面价值发生增减变动的有（　　）。

A. 对无形资产计提减值准备

B. 企业内部研究开发支出项目研究阶段发生的支出

C. 摊销无形资产

D. 企业内部研究开发项目开发支出不满足“无形资产确认条件”

9. 下列关于无形资产会计处理的表述中，正确的有（　　）。

A. 无形资产均应确定预计使用年限并分期摊销

B. 有偿取得的自用土地使用权应确认为无形资产

C. 内部研发项目开发阶段支出应全部确认为无形资产

D. 无形资产减值损失一经确认在以后会计期间不得转回

10. 企业对使用寿命有限的无形资产进行摊销时，其摊销额应根据不同情况分别计入（　　）。

A. 管理费用　　B. 制造费用　　C. 财务费用　　D. 其他业务成本

## 三、判断题

1. 企业在计提固定资产折旧时，对于当月增加的固定资产当月照提折旧，当月减少的固定资产当月不提折旧。（　　）

2. 企业将一台不需用的机床对外出售，在计算出售该固定资产的净损益时应考虑营业税。（　　）

3. 对于融资性租赁租入的固定资产，需计提折旧。（　　）

4. 工作量法计提折旧的特点是每年提取的折旧额相等。（　　）

5. 已达到预定可使用状态但在年度内尚未办理竣工决算手续的固定资产，应按估计价值暂估入账，但不计提折旧。（　　）

6. 无形资产在取得的当月开始摊销，处置无形资产的当月不再摊销。（　　）

7. 为固定资产发生的后续支出，均应计入固定资产成本。（　　）

8. 企业让渡无形资产使用权发生的相关费用，应该确认为其他业务成本。（　　）

9. 当某项无形资产已被其他新技术等所替代，使其为企业创造经济利益的能力受到重大不利影响时，应当对其计提减值准备。（　　）

10. 按照我国现行会计制度规定，企业通过无偿划拨方式取得的土地使用权和有偿方式取得的土地使用权，都应当作为无形资产核算。（　　）

## 四、综合训练题

1. 练习外购固定资产的核算。

【资料】2010 年 12 月 26 日，甲公司购入一台不需要安装的机器设备，价款 300 万元，增值税税额 51 万元，另支付运输费 1 万元，保险费和包装费 2 万元，款项均以银行存款支付。该设备即日起投入基本生产车间使用，预计可使用 5 年，预计净残值为 2 万元，假定不考虑固定资产减值因素。甲公司对机器设备采用双倍余额递减法计提折旧。

【要求】(1) 编制甲公司购入设备时的会计分录。

(2) 分别计算甲公司 2011 年度至 2015 年度每年的折旧额。

(3) 编制甲公司 2011 年年末计提折旧时的会计分录(假定折旧每年年末计提一次)。

2. 练习自营建造固定资产的核算。

【资料】某企业自行建造仓库一座，购入为工程准备的各种物资 200 000 万元，支付的增值税税额为 34 000 元，实际领用工程物资（含增值税）205 300 元，剩余物资转作企业生产用原材料；另外还领用了企业生产用的原材料一批，实际成本为 15 000 元，应转出的增值税为 2 550 元；分配工程人员工资 35 000 元，企业辅助生产车间为工程提供有关劳务支出 6 000 元，工程完工交付使用。

【要求】(1) 计算工程完工交付使用时固定资产的入账价值。

(2) 编制有关会计分录。

3. 综合练习固定资产的核算。

【资料】甲公司为一家上市公司且为增值税一般纳税人。其 2010 年至 2014 年与固定资产有关的业务资料如下。

(1) 2010 年 10 月 9 日，甲公司购进一台需要安装的设备，取得的增值税发票上注明的设备价款为 680 万元，增值税额为 115.6 万元，另发生保险费 2 万元，款项以银行存款支付；没有发生其他相关税费。安装设备时，领用原材料一批，价值为 20 万元；支付安装工人的工资为 16 万元。该设备于 2010 年 12 月 10 日达到预定可使用状态并投入销售部门使用，预计使用年限为 10 年，预计净残值为 10 万元，采用年限平均法计提折旧。

(2) 2011 年 12 月 31 日，甲公司对该设备进行检查时发现其已经发生减值，预计可收回金额为 450 万元，计提减值准备，该设备原预计使用年限、预计净残值、折旧方法保持不变。

(3) 2012 年 9 月 30 日，甲公司因生产经营方向调整，决定采用出包方式对该设备进行改良，改良工程验收合格后支付工程价款。该设备于当日停止使用，开始进行改良。

(4) 2013 年 3 月 15 日，改良工程完工并验收合格，甲公司以银行存款支付工程总价款 63 万元。当日，改良后的设备投入使用，预计尚可使用年限 8 年，采用直线法计提折旧，预计净残值为 6 万元，改良后该设备的可收回金额为 550 万元。2013 年 12 月 31 日，该设备未发生减值。

（5）2014 年 10 月 10 日，该设备因遭受自然灾害发生严重毁损，甲公司决定进行处置，取得变价收入 8 万元，应交增值税 1.36 万元，保险公司赔偿 26 万元，发生清理费用 4 万元。款项均以银行存款支付，不考虑其他相关税费。

**【要求】**（1）编制 2010 年 10 月 9 日取得该设备的会计分录。

（2）编制设备安装及达到预定使用状态的会计分录。

（3）计算 2011 年该设备计提的折旧额并编制会计分录。

（4）计算 2011 年 12 月 31 日该设备计提的减值准备并编制会计分录。

（5）计算 2012 年该设备计提的折旧额并编制会计分录。

（6）编制该设备 2012 年 9 月 30 日转入改良时的会计分录。

（7）编制 2013 年 3 月 15 日支付该设备改良价款，结转改良后设备成本的会计分录。

（8）计算 2014 年该设备计提的折旧额并编制会计分录。

（9）计算 2014 年 10 月 10 日处置该设备实现的净损益。

（10）编制 2014 年 10 月 10 日处置该设备的会计分录。

4. 练习无形资产的核算。

**【资料】**甲企业发生有关无形资产的业务如下。

（1）2009 年 7 月 1 日，以银行存款 200 000 元购入一项外观设计专利，该无形资产法律定的使用年限为 10 年。2012 年 7 月 1 日，该企业将该项无形资产出售，取得收入 50 000 元已存入银行，营业税税率为 5%。

（2）2012 年 6 月，企业将持有的一项专利权出租给某单位使用，当月取得租金收入 30 000 元（不含税），已存入银行，增值税税率为 6%，当期该项无形资产摊销额为 6 000 元。

**【要求】**（1）根据资料（1）做出购买、每月摊销、出售该项无形资产的会计分录。

（2）根据资料（2）做出有关会计分录。

5. 练习投资性房地产的核算。

**【资料】**甲房地产经营开发公司，有关业务资料如下（采用成本计量模式）。

（1）甲公司开发的 A 办公楼于 2009 年 3 月 31 日达到预定可使用状态，全部工程造价为 5 208 万元。该办公楼按 25 年、采用平均年限法计提折旧，预计残值 108 万元。

（2）2009 年 3 月 31 日起，甲公司将 A 办公楼整体出租给 K 公司，租期为 3 年，租金每年 600 万元，从开始租赁日起按年预收。当日，甲公司已收到 K 公司支付的首期 A 办公楼租金并存入银行。

（3）2012 年 4 月 30 日，甲公司按与 K 公司达成协议，将 A 办公楼向 K 公司出售，收款 5 960 万元存入银行。假定不考虑相关税费因素。

**【要求】**（1）编制甲公司 2009 年 3 月 31 日 A 办公楼开发完成对外出租并收取租金的会计分录。

（2）编制甲公司按月确认租金收入、计提投资性房地产折旧的会计分录。

（3）编制甲公司 2012 年出售投资性房地产的会计分录。

# 岗位五

# 职工薪酬岗位

学习目标

- ◆ 掌握职工薪酬的核算内容。
- ◆ 掌握工资的计算与汇总、分析。
- ◆ 掌握货币性职工薪酬的确认与支付的核算。
- ◆ 掌握非货币性职工薪酬的确认与支付的核算。
- ◆ 熟练计提社会保险费及工会经费、职工教育经费、职工福利费等。

## 一、知识准备

### （一）职工薪酬岗位核算任务

为了做好职工薪酬的核算工作，企业的会计机构可以按照岗位责任制的要求设置职工薪酬会计岗位。若企业职工人数较多，可以配置专门核算人员，也可聘任兼职人员参与相关工作，但必须遵守不相容职务分离的原则。职工薪酬岗位的核算任务如下。

（1）每月根据考勤表或计件工资统计表，依据出勤天数、岗位标准、各种补贴和奖金分配方案等有关内容，正确编制工资结算表，并办理各种代扣款项。

（2）严格按照本单位工资、奖金核算办法支付工资和各种奖金，定期组织工资发放。

（3）按照工资支付对象和成本核算的要求，编制工资费用分配表，向有关部门提供工资分配的明细资料，并进行工资分配的账务处理。

（4）依据国家规定正确提取职工教育经费、工会经费等有关费用，并进行账务处理。

（5）执行国家规定的各种社会保障措施，年初核定保险基数，日常各种人员变动的申报，正确提取各项社会保险和住房公积金并进行账务处理。

（6）向员工反馈其本人的薪酬信息。

（7）调查、解释和处理员工提出的薪酬方面的异议，收集本地区同业薪酬信息，了解员工意向，收集整理建设性意见，定期向本企业会计机构负责人汇报职工薪酬情况，对本企业会计机构负责人负责。

（8）工资档案的登载、保管与转移，随时更新电子信息。

（9）完成领导交办的其他工作。

### （二）职工薪酬岗位业务流程

职工薪酬岗位业务流程如图 6-1 所示。

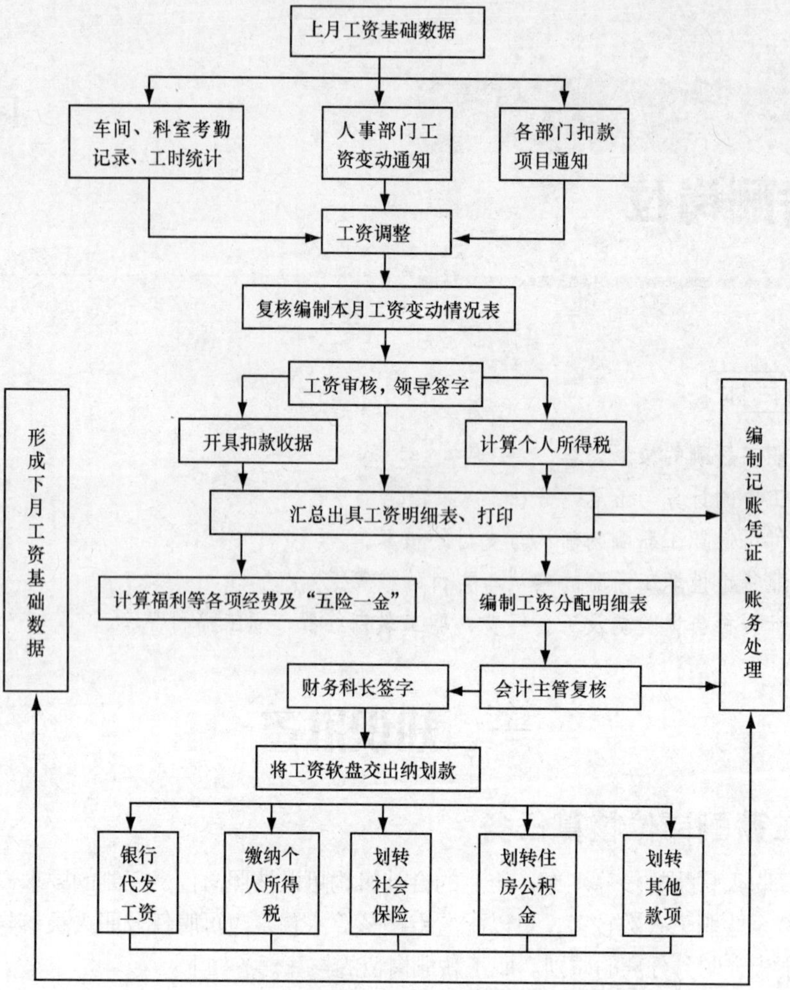


图 6-1 职工薪酬岗位业务流程

# 二、职工薪酬概述

## （一）职工薪酬的内容

职工薪酬是指企业为获得职工提供的服务而给予各种形式的报酬以及其他相关支出。

职工薪酬既是职工对企业投入劳动获得的报酬，也是企业的成本费用。具体而言，职工薪酬主要包括以下几方面的内容。

### 1. 职工工资、奖金、津贴和补贴

职工工资、奖金、津贴和补贴是指按照国家统计局《关于职工工资总额组成的规定》，构成工资总额的计时工资、计件工资、支付给职工的超额劳动报酬和增收节支的劳动报酬、为了补偿职工特殊或额外的劳动消耗和因其他特殊原则支付给职工的津贴，以及为了保证职工工资水平不受物价影响支付给职工的物价补贴等。企业按规定支付给职工的加班加点工资，以及根据国家法律、法规和政策规定，企业在职工因病、工伤、产假、计划生育假、婚丧假、事假、探亲假、定期休假、停工学习、执行国家或社会义务等特殊情况下，按照计时工资或计件工资标准的一定比例支付的工资，也属于职工工资范畴，在职工休假或缺勤时，不应当从工资总额中扣除。

2. 职工福利费

职工福利费是指企业为职工集体提供的福利，主要是尚未实行医疗统筹企业职工的医疗费用、职工因公负伤赴外地就医路费、职工生活困难补助，以及按照国家规定开支的其他职工福利支出。

3. 医疗保险费、养老保险费、失业保险费、工伤保险费和生育保险费等社会保险费

医疗保险费、养老保险费、失业保险费、工伤保险费和生育保险费等社会保险费是指企业按照国家规定的基准和比例计算，向社会保险经办机构缴纳的医疗保险金、基本养老保险金、失业保险金、工伤保险费和生育保险费，以及根据《企业年金试行办法》、《企业年金基金管理试行办法》等相关规定，向有关单位（企业年金基金账户管理人）缴纳的补充养老保险费。此外，以商业保险形式提供给职工的各种保险待遇也属于企业提供的职工薪酬。

在我国，属于职工薪酬核算范畴的养老保险分为两个层次。

（1）基本养老保险制度。根据我国养老保险制度相关文件的规定，职工养老保险待遇及受益水平与企业在职工提供服务各期的缴费水平不直接挂钩，企业承担的义务仅限于按照规定标准提存的金额。我国企业为职工建立的其他社会保险如医疗保险、失业保险、工伤保险和生育保险，也是根据国务院条例的规定，由社会保险经办机构负责收缴、发放和保值增值，企业承担的义务亦仅限于按照国务院规定由企业所在地政府规定的标准提存的金额。

（2）补充养老保险制度。为更好地保障企业职工退休后的生活，依法参加基本养老保险并履行缴费义务、具有相应的经济负担能力并已建立集体协商机制的企业，经有关部门批准，可申请建立企业年金，企业年金是企业及其职工在依法参加基本养老保险的基础上，自愿建立的补充养老保险制度。

4. 住房公积金

住房公积金是指企业按照国家《住房公积金管理条例》规定的基准和比例计算，向住房公积金管理机构缴存的住房公积金。

5. 工会经费和职工教育经费

工会经费和职工教育经费是指企业为了改善职工文化生活、提高职工业务素质用于开展工会活动和职工教育及职业技能培训，根据国家规定的基准和比例，从成本费用中提取的金额。

6. 非货币性福利

非货币性福利包括企业以自己的产品或其他有形资产发放给职工作为福利、企业向职工提供无偿使用自己拥有的资产（如提供给企业高级管理人员的汽车、住房等）、企业为职工无偿提供商品或类似医疗保健的服务等。

7. 因解除与职工的劳动关系给予的补偿（又称辞退福利）

因解除与职工的劳动关系给予的补偿是指企业由于分离办社会、实施主辅业分离、辅业改制、分流安置富余人员、实施重组或改组计划、职工不能胜任等原因，在职工劳动合同到期之前解除与职工的劳动关系，或者为鼓励职工自愿接受裁减而提出补偿计划建议的计划中给予职工的经济补偿。

8. 其他与获得职工提供的服务相关的支出

例如，股份支付等。

**知识拓展**

“职工”的范围

由企业负担薪酬的“职工”主要包括三类人员：一是与企业订立劳动合同的所有人员，含全职、兼职和临时职工；二是未与企业订立劳动合同，但由企业正式任命的企业治理层和管理层人员，如董事会成员、监事会成员等；三是在企业的计划和控制下，虽未与企业订立劳动合

同或未由其正式任命，但为其提供与职工类似服务的人员，如通过中介机构签订用工合同，为企业提供与本企业职工类似服务的人员。

## （二）职工工资的计算

职工工资是职工薪酬的主要内容之一，也是其他相关职工薪酬计算的重要依据。计时工资和计件工资是工资总额的主要组成部分。

1. 职工工资计算的原始记录

职工工资计算的原始记录主要有工资卡、考勤记录和产量记录。

（1）工资卡。工资卡主要是记录职工工资级别和工资标准的原始记录。工资卡是按每一个职工设立的，应当反映职工的进公司时间、担任职务、工资级别、工资金额、工资的调整变动，以及有关津贴等情况。工资卡通常由劳动工资部门或人事部门统一管理，并按车间、部门归类保管。

（2）考勤记录。考勤记录是登记和反映每一职工出缺勤时间的原始记录，是计算职工工资的主要依据。其主要形式有考勤簿和考勤卡。

考勤簿是工资核算的主要资料，应由各车间、班组和部门的考勤员逐日登记，月终汇总并经所在单位的负责人审查签章后，连同有关的证明送会计部门，据以计算应付工资。

考勤卡应按每一职工开设，用以登记每一职工的出缺勤时间，月终由考勤员汇总统计每个职工全月的出缺勤时间，送财会部门审核，据以计算应付工资。

（3）产量记录。产量记录是登记工人或小组在出勤时间内耗用工时和完成产量的原始记录。产量记录既是计算产品成本的依据，也是考核作业计划和定额执行情况，检查产品数量、质量完成情况和计算计件工资的依据。产量记录的格式和内容以及登记程序，因企业生产类型和生产组织方式不同而不尽相同，通常使用的产量记录有工作通知单、工序进程单和工作班产量记录等。

2. 计时工资下职工工资的计算

计时工资是指按计时工资标准和工作时间支付给个人的劳动报酬。

计时工资是职工工资结算的基本形式，适用于不能采取计件制的工人、管理人员和服务人员等工资的计算。计时工资的计算方法有月薪制和日薪制两种形式。

（1）月薪制。采用月薪制计算计时工资，不论当月实际日历天数为多少，只要职工按规定出全勤，就可以获得固定的月标准工资。如果有缺勤，则应按有关规定从月标准工资中扣除缺勤工资。所以，此方法又称为“扣缺勤法”，计算公式如下。

应付计时工资 = 月标准工资 − 缺勤应扣工资

缺勤应扣工资 = 缺勤天数 × 日工资 × 扣发比例

缺勤天数含职工旷工、事假及病假天数。

日工资又称日工资率，是指每个职工平均每天的标准工资。

日工资 = 月标准工资 ÷ 月应工作天数

根据月应工作天数的不同确定方法，日工资的计算方法有如下两种。

① 按月平均日历天数 30 天计算日工资。按照这种方法，双休日和法定节假日应视同出勤，照付工资，缺勤期间的双休日和节假日也视为缺勤，照扣工资。

② 按月平均实际工作 20.83 天计算日工资。

月工作日 =（365 − 104 − 11）÷ 12 = 20.83（天）

按照这种方法，不论大月或小月，每月应计工作天数均固定按 20.83 天计算。各月内的双休日和法定节假日不付工资，缺勤期间的双休日、法定节假日也不扣工资。

计算缺勤应扣工资时，应根据国家的劳动法规、劳动保险条例的规定，区别情况进行处理：对旷工和事假缺勤的，应扣发全部缺勤日的工资；对因公负伤、探亲假、婚丧假、产假等缺勤的应视同出勤，不扣工资；对病假缺勤的，应根据病假期限和工龄长短，按一定比例扣发缺勤日工资。具体如表 6-1 和表 6-2 所示。

**表 6-1 半年以内病假（包括非因工负伤）工资扣发标准**

| 工　龄 | 不满 2 年 | 2～4 年 | 4～6 年 | 6～8 年 | 8 年以上 |
|---|---|---|---|---|---|
| 扣发比例 | 40% | 30% | 20% | 10% | 0 |

**表 6-2 半年以上病假工资扣发标准**

| 工　龄 | 不满 1 年 | 1～3 年 | 3 年以上 |
|---|---|---|---|
| 扣发比例 | 60% | 50% | 40% |

**【做中学 6-1】** 海纳公司职工陈平的月标准工资 3 780 元，本月请事假 5 天（其中 2 天为双休日），病假 3 天（其中 1 天为节日），工龄 7 年，病假扣发工资比例为 10%。

① 按月工作日 30 天计算工资。

日工资 = 3 780 ÷ 30 = 126（元）

应付计时工资 = 3 780 − 5 × 126 − 3 × 126 × 10% = 3 112.20（元）

② 按月工作日 20.83 天计算工资。

日工资 = 3 780 ÷ 20.83 = 181.47（元）

应付计时工资 = 3 780 − 3 × 181.47 − 2 × 181.47 × 10% = 3 199.30（元）

（2）日薪制。采用日薪制计算计时工资的企业，每月按职工月出勤天数和日工资率计算职工应得计时工资。对于职工的病假，应按前述有关规定，计发一定比例的工资，所以，这种方法又称为“出勤工资累计法”。其计算公式如下。

应付计时工资 = 月出勤天数×日工资 + 病假应发工资

病假应发工资 = 病假天数×日工资×病假应发比例

**【做中学 6-2】** 承【做中学 6-1】的资料。本月日历天数为 31 天，其中有 8 个双休日和 1 天节假日，根据考勤记录，陈平本月出勤天数为 17 天。

① 按月工作日 30 天计算，日工资为 126 元。

应付计时工资 = （17+6）× 126+3 × 126 × 90% = 3 238.20（元）

② 按月工作日 20.83 天计算，日工资为 181.47 元。

应付计时工资 = 17 × 181.47+2 × 181.47 × 90% = 3 411.64（元）

由上可见，采用不同的工作天数和不同的工资形式计算计时工资，在相同情况下，得出的月计时工资可能不相同。但从全年的整体看，其结果仍然相同。企业选择何种方法、何种工作日计算计时工资可视企业的具体情况而定，不得随意变更。

**知识拓展**

### 有关工作时间计算的规定

1. 制度工作时间的计算

根据《劳动法》，按照《全国年节及纪念日放假办法》和《关于职工全年月平均工作时间和工资折算问题的通知》中规定，职工全年月平均制度工作天数和工资折算办法如下：

（1）年工作日：365 天 - 104 天（休息日）- 11 天（法定节假日）= 250 天。

（2）季工作日：250 天÷4 季 = 62.5 天／季。

（3）月工作日：250 天÷12 月 = 20.83 天／月。

工作小时数的计算：以月、季、年的工作日乘以每日的 8 小时。

2. 日工资、小时工资的折算

（1）按照《劳动法》第四十四条的规定，有下列情形之一的，用人单位应当按照下列标准支付高于劳动者正常工作时间工资的工资报酬。

① 安排劳动者延长工作时间的，支付不低于工资的 150%的工资报酬。

② 休息日安排劳动者工作又不能安排补休的，支付不低于工资的 200%的工资报酬。

③ 法定休假日安排劳动者工作的，支付不低于工资的 300%的工资报酬。

（2）按照《劳动法》第五十一条的规定，法定节假日用人单位应当依法支付工资，即折算日工资、小时工资时不剔除国家规定的 11 天法定节假日。据此，日工资、小时工资的折算如下。

① 日工资：月工资收入÷月计薪天数。

② 小时工资：月工资收入÷（月计薪天数×8 小时）。

③ 月计薪天数 =（365 天 - 104 天）÷12 月 = 21.75 天。

3. 计件工资制下职工工资的计算

计件工资是根据当月产量记录中的产品数量和规定的计件单价支付的劳动报酬。这里的产品数量包括实际完成的合格品产量及生产过程中因材料不合格而造成的废品（料废品）数量，对于因工人的过失而产生的废品（工废），则不计付工资，其计算公式如下。

应付计件工资 = Σ［(合格品数量+料废品数量）× 计件单价］

计件工资的计算包括个人计件工资的计算和集体计件工资的计算。

（1）个人计件工资的计算。个人计件工资是按个人完成的产品数量及规定的计件单价计算的工资。

**【做中学 6-3】** 宏达工厂孙海本月加工甲零件 500 件，计件单价 4 元；加工乙零件 400 件，计件单价 5 元。验收时发现甲零件有 5 件废品，其中废料 3 件，工费 2 件；乙零件有废品 4 件，均为工废，其余为合格品。计算应付的计件工资。

应付计件工资 =（495+3）× 4+396 × 5 = 3 972（元）

为了简化计算工作，也可以将每位工人完成的各种产品产量，按定额工时折算成定额总工时，再乘以规定的小时工资率计算计件工资，计算公式如下。

应付计件工资 = Σ［(合格品数量+料废品数量）× 定额工时 × 小时工资率］

如果工厂规定加工甲零件的定额工时为 12 分钟，加工乙零件的定额工时为 24 分钟，该工人的小时工资率 15.40 元，则计算应付的计件工资。

应付计件工资 =（498 × 12 ÷ 60+396 × 24 ÷ 60）× 15.40 = 3 973.20（元）

（2）集体计件工资的计算。企业中有的产品生产是由集体（班、组）共同组织生产的，则计件工资就需要以班、组为对象进行计算。具体分两步。第一步，先按上述个人计件工资的计算方法计算出集体计件工资总额；第二步，再将集体计件工资总额在小组成员之间，按每人的工资标准和该月实际工作时间的比例进行分配。

**【做中学 6-4】** 某生产班组由 3 人组成，共同完成产品加工任务。本月全组共得计件工资

15 224.65 元，则个人应得计件工资的计算见表 6-3。

表 6-3　班组计件工资分配表

| 姓名 | 月标准工资/元 | 小时工资率 | 实际工作时间/小时 | 计时工资/元 | 分配率 | 应得计件工资/元 |
|---|---|---|---|---|---|---|
| | ① | ②=①÷（20.83×8） | ③ | ④=②×③ | ⑤ | ⑥=④×⑤ |
| 李明 | 2 385 | 14.31 | 180 | 2 575.80 | 1.69 | 4 353.10 |
| 王新 | 3 024 | 18.15 | 195 | 3 539.25 | 1.69 | 5 981.33 |
| 郑平 | 2 772 | 16.63 | 174 | 2 893.62 | 1.69 | 4 890.22 |
| 合计 | | | 549 | 9 008.67 | | 15 224.65 |

注：分配率=15 224.65÷9 008.67=1.69。

计算出每个职工的计时工资和计件工资以后，再根据有关资料和标准确定每个职工的奖金、津贴和补贴及加班工资，从而计算出企业的应发工资额，从中扣除应由职工个人承担的社会保险费、住房公积金、个人所得税、水电费等代扣款项后，得出企业的实发工资金额，有关计算公式如下。

应付工资额 = 应付计时（或计件）工资 + 奖金 + 津贴和补贴 + 加班加点工资 + 其他工资

实发工资额 = 应付工资额 − 各种代扣代垫款项

## （三）职工薪酬的核算账户

企业应当设置“应付职工薪酬”科目，属负债类科目，核算应付职工薪酬的提取、结算、使用等情况。“应付职工薪酬”科目应当按照“工资”、“职工福利”、“社会保险费”、“住房公积金”、“工会经费”、“职工教育经费”、“非货币性福利”、“辞退福利”、“股份支付”等设置明细科目，进行明细核算。

| 借方 | 应付职工薪酬　贷方 |
|---|---|
| 实际发放职工薪酬的数额 | 已分配计入有关成本费用项目的职工薪酬的数额 |
| | 企业应付未付的职工薪酬 |

# 三、货币性职工薪酬

## （一）货币性职工薪酬的确认

企业应当在职工为其提供服务的会计期间，将应付的职工薪酬确认为负债，除因解除与职工的劳动关系给予的补偿（一般计入管理费用）外，应当根据职工提供服务的受益对象，将应确认的职工薪酬（包括货币性薪酬和非货币性福利）计入相关资产成本或当期损益，同时确认为应付职工薪酬。

生产部门人员的职工薪酬，借记“生产成本”、“制造费用”、“劳务成本”等科目，贷记“应付职工薪酬”科目。

管理部门人员的职工薪酬，借记“管理费用”科目，贷记“应付职工薪酬”科目。

销售人员的职工薪酬，借记“销售费用”科目，贷记“应付职工薪酬”科目。

应由在建工程、研发支出负担的职工薪酬，借记“在建工程”、“研发支出”科目，贷记“应付职工薪酬”科目。

对于货币性薪酬，在确定应付职工薪酬和应当计入成本费用的职工薪酬金额时，企业还应注意分以下情况进行处理。

（1）是对于国务院有关部门、省、自治区、直辖市人民政府或经批准的企业年金计划规定了计提基础和计提比例的职工薪酬项目，企业应当按照规定的计提标准，计量企业承担的职工薪酬义务和计入成本费用的职工薪酬。其中：

① “五险一金”，即医疗保险费、养老保险费、失业保险费、工伤保险费、生育保险费和住房公积金。企业应当按照国务院、所在地政府或企业年金计划规定的标准，计量应付职工薪酬义务和应相应计入成本费用的薪酬金额。

② 工会经费和职工教育经费。企业应当按照财务规则等相关规定，分别按照职工工资总额的 2%和 1.5%的计提标准，计量应付职工薪酬（工会经费、职工教育经费）义务金额和应相应计入成本费用的薪酬金额；从业人员技术要求高、培训任务重、经济效益好的企业，可根据国家相关规定，按照职工工资总额的 2.5%计量应计入成本费用的职工教育经费。按照明确标准计算确定应承担的职工薪酬义务后，再根据受益对象计入相关资产的成本或当期费用。

（2）对于国家（包括省、市、自治区政府）相关法律、法规没有明确规定计提基础和计提比例的职工福利费，企业应当根据历史经验数据和自身实际情况，预计应付职工薪酬金额和应计入成本费用的薪酬金额，每个资产负债表日，企业应当对实际发生的福利费金额和预计金额进行调整。

【做中学 6-5】 2012 年 7 月，宏洲公司当月应发工资 1 000 万元，其中，生产部门直接生产人员工资 500 万元，生产部门管理人员工资 100 万元，公司管理部门人员工资 180 万元，公司专设产品销售机构人员工资 50 万元，建造厂房人员工资 110 万元，内部开发存货管理系统人员工资 60 万元。

根据所在地政府规定，公司分别按照职工工资总额的 7%、20%、2%、0.8%、1%和 10%计提医疗保险费、养老保险费、失业保险费、工伤保险费、生育保险费和住房公积金，缴纳给当地社会保险经办机构和住房公积金管理机构。根据 2011 年实际发生的职工福利费情况，公司预计 2012 年应承担的职工福利费义务金额为职工工资总额的 2%，职工福利的受益对象为上述所有人员。公司分别按照职工工资总额的 2%和 1.5%计提工会经费和职工教育经费。假定公司存货管理系统正处于研究阶段、不考虑所得税影响。编制工资费用分配表如表 6-4 所示。

**表 6-4 工资费用分配表** 单位：万元

| 部门 | 应发工资 | 计提的费用项目 | | | | | | | | | 合计 |
|---|---|---|---|---|---|---|---|---|---|---|---|
| | | 医疗保险费 7% | 养老保险费 20% | 失业保险费 2% | 工伤保险费 0.8% | 生育保险费 1% | 住房公积金 10% | 职工福利费 2% | 工会经费 2% | 职工教育经费 1.5% | |
| 直接生产人员 | 500 | 35 | 100 | 10 | 4 | 5 | 50 | 10 | 10 | 7.5 | 731.5 |
| 生产部门管理人员 | 100 | 7 | 20 | 2 | 0.8 | 1 | 10 | 2 | 2 | 1.5 | 146.3 |
| 公司管理部门人员 | 180 | 12.6 | 36 | 3.6 | 1.44 | 1.8 | 18 | 3.6 | 3.6 | 2.7 | 263.34 |
| 销售机构人员 | 50 | 3.5 | 2 | 1 | 0.4 | 0.5 | 5 | 1 | 1 | 0.75 | 73.15 |
| 建造厂房人员 | 110 | 7.7 | 22 | 2.2 | 0.88 | 1.1 | 11 | 2.2 | 2.2 | 1.65 | 160.93 |
| 内部开发人员 | 60 | 4.2 | 12 | 1.2 | 0.48 | 0.6 | 6 | 1.2 | 1.2 | 0.9 | 87.78 |
| 合计 | 1 000 | 70 | 200 | 20 | 8 | 10 | 100 | 20 | 20 | 15 | 1 463 |

根据工资费用分配表，公司在分配工资、职工福利费、各种社会保险费、住房公积金、工会经费和职工教育经费等职工薪酬时，应做账务处理如下：

借：生产成本　　7 315 000
　　制造费用　　1 463 000
　　管理费用　　2 633 400
　　销售费用　　731 500
　　在建工程　　1 609 300
　　研发支出——费用化支出　　877 800
　　贷：应付职工薪酬——工资　　10 000 000
　　　　　　　　　——职工福利　　200 000
　　　　　　　　　——社会保险费　　3 080 000
　　　　　　　　　——住房公积金　　1 000 000
　　　　　　　　　——工会经费　　200 000
　　　　　　　　　——职工教育经费　　150 000

## (二)货币性职工薪酬的支付

1. 支付职工工资、奖金、津贴和补贴

企业按照有关规定向职工支付工资、奖金、津贴等，借记“应付职工薪酬——工资”科目，贷记“银行存款”、“库存现金”等科目；企业从应付职工薪酬中扣还的各种款项（职工个人承担的社会保险费、代垫的家属药费、个人所得税等），借记“应付职工薪酬”科目，贷记“银行存款”、“库存现金”、“其他应付款”、“其他应收款”、“应交税费——应交个人所得税”等科目。

在实务中，企业一般在每月发放工资前，根据“工资结算汇总表”中的“实发工资”栏的合计数向开户银行提取现金，然后再向职工发放，或直接通过银行把工资转入职工个人工资　账户。

**【做中学 6-6】** 2012 年 7 月，宏洲公司当月“工资结算汇总表”结算本月应付职工工资总额。根据所在地政府规定，公司按职工应发工资额的 2%、8%、1%和 5%计提由职工个人承担的医疗保险费、养老保险费、失业保险费和住房公积金，支付工资时，由公司代扣，缴纳给当地社会保险经办机构和住房公积金管理机构。工资结算汇总表如表 6-5 所示。

**表 6-5　工资结算汇总表**　　单位：万元

| 部门 | 应发工资 | 代扣款项 | | | | | | | 实发工资 |
|---|---|---|---|---|---|---|---|---|---|
| | | 医疗保险费 2% | 养老保险费 8% | 失业保险费 1% | 住房公积金 5% | 代扣职工水电费 | 代扣个人所得税 | 合计 | |
| 直接生产人员 | 500 | 10 | 40 | 5 | 25 | 1 | | 81 | 419 |
| 生产部门管理人员 | 100 | 2 | 8 | 1 | 5 | 0.3 | 0.8 | 17.1 | 82.9 |
| 公司管理部门人员 | 180 | 3.6 | 14.4 | 1.8 | 9 | 0.1 | 1.5 | 30.4 | 149.6 |
| 销售机构人员 | 50 | 1 | 4 | 0.5 | 2.5 | 0.1 | 1 | 9.1 | 40.9 |
| 建造厂房人员 | 110 | 2.2 | 8.8 | 1.1 | 5.5 | 0.2 | | 17.8 | 92.2 |
| 内部开发人员 | 60 | 1.2 | 4.8 | 0.6 | 3 | 0.15 | 0.9 | 10.65 | 49.35 |
| 合计 | 1 000 | 20 | 80 | 10 | 50 | 1.85 | 4.2 | 166.05 | 833.95 |

公司的有关会计处理如下。

① 工资发放日，公司向开户行提供书面代发工资明细清单。

开户行按照委托协议约定及单位提供的代发清单资料将实发工资金额足额转入每位职工的

储蓄账户。

借：应付职工薪酬——工资　　8 339 500

　贷：银行存款　　8 339 500

② 代扣款项时：

借：应付职工薪酬——工资　　1 660 500

　贷：其他应付款——社会保险费　　1 100 000

　　　　——代扣水电费　　18 500

　　　　——住房公积金　　500 000

　　应交税费——应交个人所得税　　42 000

2. 支付职工福利费

企业向职工食堂、职工医院、生活困难职工等支付职工福利费时，借记“应付职工薪酬——职工福利”科目，贷记“银行存款”、“库存现金”等科目。

**【做中学 6-7】** 2012 年 8 月，宏洲公司以现金支付职工李杰生活困难补助 1 000 元。公司的有关会计分录如下：

借：应付职工薪酬——职工福利　　1 000

　贷：库存现金　　1 000

**【做中学 6-8】** 2012 年 8 月，宏洲公司以现金共支付 20 000 元补贴给职工食堂。公司的有关会计分录如下：

借：应付职工薪酬——职工福利　　20 000

　贷：库存现金　　20 000

3. 支付工会经费、职工教育经费和缴纳社会保险费、住房公积金

企业支付工会经费和职工教育经费用于工会运作和职工培训，或按照国家有关规定缴纳社会保险费或住房公积金时，借记“应付职工薪酬——工会经费（或职工教育经费、社会保险费、住房公积金）”科目，贷记“银行存款”、“库存现金”等科目。

**【做中学 6-9】** 2012 年 8 月，宏洲公司用银行存款向劳动保险部门缴纳公司承担的基本养老保险费 2 000 000 元、个人承担的养老保险费 800 000 元。B 企业的有关会计分录如下：

借：应付职工薪酬——社会保险费　　2 000 000

　　其他应付款——社会保险费　　800 000

　贷：银行存款　　28 00 000

**【做中学 6-10】** 2012 年 8 月 15，宏洲公司以银行存款向本公司工会组织拨付工会经费 15 000 元。

借：应付职工薪酬——工会经费　　15 000

　贷：银行存款　　15 000

# 四、非货币性职工薪酬

## （一）以自产产品或外购商品作为福利发放给职工

企业以其生产的产品作为非货币性福利提供给职工的，应按该产品的公允价值和相关税费计入相关资产成本或当期损益，并确认应付职工薪酬；同时确认主营业务收入，其销

售成本的结转和相关税费的处理与正常商品销售相同。以外购商品作为非货币性福利提供给职工的，应按该商品的公允价值和相关税费计入相关资产成本或当期损益，同时确认应付职工薪酬；实际购买时冲销应付职工薪酬。需要注意的是，企业在进行账务处理时应先通过“应付职工薪酬”科目归集当期应计入成本费用的非货币性福利，以准确确定企业人工成本。

**【做中学 6-11】** 鑫达公司是一家服装加工企业，共有职工 238 人，其中直接参加生产的职工 200 人，总部管理人员 38 人。2012 年 9 月，公司以其生产成本为 60 元的保暖内衣套装和外购的每盒不含税价格为 80 元的食品礼盒作为中秋节福利发放给全体职工。保暖内衣套装售价为 100 元，鑫达公司适用的增值税税率为 17%；鑫达公司购买的食品礼盒开具了增值税专用发票，适用税率为 17%。

（1） 保暖内衣套装售价总额 = 100 × 200 + 100 × 38 = 23 800（元）

保暖内衣套装的增值税销项税额 = 100 × 200 × 17% + 100 × 38 × 17% = 4 046（元）

应付职工薪酬总额 = 23 800 + 4 046 = 27 846（元）

保暖内衣套装的成本总额 = 60 × 238 = 14 280（元）

① 公司决定发放非货币性福利时:

借：生产成本　　23 400
　　管理费用　　4 446
　　贷：应付职工薪酬——非货币性福利　　27 846

② 实际发放非货币性福利时:

借：应付职工薪酬——非货币性福利　　27 846
　　贷：主营业务收入　　23 800
　　　　应交税费——应交增值税（销项税额）　　4 046
借：主营业务成本　　14 280
　　贷：库存商品　　14 280

（2） 食品礼盒的售价总额 = 80 × 200 + 80 × 38 = 19 040（元）

食品礼盒的增值税进项税额 = 80 × 200 × 17% + 80 × 38 × 17% = 3 236.8（元）

应付职工薪酬总额 = 19 040 + 3 236.8 = 22 276.8（元）

① 公司决定发放非货币性福利时:

借：生产成本　　18 720.0
　　管理费用　　3 556.8
　　贷：应付职工薪酬——非货币性福利　　22 276.8

② 购买食品礼盒时:

借：应付职工薪酬——非货币性福利　　22 276.8
　　贷：银行存款　　22 276.8

## （二）将自有或租赁的住房等资产无偿提供给职工使用

公司将自有房屋等资产无偿提供给职工使用的，应根据受益对象，将住房每期应计提的折旧计入相关资产成本或当期损益，同时确认应付职工薪酬。租赁住房等资产供职工无偿使用的，应根据受益对象，将每期应付租金计入相关资产成本或当期损益，并确认应付职工薪酬。难以认定受益对象的，直接计入当期损益，并确认职工薪酬。同时，在计提折旧或交纳租金时，冲销应付职工薪酬。

**【做中学 6-12】** 鑫达公司为部门经理级别以上的职工共 12 名免费提供自有的汽车使用，假定每辆汽车每月计提折旧 800 元，同时对于普通的车间工人共 200 名提供集体宿舍居住，该住房为公司租赁而来，每月租金共计24 000元，假定租金每月支付一次。

① 公司每月确认职工薪酬时：

借：生产成本　　24 000

　　管理费用　　9 600

　　贷：应付职工薪酬——非货币性福利　　33 600

② 在计提折旧、交纳租金时：

借：应付职工薪酬——非货币性福利　　33 600

　　贷：累计折旧　　9 600

　　　　银行存款　　24 000

## （三）将企业已支付补贴的商品或服务提供给职工

企业有时以低于企业取得资产或服务成本的价格向职工提供资产或服务，如以低于成本的价格向职工出售住房、以低于企业支付的价格向职工提供医疗保健或其他服务。应注意的是，企业以补贴后价格向职工提供非货币性福利，与企业直接向职工发放房屋补贴或购车补贴不同，后者属于货币性福利。以提供包含补贴的住房为例，企业在出售住房等资产时，应将企业补贴的金额分别情况处理：如果出售住房的合同或协议中规定了职工在购得住房后至少应当提供服务年限的，企业应当将补贴金额作为长期待摊费用处理，并在服务年限内平均摊销，根据收益对象分别计入相关资产的成本或当期损益；如果出售住房的合同或协议中未规定职工在购得住房后必须服务年限的，企业应将补贴金额直接计入出售住房当期损益。

**【做中学 6-13】** 海纳公司购入住房160套向职工出售。该公司有资格买房的职工共160名，其中管理人员20名，销售人员10名，生产一线职工130名。公司拟向三种职工出售的住房买入价分别为60万元、50万元、40万元；拟出售价格分别为48万元、40万元、32万元。假定所有职工均在2012年度中购买了住房。

（1）假定售房协议中规定，职工在取得住房后至少在企业继续服务10年，那么应将补贴金额作为长期待摊费用处理。

① 公司出售住房时应进行以下处理。

借：银行存款　　55 200 000

　　长期待摊费用　　13 800 000

　　贷：固定资产　　69 000 000

② 出售住房后的每年，公司应按照直线法在10年内摊销长期待摊费用，并进行以下处理：

借：生产成本　　1 040 000

　　管理费用　　240 000

　　销售费用　　100 000

　　贷：应付职工薪酬——非货币性福利　　1 380 000

借：应付职工薪酬——非货币性福利　　1 380 000

　　贷：长期待摊费用　　1 380 000

（2）假定售房协议中没有规定职工在购得住房后必须服务的年限，那么企业应将补贴金额直接计入出售住房当期损益。公司出售住房时应进行以下处理：

借：银行存款　　55 200 000

　　管理费用　　13 800 000

贷：固定资产 69 000 000

## 小 结

本岗位内容是会计实务不可缺少的内容之一，重点把握好以下几点：一是职工薪酬的内容，注意职工薪酬与职工工资的区别；二是具体核算职工薪酬时要分两步走，即确认和支付；三是关注国家社保政策的调整，正确计提各项社保费用。

## 岗位训练

### 一、单选题

1. 下列各项中，不应通过“应付职工薪酬”科目核算的是（ ）。

A. 支付给生产工人的津贴　　B. 支付给管理人员的工资

C. 支付给退休人员的退休费　　D. 代扣生产工人个人所得税

2. 某饮料生产企业为增值税一般纳税人，年末将本企业生产的一批饮料发放给职工作为福利。该饮料市场售价为12万元（不含增值税），增值税适用税率为17%，实际成本为10万元。假定不考虑其他因素，该企业应确认的应付职工薪酬为（ ）万元。

A. 10　　B. 11.7　　C. 12　　D. 14.04

3. 企业确认的辞退福利，应当记入的会记科目是（ ）。

A. 生产成本　　B. 制造费用　　C. 管理费用　　D. 财务费用

4. 企业在无形资产研究阶段发生的职工薪酬，最终应计入（ ）。

A. 无形资产的成本　　B. 当期损益

C. 存货成本或劳务成本　　D. 在建工程成本

5. 企业计提工会经费和职工教育经费的比例分别是（ ）。

A. 2%和1.5%　　B. 2.5%和1.5%　　C. 2%和2%　　D. 3%和2%

### 二、多选题

1. 下列各项中，应确认为应付职工薪酬的有（ ）。

A. 非货币性福利　　B. 社会保险费和辞退福利

C. 职工工资、福利费　　D. 工会经费和职工教育经费

2. 下列各项中，应作为职工薪酬计入相关资产成本的有（ ）。

A. 设备采购人员差旅费　　B. 公司总部管理人员的工资

C. 生产职工的伙食补贴　　D. 材料入库前挑选整理人员的工资

3. 应付职工薪酬分配一般应记入的科目有（ ）。

A. 生产成本　　B. 制造费用　　C. 管理费用　　D. 销售费用

4. 下列各项中，应作为应付职工薪酬核算的有（ ）。

A. 支付的工会经费　　B. 支付的职工教育经费

C. 为职工支付的住房公积金　　D. 为职工无偿提供的医疗保健服务

5. 应付职工薪酬的明细科目包括（ ）。

A. 职工福利　　B. 社会保险费　　C. 工资　　D. 住房公积金

## 三、判断题

1. 企业应付给因解除与职工的劳务关系给予的补偿不应通过“应付职工薪酬”科目核算。 (　　)

2. 企业为职工缴纳的基本养老保险金、补充养老保险费，以及为职工购买的商业养老保险，均属于企业提供的职工薪酬。 (　　)

3. 以自己生产的产品或外购商品作为福利时，按照产品或商品的成本和相关税费，根据收益对象计入成本和费用，确认应付职工薪酬。 (　　)

4. 企业职工的社会保险费、住房公积金不应通过“应付职工薪酬”科目核算。 (　　)

5. 将企业拥有的房屋无偿提供给职工使用的，应当根据受益对象，将该住房每期应计提的折旧计入相关资产成本或当期损益，借记“管理费用”、“生产成本”、“制造费用”等科目，贷记“累计折旧”科目。 (　　)

## 四、综合训练题

1. 练习职工工资的计算。

【资料】(1) 甲公司实行计时工资制，职工张力的月标准工资 2 940 元，本月请事假 4 天（其中 2 天为双休日），病假 3 天（其中 1 天为节日），工龄 8 年，病假扣发工资比例为 10%。

【要求】① 按月工作日 30 天计算张力的本月工资。

② 按月工作日 20.83 天计算张力的本月工资。

【资料】(2) 乙工厂实行计件工作制，职工孙建军本月加工甲零件 600 件，计件单价 5 元；加工乙零件 300 件，计件单价 6 元。验收时发现甲零件有 6 件废品，其中废料 4 件，工废 2 件；乙零件有废品 3 件，均为工废，其余为合格品。

【要求】计算孙建军本月应付计件工资。

2. 练习应付职工薪酬的核算。

【资料】滨海公司为家电生产企业，共有职工 310 人，其中生产工人 200 人，车间管理人员 15 人，行政管理人员 20 人，销售人员 15 人，在建工程人员 60 人。滨海公司适用的增值税税率为 17%。2011 年 12 月份发生如下经济业务。

(1) 本月应付职工工资总额为 380 万元，工资费用分配汇总表中列示的产品生产工人工资为 200 万元，车间管理人员工资为 30 万元，企业行政管理人员工资为 50 万元，销售人员工资 40 万元，在建工程人员工资 60 万元。

(2) 以其自己生产的某种电暖气发放给公司每名职工，每台电暖气的成本为 800 元，市场售价为每台 1 000 元。

(3) 为总部部门经理以上职工提供汽车免费使用，为副总裁以上高级管理人员每人租赁一套住房。滨海公司现有总部部门经理以上职工共 10 人，假定所提供汽车每月计提折旧 4 万元；现有副总裁以上职工 3 人，所提供住房每月的租金 2 万元。

(4) 用银行存款支付副总裁以上职工住房租金 2 万元。

(5) 结算本月应付职工工资总额 380 万元，代扣职工房租 10 万元，企业代垫职工家属医药费 2 万元，代扣个人所得税 20 万元，余款用银行存款支付。

(6) 上交个人所得税 20 万元。

(7) 下设的职工食堂维修领用原材料 5 万元，其购入时支付的增值税 0.85 万元。

【要求】编制上述业务的会计分录。

岗位六

# 纳税岗位

学习目标

- 了解纳税岗位的核算任务和业务流程。
- 掌握增值税的基本知识及会计处理方法。
- 掌握消费税的基本知识及会计处理方法。
- 掌握营业税的基本知识及会计处理方法。
- 了解城市维护建设税、资源税、房产税、车船使用税、土地使用税、教育印花税等税种的基本知识，掌握其简单业务的会计处理方法。

## 一、知识准备

### （一）纳税岗位核算任务

企业在一定时期内取得的营业收入和实现的利润或发生特定经营行为，要按照税法规定向国家交纳各种税金。现阶段，我国企业应交纳的各种税费主要包括增值税、消费税、营业税、城市维护建设税、资源税、所得税、土地增值税、房产税、车船使用税、土地使用税、教育费附加、矿产资源补偿费、印花税、耕地占用税等。企业一般都要设置纳税岗位，负责抄税、报税及有关纳税业务的核算工作，具体任务如下。

（1）负责增值税发票、普通发票、劳务发票等各种发票领购、保管，按规定及时登记发票领购簿。

（2）正确及时开具增值税发票、普通发票、劳务发票。对异地纳税要开出外出经营活动证明并做登记备查。

（3）严格对各种发票特别是增值税专用发票进行审核，及时进行发票认证。

（4）规范本地、异地各项涉税事项的核算、管理流程，对发现的问题及时反映。

（5）负责编制国税、地税需要的各种报表，每月按时进行纳税申报；用好税收政策，规避企业涉税风险，依法纳税；负责减免税、退税的申报。

（6）做好公司的统计工作，填报公司涉税的各种统计报表。

（7）负责主营业务税金及附加、应交税费等凭证填制及明细账登记、核对。

（8）负责记账凭证的及时装订，税务相关资料的装订存档。

（9）每月对纳税申报、税负情况进行综合分析，提出合理化建议。

（10）积极完成领导交办的其他工作。

## （二）纳税岗位业务流程

纳税岗位业务流程如图 7-1 所示。

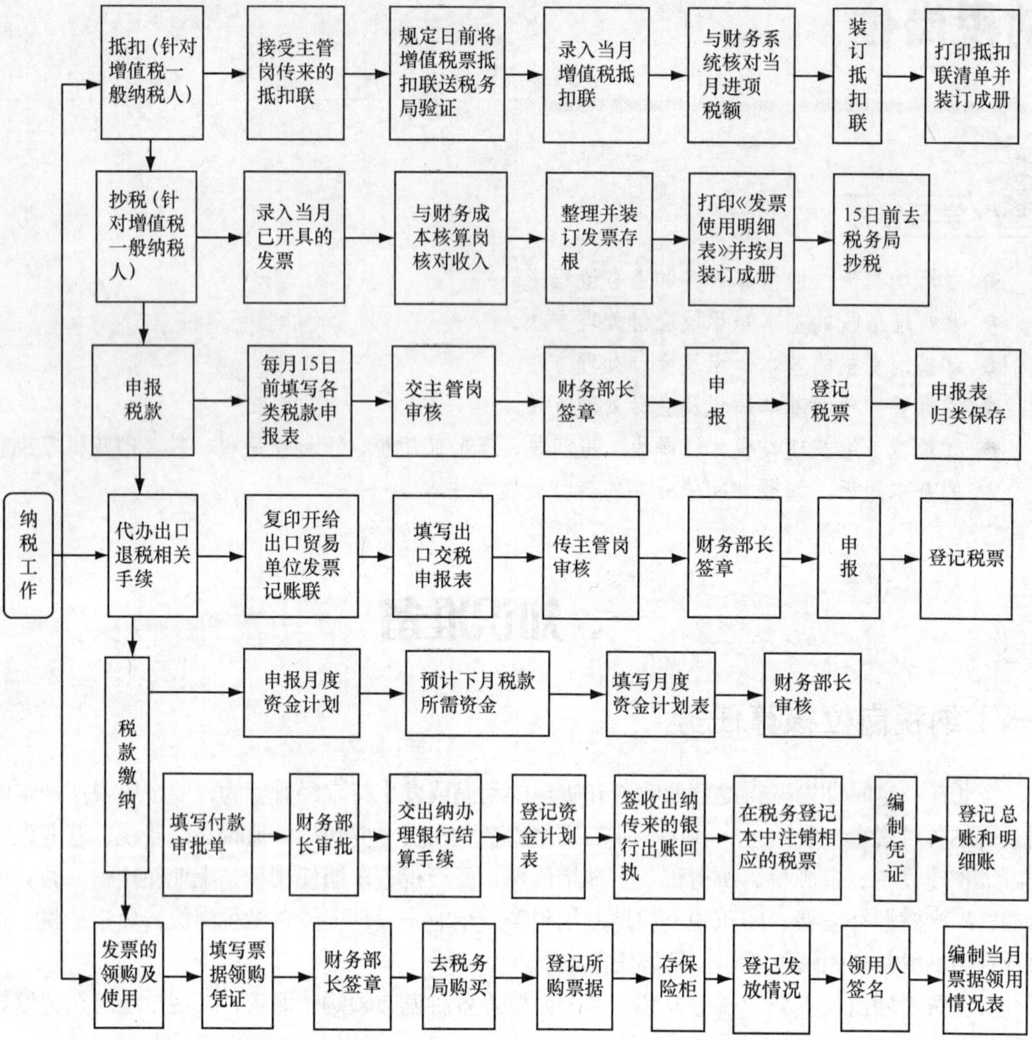


图 7-1 纳税岗位业务流程

# 二、应交增值税业务

## （一）增值税概述

1. 增值税的概念

增值税是指对我国境内销售货物、进口货物，或提供加工、修理修配劳务的增值额征收的一种流转税。

一般纳税人应纳增值税额，根据当期销项额减去当期进项额计算确定；小规模纳税人应纳增值税额，按照销售额和规定的征收率计算确定。依据允许抵扣已纳税款的扣除项目的大小，主要是对外购固定资产所含税金扣除方式的不同，增值税可以分为以下三种。

（1）生产型增值税。生产型增值税指在征收增值税时，只能扣除属于非固定资产项目的那部分生产资料的税款，不允许扣除固定资产价值中所含有的税款。该类型增值税的征税对象大体上相当于国民生产总值，因此称为生产型增值税。

（2）收入型增值税。收入型增值税指在征收增值税时，只允许扣除固定资产折旧部分所含的税款，未提折旧部分不得计入扣除项目金额。该类型增值税的征税对象大体上相当于国民收入，因此称为收入型增值税。

（3）消费型增值税。消费型增值税指在征收增值税时，允许将固定资产价值中所含的税款全部一次性扣除。这样，就整个社会而言，生产资料都排除在征税范围之外。该类型增值税的征税对象仅相当于社会消费资料的价值，因此称为消费型增值税。自2009年1月1日起，在全国所有地区、所有行业推行增值税转型改革。所谓增值税转型，是指将生产型增值税转为消费型增值税。不同类型增值税会计处理存在较大区别。

2011年11月16日，财政部和国家税务总局发布了经国务院同意的《营业税改征增值税试点方案》等文件，明确了中国营业税改征增值税改革的指导思想、基本原则和主要内容。从2012年1月1日起，我国在上海等部分地区进行了营业税改征增值税试点，从2012年8月1日起，试点范围由上海市分批扩大至北京、天津、江苏、浙江、安徽、福建、湖北、广东等省市。2013年将继续扩大试点地区，并选择部分行业在全国范围内试点。营业税改征增值税，就是将目前征收营业税的交通运输业、部分现代服务业等行业改为征收增值税，通过纳入增值税抵扣链条，消除重复征税，降低经营成本和企业税负。

### 2. 增值税纳税人的认定

增值税的纳税人是在我国境内销售货物、进口货物，或提供加工、修理修配劳务的单位和个人。按照纳税人的经营规模及会计核算的健全程度，增值税纳税人分为一般纳税人和小规模纳税人。

（1）一般纳税人。一般纳税人是指年应征增值税销售额超过财政部、国家税务总局规定的小规模纳税人标准的企业或企业性单位。但下列纳税人不属于一般纳税人。

① 年应征增值税销售额未超过小规模纳税人标准的企业。

② 个体工商户以外的其他个人。

③ 非企业性单位。

④ 不经常发生增值税应税行为的企业。

（2）小规模纳税人。增值税的小规模纳税人是指年销售额在规定标准以下，并且会计核算不健全，不能按照规定报送有关税务资料的增值税纳税人。所称的会计核算不健全是指不能正确核算增值税的销项税额、进项税额和应纳税额。小规模纳税人的认定标准如下。

① 生产货物或者提供应税劳务的纳税人，以及以生产货物或者提供应税劳务为主（即纳税人的货物生产或者提供应税劳务的年销售额占应税销售额的比重在50%以上）并兼营货物批发或者零售的纳税人，年应税销售额超过50万元的。

② 从事货物批发或者零售经营，年应税销售额超过80万元的。

### 3. 增值税的税率

（1）基本税率17%。对于增值税一般纳税人从事应税行为，除低税、免税率适用范围和销售个别旧货使用低税率等以外，一律适用17%的基本税率。

（2）低税率 13%。适用 13%低税率的列举货物如下。

① 粮食、食用植物油、鲜奶。

② 自来水、暖气、冷气、热水、煤气、石油液化气、天然气、沼气、居民用煤炭制品。

③ 图书、报纸、杂志。

④ 饲料、化肥、农药、农机、农膜。

⑤ 国务院及其有关部门规定的其他货物：农产品（初级）、音像制品、电子出版物、二甲醚。

（3）零税率。纳税人出口货物，税率为零，国务院另有规定的除外。

（4）征收率 3%。小规模纳税人的征收率统一为 3%。

（5）营业税改征增值税试点地区，在现行增值税 17%标准税率和 13%低税率的基础上，新增 11%和 6%两档低税率。租赁有形动产等适用 17%税率，交通运输业、建筑业等适用 11%税率，其他部分现代服务业适用 6%税率。

4. 增值税的纳税期限

纳税人销售货物或提供应税劳务以一个月为一期纳税的，自期满之日起 10 日内申报纳税；以 1 日、3 日、5 日、10 日或 15 日为一期纳税的，自期满之日起 5 日内预缴税款，次月 1 日起 10 日内申报纳税并结清上月应纳税款。纳税人进口货物的，自海关填发税款缴纳证的次日起 7 日内缴纳税款。纳税人出口适用零税率的货物，办理出口手续后，凭出口报关单等单证按月向税务机关申报办理该项出口货物的退税。

## （二）一般纳税企业的账务处理

1. 扣税和记账依据

按照《增值税暂行条例》规定，一般纳税企业购入货物或接受应税劳务支付的增值税（进项税额），以及企业购入的机器设备等生产经营用固定资产所支付的增值税（进项税额），按照税收法规规定可以从销售货物或提供应税劳务按规定收取的增值税（销项税额）中抵扣，但必须取得以下凭证。

（1）增值税专用发票。实行增值税后，增值税一般纳税企业销售货物或者提供应税劳务均应开具增值税专用发票。增值税专用发票记载了销售货物的售价、税率及税额等，购货方以增值税专用发票上记载的购入货物已支付的税额，作为扣税和记账的依据。

如果一般纳税企业购进货物或接受应税劳务未按规定取得并保存增值税扣税凭证，或者增值税扣税凭证上未按照规定注明增值税额及其他有关事项的，或者增值税扣税凭证上的项目之间逻辑关系有误的，其进项税额不得从销项税额中抵扣。

（2）完税凭证。企业进口货物必须交纳增值税，其交纳的增值税在完税凭证上注明。企业以完税凭证上注明的增值税额，作为扣税和记账的依据。

（3）收购凭证。一般纳税企业购进免税农产品，收购废旧物资，根据经主管税务机关批准使用的收购凭证上注明的买价和 13%的扣除率计算进项税额，按照计算出的进项税额作为扣税和记账的依据。

（4）运费结算单据。一般纳税企业外购货物所支付的运输费用，以及销售货物所支付的运输费用（代垫运费除外），根据经批准使用的运费结算单据所列运费金额和 7%的扣除率计算进项税额，按照计算出的进项税额作为扣税和记账的依据。但随同运费支付的装卸费、保险费等其他杂费不得计算扣除进项税额。

### 2. 账户设置

一般纳税企业应交的增值税，在“应交税金”科目下设“应交增值税”和“未交增值税”两个明细科目进行核算。

应交税费——应交增值税

| 借方 | 贷方 |
| --- | --- |
| ① 进项税额 | ① 销项税额 |
| ② 已交税金 | ② 进项税额转出 |
| ③ 转出的当月应交未交的增值税额 | ③ 出口退税 |
|  | ④ 转出的当月多交的增值税 |
| 尚未抵扣的增值税 |  |

应交税费——未交增值税

| 借方 | 贷方 |
| --- | --- |
| 月终转入的多交的增值税 | 月终转入的当月发生的应交未交增值税 |
| 反映多交的增值税 | 反映未交的增值税 |

为了详细核算企业应交纳增值税的计算和解缴、抵扣等情况，企业应在“应交增值税”明细科目下设置“进项税额”、“已交税额”、“减免税款”、“出口抵减内销产品应纳税款”、“转出未交增值税”、“销项税额”、“出口退税”、“进项税额转出”、“转出多交增值税”等专栏。

（1）“进项税额”专栏，记录企业购入货物或接受应税劳务而支付的、按规定准予从销项税额中抵扣的增值税额。企业购入货物或接受应税劳务支付的进项税额，用蓝字登记；退回所购货物应冲销的进项税额，用红字登记。

（2）“已交税金”专栏，记录企业本月已交纳的增值税额。企业本月已交纳的增值税额用蓝字登记；退回本月多交的增值税额用红字登记。

（3）“减免税款”专栏，记录企业按规定享受直接减免的增值税款。

（4）“出口抵减内销产品应纳税额”专栏，记录企业按规定的退税率计算的出口货物的进项税额，抵减内销产品的应纳税额。

（5）“转出未交增值税”专栏，记录企业月终转出应交未交的增值税。月终，企业转出当月发生的应交未交的增值税用蓝字登记。

（6）“销项税额”专栏，记录企业销售货物或者提供应税劳务应收取的增值税额。企业销售货物或提供应税劳务应收取的销项税额，用蓝字登记；退回销售货物应冲销的销项税额，用红字登记。

（7）“出口退税”专栏，记录企业出口适用零税率的货物，向海关办理报关出口手续后，凭出口报关单等有关凭证，向税务机关申报办理出口退税而收到退回的税款。出口货物退回的增值税额，用蓝字登记；出口货物办理退税后发生退货或者退关而补交已退的税款，用红字登记。

（8）“进项税额转出”专栏，记录企业购进货物、在产品、产成品等发生非正常损失及其他原因而不应从销项税额中抵扣，按规定转出的进项税额。

（9）“转出多交增值税”专栏，记录企业月终转出本月多交的增值税。月终，企业转出本月多交的增值税额用蓝字登记；收到退回本月多交的增值税额用红字登记。

### 3. 账务处理

（1）进项税额的账务处理。

① 一般购进货物的账务处理。企业购进商品物资、接受应税劳务等要进行增值税进项税额的核算。具体的账务处理是：按增值税专用发票上注明的增值税额，借记“应交税金——应交

增值税（进项税额）”科目，按发票上记载的应计入采购成本的金额，借记“材料采购”、“在途物资”、“库存商品”、“生产成本”、“管理费用”、“委托加工物资”等科目，按应付或实际支付的金额贷记“应付账款”、“应付票据”、“银行存款”等科目。购入物资发生退货时，作相反的会计处理。

**【做中学 7-1】** 宏洲公司 2012 年 6 月购入原材料一批，增值税专用发票上注明的原材料价款 500 万元，增值税税额为 85 万元，运输费为 10 万元。货款及运输费用银行存款支付，材料已验收入库。根据上述经济业务，应作如下会计分录（该公司原材料采用计划成本核算）：

进项税额=850 000+100 000×7%=857 000（元）

| | |
|---|---|
| 借：材料采购 | 5 093 000 |
| 　　应交税金——应交增值税（进项税额） | 857 000 |
| 　　贷：银行存款 | 5 950 000 |

② 购入免税农业产品的账务处理。购入免税农业产品时，以购进免税农业产品使用的经主管税务机关批准的收购凭证上注明的金额（买价），扣除按 13%计算的进项税额后，作为购进农业产品的成本，借记“材料采购”等科目，按买价的 13%部分作为进项税额，借记“应交税金——应交增值税（进项税额）”科目；按应付或实际支付的价款，贷记“现金”、“银行存款”等科目。

**【做中学 7-2】** 2012 年 6 月，大江集团向农业生产者收购农业产品用于深加工，支付的价款为 200 万元，有关会计分录如下（该集团原材料采用计划成本核算）：

进项税额=200×13%=26（万元）

| | |
|---|---|
| 借：原材料 | 1 740 000 |
| 　　应交税金——应交增值税（进项税额） | 260 000 |
| 　　贷：银行存款 | 2 000 000 |

③ 进货退回与进货折让的账务处理。企业购进货物后，由于各种原因，可能会发生全部退货、部分退货与进货折让等事项。对此，应分别不同情况，进行不同的账务处理。

企业进货后尚未入账就发生退货或折让的，无论货物是否入库，必须将取得的增值税专用发票的发票联和税款抵扣联退还给销售方注销或重新开具，不需作任何会计处理。

企业进货后已作会计处理，发生退货或索取折让时，若专用发票的发票联和抵扣联无法退还，企业必须向当地主管税务机关开具“进货退出或索取折让证明单”送交销售方，作为销售方开具红字专用发票的合法依据。企业收到销售方开来的红字专用发票时，按发票上注明的增值税额，红字借记“应交税金——应交增值税（进项税额）”科目，按发票上注明的价款，红字借记“原材料”等科目，按价税合计数红字贷记“银行存款”等科目。

④ 接受实物投资、捐赠的增值税账务处理。纳税人接受投资转入的物资，按增值税专用发票上注明的增值税额，借记“应交税金——应交增值税（进项税额）”科目，按照投资合同或协议约定价值确定固定资产价值（但投资合同或协议约定价值不公允的除外）和在注册资本中应享有的份额，借记“原材料”、“固定资产”等科目，按其在注册资本中所占的份额，贷记“实收资本”等科目，按其差额，贷记“资本公积”科目。具体见岗位七的相关学习内容。

纳税人接受捐赠转入的货物，若不能取得增值税专用发票（或海关开具的完税凭证），则不能计算进项税额，若取得上述扣税凭证，则按扣税凭证上注明的增值税额，借记“应交税金——应交增值税（进项税额）”科目，按确认的捐赠货物的价值，借记“原材料”等科目，按增值税税额与货物价值的合计数，贷记“营业外收入”科目。具体见岗位八的相关内容。

（2）销项税额的账务处理。

① 一般销售货物的账务处理。企业销售货物或提供应税劳务等要进行增值税销项税额的核算。具体的账务处理是：按实现的营业收入（不含增值税）和应交的增值税，借记“应收账款”、“应收票据”、“银行存款”等科目，按实现的营业收入贷记“主营业务收入”、“其他业务收入”等科目，按实现的营业收入和规定的税率计算出的增值税额，贷记“应交税金——应交增值税（销项税额）”科目。如果发生销货退回，则作相反的会计处理。

**【做中学 7-3】** 宏洲公司 2012 年 6 月当期销售产品的不含税收入为 1 100 万元，货款尚未收到。该产品的增值税税率为 17%，不交消费税。销售产品后，应交纳的增值税和会计处理如下：

销项税额 = 1 100 × 17% = 187（万元）

借：应收账款　12 870 000

　　贷：主营业务收入　11 000 000

　　　　应交税金——应交增值税（销项税额）　1 870 000

② 视同销售的会计处理。按照增值税暂行细则的规定，对于企业将自产、委托加工或购买的货物分配给股东或投资者；将自产、委托加工的货物用于集体福利或个人消费等行为，视同销售货物，需计算交纳增值税。

A. 将应税货物用于非应税项目或用于集体福利或个人消费。按视同销售计算出来的销项税额和货物的成本，借记“在建工程”、“应付职工薪酬”等科目；按计算出来的销项税额，贷记“应交税金——应交增值税（销项税额）”科目，按货物的成本，贷记“库存商品”等科目。具体见岗位四和岗位五的相关内容。

B. 企业将自产、委托加工或购买的货物无偿赠送他人，或用于广告、样品，也视同销售货物计算应交的增值税。账务处理和核算与上述基本相同，即不通过销售核算。捐赠支出作为营业外支出处理，用于广告、样品的作为销售费用列支。具体见模块八的相关内容。

**【做中学 7-4】** 宏达将自产的成本为 100 万元的货物通过红十字会无偿赠送给灾区，该货物的增值税税率为 17%，作会计分录如下：

捐赠货物应交增值税 = 100 × 17% = 17（万元）

借：营业外支出　1 170 000

　　贷：库存成品　1 000 000

　　　　应交税金——应交增值税（销项税额）　170 000

C. 将产品或货物分配给股东或投资者。企业将自产的产品或购买的货物分配给股东或投资者，也视同销售货物计算应交的增值税。

**【做中学 7-5】** 利源公司为食品生产企业，2012 年 7 月以自已生产的食品产品分配利润，产品成本为 80 万元，销售价格为 100 万元（不含税），该产品的增值税税率为 17%。作会计分录如下：

计算销项税额 = 100 × 17% = 17（万元）

a. 分配股利时：

　借：利润分配——应付现金股利或利润　1 170 000

　　　贷：应付股利　1 170 000

b. 月终结转分配股利，并提取应交增值税时：

借：应付股利　　1 170 000

　　贷：主营业务收入　　1 000 000

　　　　应交税金——应交增值税（销项税额）　　170 000

c. 月终结转成本时：

借：主营业务成本　　800 000

　　贷：库存成品　　800 000

**知识拓展**

**视同销售行为的具体规定**

根据《中华人民共和国增值税暂行条例实施细则》的规定，单位或者个体工商户的下列行为，视同销售货物。

（1）将货物交付他人代销。

（2）销售代销货物。

（3）设有两个以上机构并实行统一核算的纳税人，将货物从一个机构移送其他机构用于销售，但相关机构设在同一县（市）的除外。

（4）将自产或委托加工的货物用于非应税项目。

（5）将自产、委托加工或购买的货物作为投资，提供给其他单位或个体经营者。

（6）将自产、委托加工或购买的货物分配给股东或投资者。

（7）将自产、委托加工的货物用于集体福利或个人消费。

（8）将自产、委托加工或购买的货物无偿赠送他人。

③ 销货退回和销货折让与折扣的账务处理。具体见岗位八的相关内容。

A. 企业在收到购买方返回的原发票联和抵扣联时，可直接扣减当月销项税额。

B. 企业在仅收到购买方退回的税款抵扣联时，可根据按规定开具的红字专用发票扣减当期销项税额。

C. 企业未能收到前买方退回的原发票联和抵扣联时，应在取得购买方所在地主管税务机关开具的“进货退出或索取折让证明书”后，才可根据退回货物数量、价款或折让金额向买方开具红字专用发票，并据此扣减当期销项税额。

对发生的销售折扣，如果与销售额在同一张发票上分别注明的，可不计算销项税额；如将折扣额另开发票的，不得扣减销项税额。

（3）不予抵扣项目的账务处理。按照增值税条例及实施细则的规定，企业购进用于集体福利或个人消费的货物，用于非应税项目的购进货物或者应税劳务不予抵扣增值税的进项税额。对于规定不予抵扣的进项税额，在账务上采取如下方法。

① 购入货物时即能认定其进项税额不能抵扣的，购入货物直接用于免税项目，或者直接用于非应税项目，或者直接用于集体福利和个人消费的，其增值税额计入货物的成本。

② 购入货物时不能直接认定其进项税额能否抵扣的。购入货物时，其增值税专用发票上注明的增值税额，按照正常账务处理。这部分购入货物以后用于按规定不能抵扣进项税额的项目，应将原已计入进项税税额并已支付的增值税转入有关的科目，通过“应交税金——应交增值税（进项税额转出）”科目转入有关的“在建工程”、“应付职工薪酬”等科目。如无法准确划分不得抵扣的进项税额的，应按增值税有关法规规定的方法和公式进行计算。

【做中学 7-6】 海纳公司 2012 年 3 月购入一批木材，增值税专用发票上注明的增值税税额为 34 万元，材料价款为 200 万元。材料已入库，货款已经通过银行存款支付。5 月份，该企业将该批材料的一半用于工程项目。有关会计分录如下：

A. 材料入库时：

借：原材料　2 000 000

　　应交税金——应交增值税（进项税额）　340 000

　　贷：银行存款　2 340 000

B. 工程领用材料时：

借：在建工程　1 170 000

　　贷：应交税金——应交增值税（进项税额转出）　170 000

　　　　原材料　1 000 000

③ 购进的物资、在产品、产成品发生非正常损失的账务处理。具体参见岗位三的相关内容。

购进的物资、在产品、产成品发生非正常损失，其进项税额应相应转入有关科目，借记“待处理财产损溢”等科目，贷记“应交税金——应交增值税（进项税额转出）”。属于转作待处理财产损失的部分，应与遭受非正常损失的购进货物、在产品、产成品成本一并处理。

（4）出口货物增值税的账务处理。按照国际惯例，出口货物应以不含税价格进入国际市场，所以，我国规定，企业出口货物的增值税适用零税率，即出口货物不开具增值税专用发票，不收取增值税销项税额。但企业在国内采购这些货物或者为生产这些货物采购原材料时已支付了增值税进项税额，这些已支付的增值税进项税额由税务机关退还给企业。企业向海关办理报关出口手续后，凭出口报关等有关凭证，按月向税务机关申报办理该项出口货物的进项税额的退税。企业在收到出口货物退回的税款后，借记“银行存款”等科目，贷记“应交税金——应交增值税（出口退税）”科目。出口货物办理退税后发生的退货或退关补交的税款，作相反的会计分录。

（5）减免增值税的账务处理。企业按规定享受直接减免的增值税，应借记“应交税金——应交增值税（减免税款）”科目，贷记“营业外收入”科目；实际收到即征即退、先征后退的增值税，应借记“银行存款”科目，贷记“营业外收入”科目。具体参见岗位八的相关内容。

（6）上交增值税的账务处理。企业按规定期限申报缴纳的增值税，在收到银行退回的税收缴款书后，借记“应交税金——应交增值税（已交税金）”科目，贷记“银行存款”科目。

当期应纳税额=（当期销项税额+当期进项税额转出+当期出口退税发生额）-（上期留抵税额+当期发生的允许抵扣的进项税额）

【做中学 7-7】 海纳公司 2012 年 8 月发生销项税额合计 94 700 元，进项税额转出 24 578 元，进项税额 20 400 元，根据公司货币资金情况，以银行存款缴纳增值税 70 000 元。

本月应纳增值税 = 94 770 + 4 578 − 20 400 = 98 948（元）

本月发生的应交未交增值税 = 98 948 − 70 000 = 28 948（元）。

借：应交税费——应交增值税（已交税金）　70 000

　　贷：银行存款　70 000

（7）月终未交和多交增值税的结转。为了分别反映增值税一般纳税人欠交增值税款和待抵扣增值税的情况，确保企业及时足额上交增值税，避免出现企业用以前月份欠交增值税抵扣以后月份未抵扣的增值税的情况，企业应在“应交税费”科目下设置“未交增值税”明细科目。月份终了，企业计算出当月发生的应交未交增值税额，借记“应交税金——应交增值税（转出未交增值税)”科目，贷记“应交税金——未交增值税”科目；或将当月多交的增值税额，借记“应交税金——未交增值税”科目，贷记“应交税金——应交增值税(转出多交增值税)”科目。

值得注意的是，企业当月交纳当月的增值税，仍然通过“应交税费——应交增值税(已交税金)”科目核算；当月交纳以前各期未交的增值税，通过“应交税费——未交增值税”科目核算，不通过“应交税费——应交增值税(已交税金)”科目核算。

**【做中学 7-8】** 沿用【做中学 7-7】的资料。本月发生的应交未交增值税转入未交增值税明细科目。

借：应交税费——应交增值税(转出未交增值税)　　28 948

　　贷：应交税费——未交增值税　　28 948

## (三)小规模纳税企业的账务处理

小规模纳税企业应当按照不含税销售额和规定的增值税征收率计算交纳增值税，销售货物或提供应税劳务时只能开具普通发票，不能开具增值税专用发票。小规模纳税企业不享有进项税额的抵扣权，其购进货物或接受应税劳务支付的增值税直接计入有关货物或劳务的成本。因此，小规模纳税企业只需在“应交税费”科目下设置“应交增值税”明细科目，不需要在“应交增值税”明细科目中设置专栏。

| 借方　　应交税费——应交增值税 | 贷方 |
| --- | --- |
| 已缴纳的增值税 | 应缴纳的增值税 |
| 期末借方余额为多交的增值税 | 期末贷方余额为尚未缴纳的增值税 |

1. 小规模纳税企业购进货物的账务处理

小规模纳税企业购进货物和接受应税劳务时支付的增值税，直接计入有关货物和劳务的成本，借记“材料采购”、“在途物资”、“原材料”等科目，贷记“银行存款”等科目。

**【做中学 7-9】** 俊昌公司为小规模纳税人，2012 年 8 月购入材料一批，取得的增值税专用发票中注明货款 30 000 元，增值税 5 100 元，款项以银行存款支付，材料已验收入库(该公司按实际成本计价核算)。有关会计分录如下：

借：原材料　　35 100

　　贷：银行存款　　35 100

企业购入材料如果不能取得增值税专用发票的，比照小规模纳税企业进行处理，发生的增值税计入材料采购成本，借记“材料采购”、“在途物资”等科目，贷记“银行存款”等科目。

2. 小规模纳税企业销售货物的账务处理

**【做中学 7-10】** 俊昌公司为小规模纳税人，2012 年 8 月销售产品一批，所开出的普通发票中注明的货款(含税)为 51 500 元，增值税征收率为 3%，款项已存入银行。该企业的有关会计分录如下：

不含税销售额=含税销售额÷(1+征收率)=51 500÷(1+3%)=50 000(元)

应纳增值税=不含税销售额×征收率=50 000×3%=1 500(元)

借：银行存款　　51 500

　　贷：主营业务收入　　50 000

　　　　应交税费——应交增值税　　1 500

【做中学 7-11】　承【做中学 7-10】的资料。俊昌公司 9 月初以银行存款上交增值税 1 500 元。有关会计处理如下：

借：应交税费——应交增值税　　1 500

　　贷：银行存款　　1 500

**知识拓展**

### 增值税纳税人身份筹划思路

纳税人可根据自己的具体情况，在设立、变更时，通过正确选择增值税纳税人的身份，达到一定的避税目的。

1. 无差别平衡点增值率判别法

从两类增值税纳税人的计税原理看，一般纳税人的增值税计算是以增值额为计税基础，而小规模纳税人的增值税计算是以全部不含税收入为计税基础。在销售价格相同的情况下，税负的高低取决于增值率的大小。一般来说，对于增值率高的企业，适宜作为小规模纳税人；反之，适宜作为一般纳税人。当增值率达到某一数值时，两类纳税人的税负相同，这一数值称为无差别平衡点增值率，其计算公式如下。

进项税额 = 销售额 ×（1 - 增值率）× 增值税税率

增值率 =（销售额 - 可抵扣购进项目金额）÷ 销售额

或　　增值率 =（销项税额 - 进项税额）÷ 销项税额

假设一般纳税人销售货物及购进货物的增值税税率均为 17%，小规模纳税人的征收率为 3%，则有

一般纳税人应纳税额 = 销项税额 - 进项税额

= 销售额 × 17% - 销售额 × 17% ×（1 - 增值率）= 销售额 × 17% × 增值率

小规模纳税人应纳税额 = 销售额 × 3%

当两者税负相等时，其增值率则为无差别平衡点增值率，即

销售额 × 17% × 增值率=销售额 × 3%

增值率 = 3% ÷ 17%=17.65%

（注：销售额与购进项目金额均为不含税金额）

以上计算分析为，当增值率为 17.65%时，两者税负相同；当增值率低于 17.65%时，小规模纳税人的税负重于一般纳税人，适宜选择作一般纳税人；当增值率高于 17.65%时，则一般纳税人税负重于小规模纳税人，适宜选择作小规模纳税人。

2. 无差别平衡点抵扣率判别法

在税收实务中，一般纳税人税负高低取决于可抵扣的进项税额的多少。通常情况下，若可抵扣的进项税额较多，则适宜作一般纳税人，反之则适宜作小规模纳税人。当抵扣额占销售额的比重达某一数值时，两种纳税人的税负相等，称为无差别平衡点抵扣率。其计算公式如下。

进项税额 = 可抵扣购进项目金额 × 增值税税率

增值率 =（销售额 - 可抵扣购进项目金额）÷ 销售额

= 1 - 可抵扣购进项目金额 ÷ 销售额　= 1 - 抵扣率

又有：

一般纳税人应纳税额＝销项税额－进项税额

＝销售额×增值税税率－销售额×增值税税率×（1－增值率）＝销售额×增值税税率×增值率＝销售额×增值税税率×（1－抵扣率）

小规模纳税人应纳税额＝销售额×征收率

当两者税负相等时，其抵扣率则为无差别平衡点抵扣率。

销售额×增值税税率×（1－抵扣率）＝销售额×征收率

抵扣率＝1－征收率÷增值税税率=1－3%÷17%＝82.35%

（注：销售额与购进项目金额均为不含税金额）

这就是说，当抵扣率为82.35%时，两种纳税人税负完全相同；当抵扣率高于82.35%时，一般纳税人税负轻于小规模纳税人，适宜选择作一般纳税人；当抵扣率低于82.35%时，则一般纳税人税负重于小规模纳税人，适宜选择作小规模纳税人。

# 三、应交消费税业务

## （一）消费税概述

1. 消费税的概念

消费税是指在我国境内生产、委托加工和进口应税消费品的单位和个人，按其流转额交纳的一种税。我国消费税是在征收增值税的基础上再选择一部分消费品征收，属于特别消费税。消费税是一种价内税。

2. 消费税的征收范围

我国消费税在征收范围上根据产业政策与消费政策仅选择部分消费品征税，而不是对所有消费品都征消费税，而且今后随着产业政策的调整，也需要不断地调整征税范围。现阶段，我国消费税共设置14个税目，大体可分为以下五种类型。

（1）过度消费会对人类健康、社会秩序、生态环境等方面造成危害的特殊消费品。如烟、酒及酒精、鞭炮焰火等。

（2）奢侈品，非生活必需品。如贵重首饰和珠宝玉石、化妆品、高尔夫球及球具、高档手表、游艇等。

（3）高能耗及高档消费品。如小汽车、摩托车等。

（4）不可再生和替代的稀缺性消费品。如成品油、木制一次性筷子、实木地板等。

（5）税基宽广、消费普遍、征税后不会影响居民基本生活，并具有一定财政意义的消费品。如汽车轮胎等。

3. 消费税的征收环节

为了加强源泉控制，防止税款流失，消费税的纳税环节主要确定在产制环节或进口环节，也就是说，应税消费品在生产环节或进口环节征税之后，除个别消费品的纳税环节为零售环节外，再继续转销该消费品不再征收消费税。但无论在哪个环节征税，都实行单一环节征收，以零售环节为纳税环节的应税消费品，在零售环节以前的诸环节都不征收消费税。生产应税消费品主要在销售环节征税；委托加工应税消费品，由受托方在向委托方交货时代收代缴消费税；进口应税消费品在进口环节缴纳消费税；金银首饰消费税在零售环节征收。

4. 消费税的计税方法

我国消费税采用比例税率和定额税率两种形式，应纳税额的计算方式有三种：从价定率方法、从量定额方法、从价定率和从量定额复合计税方法。

（1）从价定率方法。采取从价定率方法征收的消费税，以不含增值税的销售额为税基，按照税法规定的税率计算。企业的销售收入包含增值税的；或者因不能开具增值税专用发票而发生价款和增值税税款合并收取的，在计算消费税时应将其换算为不含增值税的销售额。

应税消费品的销售额＝含增值税的销售额÷（1＋增值税税率或征收率）

应纳税额＝应税消费品的销售额×比例税率

（2）从量定额方法。采取从量定额方法征收的消费税，根据按税法确定的企业应税消费品的数量和单位应税消费品应缴纳的消费税计算确定。

实行从量定额办法计征的应纳税额的销售数量是指应税消费税的数量；属于销售应税消费品的，为应税消费品的销售数量；属于自产自用应税消费品的，为应税消费品的移送使用数量；属于委托加工应税消费品的，为纳税人收回的应税消费品数量；进口的应税消费，为海关核定的应税消费品进口征税数量。

应纳税额＝应税消费品的销售数量×定额税率

（3）从价定率和从量定额复合计税方法。在现行消费税的征税范围中，只有卷烟、粮食白酒、薯类白酒采用复合计征方法。应纳税额等于应税销售数量乘以定额税率再加上应税销售额乘以比例税率。

应纳税额＝应税消费品的销售数量×定额税率+应税消费品的销售额×比例税率

## （二）应交消费税的账务处理

1. 账户设置

（1）企业应在“应交税费”科目下设置“应交消费税”明细科目，核算应交消费税的发生、缴纳情况。

借方　　应交税费——应交消费税　　贷方

| 借方 | 贷方 |
|---|---|
| 实际缴纳的消费税额 | 按规定应缴纳的消费税额 |
| 表示多交的消费税 | 尚未缴纳的消费税 |

（2）企业还应设置“营业税金及附加”账户，该账户属损益类账户，核算企业日常经营活动应负担的税金及附加，包括消费税、营业税、城市维护建设税、资源税、土地增值税和教育费附加等（不包括增值税）。

借方　　营业税金及附加　　贷方

| 借方 | 贷方 |
|---|---|
| 按规定计算缴纳的税金及附加 | 期末转入“本年利润”的数额 |
| 结转后本科目应无余额 | |

2. 账务处理

（1）对外销售自制应税消费品的账务处理。企业对外销售自制应税消费品应交的消费税，在销售实现时，应当按应交消费税税额，借记“营业税金及附加”科目，贷记“应交税费——应交消费税”科目。同时还需做与销售收入与增值税有关的账务处理。

【做中学 7-12】 靓丽达公司是一化妆品生产企业，为增值税一般纳税人。2012 年 8 月 10 日向某大型商场销售化妆品一批，开具增值税专用发票，取得不含增值税销售额 50 万元，增值税税额 8.5 万元；8 月 21 日向某单位销售化妆品一批，开具普通发票，取得含增值税销售额 4.68 万元。两批货款均已收到存入银行。计算本月应缴纳的消费税额，做会计分录如下。

① 计算本月应缴纳的消费税额和增值税额（化妆品适用的消费税税率 30%）。

本月应税销售额=50+4.68 ÷（1+17%）=54（万元）

本月应缴纳的消费税额=54 × 30%=16.2（万元）

增值税销项税额=8.5+4.68 ÷（1+17%）× 17%=9.18（万元）

② 有关会计分录如下：

| | 借方 | 贷方 |
|---|---|---|
| 借：银行存款 | 631 800 | |
| 　贷：应交税费——应交增值税（销项税额） | | 91 800 |
| 　　主营业务收入 | | 540 000 |
| 借：营业税金及附加 | 162 000 | |
| 　贷：应交税费——应交消费税 | | 162 000 |

（2）自产自用应税消费品的账务处理。税法规定的自产自用应税消费品的账务处理有两种情况。

① 不确认收入，只按成本结转，如企业将生产、委托加工的应税消费品用于在建工程等非应税项目。

【做中学 7-13】 2012 年 8 月，力源公司在建工程领用自产柴油 5 000 升，成本 25 000 元，按市场价计算的应缴纳增值税 2 275 元。计算本月应缴纳的消费税额，做会计分录如下。

A. 计算本月应缴纳的消费税额（柴油适用的消费税定额税率为 0.8 元/升）：

应缴纳的消费税额=5 000 × 0.8=4 000（元）

B. 有关会计分录如下：

| | 借方 | 贷方 |
|---|---|---|
| 借：在建工程 | 31 275 | |
| 　贷：库存商品 | | 25 000 |
| 　　应交税费——应交增值税（销项税额） | | 2 275 |
| 　　　　——应交消费税 | | 4 000 |

② 确认收入，如企业将生产、委托加工的应税消费品，用于对外投资、捐赠，分配给股东，发放集体福利，本单位个人消费等。

【做中学 7-14】 宏源公司是一家白酒生产企业，为增值税一般纳税人。2012 年 9 月，其下设的职工招待所受公司提供的补贴，本月领用自产粮食白酒 2 000 升，该白酒成本 60 元/升，市场价格 100 元/升（不含增值税），增值税税率为 17%。计算应缴纳的消费税额，做会计分录如下。

A. 计算应缴纳的消费税额（白酒适用的消费税比例税率为 20%，定额税率每 500 毫升 0.5 元）：

应缴纳的消费税税额=2 000 × 100 × 20%+（2 000 000 ÷ 500）× 0.5=42 000（元）

B. 有关会计分录如下：

应记入“应付职工薪酬——非货币性福利”科目的金额=2 000 × 100 ×（1+17%）+42 000=276 000（元）。

| | 借方 | 贷方 |
|---|---|---|
| 借：管理费用 | 276 000 | |

　　贷：应付职工薪酬——非货币性福利　276 000

借：应付职工薪酬——非货币性福利　276 000

　　贷：主营业务收入　200 000

　　　　应交税费——应交增值税（销项税额）　34 000

　　　　　　　　——应交消费税　42 000

借：主营业务成本　120 000

　　贷：库存商品　120 000

（3）委托加工应税消费品的账务处理。委托加工的应税消费品，是指由委托方提供原料和主要材料，受托方只收取加工费和代垫部分辅助材料加工的应税消费品，对于由受托方提供原材料生产的应税消费品，或者受托方先将原材料卖给委托方，然后再接受加工的应税消费品，以及由受托方以委托方的名义购进原材料生产的应税消费品，都不作为委托加工应税消费品，而应当按照销售自制应税消费品交纳消费税。委托加工的应税消费品，委托方用于连续生产应税消费品的，所纳税款准予按规定抵扣；委托加工的应税消费品直接出售的，不再征收消费税。

企业如有应交消费税的委托加工物资，一般应由受托方在向委托方交货时代扣代缴税款，受托方按照应交税款金额，借记"应收账款"、"银行存款"等科目，贷记"应交税费——应交消费税"科目。受托加工或翻新改制金银首饰按照规定由受托方交纳消费税。

委托加工物资收回后，直接用于销售的，应将受托方代收代交的消费税计入委托加工物资的成本，借记"委托加工物资"等科目，贷记"应付账款"、"银行存款"等科目；委托加工物资收回后用于连续生产应税消费品的，按规定准予抵扣的，应按已由受托方代收代交的消费税，借记"应交税费——应交消费税"科目，贷记"应付账款"、"银行存款"等科目。

**【做中学 7-15】** 利达公司委托甲企业代为加工一批应交消费税的材料（非金银首饰）。利达公司的材料成本为 100 000 元，加工费为 20 000 元，由甲企业代收代交的消费税为 8 000 元（不考虑增值税），材料已经加工完成，并由利达公司收回验收入库，加工费尚未支付。利达公司采用实际成本法进行原材料的核算。

① 如果利达公司收回的委托加工物资用于继续生产应税消费品，利达公司的有关会计分录如下：

借：委托加工物资　100 000

　　贷：原材料　100 000

借：委托加工物资　20 000

　　应交税费——应交消费税　8 000

　　贷：应付账款　28 000

借：原材料　120 000

　　贷：委托加工物资　120 000

② 如果利达公司收回的委托加工物资直接用于对外销售，利达公司的有关会计分录如下：

借：委托加工物资　100 000

　　贷：原材料　100 000

借：委托加工物资　28 000

　　贷：应付账款　28 000

借：原材料　128 000

　　贷：委托加工物资　128 000

③ 甲企业对应收取的受托加工代收代交消费税的会计分录如下:

借: 应收账款　　8 000

　贷: 应交税费——应交消费税　　8 000

(4)进口应税消费品的账务处理。企业进口应税物资在进口环节应交的消费税，计入该项物资的成本，借记“材料采购”、“原材料”、“固定资产”等科目，贷记“银行存款”科目。

**【做中学 7-16】** 力源公司从国外进口一批需要交纳消费税的原材料，材料价值 800 000 元，进口环节需要交纳的消费税为 12 000 元(不考虑增值税)，采购的材料已经验收入库，货款尚未支付，税款已经用银行存款支付。有关会计分录如下:

借: 原材料　　812 000

　贷: 应付账款　　800 000

　　银行存款　　12 000

**知识拓展**

**消费税纳税筹划思路**

1. 在做投资决策的初期应考虑国家对消费税的改革方向

企业在选择投资方向时要考虑国家对消费税的改革方向及发展趋势，注意从源头上节税。

2. 企业利用独立核算的销售机构节税

大部分消费税是单环节征税，主要在生产环节征税。生产应税消费品的企业如果以较低的但又不违反公平交易的销售价格将应税消费品销售给独立核算部门则可以降低销售额，以较低的计税依据计算出来的应纳消费税税额也较低；而独立核算的销售部门由于处在销售环节，则不交消费税只交增值税。这样可以起到节税的作用。

3. 利用纳税临界点节税

利用纳税临界点节税的关键是必须要遵守企业整体收益最大化的原则。也就是说，在筹划纳税方案时，不应过分地强调某一环节收益的增加，而忽略了因该方案的实施所带来其他费用的增加或收益的减少，使纳税人的绝对收益减少。

例如，我国税法规定：甲类卷烟，即每标准条(200 支)对外调拨价在 70 元(含 70 元，不含增值税)以上的，比例税率 56%加定额税率 0.003 元/支；乙类卷烟，即每标准条(200 支)对外调拨价在 70 元(不含增值税)以下的，比例税率为 36%加定额税率 0.003 元/支。

(1)假设某卷烟厂每标准条卷烟对外调拨价为 68 元，现销售一标准箱(250 条)，其成本为 8 500 元。企业所得税税率为 25%，城建税和教育费附加忽略不计。

则此时企业应缴纳的消费税 = 250 × 10 × 20 × 0.003 + 68 × 250 × 36% = 6 270(元)

企业税后利润 × (68×250 − 8 500 − 6 270) × (1 − 25%) = 1 672.5(元)

(2)假设该卷烟厂产品供不应求，厂家决定将每标准条卷烟价格提高至 76 元，其他均不变。

则此时企业应缴纳的消费税=150 + 76 × 250 × 56% = 10 790(元)

企业税后利润 × (76 × 250 − 8 500 − 10 790) × (1 − 25%) = − 217.5(元)

在此例中，卷烟每标准条卷烟的价格从 68 元提高至 76 元后，从表面上看销售收入增加了 2 000 元(76 × 250 − 68 × 250 = 2 000)，但由于提升后的价格超过了临界点(70 元)，计算消费税时的税率也随着计税依据的提高而相应地提高，使得卷烟整体税后利润不仅没有上升，反而下降，以致达到了负值。

# 四、应交营业税业务

## （一）营业税概述

1. 营业税的概念

营业税是对在我国境内提供应税劳务、转让无形资产或销售不动产的单位和个人征收的流转税。

2. 营业税的征收范围

应税劳务是指属于交通运输业、建筑业、金融保险业、邮电通信业、文化体育业、娱乐业、服务业税目征收范围的劳务，不包括加工、修理修配等劳务；转让无形资产，是指转让无形资产的所有权或使用权的行为；销售不动产，是指有偿转让不动产的所有权，转让不动产的有限产权或永久使用权，以及单位将不动产无偿赠与他人等视同销售不动产的行为。

3. 营业税应纳税额的计算

营业税以营业额作为计税依据。营业额是指纳税人提供应税劳务、转让无形资产和销售不动产而向对方收取的全部价款和价外费用。价外费用包括向对方收取的手续费、基金、集资费、代收款项、代垫款项及其他各种性质的价外收费。比例税率从3%到20%不等。

应纳税额=营业额×税率

营业税的纳税期限分别为5日、10日、15日、1个月或者1个季度。纳税人的具体纳税期限，由主管税务机关根据纳税人应纳税额的大小分别核定；不能按照固定期限纳税的，可以按次纳税。

## （二）应交营业税的账务处理

企业应在“应交税费”科目下设置“应交营业税”明细科目，核算应交营业税的发生、交纳情况。该科目贷方登记应交纳的营业税，借方登记已交纳的营业税，期末贷方余额为尚未交纳的营业税。

1. 从事应税劳务相关的营业税的账务处理

企业按照营业额及其适用的税率，计算应交的营业税，借记“营业税金及附加”科目，贷记“应交税费——应交营业税”科目。

**【做中学7-17】** 山水旅游公司2012年7月取得旅游经营收入200万元，支付其他旅游企业接团费15万元，替旅游者支付餐费20万元、宿费25万元、门票费20万元、交通费60万元，为旅游购买赠品支付5万元。有关营业税应纳税额的计算与会计分录如下：

该公司计税营业额=全部收入-税法规定允许扣除的项目

=200－（15+20+25+20+60）=60（万元）

营业税应纳税额=计税营业额×适用税率 =60×5%=3（万元）

借：营业税金及附加　　30 000

　　贷：应交税费——应交营业税　　30 000

2. 销售不动产相关的营业税的账务处理

企业出售不动产时，计算应交的营业税，借记“固定资产清理”等科目，贷记“应交税费——应交营业税”科目；实际交纳营业税时，借记“应交税费——应交营业税”科目，贷记“银行存款”科目。

【做中学 7-18】 宏洲公司出售一栋办公楼，出售收入 320 000 元已存入银行。该办楼的账面原价为 400 000 元，已提折旧 100 000 元，未曾计提减值准备；出售过程用银行存款支付清理费用 5 000 元。销售该项固定资产适用的营业税税率为 5%。有关会计处理如下。

① 该固定资产转入清理时：

借：固定资产清理　　300 000

　　累计折旧　　100 000

　　贷：固定资产　　400 000

② 收到出售收入 320 000 元时：

借：银行存款　　320 000

　　贷：固定资产清理　　320 000

③ 支付清理费用 5 000 元时：

借：固定资产清理　　5 000

　　贷：银行存款　　5 000

④ 计算应交营业税。

应交营业税=320 000 × 5%=16 000（元）

借：固定资产清理　　16 000

　　贷：应交税费——应交营业税　　16 000

⑤ 结转销售该固定资产的净损失。

借：营业外支出　　1 000

　　贷：固定资产清理　　1 000

3. 出租或出售无形资产相关营业税的账务处理

在会计核算时，出租无形资产应交纳的营业税应通过“营业税金及附加”科目核算；出售无形资产应交纳的营业税通过“营业外收入”或“营业外支出”科目核算。具体岗位四的相关内容。

**知识拓展**

### 营业税纳税筹划技巧三例

1. 拆分企业组织形式

2012 年 3 月，某歌舞厅取得的营业收入为 45 万元，其中有 25 万元是出售烟、酒和小食品所取得的收入，即商品销售收入；另外 20 万元属于娱乐收入。假设该歌舞厅适用的营业税税率为 20%，此时，商品销售收入也一并按照“娱乐业”缴纳营业税，则其应缴纳营业税 = 45×20% = 9（万元）。

筹划思路：对于适用营业税较高税率的娱乐业，要达到节税的目的，可以把烟、酒和其他食品等销售业务分离出去，注册成立一家商业企业，专门经营烟、酒和其他食品等业务。由于经营商品的进销差价很大，可以把这个商业企业注册成增值税小规模纳税人。这样歌舞厅的应纳税额就分成了两部分，商品销售部分按 3%的增值税税率交纳增值税，娱乐收入部分按“娱乐业”20%的税率交纳营业税。

筹划方案：该歌舞厅另外注册成立一家商业企业，为增值税小规模纳税人，专门经营烟、酒和其他食品等业务。筹划后，该歌舞厅应交营业税 = 20×20% = 4（万元）；该商业企业应交纳增值税 = 25÷（1 + 3%）×3% = 0.728（万元），共可少交纳税款 4.272 万元（9 − 4 − 0.728）。

2. 分解营业额

2012 年 4 月，某展览公司在市展览馆举办产品推销会，参展的客户共有 400 家，共取得营业收入3 500万元，取得收入后，要向展览馆支付租金等费用1 500万元。该展览公司取得的收入属于中介服务收入，应按“服务业”税目计算交纳营业税，其应交纳营业税＝3 500×5%＝175（万元）。

筹划方案：该展览公司在发出办展通知时，可以规定参展的客户分别交费，其中2 000万元服务收入汇到展览公司，由展览公司给客户开具发票，另外1 500万元直接汇给展览馆，由展览馆给客户开具发票。由于改变收款模式可能会给展览馆增加收款工作量，双方可以对此洽谈回报方式。

筹划后，1 500万元营业额经过形式上的转换不需要交纳营业税，该展览公司只需就取得的提供服务的收入2 000万元缴税，其应交纳营业税＝2 000×5%＝100（万元）。可见，该展览公司通过将营业额进行分解，在保证双方收入不变、客户和展览馆的税负不变的前提条件下，少交纳营业税75万元。

因此，对某些要支付租金的营业活动，可以通过分解应税营业额，或者减少纳税环节，达到合法节约税收之效。

3. 改变收入性质

某宾馆将其所属的一栋饭店出租，该饭店的房产原值为500万元。职工李某经过竞标，以年租金50万元获得6年的承租权。根据双方事先约定，李某在财务上独立核算，享有独立的生产经营权。针对出租饭店这项业务，该宾馆每年应交纳的税款如下：应交纳营业税＝50×5%＝2.5（万元）；应交纳城建税和教育费附加＝［2.5×（7%＋3%）］＝0.25（万元）；应交纳房产税＝50×12%＝6（万元）；该宾馆共应交纳税款＝2.5＋0.25＋6＝8.75（万元）。

筹划方案：该宾馆可以要求李某既不办理独立营业执照，亦不办理税务登记证，同时也不签订租赁合同，每年按时把原来的“上交租金”改为“上交管理费”，把饭店视作该宾馆的内设机构，即仍以宾馆的名义对外经营饭店，那么宾馆收取李某房屋租金部分的房产税、营业税及其附加就可以免除，只负担房产原值部分的房产税，而此时房产税也以“管理费”形式上交给宾馆，这样宾馆承担的税负就大大降低了。

# 五、其他应交税费业务

## （一）应交资源税

1. 资源税概述

资源税是对在我国境内开采矿产品或者生产盐的单位和个人征收的税。资源税按照应税产品的课税数量和规定的单位税额计算。开采或生产应税产品对外销售的，以销售数量为课税数量；开采或生产应税产品自用的，以自用数量为课税数量。

$$应纳资源税税额＝课税数量\times单位税额$$

2. 账务处理

企业按规定应交的资源税，在“应交税费”科目下设置“应交资源税”明细科门核算。“应交资源税”明细科目的借方发生额反映企业已交的或按规定允许抵扣的资源税；贷方发生额反映应交的资源税；期末借方余额反映多交或尚未抵扣的资源税；期末贷方余额反映尚未交纳的资源税。

（1）外销产品资源税的账务处理。对外销售应税产品应交纳的资源税应记入“营业税金及附加”科目，借记“营业税金及附加”科目，贷记“应交税费——应交资源税”科目。

**【做中学7-19】** 利鑫盐业公司属北方盐场，2012年8月外销售海盐3 000吨，每吨应交资

源税 15 元。该企业的有关会计分录如下:

企业对外销售应税产品而应交的资源税 = 3 000 × 15 = 45 000（元）

借：营业税金及附加 45 000

　　贷：应交税费——应交资源税 45 000

（2）自产自用产品资源税的账务处理。自产自用应税产品应交纳的资源税应记入“生产成本”、“制造费用”等科目，借记“生产成本”、“制造费用”等科目，贷记“应交税费——应交资源税”科目。

**【做中学 7-20】** 2012 年 8 月，利鑫盐业公司将自产的海盐 500 吨用于企业的产品深加工，每吨应交资源税 15 元。该企业的有关会计分录如下:

自产自用应税矿产品而应交纳的资源税 = 500 × 15 = 7 500（元）

借：生产成本 7 500

　　贷：应交税费——应交资源税 7 500

## （二）应交城市维护建设税

1. 城市维护建设税概述

城市维护建设税是以增值税、消费税、营业税为计税依据征收的一种税。其纳税人为交纳增值税、消费税、营业税的单位和个人；税率因纳税人所在地不同从 1% 到 7% 不等：市区 7%，县城和镇 5%，纳税人不在市区、县城和镇 1%，大中型工矿企业所在地不在城市市区、县城、建制镇的，税率为 5%。

应纳税额 =（应交增值税 + 应交消费税 + 应交营业税）× 适用税率

2. 账务处理

企业按规定应交的城市维护建设税，在“应交税费”科目下设置“应交城市维护建设税”明细科目核算。企业应交的城市维护建设税，借记“营业税金及附加”等科目，贷记“应交税费——应交城市维护建设税”科目。

**【做中学 7-21】** 兴达公司 2012 年 8 月实际应上交增值税 800 000 元，消费税 250 000 元，营业税 150 000 元。该企业适用的城市维护建设税税率为 7%。有关会计处理如下:

应交的城市维护建设税 =（800 000 + 250 000 + 150 000）× 7% = 84 000（元）

借：营业税金及附加 84 000

　　贷：应交税费——应交城市维护建设税 84 000

借：应交税费——应交城市维护建设税 84 000

　　贷：银行存款 84 000

## （三）应交教育费附加

1. 教育费附加概述

教育费附加是交纳增值税、消费税、营业税的单位和个人，就其实际缴纳的税额为计算依据征收的一种税。教育费附加是为了发展教育事业而向企业征收的附加费用，与增值税、消费税、营业税同时缴纳。

现行教育费附加的征收比率为 3%。

应纳教育费附加 =（实际交纳的增值税 + 实际交纳的消费税 + 实际交纳的营业税）× 征收比率

2. 账务处理

企业按规定应交的教育费附加，在“应交税费”科目下设置“应交教育费附加”明细科目核算。企业应交的教育费附加，借记“营业税金及附加”等科目，贷记“应交税费——应交教育费附加”科目。

**【做中学 7-22】** 兴达公司 2012 年 8 月实际应上交增值税 800 000 元，消费税 250 000 元，营业税 150 000 元。计算本月应交的教育费附加，有关会计处理如下：

应交的教育费附加=（800 000+250 000+150 000）×3%=36 000（元）

借：营业税金及附加 36 000

贷：应交税费——应交教育费附加 36 000

借：应交税费——应交教育费附加 36 000

贷：银行存款 36 000

## （四）应交土地增值税

1. 土地增值税概述

土地增值税是指在我国境内有偿转让土地使用权及地上建筑物和其他附着物产权的单位和个人，就其土地增值额征收的一种税。土地增值额是指转让收入减去规定扣除项目金额后的余额。转让收入包括货币收入、实物收入和其他收入。扣除项目主要包括取得土地使用权所支付的金额、开发土地的费用、新建及配套设施的成本、旧房及建筑物的评估价格等。

土地增值税实行超额累进税率，税率是以转让房地产增值率的高低为依据来确认，按照累进原则设计，实行分级计税。

2. 账务处理

企业按规定应交的土地增值税，在“应交税费”科目下设置“应交土地增值税”明细科目核算。企业应交的土地增值税视情况记入不同科目：企业转让的土地使用权连同地上建筑物及其附着物一并在“固定资产”等科目核算的，转让时应交的土地增值税，借记“固定资产清理”科目，贷记“应交税费——应交土地增值税”科目；土地使用权在“无形资产”科目核算的，按实际收到的金额，借记“银行存款”科目，按应交的土地增值税，贷记“应交税费——应交土地增值税”科目，同时冲销土地使用权的账面价值，贷记“无形资产”科目，按其差额借记“营业外支出”科目或贷记“营业外收入”科目。

**【做中学 7-23】** 利达公司对外转让一栋厂房，根据税法规定计算的应交土地增值税为 57 000 元。有关会计处理如下：

借：固定资产清理 57 000

贷：应交税费——应交土地增值税 57 000

借：应交税费——应交土地增值税 57 000

贷：银行存款 57 000

## （五）房产税、城镇土地使用税、车船税和印花税等

1. 房产税

房产税是国家对在城市、县城、建制县和工矿区征收的由产权所有人缴纳的一种税。房产税依照房产原值一次减除 10%～30%后的余额计算交纳，税率为 1.2%。没有房产原值作为依据

的，由房产所在地税务机关参考同类房产核定；房产出租的，以房产租金收入为房产税的计税依据，税率为12%。

企业按规定计算应纳房产税时，记入“管理费用”科目，借记“管理费用”科目，贷记“应交税费——应交房产税”科目。

**【做中学7-24】** 海纳公司2012年1月1日经营用房原值5 000万元，按当地规定允许减除30%后的余值计税，适用税率为1.2%。计算房产税并上交，有关会计处理如下：

年应纳税额 = 5 000 ×（1 − 30%）× 1.2% = 42（万元）

借：管理费用　　420 000
　　贷：应交税费——应交房产税　　420 000
借：应交税费——应交房产税　　420 000
　　贷：银行存款　　420 000

2. 城镇土地使用税

土地使用税是国家为了合理利用城镇土地，调节土地级差收入，提高土地使用效益，加强土地管理而开征的一种税，以纳税人实际占用的土地面积为计税依据，依照规定税额计算征收。

城镇土地使用税 = 土地证上记载的面积 × 地级单位税额

企业按规定计算应纳房产税时，记入“管理费用”科目，借记“管理费用”科目，贷记“应交税费——应交城镇土地使用税”科目。

**【做中学7-25】** 海纳公司2012年1月1日在市区使用土地面积60 000平方米，经税务机关核定，该土地为应税土地，每平方米年税额4元，当地的城镇土地使用税每半年征收一次。计算房产税并上交，有关会计处理如下：

应纳税额 =（60 000 × 4）÷ 2 = 120 000（元）

借：管理费用　　120 000
　　贷：应交税费——应交城镇土地使用税　　120 000
借：应交税费——应交城镇土地使用税　　120 000
　　贷：银行存款　　120 000

3. 车船税

车船税是以车船为征税对象，由拥有并且使用车船的单位和个人交纳。车船使用税按照适用税额计算交纳。

应交车船税 = 车船的计税单位 × 年单位税额

企业按规定计算应纳车船税时，记入“管理费用”科目，借记“管理费用”科目，贷记“应交税费——应交车船税”科目。

**【做中学7-26】** 海纳公司2012年拥有载货汽车15辆（货车载重净吨位每辆20吨），乘人大客车2辆。载货汽车每吨年税额80元，乘人大客车每辆年税额500元。计算车船税并上交，有关会计处理如下：

应纳税额 = 15 × 20 × 80+2 × 500 = 25 000（元）

借：管理费用　　25 000
　　贷：应交税费——应交车船税　　25 000
借：应交税费——应交车船税　　25 000
　　贷：银行存款　　25 000

4. 印花税

印花税是对书立、领受购销合同等凭证行为征收的税款，实行由纳税人根据规定自行计算应纳税额，购买并一次贴足印花税票的交纳方法。应纳税凭证包括购销、加工承揽、建设工程承包、财产租赁、货物运输、仓储保管、借款、财产保险、技术合同或者具有合同性质的凭证；产权转移书据；营业账簿；权利、许可证照等。纳税人根据应纳税凭证的性质，分别按比例税率或者按件定额计算应纳税额。

由于企业交纳的印花税，是纳税人根据规定自行计算应纳税额以购买并一次贴足印花税票的方法交纳的税款。即一般情况下，企业需要预先购买印花税票，待发生应税行为时，再根据凭证的性质和规定的比例税率或者按件计算应纳税额，将已购买的印花税票粘贴在应纳税凭证上，并在每枚税票的骑缝处盖戳注销或者划销，办理完税手续。企业交纳的印花税，不会发生应付未付税款的情况，不需要预计应纳税金额，同时也不存在与税务机关结算或清算的问题。因此，企业交纳的印花税不需要通过“应交税费”科目核算，于购买印花税票时，直接借记“管理费用”科目，贷记“银行存款”科目。

5. 矿产资源补偿费

矿产资源补偿费是对在我国领域和管辖海域开采矿产资源而征收的费用。矿产资源补偿费按照矿产品销售收入的一定比例计征，由采矿人交纳。

企业应交的矿产资源补偿费，记入“管理费用”科目，借记“管理费用”科目，贷记“应交税费——应交矿产资源补偿费”科目。

6. 个人所得税

个人所得税是国家对本国公民、居住在本国境内的个人的所得和境外个人来源丁本国的所得征收的一种所得税。

凡在中国境内有住所，或者无住所而在中国境内居住满一年的个人，从中国境内和境外取得所得的，以及在中国境内无住所又不居住或者无住所而在境内居住不满一年的个人，从中国境内取得所得的，均为个人所得税的纳税人。

个人所得税根据不同的征税项目，分别规定了 3 种不同的税率：其中工资、薪金所得，适用 7 级超额累进税率，按月应纳税所得额计算征税。该税率按个人月工资、薪金应税所得额划分级距，最高一级为 45%，最低一级为 3%，共 7 级。

$$应纳个人所得税税额=应纳税所得额\times适用税率-速算扣除数$$

$$应纳税所得额=总工资-三险一金-扣除标准$$

现行的个人所得税免征额为 3 500 元。

企业按规定计算的代扣代交的职工个人所得税，借记“应付职工薪酬”科目，贷记“应交税费——应交个人所得税”科目；企业交纳个人所得税时，借记“应交税费——应交个人所得税”科目，贷记“银行存款”等科目。

**【做中学 7-27】** 海纳公司结算本月应付职工工资总额 560 000 元，代扣职工个人所得税共计 4 000 元，实发工资 556 000 元。该企业与应交个人所得税有关的会计分录如下：

| | 借方 | 贷方 |
|---|---|---|
| 借：应付职工薪酬——工资 | 4 000 | |
| 　贷：应交税费——应交个人所得税 | | 4 000 |
| 借：应交税费——应交个人所得税 | 4 000 | |
| 　贷：银行存款 | | 4 000 |

7. 企业所得税

企业的生产、经营所得和其他所得，依照有关所得税暂行条例及其细则的规定需要交纳所得税。企业应交纳的所得税，在"应交税费"科目下设置"应交所得税"明细科目核算；当期应计入损益的所得税，作为一项费用，在净收益前扣除。企业按照一定方法计算，计入损益的所得税，借记"所得税费用"等科目，贷记"应交税费——应交所得税"科目。有关所得税的会计处理，具体参见模块八的"所得税费用"的内容。

## 小　结

本岗位主要介绍了一般企业常纳税种的基础知识，以及纳税业务的会计处理方法。通过学习，会计人员应熟练把握纳税岗位必需的理论知识和核算技能，帮助纳税人自觉履行纳税义务，并时刻关注国家有关税收政策的调整，维护国家和纳税人的合法权益。

## 岗位训练

### 一、单选题

1. 某企业为增值税一般纳税人，2011 年实际已交纳税金情况如下：房产税 850 万元，消费税 150 万元，城市维护建设税 70 万元，车船税 0.5 万元，耕地占用税 1.5 万元，所得税 120 万元。上述各项税金应记入"应交税费"科目的金额是（　　）万元。

A. 1 190　　B. 1 190.5　　C. 1 191.5　　D. 1 192.2

2. 2011 年乙公司发出原材料一批，成本为 100 万元，其购入时支付的增值税为 17 万元。其中所属的职工医院维修领用该材料 10 万元，生产设备的安装工程领用该材料 60 万元，厂房的建造工程领用该材料 30 万元。该企业的有关会计分录不正确的会计处理是（　　）。

A. 借记"应付职工薪酬——职工福利"11.7 万元

B. 借记"在建工程——安装"60 万元

C. 借记"在建工程——厂房"35.1 万元

D. 贷记"应交税费——应交增值税（进项税额转出）"17 万元

3. 某小规模纳税企业，增值税征收率为 3%，本月购入材料一批，取得的专用发票中注明货款 100 万元，增值税 17 万元，款项以银行存款支付，材料已验收入库（该企业按实际成本计价核算）。本月销售产品一批，所开出的普通发票中注明的货款（含税）为 206 万元，款项已存入银行。该企业本月应交增值税为（　　）。

A. −11　　B. 17　　C. 6　　D. 0

4. 某企业将自产的一批应税消费品（非金银首饰）用于在建工程（假定为不动产）。该批消费品成本为 750 万元，计税价格为 1 250 万元，适用的增值税税率为 17%，消费税税率为 10%。计入在建工程成本的金额为（　　）万元。

A. 875　　B. 962.5　　C. 1 087.5　　D. 1 587.5

5. 某企业为增值税一般纳税人，2011 年应交各种税金为：增值税 350 万元，消费税 150 万元，城市维护建设税 35 万元，房产税 10 万元，车船使用税 5 万元，所得税 250 万元。上述各项税金应计入管理费用的金额为（　　）万元。

A. 5　　B. 15　　C. 50　　D. 185

## 二、多选题

1. 企业缴纳的下列税金，不应通过“应交税费”科目核算的有（ ）。

A. 印花税 B. 耕地占用税 C. 房产税 D. 土地增值税

2. 下列各项中，增值税一般纳税企业不需要计入收回委托加工物资成本的有（ ）。

A. 支付的加工费

B. 随同加工费支付的增值税

C. 支付的收回后用于继续加工应税消费品的委托加工物资的消费税

D. 支付的收回后直接销售的委托加工物资的消费税

3. 企业在“应交税费——应交增值税”科目贷方设置的专栏有（ ）。

A. 销项税额 B. 进项税额转出 C. 进项税额 D. 已交税金

4. 企业自产自用的应税矿产品应交资源税，应计入（ ）。

A. 制造费用 B. 生产成本 C. 主营业务成本 D. 营业税金及附加

5. 下列各项，增值税一般纳税企业需要转出进项税额的有（ ）。

A. 自制产成品用于职工福利 B. 自制产成品用于对外投资

C. 外购的生产用原材料发生非正常损失 D. 外购的生产用原材料改用于自建厂房

## 三、判断题

1. 企业将购买的货物无偿赠与他人，因该货物购买时已缴纳了增值税，所以，赠送他人时可以不再计入销售额征税。（ ）

2. 委托加工的应税消费品收回后准备直接出售的，由受托方代收代交的消费税，委托方应借记“应交税费——应交消费税”科目。（ ）

3. 企业自销产品应交的资源税记入“营业税金及附加”，自产自用的记入“生产成本”或“制造费用”等。（ ）

4. 一般纳税人和小规模纳税人都需要设置“应交税费——应交增值税”三级明细科目。（ ）

5. 营业税是对在我国境内提供应税劳务（包括加工、修理修配劳务）、转让无形资产或销售不动产的单位和个人征收的流转税。（ ）

## 四、综合训练题

1. 练习增值税的核算。

**【资料】**乙公司为增值税一般纳税人，适用的增值税税率为17%，材料采用实际成本进行日常核算。该公司2012年4月30日“应交税费——应交增值税”科目借方余额为4万元，该借方余额均可用下月的销项税额抵扣。5月份发生如下涉及增值税的经济业务。

（1）购买原材料一批，增值税专用发票上注明价款为60万元，增值税税额为10.2万元，公司已开出承兑的商业汇票。该原材料已验收入库。

（2）用原材料对外长期投资，双方协议按成本作价。该批原材料的成本为36万元，计税价格为41万元，应交纳的增值税税额为6.97万元。

（3）销售产品一批，销售价格为20万元（不含增值税额），实际成本为16万元，提货单和增值税专用发票已交购货方，货款尚未收到。该销售符合收入确认条件。

（4）在建工程领用原材料一批，该批原材料实际成本为30万元，应由该批原材料负担的增值税税额为 5.1 万元。

（5）因意外火灾毁损原材料一批，该批原材料的实际成本为 10 万元，增值税税额为 1.7 万元。

（6）用银行存款交纳本月增值税 2.5 万元。

【要求】（1）编制上述经济业务相关的会计分录（“应交税费”科目要求写出明细科目及专栏名称）。

（2）计算乙公司 5 月份发生的销项税额、应交增值税额和应交未交的增值税额。

2. 练习增值税、消费税的核算。

【资料】有关企业发生的经济业务如下。

（1）甲企业销售所生产的化妆品，价款 2 000 000 元（不含增值税），适用的消费税税率为 30%。

（2）乙企业在建工程领用自产柴油 50 000 元，应交增值税 10 200 元，应交消费税 6 000 元。

（3）丙企业购入免税农产品一批，价款 100 000 元，规定的扣除率为 13%，货物尚未到达，货款已用银行存款支付。

（4）丁企业为外单位代加工电脑桌 500 个，每个收取加工费 100 元，适用的增值税税率为 17%，加工完成，款项已收到并存入银行。

（5）丙企业下设的职工食堂享受企业提供的补贴，本月领用自产产品一批，该产品的账面价值 40 000 元，市场价格 60 000 元（不含增值税），适用的消费税税率为 10%，增值税税率为 17%。

（6）甲企业委托丙企业加工材料一批（属于应税消费品）。原材料成本为 30 000 元，支付的加工费为 6 000 元（不含增值税），消费税税率为 10%，材料加工完成并已验收入库，加工费用等已经支付。双方适用的增值税税率为 17%。甲企业按实际成本核算原材料。

① 假设甲企业收回加工后的材料用于连续生产应税消费品。

② 假设甲企业收回加工后的材料直接用于销售。

【要求】编制上述经济业务相关的会计分录。

3. 练习营业税及其他税种的核算。

【资料】有关企业发生的经济业务如下。

（1）利鑫盐业公司属北方盐场，2012 年 8 月外销售海盐 5 000 吨，自用海盐 600 吨用于企业的产品深加工，每吨应交资源税 15 元。

（2）远山旅游公司 2012 年 10 月取得旅游经营收入 300 万元，支付其他旅游企业接团费 35 万元，替旅游者支付餐费 40 万元，宿费 45 万元，门票费 40 万元，交通费 80 万元，为旅游购买赠品支付 10 万元。

（3）兴达公司 2012 年 9 月实际应上交增值税 900 000 元，消费税 35 000 元，营业税 250 000 元。该企业适用的城市维护建设税税率为 7%。费附加的征收比率为 3%。计算交纳本月城市维护建设税和教育费附加。

（4）甲公司 2012 年 1 月 1 日经营用房原值 8 000 万元，按当地规定允许减除 30%后余值计税，适用税率为 1.2%。计算房产税并上交。

（5）甲 2012 年 1 月 1 日在市区使用土地面积 100 000 平方米，经税务机关核定，该土地为应税土地，每平方米年税额 5 元，当地的城镇土地使用税每半年征收一次。计算房产税并上交。

【要求】根据上述经济业务计算并编制相关的会计分录。

岗位七

# 资金岗位

学习目标

- 了解资金岗位的核算任务和业务流程。
- 掌握银行借款、应付债券的基本知识及核算方法，了解长期应付款的核算内容。熟悉借款费用的核算方法。
- 掌握所有者权益的基本知识及会计处理方法。
- 重点掌握交易性金融资产、长期股权投资业务基本知识和账务处理方法，熟悉其他投资业务的内容。

## 一、知识准备

### （一）资金岗位核算任务

（1）拟订资金管理和核算办法。

（2）确定和监控公司负债和资本的合理结构，统筹管理和运作公司资金。

（3）进行筹资和投资方案的可行性分析，编制资金收支计划。

（4）做好企业的长短期资金运行计划，负责资金的调度。

（5）根据企业资金情况确定资金筹集方案。

（6）负责长短借款、发行债券、接受投资、捐赠等形式进行筹资的核算。

（7）确定资金营运方案。

（8）负责交易性金融资产、持有至到期投资、可供出售金融资产的核算。

（9）对公司重大的投资、融资、并购等经营活动提供建议和决策支持，参与风险评估、指导、跟踪和控制等。

（10）企业规定负责的其他工作。

### （二）资金岗位业务流程

资金岗位业务流程如图 8-1 所示。

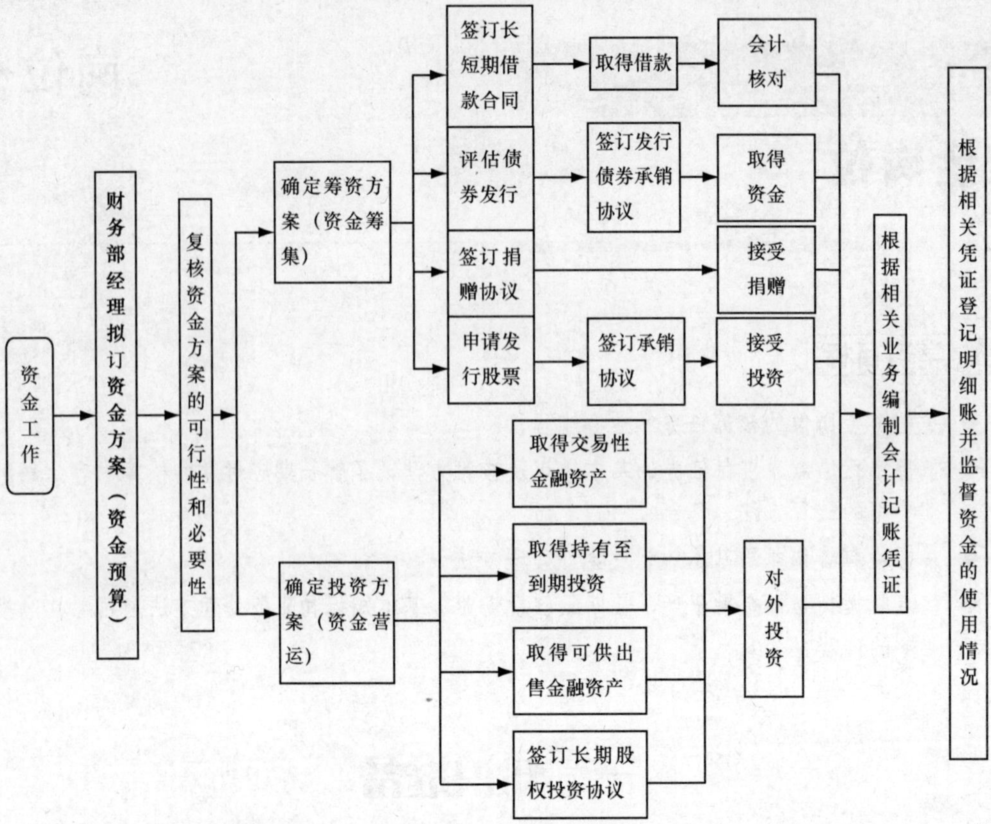


图 8-1　资金岗位业务流程

# 二、筹集债务资金业务

## （一）银行借款

1. 短期借款

短期借款是指企业向银行或其他金融机构等借入的期限在一年以下（含一年）的各种借款，通常是为了满足正常生产经营的需要。

（1）短期借款的种类。工商企业的短期借款主要有经营周转借款、临时借款、结算借款、票据贴现借款等。

① 经营周转借款，亦称生产周转借款或商品周转借款。企业因流动资金不能满足正常生产经营需要，而向银行或其他金融机构取得的借款。

② 临时借款，企业因季节性和临时性客观原因，正常周转的资金不能满足需要，超过生产周转或商品周转款额划入的短期借款。

③ 结算借款，在采用托收承付结算方式办理销售货款结算的情况下，企业为解决商品发出后至收到托收货款前所需要的在途资金而借入的款项。

④ 票据贴现借款，持有银行承兑汇票或商业承兑汇票的，发生经营周转困难时，申请票据贴现的借款，期限一般不超过 3 个月。

（2）短期借款的账务处理。

① 账户设置。企业应设置“短期借款”科目，属负债类科目，核算短期借款的取得及偿还情况。一般按债权人和短期借款的种类设置明细科目，进行明细分类核算。

| 借方 | 短期借款　　贷方 |
| --- | --- |
| 归还的短期借款本金数额 | 借入的短期借款本金数额 |
| | 反映企业尚未偿还的借款本金数额 |

企业应设置“应付利息”科目，属负债类科目，核算企业预提的应付利息费用，一般按债权人设置明细科目，进行明细分类核算。

| 借方 | 应付利息　　贷方 |
| --- | --- |
| 实际支付的利息 | 计提应付未付的利息 |
| | 反映企业应付未付的利息 |

② 账务处理过程。短期借款的核算主要包括三个方面的内容。

第一，取得短期借款。

企业从银行或其他金融机构取得短期借款时，应签订借款合同，注明借款金额、借款利率、还款时间等，借记“银行存款”科目，贷记“短期借款”科目。

第二，短期借款的利息。

如果企业的短期借款利息按月支付，或者利息是在借款到期归还本金时一并支付、且数额不大的，可以在实际支付或收到银行的计息通知时，直接计入“财务费用”，即借记“财务费用”科目，贷记“银行存款”科目。

如果短期借款的利息按期支付（如按季或半年），或者利息是在借款到期归还本金时一并支付、且数额较大的，则为了正确计算各期的盈亏，应采用预提的办法，先按月预提，计入当期损益，到期在进行支付。预提时，借记“财务费用”科目，贷记“应付利息”科目；支付时，借记“应付利息”科目，贷记“银行存款”科目。

第三，归还短期借款。

企业短期借款到期偿还时，按归还的本金借记“短期借款”科目；按计算的利息金额，借记“财务费用”科目（如果利息已预提，则借记“应付利息”科目）；按实际归还的款项，贷记“银行存款”科目。

**【做中学 8-1】** 宏洲公司于 2012 年 4 月 1 日向银行借入一笔生产经营用短期借款，共计 1 000 000 元，期限为 6 个月，年利率为 5.6%。根据与银行签署的借款协议，该项借款的本金到期后一次归还；利息分月预提，按季支付。宏洲公司的有关会计处理如下。

① 4 月 1 日借入短期借款时:

| | 借方 | 贷方 |
| --- | --- | --- |
| 借：银行存款 | 1 000 000 | |
| 　　贷：短期借款 | | 1 000 000 |

② 4 月末，计提 4 月份应计利息时:

本月应计提的利息金额 = 1 000 000 × 5.6% ÷ 12 = 4 666.67（元）

| | 借方 | 贷方 |
| --- | --- | --- |
| 借：财务费用 | 4 666.67 | |
| 　　贷：应付利息 | | 4 666.67 |

5 月末计提 5 月份利息费用的处理与 4 月份相同。

③ 6月末支付第二季度银行借款利息时:

4月至5月已经计提的利息为9 333.33元，应借记“应付利息”科目，6月份应当计提的利息为4 666.67元，应借记“财务费用”科目；实际支付利息14 000元，贷记“银行存款”科目。

借：财务费用　　4 666.67
　　应付利息　　9 333.33
　　贷：银行存款　　14 000

第三季度的会计处理同上。

④ 10月1日偿还银行借款本金时:

借：短期借款　　1 000 000
　　贷：银行存款　　1 000 000

⑤ 如果上述借款期限是5个月，则到期日为9月1日，8月末之前的会计处理与上述相同。9月1日偿还银行借款本金，同时支付7月和8月以提未付利息。

借：短期借款　　1 000 000
　　应付利息　　9 333.33
　　贷：银行存款　　1 009 333.33

2. 长期借款

（1）长期借款的概念。长期借款是指企业向银行或其他金融机构借入的期限在一年以上（不含一年）的各种借款，一般用于固定资产的购建、改扩建工程、大修理工程、对外投资以及为了保持长期经营能力等方面。它是企业长期负债的重要组成部分，必须加强管理与核算。

（2）长期借款的账务处理。由于长期借款的使用关系到企业的生产经营规模和效益，企业除了要遵守有关的贷款规定、编制借款计划并要有不同形式的担保外，还应监督借款的使用、按期支付长期借款的利息以及按规定的期限归还借款本金等。因此，长期借款会计处理的基本要求是反映和监督企业长期借款的借入、借款利息的结算和借款本息的归还情况，促使企业遵守信贷纪律、提高信用等级，同时也要确保长期借款发挥效益。

① 账户设置。企业应设置“长期借款”科目，核算长期借款的借入、归还等情况。该科目可按照贷款单位和贷款种类设置明细账，分别按“本金”、“应计利息”、“利息调整”等进行明细核算。

| 借方　　长期借款 | 贷方 |
|---|---|
| ① 偿还的长期借款（本金）<br>② 偿还的利息额（应计利息）<br>③ 借款时产生的差额（利息调整） | ① 借入长期借款（本金）<br>② 增加的利息额（应计利息）<br>③ 结转产生的差额（利息调整） |
| | 反映企业尚未偿还的长期借款 |

② 账务处理过程。长期借款的财务处理主要包括三个方面的内容。

第一，取得长期借款。

企业借入长期借款，应按实际收到的金额，借记“银行存款”科目，贷记“长期借款——本金”科目；如果存在差额，则还应借记“长期借款——利息调整”科目。

**【做中学 8-2】** 宏洲公司为建造一座车间，于2010年1月1日从建设银行借入期限为2年的长期专门借款2 000 000元，款项已存入银行。借款利率按市场利率确定为9%，每年付息一次（单利计息），期满后一次还清本金。2010 年年初，该企业以银行存款支付工程价款共计

1 200 000 元，2011 年年初，由以银行存款支付工程费用 800 000 元。该车间于 2011 年 9 月 31 日完工，达到预定可使用状态。假定不考虑闲置专门借款资金存款的利息收入或者投资收益。

借：银行存款　　2 000 000

　　贷：长期借款——本金　　2 000 000

第二，长期借款的利息。

长期借款利息费用应当在资产负债表日按照实际利率法计算确定，实际利率与合同利率差异较小的，也可以采用合同利率计算确定利息费用。长期借款计算确定的利息费用，应当按以下原则计入有关成本、费用：属于筹建期间的，计入管理费用；属于生产经营期间的，计入财务费用。如果长期借款用于购建固定资产的，则在固定资产尚未达到预定可使用状态前，将所发生的应当资本化的利息支出数，计入在建工程成本；固定资产达到预定可使用状态后发生的利息支出，以及按规定不予资本化的利息支出，计入财务费用。长期借款按合同利率计算确定的应付未付利息，借记“在建工程”、“制造费用”、“财务费用”、“研发支出”等科目，贷记“应付利息”科目（对于一次还本付息的长期借款，贷记“长期借款——应计利息”科目）。

**【做中学 8-3】** 承【做中学 8-2】的资料。该公司支付工程款，计提和支付长期借款利息。有关会计分录如下。

① 2010 年年初，支付工程款时：

借：在建工程——车间　　1 200 000

　　贷：银行存款　　1 200 000

② 2010 年 12 月 31 日，计算 2010 年应计入工程成本的利息费用时：

借款利息=2 000 000 × 9%=180 000（元）

借：在建工程——车间　　180 000

　　财务营用　　72 000

　　贷：应付利息——建设银行　　180 000

③ 2010 年 12 月 31 日，支付借款利息时：

借：应付利息——建设银行　　180 000

　　贷：银行存款　　180 000

④ 2011 年年初，支付工程款时：

借：在建工程——车间　　800 000

　　贷：银行存款　　800 000

⑤ 2011 年 8 月 31 日，工程达到预定可使用状态时：

该期应计入工程成本的利息 =（2 000 000 × 9% ÷ 12）× 9 = 135 000（元）

借：在建工程——车间　　135 000

　　贷：应付利息——建设银行　　135 000

同时：

借：固定资产——车间　　2 243 000

　　贷：在建工程——车间　　2 243 000

⑥ 2011 年 12 月 31 日，计算 2011 年 10 ~ 12 月的利息费用时：

应计入财务费用的利息 =（2 000 000 × 9% ÷ 12）× 3 = 45 000（元）

借：财务费用　　45 000

　　贷：应付利息——建设银行　　45 000

⑦ 2011 年 12 月 31 日，支付利息时：

借：应付利息——建设银行　　180 000

　　贷：银行存款　　180 000

第三，归还长期借款。

企业归还长期借款的本金时，应按归还的金额，借记“长期借款——本金”科目，贷记“银行存款”科目；按归还的利息，借记“应付利息”科目（对于一次还本付息的长期借款，借记“长期借款——应计利息”科目），贷记“银行存款”科目。

**【做中学 8-4】** 承【做中学 8-2】的资料。2012 年 1 月 1 日，该公司到期归还还本金。有关会计分录如下。

借：长期借款——本金　　2 000 000

　　贷：银行存款　　2 000 000

**知识拓展**

**单利和复利**

单利和复利都是计息的方式，单利与复利的区别在于利息是否参与计息。

单利的计算仅在原有本金上计算利息，对本金所产生的利息不再计算利息，其计算公式为

$$本利和 = 本金×（1+利率×期数）$$

复利计算中利息按照约定的计息周期参与计息，就是俗话说的“利滚利”，它的计算是对本金及其产生的利息一并计算，也就是利上有利，爱因斯坦曾经说过：“复利是世界第八大奇迹”。其计算公式为

$$本利和 = 本金×（1+利率）^{期数}$$

比较说明：

（1）本金为 10 万元，如果年利率是 5%，期限 1 年，两者则没有区别。

（2）本金为 10 万元，如果年利率是 5%，期限是 2 年，则

① 单利计算：本息和 = 100 000 ×（1+5% × 2）= 110 000（元）。

② 复利计算：本息 = 本金 100 000 ×（1+ 5%）×（1+ 5%）= 110 250（元）。

复利比单利多付 250 元。

依此类推，时间越长，复利计息比单利计息所付的利息越多。

## （二）应付债券

1. 应付债券概述

债券是企业为筹集长期使用资金而发行的一种书面凭证，是约定在一定期限内还本付息的一种有价证券。应付债券是指企业为筹集（长期）资金而发行的债券。企业通过发行债券取得资金是以将来履行归还购买债券者的本金和利息的义务作为保证的。

企业根据国家有关规定，在符合条件的前提下，经批准可以发行公司债券、可转换公司债券、认股权和债券分离交易的可转换公司债券。本岗位内容主要涉及一般公司债券的会计处理。

公司债券的发行方式有三种，即面值发行、溢价发行和折价发行。

（1）面值发行。当债券的票面利率与市场利率（一般为同期银行存款利率）相同时，可按票面价值的价格发行，称为面值发行。

（2）溢价发行。当债券的票面利率高于市场利率时，可按超过债券票面价值的价格发行，

称为溢价发行。溢价是企业以后各期多付利息而事先得到的补偿。

（3）折价发行。当债券的票面利率低于市场利率时，可按低于债券票面价值的价格发行，称为折价发行。折价是企业以后各期少付利息而预先给投资者的补偿。

2. 应付债券的账务处理

（1）账户设置。企业应设置“应付债券”科目，并在该科目下设置“面值”、“利息调整”、“应计利息”等明细科目，核算应付债券发行、计提利息、还本付息等情况。

| 借方 | 应付债券 贷方 |
| --- | --- |
| ① 偿还的债券票面金额<br>② 折价发行债券时产生的差额<br>③ 摊销溢价发行债券时产生的差额<br>④ 偿还债券的利息（到期一次还本付息时） | ① 发行债券时应付的票面金额<br>② 溢价发行债券时产生的差额<br>③ 摊销折价发行债券时产生的差额<br>④ 计算应付未付的利息（到期一次还本付息时） |
| | 反映企业尚未偿还的长期债券摊余成本 |

企业应当设置“企业债券备查簿”，详细登记每一企业债券的票面金额、债券票面利率、还本付息期限与方式、发行总额、发行日期和编号、委托代销单位、转换股份等资料。企业债券到期清算时，应当在备查簿内逐笔注销。

（2）账务处理过程。应付债券的账务处理过程主要包括债券发行、利息调整的摊销及债券偿还。

① 公司债券的发行。无论是按面值发行，还是溢价发行或折价发行，企业发行债券时，按实际收到的款项，借记“银行存款”等科目，按债券票面价值，贷记“应付债券——面值”科目，按实际收到的款项与票面价值之间的差额，贷记或借记“应付债券——利息调整”科目。

② 利息调整的摊销。利息调整应在债券存续期间内采用实际利率法进行摊销。

企业发行的债券通常分为到期一次还本付息和分期付息、一次还本两种。资产负债表日，对于分期付息、一次还本的债券，企业应按应付债券的摊余成本和实际利率计算确定的债券利息费用，借记“在建工程”、“制造费用”、“财务费用”等科目，按票面利率计算确定的应付未付利息，贷记“应付利息”科目，按其差额，借记或贷记“应付债券——利息调整”科目。

对于一次还本付息的债券，企业应于资产负债表日按摊余成本和实际利率计算确定的债券利息费用，借记“在建工程”、“制造费用”、“财务费用”等科目，按票面利率计算确定的应付未付利息，贷记“应付债券——应计利息”科目，按其差额，借记或贷记“应付债券——利息调整”科目。

应付债券的摊余成本就是“应付债券”总账账户的余额，也就是其三个明细账户余额借贷方相抵后的合计数。也可按下列公式计算。

应付债券的摊余成本＝期初摊余成本（本金）－（应付利息－实际利息）

应付利息＝面值×票面利率

实际利息＝期初摊余成本×实际利率

③ 债券的偿还。采用一次还本付息方式的，企业应于债券到期支付债券本息时，借记“应付债券——面值”、“应付债券——应计利息”科目，贷记“银行存款”科目。采用一次还本、分期付息方式的，在每期支付利息时，借记“应付利息”科目，贷记“银行存款”科目；债券到期偿还本金并支付最后一期利息时，借记“应付债券——面值”、“在建工程”、“财务费用”、

“制造费用”等科目，贷记“银行存款”科目，按其差额，借记或贷记“应付债券——利息调整”科目。

【做中学 8-5】 宏利企业于 2012 年 7 月 1 日发行三年期、到期时一次还本付息、票面利率为 5%（不计复利）、发行面值总额为 20 000 000 元的债券。假定债券发行时的市场利率为 5%，该债券按面值发行。企业发行债券所筹资金用于建造固定资产，2012 年 12 月 31 日工程完工。有关会计处理如下。

① 2012 年 7 月 1 日，该债券按面值发行时：

借：银行存款　　20 000 000

　　贷：应付债券——面值　　20 000 000

② 每年年末计算债券的利息时：

2012 年 12 月 31 日应计利息 = 20 000 000 × 5 % ÷ 12 × 6 = 500 000

借：在建工程　　500 000

　　贷：应付债券——应计利息　　500 000

2013 年 12 月 31 日应计利息 = 20 000 000 × 5 % = 1 000 000

借：财务费用　　1 000 000

　　贷：应付债券——应计利息　　1 000 000

2014 年 12 月 31 日应计利息同上。

③ 2015 年 7 月 1 日债券还本付息时：

2015 年 1 月 1 日至 2015 年 7 月 1 日应计利息 = 500 000（元）。

借：应付债券——面值　　20 000 000

　　　　　　——应计利息　　2 500 000

　　财务费用　　500 000

　　贷：银行存款　　23 000 000

【做中学 8-6】 鑫利企业 2011 年 1 月 1 日，甲公司经批准发行 5 年期一次还本、分期付息的公司债券 60 000 000 元，债券利息在每年 12 月 31 日支付，票面利率为年利率 6%。假定债券发行时的市场利率为 5%。该批债券实际发行价格为 62 596 200 元。

① 2011 年 1 月 1 日发行债券时：

该批债券实际发行价格 = 60 000 000 ×（*P*/*S*，5%，5）+ 60 000 000 × 6% ×（*P*/*A*, 5%, 5）= 60 000 000 × 0.783 5 + 60 000 000 × 6% × 4.329 5 = 62 596 200（元）

借：银行存款　　62 596 200

　　贷：应付债券——面值　　60 000 000

　　　　　　——利息调整　　2 596 200

② 2011 年 1 月 1 日至 2015 年 12 月 31 日，根据上述资料，采用实际利率法和摊余成本计算确定的利息费用见表 8-1。

**表 8-1　利息费用表**　　单位：元

| 日　期 | 票面利息<br>① | 实际利息费用<br>②=期初④×5% | 摊销的利息调整<br>③=①－② | 应付债券摊余成本<br>④=期初④－③ |
|---|---|---|---|---|
| 2011 年 1 月 1 日 | | | | 62 596 200 |
| 2011 年 12 月 31 日 | 3 600 000 | 3 129 810 | 470 190 | 62 126 010 |
| 2012 年 12 月 31 日 | 3 600 000 | 3 106 300.50 | 493 699.50 | 61 632 310.50 |

续表

| 日　期 | 票面利息<br>① | 实际利息费用<br>②=期初④×5% | 摊销的利息调整<br>③=①－② | 应付债券摊余成本<br>④=期初④－③ |
|---|---|---|---|---|
| 2013年12月31日 | 3 600 000 | 3 081 615.53 | 518 384.47 | 61 113 926.03 |
| 2014年12月31日 | 3 600 000 | 3 055 696.30 | 544 303.70 | 60 569 622.33 |
| 2015年12月31日 | 3 600 000 | 3 030 377.67* | 569 622.33 | 60 000 000 |
| 合　计 | 18 000 000 | 15 403 800 | 2 596 200 | |

* 尾数调整：60 000 000＋3 600 000－60 569 622.33=3 030 377.67（元）

A. 2011年12月31日，计算利息费用时，

借：财务费用（或在建工程）　　3 129 810

　　应付债券——利息调整　　470 190

　贷：应付利息　　3 600 000

B. 2011年12月31日，支付利息时，

借：应付利息　　3 600 000

　贷：银行存款　　3 600 000

2012年、2013年、2014年确认利息费用的会计分录与2011年相同，金额与利息费用一览表的对应金额一致。

③ 2015年12月31日，归还债券本金及最后一期利息费用时，

借：财务费用（或在建工程）　　3 030 377.67

　　应付债券——面值　　60 000 000

　　　　　　——利息调整　　569 622.33

　贷：银行存款　　63 600 000

## （三）长期应付款

1. 长期应付款概述

长期应付款是企业除长期借款和应付债券以外的其他各种长期应付款项，包括应付融资租入固定资产的租赁费、具有融资性质的延期付款购买资产发生的应付款项等。

企业应设置“长期应付款”账户，用以核算企业融资租入固定资产和具有融资性质的延期付款购买资产时应付的款项及偿还情况。该账户可以按长期应付款的和债权人进行明细核算。

| 借方 | 长期应付款　　　贷方 |
|---|---|
| 归还的长期应付款 | 发生的长期应付款 |
| | 反映企业应付未付的长期应付款项 |

2. 应付融资租入固定资产的租赁费

（1）融资租赁概述。融资租赁又称金融租赁或财务租赁，是指出租人根据承租人对供货人和租赁标的物的选择，由出租人向供货人购买租赁标的物，然后租给承租人使用。在具体实务中，租赁业务只要满足下列标准之一的，就应认定为融资租赁。

① 在租赁期届满时，资产的所有权转移给承租人。

② 承租人有购买租赁资产的选择权，所订立的购价预计远低于行使选择权时租赁资产的公

允价值，因而在租赁开始日就可合理地确定承租人将会行使这种选择权。

③ 租赁期占租赁资产使用寿命的大部分。这里的“大部分”掌握在租赁期占租赁开始日租赁资产使用寿命的75%以上（含75%）。

④ 就承租人而言，租赁开始日最低租赁付款额的现值几乎相当于租赁开始日租赁资产的公允价值。这里的“几乎相当于”掌握在90%（含90%）以上。

最低租赁付款额，是指在租赁期内，承租人应支付或可能被要求支付的款项（不包括或有租金和履约成本），加上由承租人或与其有关的第三方担保的资产余值。购买价款也应当计入最低租赁付款额。

⑤ 租赁资产性质特殊，如果不作较大改造，只有承租人才能使用。

（2）融资租赁的账务处理过程。

① 在租赁期开始日，将租赁开始日租赁资产公允价值与最低租赁付款额现值两者中较低者，加上初始直接费用，作为租入资产的入账价值，借记“固定资产”等科目，按最低租赁付款额，贷记“长期应付款”科目，按发生的初始直接费用，贷记“银行存款”等科目，按其差额，借记“未确认融资费用”科目。

初始直接费用，是指在租赁谈判和签订租赁协议的过程中发生的可直接归属于租赁项目的费用。承租人发生的初始直接费用，通常有印花税、佣金、律师费、差旅费、谈判费等。承租人发生的初始直接费用，应当计入租入资产价值。

企业在计算最低租赁付款额的现值时，能够取得出租人租赁内含利率的，应当采用租赁内含利率作为折现率；否则，应当采用租赁合同规定的利率作为折现率。企业无法取得出租人的租赁内含利率且租赁合同没有规定利率的，应当采用同期银行贷款利率作为折现率。其中，租赁内含利率，是指在租赁开始日，使最低租赁收款额的现值与未担保余值的现值之和等于租赁资产公允价值与出租人的初始直接费用之和的折现率。

未担保余值指租赁资产余值中扣除就出租人而言的担保余值以后的资产余值。

② 未确认融资费用应当在租赁期内各个期间进行摊销。企业应当采用实际利率法计算确认当期的融资费用。

③ 租赁期届满时，承租人通常对租赁资产的处理有三种情况，即返还、优惠续租和留购。

租赁期届满，承租人向出租人返还租赁资产的，通常借记“长期应付款——应付融资租赁款”、“累计折旧”科目，贷记“固定资产——融资租入固定资产”科目。

如果承租人行使优惠续租选择权，则应视同该项租赁一直存在而做出相应的会计处理。如果承租人在租赁期届满时没有续租，则根据租赁协议规定向出租人支付违约金时，应当借记“营业外支出”科目，贷记“银行存款”等科目。

在承租人享有优惠购买选择权的情况下，支付购买价款时，借记“长期应付款——应付融资租赁款”科目，贷记“银行存款”等科目；同时，将固定资产从“融资租赁固定资产” 明细科目转入有关明细科目。

**【做中学8-7】** 2011年12月1日，宏洲公司与甲租赁公司签订一份大型起重设备融资租赁合同。租赁合同规定：租赁期开始日为2011年12月31日；租赁期为3年，每年年末支付租金2 000 000元；租赁期届满，该大型起重设备的估计残余价值为400 000元，其中宏洲公司担保余值为300 000元，未担保余值为100 000元。

该大型起重设备于2011年12月31日运抵宏洲公司，当日投入使用；宏洲公司采用年限平均法计提折旧，于每年年末一次确认融资费用并计提折旧。假定该大型起重设备为全新设备，租赁开始日的公允价值为 6 000 000 元；租赁内含利率为 6%。2014 年 12 月 31 日，宏洲公司将该大型起重设备归还给甲租赁公司。宏洲公司（承租人）的账务处理如下。

① 2011 年 12 月 31 日，租入固定资产。

最低租赁付款额现值 = 2 000 000 ×（$P/A$，6%，3）+300 000 ×（$P/S$，6%，3）

= 2 000 000 × 2.673 0+300 000 × 0.839 6 = 5 597 880（元）

最低租赁付款额现值＜租赁开始日该设备的公允价值

融资租入固定资产入账价值 = 5 597 880（元）

未确认融资费用 = 6 300 000 − 5 597 880 = 702 120（元）

借：固定资产——融资租入固定资产　5 597 880

　　未确认融资费用　702 120

　　贷：长期应付款　6 300 000

② 2012 年 12 月 31 日，支付租金、分摊融资费用并计提折旧，未确认融资费用的分摊结果如表 8-2 所示。

**表 8-2　未确认融资费用分摊表**　　单位：元

| 日　期 | 租　金 | 确认的融资费用 | 应付本金减少额 | 应付本金余额 |
|---|---|---|---|---|
| | ① | ②＝期初④×6% | ③＝① − ② | ④＝期初④ − ③ |
| 2012 年年初 | | | | 5 597 880 |
| 2012 年年末 | 2 000 000 | 335 872.80 | 1 664 127.20 | 3 933 752.80 |
| 2013 年年末 | 2 000 000 | 236 025.17 | 1 763 974.83 | 2 169 777.97 |
| 2013 年年末 | 2 000 000 | 130 222.03* | 1 869 777.97 | 300 000 |
| 合　计 | 6 000 000 | 702 120 | 5 297 880 | |

*尾数调整。

应计提折旧 =（5 597 880 − 300 000）÷ 3 = 1 765 960（元）

借：长期应付款　2 000 000

　　贷：银行存款　2 000 000

借：财务费用　335 872.80

　　贷：未确认融资费用　335 872.80

借：制造费用　1 765 960

　　贷：累计折旧　1 765 960

2013 年及 2014 年支付租金、分摊融资费用并计提折旧的账务处理，比照 2012 年相关账务处理。

③ 2014 年 12 月 31 日，归还该大型起重设备。

借：长期应付款　300 000

　　累计折旧　5 297 880

　　贷：固定资产——融资租入固定资产　5 597 880

3. 具有融资性质的延期付款购买资产

企业购买资产有可能延期支付有关价款。如果延期支付的购买价款超过正常信用条件，实质上具有融资性质的，所购资产的成本应当以延期支付购买价款的现值为基础确定。实际支付的价款与购买价款的现值之间的差额，应当在信用期间内采用实际利率法进行摊销，符合资本化条件的，计入相关资产成本，否则计入当期损益。其账务处理为：企业购入资产超过正常信用条件延期付款实质上具有融资性质时，应按购买价款的现值，借记“固定资产”、“在建工程”等科目，按应支付的价款总额，贷记“长期应付款”科目，按其差额，借记“未确认融资费用”科目。按期支付价款，借记“长期应付款”科目，贷记“银行存款”科目。

## （四）借款费用

1. 借款费用概述

借款费用是企业因借款而发生的利息及其他相关成本，是借入资金所付出的代价。主要包括以下四方面内容。

（1）借款利息，包括企业向银行或者其他金融机构等借入资金发生的利息、发行公司债券或企业债券发生的利息，以及为购建或者生产符合资本化条件的资产而发生的带息债务所承担的利息等。

（2）应付债券折价或溢价的摊销，其实质是对债券票面利息的调整。

（3）借款辅助费用是指企业在借款过程中发生的诸如手续费、佣金等费用，由于这些费用是因安排借款而发生的，也属于借入资金所付出的代价，是借款费用的构成部分。

（4）因外币借款而发生的汇兑差额，是指由于汇率变动导致市场汇率与账面汇率出现差异，从而对外币借款本金及其利息的记账本位币金额所产生的影响金额。

特别注意，对于企业发生的权益性融资费用，不包括在借款费用中。

**【做中学 8-8】** 某企业发生了借款手续费 10 万元，发行公司债券佣金 1 000 万元，发行公司股票佣金 2 000 万元，借款利息 200 万元。其中借款手续费 10 万元、发行公司债券佣金 1 000 万元和借款利息 200 万元均属于借款费用；发行公司股票属于公司权益性融资，所发生的佣金应当冲减溢价，不属于借款费用范畴。

2. 借款费用的确认

借款费用的确认主要解决的是将每期发生的借款费用资本化、计入相关资产的成本，还是将有关借款费用费用化、计入当期损益的问题。

（1）确认原则。借款费用确认的基本原则是：企业发生的借款费用可直接归属于符合资本化条件的资产购建或者生产的，应当予以资本化，计入相关资产成本；其他借款费用应当在发生时根据其发生额确认为费用，计入当期损益。

符合资本化条件的资产是指需要经过相当长时间的购建或者生产活动才能达到预定可使用状态或者可销售状态的固定资产、投资性房地产和存货等资产。建造合同成本、无形资产的开发支出等在符合条件的情况下，也可以认定为符合资本化条件的资产。其中，“相当长时间”应当是指资产的购建或者生产所必需的时间，通常为 1 年以上（含 1 年）。

需要注意的是，如果由于人为或者故意等非正常因素导致资产的购建或者生产时间相当长的，该资产不属于符合资本化条件的资产。购入即可使用的资产，或者购入后需要安装但所需安装时间较短的资产，或者需要建造或生产但建造或生产时间较短的资产，均不属于符合资本化条件的资产。

（2）借款费用应予资本化的借款范围。借款包括专门借款和一般借款。专门借款是指为购建或者生产符合资本化条件的资产而专门借入的款项。

① 专门借款通常应当有明确的用途，即为购建或者生产某项符合资本化条件的资产而专门借入，并通常应当具有标明该用途的借款合同。

② 一般借款是指除专门借款之外的借款，相对于专门借款而言，一般借款在借入时，其用途通常没有特指用于符合资本化条件的资产的购建或者生产。

借款费用应予资本化的借款范围既包括专门借款，也可包括一般借款。其中，对于一般借款，只有在购建或者生产某项符合资本化条件的资产占用了一般借款时，才应将与该部分一般借款相关的借款费用资本化；否则，所发生的借款费用应当计入当期损益。

（3）借款费用资本化期间的确定。只有发生在资本化期间内的有关借款费用才允许资本化，资本化期间的确定是借款费用确认和计量的重要前提。借款费用资本化期间是指从借款费用开始资本化时点到停止资本化时点的期间，但不包括借款费用暂停资本化的期间。

① 借款费用开始资本化的时点。借款费用允许开始资本化必须同时满足如下 3 个条件。

第一，资产支出已经发生，包括为购建或者生产符合资本化条件的资产而以支付现金、转移非现金资产和承担带息债务形式所发生的支出。

第二，借款费用已经发生，是指企业已经发生了因购建或者生产符合资本化条件的资产而专门借入款项的借款费用，或者占用了一般借款的借款费用。

第三，为使资产达到预定可使用或者可销售状态所必要的购建或者生产活动已经开始。

企业只有在上述 3 个条件同时满足的情况下，有关借款费用才可以开始资本化；只要其中有一个条件没有满足，借款费用就不能资本化，而应计入当期损益。

② 借款费用暂停资本化的时间。符合资本化条件的资产在购建或者生产过程中发生非正常中断且中断时间连续超过 3 个月的，应当暂停借款费用的资本化。中断的原因必须是非正常中断，属于正常中断的，相关借款费用仍可资本化。

非正常中断，通常是由于企业管理决策上的原因或者其他不可预见的原因等所导致的中断。例如，企业因与施工方发生了质量纠纷，或者施工、生产发生了安全事故，导致资产购建或者生产活动发生中断，均属于非正常中断。

正常中断通常仅限于购建或者生产符合资本化条件的资产达到预定可使用或者可销售状态所必要的程序，或者事先可预见的不可抗力因素导致的中断。例如，某些工程建造到一定阶段必须暂停下来进行质量或者安全检查，检查通过后才可继续下一阶段的建造工作；某些地区的工程在建造过程中，由于可预见的不可抗力因素（如雨季或冰冻季节等）导致施工出现停顿，也属于正常中断。

③ 借款费用停止资本化的时点。购建或者生产符合资本化条件的资产达到预定可使用或者可销售状态时，借款费用应当停止资本化。在符合资本化条件的资产达到预定可使用或者可销售状态之后所发生的借款费用，应当在发生时根据其发生额确认为费用，计入当期损益。

资产达到预定可使用或者可销售状态，是指所购建或者生产的符合资本化条件的资产已经达到建造方、购买方或者企业自身等预先设计、计划或者合同约定的可以使用或者可以销售的状态。具体可从以下几个方面进行判断。

第一，符合资本化条件的资产的实体建造（包括安装）或者生产活动已经全部完成或者实质上已经完成。

第二，所购建或者生产的符合资本化条件的资产与设计要求、合同规定或者生产要求相符或者基本相符，即使有极个别与设计、合同或者生产要求不相符的地方，也不影响其正常使用或者销售。

第三，继续发生在所购建或生产的符合资本化条件的资产上的支出金额很少或者几乎不再发生。

购建或者生产符合资本化条件的资产需要试生产或者试运行的，在试生产结果表明资产能够正常生产出合格产品，或者试运行结果表明资产能够正常运转或者营业时，应当认为该资产已经达到预定可使用或者可销售状态。

3. 借款费用的计量

（1）借款利息资本化金额的确定。在借款费用资本化期间内，每一会计期间的利息（包括折价或溢价的摊销）的资本化金额，应当按照下列原则确定。

① 为购建或者生产符合资本化条件的资产而借入专门借款的，应当以专门借款当期实际发生的利息费用减去将尚未动用的借款资金存入银行取得的利息收入或进行暂时性投资取得的投资收益后的金额，确定专门借款应予资本化的利息金额。

② 为购建或者生产符合资本化条件的资产而占用了一般借款的，企业应当根据累计资产支出超过专门借款部分的资产支出加权平均数乘以所占用一般借款的资本化率，计算确定一般借款应予资本化的利息金额。资本化率应当根据一般借款加权平均率计算确定。即企业占用一般借款购建或者生产符合资本化条件的资产时，一般借款的借款费用的资本化金额的确定应当与资产支出相挂钩。有关计算公式如下。

一般借款利息费用资本化金额＝累计资产支出超过专门借款部分的资产支出加权平均数×所占用一般借款的资本化率

所占用一般借款的资本化率＝所占用一般借款加权平均率

＝所占用一般借款当期实际发生的利息之和÷所占用一般借款本金加权平均数

③ 每一会计期间的利息资本化金额不应当超过当期相关借款实际发生的利息金额。

**【做中学 8-9】** 宏洲公司于 2011 年 1 月 1 日正式动工兴建一栋办公楼，工程预期 1 年零 6 个月，工程采用出包方式，分别于 2011 年 1 月 1 日、2011 年 7 月 1 日、2012 年 1 月 1 日支付工程进度款。

公司为建造办公楼在 2011 年 1 月 1 日专门借款 2 000 万元，借款期限为 3 年，年利率为 6%。另外，2011 年 7 月 1 日有专门借款 6 000 万元，借款期限为 5 年，年利率为 8%。借款利息按年支付。闲置资金均用于固定收益债券短期投资，该短期投资月收益率 0.5%。办公楼于 2012 年 6 月 30 日完工，达到预定可使用状态。

公司为建造该办公楼的支出资金如表 8-3 所示。

**表 8-3　建造该办公楼的支出金额**　　单位：万元

| 日　期 | 每期资产支出金额 | 资产支出累计金额 | 闲置借款用于短期投资金额 |
|---|---|---|---|
| 2011 年 1 月 1 日 | 1 500 | 1 500 | 500 |
| 2011 年 7 月 1 日 | 2 500 | 4 000 | 4 000 |
| 2012 年 1 月 1 日 | 1 500 | 5 500 | 2 500 |
| 合　计 | 5 500 | — | 7 000 |

根据以上资料，分析核算如下。

第一步，确定借款费用资本化期间为 2011 年 1 月 1 日至 2012 年 6 月 30 日。

第二步，计算在资本化期间内专门借款实际发生的利息金额。

① 2011 年专门借款发生的利息金额＝2 000×6%+6 000×8%×6÷12＝360（万元）。

② 2012 年 1 月 1 日至 6 月 30 日专门借款发生的利息金额＝2 000×6%×6÷12+6 000×8%×6÷12＝300（万元）。

第三步，计算在资本化期间内闲置的专用借款进行短期投资的收益。

① 2011 年短期投资收益 = 500 × 0.5% × 6+4 000 × 0.5% × 6 = 135（万元）。

② 2012 年 1 月 1 日至 6 月 30 日短期投资收益 = 2 500 × 0.5% × 6 = 75（万元）。

第四步，计算每年的资本化金额。

① 2011 年的利息资本化金额 = 360 − 135 = 225（万元）。

② 2012 年 1 月 1 日至 6 月 30 日的利息资本化金额 = 300 − 75 = 225（万元）。

第五步，根据上述计算，编制会计分录。

① 2011 年 12 月 31 日：

| | | |
|---|---|---|
| 借：在建工程 | 2 250 000 | |
| 应收利息（银行存款） | 1 350 000 | |
| 贷：应付利息 | | 3 600 000 |

② 2012 年 6 月 30 日：

| | | |
|---|---|---|
| 借：在建工程 | 2 250 000 | |
| 应收利息（银行存款） | 750 000 | |
| 贷：应付利息 | | 3 000 000 |

**【做中学 8-10】** 宏洲公司为了扩大生产规模，决定采用出包方式建造生产车间一栋，2012 年 1 月至 6 月发生的有关借款及工程支出业务资料如下。

① 1 月 1 日，为建造生产厂房从银行借入三年期的专门借款 3 000 万元，年利率为 7.2%，于每季度末支付借款利息。当日，该工程已开工。

② 1 月 1 日，以银行存款支付工程款 1 900 万元。暂时闲置的专门借款在银行的存款年利率为 1.2%，于每季度末收取存款利息。

③ 4 月 1 日，借入半年期的一般借款 300 万元，年利率为 4.8%，利息于每季度末支付。

④ 4 月 1 日，宏洲公司与施工单位发生纠纷，工程暂时停工。

⑤ 5 月 1 日，宏洲公司与施工单位达成谅解协议，工程恢复施工，以银行存款支付工程款 1 250 万元。

⑥ 6 月 1 日，借入 1 年期的一般借款 600 万元，年利率为 6%，利息于每季度末支付。

⑦ 6 月 1 日，以银行存款支付工程款 1 100 万元。

假定工程支出超过专门借款时占用一般借款；仍不足的，占用自有资金。

要求：

① 分别计算宏洲公司 2012 年第一季度、第二季度专门借款利息支出、暂时闲置专门借款的存款利息收入和专门借款利息支出资本化金额。

② 计算宏洲公司 2012 年第二季度一般借款利息支出，占用一般借款工程支出的累计支出加权平均数、一般借款平均资本化率和一般借款利息支出资本化金额。

根据以上资料，计算如下。

第一步，计算公司 2012 年第一季度专门借款利息支出、暂时闲置专门借款的存款利息收入和专门借款利息支出资本化金额。

① 专门借款应付利息（利息支出）= 3 000 × 7.2% × 3 ÷ 12 = 54（万元）。

② 暂时闲置专门借款的存款利息收入=（3 000 − 1 900）× 1.2% × 3 ÷ 12 = 3.3（万元）。

③ 专门借款利息支出资本化金额 = 54 − 3.3 = 50.7（万元）。

第二步，计算公司 2012 年第二季度专门借款利息支出、暂时闲置专门借款的存款利息收入和专门借款利息支出资本化金额。

① 专门借款应付利息（利息支出）= 3 000 × 7.2% × 3 ÷ 12 = 54（万元）。

② 暂时闲置专门借款的存款利息收入 = 1 100 × 1.2% × 1 ÷ 12 = 1.1（万元）。

③ 专门借款利息支出资本化金额 = 54 – 1.1 = 52.9（万元）。

第三步，计算公司 2012 年第二季度一般借款利息支出，占用一般借款工程支出的累计支出加权平均数、一般借款平均资本化率和一般借款利息支出资本化金额。

① 第二季度一般借款利息支出 = 300 × 4.8% × 3 ÷ 12+600 × 6% × 1 ÷ 12 = 6.6（万元）。

② 占用一般借款工程支出的累计支出加权平均数 = 150 × 2 ÷ 3+（300+600 – 150）× 1 ÷ 3 = 350（万元）。

③ 一般借款平均资本化率 =（300 × 4.8% × 3 ÷ 12+600 × 6% × 1 ÷ 12）÷（300 × 3 ÷ 3+ 600 × 1 ÷ 3）= 1.32%。

④ 一般借款利息支出资本化金额 = 350 × 1.32% = 4.62（万元）。

第四步，根据上述计算，编制会计分录。

① 2012 年 3 月 31 日。

借：在建工程　　507 000
　　应收利息（银行存款）　　33 000
　　贷：应付利息　　540 000

② 2012 年 6 月 30 日。

A. 专门借款利息。

借：在建工程　　529 000
　　应收利息（银行存款）　　11 000
　　贷：应付利息　　540 000

B. 一般借款利息。

借：在建工程　　46 300
　　财务费用　　19 700
　　贷：应付利息　　66 000

（2）借款辅助费用资本化金额的确定。对于企业发生的专门借款辅助费用，在所购建或者生产的符合资本化条件的资产达到预定可使用或者可销售状态之前发生的，应当在发生时根据其发生额予以资本化；在所购建或者生产的复核资本化条件的资产达到预定可使用或者可销售状态之后所发生的，应当在发生时根据其发生额确认为费用，计入当期损益。一般借款发生的辅助费用，应当按照其发生额确认为财务费用计入当期损益。

（3）外币专门借款汇兑差额资本化金额的确定。在资本化期间内，外币专门借款本金及其利息的汇兑差额应当予以资本化，计入符合资本化条件的资产的成本；除外币专门借款之外的其他外币借款本金及其利息所产生的汇兑差额，应当作为财务费用计入当期损益。

# 三、所有者权益业务

## （一）所有者权益概述

### 1. 所有者权益的构成

所有者权益是指资产扣除负债后由所有者应享的剩余利益。所有者权益又称为股东权益。

所有者权益可分为实收资本（或股本）、资本公积、盈余公积和未分配利润等部分。其中，盈余公积和未分配利润统称为留存收益。

2. 所有者权益的特征

企业资金的提供者主要有企业的所有者和债权人，因而所有者权益和负债（债权人权益）二者均是对企业资产的要求权，但二者之间又存在着明显的区别，主要体现在以下几方面。

（1）所有者权益在企业经营期内可供企业长期、持续地使用，企业不必向投资人返还资本金。而负债则须按期返还给债权人，成为企业的负担。

（2）企业所有人凭其对企业投入的资本，享受税后分配利润的权利。所有者权益是企业分配税后净利润的主要依据，而债权人除按规定取得利息外，无权分配企业的盈利。

（3）企业所有人有权行使企业的经营管理权，或者授权管理人员行使经营管理权，但债权人并没有经营管理权。

（4）企业的所有者对企业的债务和亏损负有无限的责任或有限的责任，企业清算时，只有在清偿所有的负债后，所有者权益才能返还给所有者。

## （二）实收资本

1. 实收资本概述

按照我国有关法律规定，投资者设立企业首先必须投入资本。实收资本是投资者投入资本形成法定资本的价值，所有者向企业投入的资本，在一般情况下无需偿还，可以长期周转使用。实收资本的构成比例即投资者的出资比例或股东的股份比例，是确定所有者在企业所有者权益中所占的份额和参与企业财务经营决策的基础，也是企业进行利润分配或股利分配的依据，同时还是企业清算时确定所有者对净资产的要求权的主要依据。

投资者投入资本后，企业应具备国家规定的与其生产经营和服务规模相适应的资金。根据我国《公司法》规定，股东可以用货币出资，也可以用实物、知识产权、土地使用权等可以用货币估价并可以依法转让的非货币财产作价出资；但是，法律、行政法规规定不得作为出资的财产除外。企业应当对作为出资的非货币财产评估作价，核实财产，不得高估或者低估作价。法律、行政法规对评估作价有规定的，从其规定。全体股东的货币出资金额不得低于有限责任公司注册资本的30%。不论以何种方式出资，投资者如在投资过程中违反投资合约或协议约定，不按规定如期缴足出资额，企业可以依法追究投资者的违约责任。

为了反映和监督投资者投入资本的增减变动情况，企业一般设置“实收资本（股本）”账户，根据规定进行实收资本的核算。该账户属所有者权益类账户，按投资者进行明细核算。

借方　　实收资本（股本）　　贷方

| 借方 | 贷方 |
|---|---|
| ① 企业因重大亏损而减少注册资本<br>② 企业因资本结构调整，通过回购股票减资 | ① 企业收到投资者投入的资本金<br>② 盈余公积转增资本<br>③ 资本公积转增资本<br>④ 发放股票股利方式增资<br>⑤ 可转换公司债券持有人持有的债券转为股票 |
| | 企业实收资本（股本）总额 |

除股份有限公司以外，其他各类企业应通过“实收资本”科目核算，股份有限公司应通过“股本”科目核算。

收到所有者投入企业的资本后，应根据有关原始凭证（如投资清单、银行通知单等），分别不同的出资方式进行会计处理。

2. 实收资本的账务处理

（1）接受现金资产投资。

① 股份有限公司以外的企业接受现金资产投资。企业收到现金投资时，应在实际收到或者存入企业开户银行时，按实际收到的金额，借记“银行存款”科目，按投入资本在注册资本中所占份额，贷记“实收资本”科目，按其差额，贷记“资本公积——资本溢价”等科目。

**【做中学 8-11】** 甲、乙、丙共同投资设立华维有限责任公司，注册资本为 1 000 000 元，甲、乙、丙持股比例分别为 55％、30％和 15％。按照章程规定，甲、乙、丙投入资本分别为 550 000 元、300 000 元和 150 000 元。华维公司已如期收到各投资者一次缴足的款项。华维有限责任公司编制会计分录如下:

借：银行存款　　1 000 000
　贷：实收资本——甲　　550 000
　　　　　　——乙　　300 000
　　　　　　——丙　　150 000

② 股份有限公司接受现金资产投资。股份有限公司是指全部资本由等额股份构成并通过发行股票筹集资本、股东以其认购的股份为限对公司承担责任、公司以其全部财产对公司债务承担责任的企业法人。股份有限公司与其他企业相比较，最显著的特点就是将企业的全部资本划分为等额股份，并通过发行股票的方式来筹集资本，股票的面值与股份总数的乘积为股本、股本应等于企业的注册资本。

股份有限公司在核定的股本总额及核定的股份总额的范围内发行股票。股份有限公司发行股票时，既可以按面值发行股票，也可以溢价发行，我国目前不准许折价发行。

面值发行：公司发行股票取得的收入等于股本总额，公司发行股票取得的收入应全部记入“股本”科目。

溢价发行：公司发行股票取得的收入大于股本总额，应将相当于股票面值的部分记入“股本”科目，其余部分在扣除发行手续费、佣金等发行费用后记入“资本公积——股本溢价”科目。

发行股票相关的手续费、佣金等交易费用，如果是溢价发行股票的，应从溢价中抵扣，冲减资本公积（股本溢价）；无溢价发行股票或溢价金额不足以抵扣的，应将不足抵扣的部分冲减盈余公积和未分配利润。

**【做中学 8-12】** 东方股份有限公司首次发行普通股 20 000 000 股，每股面值 1 元，每股发行价格 4 元。假定股票发行成功，股款 80 000 000 元已全部收到，发行过程中的税费 40 000 元。根据上述资料，东方股份有限公司应作如下账务处理。

计入股本的金额 = 20 000 000 × 1 = 20 000 000（元）

计入资本公积的金额 = 80 000 000 − 20 000 000 − 40 000 = 59 960 000（元）

编制会计分录如下:

借：银行存款　　79 960 000
　贷：股本　　20 000 000
　　　资本公积——股本溢价　　59 960 000

（2）接受非现金资产投资。

① 接受投入固定资产。企业接受投资者作价投入的房屋、建筑物、机器设备等固定资产，应按投资合同或协议约定价值确定固定资产价值（但投资合同或协议约定价值不公允的除外）和在注册资本中应享有的份额。

**【做中学 8-13】** 华丰有限责任公司于设立时收到甲公司作为资本投入的不需要安装的机器设备一台，合同约定该机器设备的价值为 300 000 元，增值税进项税额为 51 000 元。约定华丰有限责任公司接受甲公司的投入资本为 351 000 元。合同约定的固定资产价值与公允价值相符，不考虑其他因素，华丰有限责任公司编制会计分录如下：

借：固定资产 300 000
　　应交税费——应交增值税（进项税额） 51 000
　　贷：实收资本——甲公司 351 000

② 接受投入材料物资。企业接受投资者作价投入的材料物资，应按投资合同或协议约定价值确定材料物资价值（但投资合同或协议约定价值不公允的除外）和在注册资本中应享有的份额。

**【做中学 8-14】** 华丰有限责任公司于设立时收到乙公司作为资本投入的原材料一批，该批原材料投资合同或协议约定价值（不含可抵扣的增值税进项税额部分）为 200 000 元，增值税进项税额为 34 000 元。华丰公司已开具了增值税专用发票。假设合同约定的价值与公允价值相符，该进项税额允许抵扣，不考虑其他因素，华丰有限责任公司在进行会计处理时，应编制会计分类如下：

借：原材料 200 000
　　应交税费——应交增值税（进项税额） 34 000
　　贷：实收资本——乙公司 234 000

③ 接受投入无形资产。企业收到以无形资产方式投入的资本，应按投资合同或协议约定价值确定无形资产价值（但投资合同或协议约定价值不公允的除外）和在注册资本中应享有的份额。

**【做中学 8-15】** 华丰有限责任公司于设立时收到丙公司作为资本投入的土地使用权一项，投资合同约定价值为 500 000 元。假设华丰公司接受该土地使用权符合国家注册资本管理的有关规定，可按合同约定作实收资本入账，合同约定的价值与公允价值相符，不考虑其他因素。华丰有限责任公司编制会计分录如下：

借：无形资产——土地使用权 500 000
　　贷：实收资本——丙公司 500 000

（3）实收资本（或股本）的增加。一般情况下，企业的实收资本应相对固定不变，但在某些特定情况下，实收资本也可能发生增减变化。我国企业法人登记管理条例中规定，除国家另有规定外，企业的注册资金应当与实收资本相一致，当实收资本比原注册资金增加或减少的幅度超过 20%时，应持资金信用证明或者验资证明，向原登记主管机关申请变更登记。如擅自改变注册资本或抽逃资金，要受到工商行政管理部门的处罚。

① 企业增加资本的一般途径有 3 条。一是所有者（包括原企业所有者和新投资者）投入。企业接受投资者投入的资本，借记“银行存款”、“固定资产”等科目，贷记“实收资本”或“股本”科目；二是将资本公积转为实收资本或者股本，应借记“资本公积——资本溢价”或“资本公积——股本溢价”科目，贷记“实收资本”或“股本”科目；三是将盈余公积转为实收资本，应借记“盈余公积”科目，贷记“实收资本”或“股本”科目。

需要注意的是，由于资本公积和盈余公积均属于所有者权益，用其转增资本时，如果是独资企业比较简单，直接结转即可。如果是股份公司或有限责任公司应该按照原投资者各出资比例相应增加各投资者的出资额。

**【做中学 8-16】** 甲、乙两人共同投资设立华实有限责任公司，原注册资本为 2 000 000 元，甲、乙分别出资 1 500 000 元和 500 000 元。为扩大经营规模，经批准，华实有限责任公司注册资本扩大为 3 000 000 元，甲、乙按照原出资比例分别追加投资 750 000 元和 250 000 元。华实有限责任公司如期收到甲、乙追加的现金投资。华实有限责任公司的会计分录如下：

借：银行存款　　1 000 000

　贷：实收资本——甲　　750 000

　　　　　　——乙　　250 000

**【做中学 8-17】** 承【做中学 8-16】的资料。因扩大经营规模需要，经批准，华实有限责任公司按原出资比例将资本公积 500 000 元转增资本，华实有限责任公司的会计分录如下：

借：资本公积　　500 000

　贷：实收资本——甲　　125 000

　　　　　　——乙　　375 000

**【做中学 8-18】** 承【做中学 8-16】的资料。因扩大经营规模需要，经批准，华实有限责任公司按原出资比例将盈余公积 600 000 元转增资本。华实有限责任公司会计分录如下：

借：盈余公积　　600 000

　贷：实收资本——甲　　150 000

　　　　　　——乙　　450 000

② 股份有限公司发放股票股利。股票股利又称送股，是公司无偿向普通股股东增发普通股票。经股东大会或类似机构决议，分配给股东的股票股利，应在办理增资手续后，借记“利润分配——转作股本的股利”科目，贷记“股本”科目。

**【做中学 8-19】** 东方股份有限公司为了扩大生产规模，经股东大会批准采用发行股票股利的方式增资，增发普通股 500 000 股，每股面值 1 元，按持股比例发放给原股东，作为股利的发放。办理增资手续后，作会计分录如下：

借：利润分配——转作股本的股利　　5 000 000

　贷：股本　　5 000 000

（4）实收资本（或股本）的减少。企业的实收资本不得随意减少，股东在公司存续期间不能随意抽回投资。企业减少实收资本应按法定程序报经批准，但公司减资后的注册资本不得低于法定的最低限额。企业实收资本减少的原因大体有两种，一是资本过剩；二是企业发生重大亏损而需要减少实收资本。企业因资本过剩而减资，一般要发还股款。

有限责任公司和一般企业发还投资的会计处理比较简单，按法定程序报经批准减少注册资本的，借记“实收资本”科目，贷记“库存现金”、“银行存款”等科目。

股份有限公司由于采用的是发行股票的方式筹集股本，发还股款时则要回购发行的股票，发行股票的价格与股票面值可能不同，回购股票的价格也可能与发行价格不同。企业应设置“库存股”账户，该账户属所有者权益类账户，专门核算企业收购、转让或注销的本公司股份金额。

| 借方　　　　库存股 | 贷方 |
|---|---|
| 收购的本公司股份金额 | 转让或注销的本公司股份金额 |
| 反映企业持有尚未转让或注销的本公司股份金额 | |

股份有限公司因减少注册资本而回购本公司股份的，应按实际支付的金额，借记“库存股”科目，贷记“银行存款”等科目，注销库存股时，应按股票值和注销股数计算的股票面值总额，借记“股本”科目，按注销库存股的账面余额，贷记“库存股”科目，按其差额，冲减股票发行时原计入资本公积的溢价部分，借记“资本公积——股本溢价”科目，回购价格超过上述冲减“股本”及“资本公积——股本溢价”科目的部分，应依次借记“盈余公积”、“利润以分配——未分配利润”等科目；如回购价格低于回购股份所对应的股本，所注销库存股的账面余额与所冲减股本的差额作为增加股本溢价处理，按回购股份所对应的股本面值，借记“股本”科目，按注销库存股的账面余额，贷记“库存股”科目，按其差额，贷记“资本公积——股本溢价”科目。

**【做中学 8-20】** 南方公司 2011 年 12 月 31 日的股本为 100 000 000 股，面值为 1 元，资本公积（股本溢价）30 000 000 元，盈余公积 40 000 000 元。经股东大会批准，南方公司以现金回购本公司股票 20 000 000 股并注销。假定南方公司按每股 1.8 元回购股票，不考虑其他因素，南方公司的会计处理如下。

① 回购本公司股票时:

库存股成本 = 20 000 000 × 1.8 = 36 000 000（元）

借：库存股　　36 000 000

　　贷：银行存款　　36 000 000

② 注销本公司股票时:

应冲减的资本公积 = 20 000 000 × 1.8 − 20 000 000 × 1 = 16 000 000（元）

借：股本　　20 000 000

　　资本公积——股本溢价　　16 000 000

　　贷：库存股　　36 000 000

**【做中学 8-21】** 承【做中学 8-20】的资料。假定南方公司按每股 3 元回购股份，其他条件不变，南方公司的会计处理如下:

① 回购本公司股票时:

库存股成本 = 20 000 000 × 3 = 60 000 000（元）

借：库存股　　60 000 000

　　贷：银行存款　　60 000 000

② 注销本公司股票时:

应冲减的资本公积 = 20 000 000 × 3 − 20 000 000 × 1 = 40 000 000（元），由于应冲减的资本公积大于公司现有的资本公积，所有只能冲减资本公积 30 000 000 元，剩余的 10 000 000 元应冲减盈余公积。

借：股本　　20 000 000

　　资本公积——股本溢价　　30 000 000

　　盈余公积　　10 000 000

　　贷：库存股　　60 000 000

**【做中学 8-22】** 承【做中学 8-20】的资料。假定南方公司按每股 0.8 元回购股票，其他条件不变，南公司的会计处理如下:

① 回购本公司股票:

库存股成本 = 20 000 000 × 0.8 = 16 000 000（元）

借：库存股　　16 000 000

　　贷：银行存款　　16 000 000

② 注销本公司股票时：

应增加的资本公积 = 20 000 000 × 1 − 20 000 000 × 0.8 = 4 000 000（元）。

借：股本　　20 000 000

　　贷：库存股　　16 000 000

　　　　资本公积——股本溢价　　4 000 000

知识拓展

**股票回购**

股票回购是指上市公司利用现金等方式，从股票市场上购回本公司发行在外的一定数额的股票的行为。公司在股票回购完成后可以将所回购的股票注销。但在绝大多数情况下，公司将回购的股票作为“库藏股”保留，不再属于发行在外的股票，且不参与每股收益的计算和分配。库藏股日后可移作他用，如发行可转换债券、雇员福利计划等，或在需要资金时将其出售。

## （三）资本公积

1. 资本公积概述

（1）资本公积的构成。资本公积是企业收到投资者的超出其在企业注册资本（或股本）中所占份额的投资，以及直接计入所有者权益的利得和损失等。资本公积包括资本溢价（或股本溢价）和直接计入所有者权益的利得和损失等。

资本溢价（或股本溢价）是企业收到投资者的超出其在企业注册资本（或股本）中所占份额的投资。形成资本溢价（或股本溢价）的原因有溢价发行股票、投资者超额缴入资本等。

直接计入所有者权益的利得和损失是指不应计入当期损益、会导致所有者权益发生增减变动的、与所有者投入资本或者向所有者分配利润无关的利得或者损失。

（2）资本公积与实收资本（或股本）的区别。

① 从来源和性质看，实收资本（或股本）是指投资者按照企业章程或合同、协议的约定，实际投入企业并依法进行注册的资本，它体现了企业所有者对企业的基本产权关系。资本公积是投资者的出资中超出其在注册资本中所占份额的部分，以及直接计入所有者权益的利得和损失，它不直接表明所有者对企业的基本产权关系。

② 从用途看，实收资本（或股本）的构成比例是确定所有者参与企业财务经营决策的基础，也是企业进行利润分配或股利分配的依据，同时还是企业清算时确定所有者对净资产的要求权的依据。资本公积的用途主要是用来转增资本（或股本）。资本公积不体现各所有者的占有比例也不能作为所有者参与企业财务经营决策或进行利润分配（或股利分配）的依据。

（3）资本公积与留存收益的区别。留存收益是企业从历年实现的利润中提取或形成的留存于企业的内部积累，来源于企业生产经营活动实现的利润。资本公积的来源不是企业实现的利润，而主要来自资本溢价（或股本溢价）等。

2. 资本公积的账务处理

企业应当设置“资本公积”账户，该账户属所有者权益类账户，用来核算资本公积的增减变动情况，分别设置“资本溢价（或股本溢价）”、“其他资本公积”明细账户进行明细核算。

| 借方 | 资本公积 贷方 |
| --- | --- |
| ① 用资本公积转增资本 | ① 资本（或股本）溢价<br>② 产生的其他资本公积 |
| | 企业结存资本公积总额 |

资本公积的核算包括资本溢价（或股本溢价）的核算、其他资本公积的核算和资本公积转增资本的核算等内容。

（1）资本溢价（或股本溢价）的核算。

① 资本溢价。除股份有限公司外的其他类型的企业，在企业创立时，投资者认缴的出资额与注册资本一致，一般不会产生资本溢价。但在企业重组或有新的投资者加入时，常常会出现资本溢价。因为在企业进行正常生产经营后，其资本利润率通常要高于企业初创阶段，资本的获利能力得到了提高，因此，相同数量的投资，由于出资时间不同，其对企业的影响程度不同，由此而带给投资者的权利也不同，往往早期出资带给投资者的权利要大于后期出资带给投资者的权利；另外，企业有内部积累，新投资者加入企业后，对这些积累也要分享，所以新加入的投资者往往要付出大于原投资者的出资额，才能取得与原投资者相同的出资比例。投资者多缴的部分就形成了资本溢价。

**【做中学 8-23】** 文源有限责任公司有甲、乙两位投资者投资 200 000 元设立，每人各出资 100 000 元。经过与一年经营，该企业留存收益为 50 000 元。这时，又有第三位投资者丙有意投资该企业，并表示愿意也出资 100 000 元，但仅享有该公司 20%的股份。文源有限责任公司已收到该现金投资。假定不考虑其他因素，文源有限责任公司的会计分录如下：

丙投资者在注册资本中所享有的份额 = 200 000 × 20% ÷ （1 − 20%） = 50 000（元）

资本溢价 = 100 000 − 50 000 = 50 000（元）

| | 借方 | 贷方 |
| --- | --- | --- |
| 借：银行存款 | 100 000 | |
| 　贷：实收资本——丙 | | 50 000 |
| 　　资本公积——资本溢价 | | 50 000 |

② 股本溢价。股份有限公司是以发行股票的方式筹集股本的，股票可按面值发行，也可按溢价发行，我国目前不准折价发行。股本溢价的数额等于股份有限公司发行股票时实际收到的款额超过股票面值总额的部分。

**【做中学 8-24】** 东方股份有限公司增发普遍股 10 000 000 股，每股面值 1 元，每股发行价格为 5 元。公司以银行存款支付发行手续费、咨询费等费用共计 1 500 000 元。假定发行收入已全部收到，发行费用已全部支付，不考虑其他因素，公司的会计处理如下。

① 收到发行收入时：

应增加的资本公积=10 000 000 × （5−1）=40 000 000（元）

| | 借方 | 贷方 |
| --- | --- | --- |
| 借：银行存款 | 500 000 000 | |
| 　贷：股本 | | 100 000 000 |
| 　　资本公积——股本溢价 | | 400 000 000 |

② 支付发行费用时：股本溢价 400 000 000 元高于发行中发生的交易费用 1 500 000 元，交易费用可从股本溢价中扣除，作为冲减资本公积处理。

| | 借方 | 贷方 |
| --- | --- | --- |
| 借：资本公积——股本溢价 | 1 500 000 | |
| 　贷：银行存款 | | 1 500 000 |

（2）其他资本公积的核算。其他资本公积是指除资本溢价（或股本溢价）项目以外所形成的资本公积，其中主要是直接计入所有者权益的利得和损失。直接计入所有者权益的利得和损失主要有以下交易和事项引起：采用权益法核算的长期股权投资，可供出售金融资产公允价值的变动，以权益结算的股份支付，存货或自用房地产转换为投资性房地产，可供出售外币非货币性项目的汇兑差额以及金融资产的重分类等。

长期股权投资采用权益法核算的，在持股比例不变的情况下，被投资单位除净损益以外所有者权益的其他变动，企业按持股比例计算应享有的份额，如果是利得，应当增加长期股权投资的账面价值，同时增加资本公积（其他资本公积）；如果是损失，应当作相反的会计分录。当处置采用权益法核算的长期股权投资时，应当将原计入资本公积的相关金额转入投资收益。

**【做中学 8-25】** A 有限责任公司于 2012 年 1 月 1 日向 B 公司投资 5 000 000 元，拥有该公司 20％的股份，并对该公司有重大影响，因而对 B 公司长期股权投资采用权益法核算。2012 年 12 月 31 日，B 公司净损益之外的所有者权益增加了 2 000 000 元。假定除此以外，B 公司的所有者权益没有变化，A 有限责任公司的持股比例没有变化，B 公司资产的账面价值与公允价值一致，不考虑其他因素。A 有限责任公司的会计分录如下：

A 有限责任公司增加的资本公积 = 2 000 000 × 20％ = 400 000（元）

借：长期股权投资——其他权益变动　　400 000

　贷：资本公积——其他资本公积　　400 000

（3）资本公积转增资本的核算。按照《公司法》的规定，法定公积金（资本公积和盈余公积）转为资本时，所留存的该项公积金不得少于转增前公司注册资本的 25%。经股东大会或类似机构决议，用资本公积转增资本时，应冲减资本公积。同时按照转增前的实收资本（或股本）的结构或比例，将转增的金额记入“实收资本”（或“股本”）科目下各所有者的明细分类账。

有关会计处理，参见本岗位【做中学 8-17】的有关内容。

## （四）留存收益

留存收益是指企业从历年实现的利润中提取或留存于企业的内部积累，它来源于企业的生产经营活动所实现的净利润，包括企业的盈余公积和未分配利润两个部分。

1. 盈余公积

盈余公积是指企业按规定从净利润中提取的企业积累资金。公司制企业的盈余公积包括法定盈余公积和任意盈余公积。

按照《公司法》有关规定，公司制企业应当按照净利润（减弥补以前年度亏损）的 10%提取法定盈余公积。非公司制企业法定盈余公积的提取比例可超过净利润的 10%。法定盈余公积累计额已达注册资本的 50%时可以不再提取。值得注意的是，在计算提取法定盈余公积的基数时，不应包括企业年初未分配利润。

公司制企业可根据股东大会的决议提取任意盈余公积。非公司制企业经类似权力机构批准，也可提取任意盈余公积。法定盈余公积和任意盈余公积的区别在于其各自计提的依据不同，前者以国家的法律法规为依据；后者由企业的权力机构自行决定。

企业提取的盈余公积经批准可用于弥补亏损、转增资本、发放现金股利或利润以及扩大生产经营等。

为了反映盈余公积的形成及使用情况，企业应设置“盈余公积”科目。企业应当分别“法定盈余公积”、“任意盈余公积”进行明细核算。

| 借方 | 盈余公积 贷方 |
| --- | --- |
| ① 用盈余公积转增资本<br>② 用盈余公积弥补亏损<br>③ 用盈余公积发放现金股利或利润 | 按一定比例从税后利润中提取的盈余公积 |
| | 企业期末结存盈余公积金额 |

（1）提取盈余公积。企业按规定提取盈余公积时，应通过“利润分配”和“盈余公积”等科目处理。借记“利润分配——提取法定（任意）盈余公积”账户，贷记“盈余公积——法定（任意）盈余公积”账户。

**【做中学 8-26】** A 股份有限公司本年实现净利润为 4 000 000 元，年初未分配利润为 0。经股东大会批准，A 股份有限公司按当年净利润的 10%提取法定盈余公积，按当年净利润的 5%提取任意盈余公积。假定不考虑其他因素，A 股份有限公司的会计分录如下:

本年提取法定盈余公积金额 = 4 000 000 × 10% = 400 000（元）

本年提取任意盈余公积金额 = 4 000 000 × 5% = 200 000（元）

借：利润分配——提取法定盈余公积　　400 000
　　　　　　——提取任意盈余公积金　　200 000
　贷：盈余公积——法定盈余公积　　400 000
　　　　　　——任意盈余公积金　　200 000

（2）盈余公积补亏。企业用盈余公积补亏时，应借记“盈余公积”账户，贷记“利润分配——盈余公积补亏”账户。

**【做中学 8-27】** 经股东大会批准，B 股份有限公司用以前年度提取的盈余公积弥补当年亏损，当年弥补亏损的数额为 500 000 元。假定不考虑其他因素，B 股份有限公司的会计分录如下:

借：盈余公积　　500 000
　贷：利润分配——盈余公积补亏　　500 000

（3）盈余公积转增资本。企业用盈余公积转增资本时，应借记“盈余公积”账户，贷记“实收资本”或“股本”账户。

**【做中学 8-28】** 因扩大经营规模需要，经股东大会批准 C 股份有限公司将盈余公积 300 000 元转增股本。假定不考虑其他因素，C 股份有限公司的会计处理如下:

借：盈余公积　　300 000
　贷：股本　　300 000

（4）用盈余公积发放现金股利或利润。企业发放的现金股利或利润，在股东大会批准利润分配方案和实际发放时进行账务处理，如果用盈余公积发放现金股利或利润，则直接冲减盈余公积，并将利润分配的金额确认为流动负债，记入“应付股利”账户；在实际发放时，再借记“应付股利”账户，贷记“银行存款”账户。

**【做中学 8-29】** E 股份有限公司 2011 年 12 月 31 日普通股股本为 60 000 000 股，每股面值 1 元，可供投资者分配的利润为 4 000 000 元，盈余公积为 10 000 000 元。2012 年 3 月 9 日，股东大会批准了 2011 年度利润分配方案，以 2011 年 12 月 31 日为登记日，按每股 0.15 元发放现金股利。E 股份有限公司共需要分派 9 000 000 元现金股利，其中动用可供投资者分配的利润 4 000 000 元、盈余公积 5 000 000 元。假定不考虑其他因素，E 股份有限公司的会计处理如下。

① 宣告分派股利时:

借：利润分配——应付现金股利　　4 000 000

盈余公积 5 000 000

贷：应付股利 9 000 000

② 支付股利时：

借：应付股利 9 000 000

贷：银行存款 9 000 000

2. 未分配利润

未分配利润是企业留待以后年度进行分配的结存利润，也是企业所有者权益的组成部分。相对于所有者权益的其他部分来讲，企业对于未分配利润的使用分配有较大的自主权。从数量上来讲，未分配利润是期初未分配利润，加上本期实现的净利润，减去提取的各种盈余公积和分出利润后的余额。

企业应通过“利润分配”科目，核算企业利润的分配（或亏损的弥补）和历年分配（或弥补）后的未分配利润（或未弥补亏损）。

具体业务参见本书岗位八的相关内容。

# 四、对外投资业务

## （一）交易性金融资产

1. 交易性金融资产概述

交易性金融资产主要指企业为了近期内出售而持有的金融资产，例如，企业以赚取差价为目的从二级市场购入的股票、债券、基金等。

金融资产是指一切代表未来收益或资产合法要求权的凭证，是单位或个人所拥有的以价值形态存在的资产，是一种索取实物资产的无形的权利，是一切可以在有组织的金融市场上进行交易、具有现实价格和未来估价的金融工具的总称。企业的金融资产主要包括库存现金、应收账款、应收票据、应收利息、应收股利、其他应收款、贷款、垫款、债权投资、股权投资、基金投资、衍生金融资产等。

满足以下条件之一的金融资产，应当划分为交易性金融资产。

（1）取得该金融资产的目的主要是为了近期内出售。例如，企业以赚取差价为目的从二级市场购入的股票、债券和基金等。

（2）属于进行集中管理的可辨认金融工具组合的一部分，且有客观证据表明企业近期采用短期获利方式对该组合进行管理。在这种情况下，即使组合中有某个组成项目持有的期限稍长也不受影响。

（3）属于衍生工具。但是，被指定为有效套期工具的衍生工具、属于财务担保合同的衍生工具、与在活跃市场中没有报价且其公允价值不能可靠计量的权益工具投资挂钩并须通过交付该权益工具结算的衍生工具除外。这里讲的金融资产的衍生工具，是金融创新的产物，也就是通过创造金融工具来帮助金融机构管理者更好地进行风险控制，这种工具就叫金融衍生工具。目前最主要的金融衍生工具有：远期合同、金融期货、期权和互换等。

2. 交易性金融资产核算的有关账户

为了核算交易性金融资产的取得、收取现金股利或利息、期末计量、处置等业务，企业应当设置“交易性金融资产”、“公允价值变动损益”、“投资收益”、“应收股利”、“ 应收利息”等科目。

（1）“交易性金融资产”科目属资产类，核算企业为交易目的所持有的债券投资、股票投资、基金投资等交易性金融资产的公允价值。企业持有的直接指定为以公允价值计量且其变动计入当期损益的金融资产也在“交易性金融资产”科目核算。企业应当按照交易性金融资产的类别和品种，分别设置“成本”、“公允价值变动”等明细科目进行核算。

| 借方 | 交易性金融资产　　　　贷方 |
|---|---|
| ① 取得的交易性金融资产成本<br>② 资产负债表日其公允价值高于账面价值的差额等 | ① 出售交易性金融资产时结转的成本<br>② 出售交易性金融资产时公允价值变动损益的结转（也可能在借方）<br>③ 资产负债表日其公允价值低于账面价值的差额等 |
| 企业持有的交易性金融资产的公允价值 | |

（2）“公允价值变动损益”科目属损益类，核算企业交易性金融资产等公允价值变动而形成的应计入当期损益的利得或损失。

| 借方 | 公允价值变动损益　　　　贷方 |
|---|---|
| 资产负债表日相关资产公允价值低于其账面余额的差额 | 资产负债表日相关资产公允价值高于其账面余额的差额 |
| 期末，转入“本年利润”，结转后本科目无余额 | |

（3）“投资收益”科目属损益类，核算企业持有交易性金融资产等期间取得的投资收益以及处置交易性金融资产等实现的投资收益或投资损失。

| 借方 | 投资收益　　　　贷方 |
|---|---|
| ① 企业投资时发生的投资损失<br>② 期末转入“本年利润”的净收益 | ① 投资时实现的投资收益<br>② 期末转入“本年利润”的净损失 |
| | 期末结转后应无余额 |

（4）“应收利息”和“应收股利”科目属资产类科目，分别核算企业应收到的利息、现金股利（或利润），并分别按投资单位或借款人设置明细账户。

| 借方 | 应收利息（或应收股利）　　　　贷方 |
|---|---|
| 投资时应收而未收的利息（或股利） | 收到应收而未收的利息（或股利） |
| 尚未收回的利息、现金股利或利润 | |

### 3. 交易性金融资产的账务处理

（1）交易性金融资产的取得。企业取得交易性金融资产时，应当按照该金融资产取得时的公允价值作为其初始确认金额，记入“交易性金融资产——成本”科目。取得交易性金融资产所支付价款中包含了已宣告但尚未发放的现金股利或已到付息期但尚未领取的债券利息的，应当单独确认为应收项目，记入“应收股利”或“应收利息”科目。

取得交易性金融资产所发生的相关交易费用应当在发生时计入投资收益。交易费用是指可直接归属于购买、发行或处置金融工具新增的外部费用，包括支付给代理机构、咨询公司、券商等的手续费和佣金及其他必要支出。

公允价值，是指在公平交易中，熟悉情况的交易双方自愿进行资产交换或者债务清偿的金额。在公平交易中，交易双方应当是持续经营企业，不打算或不需要进行清算、重大缩减经营规模，或在不利条件下仍进行交易。存在活跃市场的金融资产，活跃市场中的报价应当用于确定其公允价值；金融资产不存在活跃市场的，企业应当采用估值技术确定其公允价值。以上所指活跃市场，是指同时具有下列特征的市场。

① 市场内交易的对象具有同质性。

② 可随时找到自愿交易的买方和卖方。

③ 市场价格信息是公开的。

（2）交易性金融资产持有期间的现金股利和利息。企业持有交易性金融资产期间对于被投资单位宣告发放的现金股利或企业在资产负债表日按分期付息、一次还本债券投资的票面利率计算的利息收入，应当确认为应收项目，记入“应收股利”或“应收利息”科目，并计入投资收益。

（3）交易性金融资产资产负债表日的期末计量。资产负债表日，交易性金融资产应当按照公允价值计量，公允价值与账面余额之间的差额计入当期损益。企业应当在资产负债表日按照交易性金融资产公允价值与其账面余额的差额，借记或贷记“交易性金融资产——公允价值变动”科目，贷记或借记“公允价值变动损益”科目。

（4）交易性金融资产的处置。出售交易性金融资产时，应当将该金融资产出售时的公允价值与其初始入账金额之间的差额确认为投资收益，同时调整公允价值变动损益。企业应按实际收到的金额，借记“银行存款”、“其他货币资金”等科目，按该金融资产的账面余额，贷记“交易性金融资产”科目，按其差额，贷记或借记“投资收益”科目。同时，将原计入该金融资产的公允价值变动转出，借记或贷记“公允价值变动损益”科目，贷记或借记“投资收益”科目。

**【做中学 8-30】** 2011 年 5 月 18 日，宏洲公司从深圳证券交易所购入甲公司股票 1 000 000 股，占甲公司有表决权股份的 5%，支付价款合计 5 080 000 元，其中，证券交易税等交易费用 8 000 元，已宣告发放现金股利 72 000 元。宏洲公司没有在甲公司董事会中派出代表，宏洲公司将其划分为交易性金融资产。

① 2011 年 6 月 20 日，宏洲公司收到甲公司发放的 2010 年现金股利 72 000 元。

② 2011 年 6 月 30 日，甲公司股票收盘价为每股 5.20 元。

③ 2011 年 12 月 31 日，宏洲公司仍持有甲公司股票；12 月 30 日（周五），甲公司股票收盘价为每股 4.90 元。

④ 2012 年 4 月 20 日，甲公司宣告发放 2011 年现金股利 2 000 000 元。

⑤ 2012 年 5 月 10 日，宏洲公司收到甲公司发放的 2011 年现金股利。

⑥ 2012 年 5 月 14 日，宏洲公司以每股 4.50 元的价格将股票全部转让，同时支付证券交易税等交易费用 7 200 元。

假定不考虑其他因素，宏洲公司的账务处理如下:

① 取得股票时:

宏洲公司股票的单位成本 =（5 080 000 − 72 000 − 8 000）÷ 1 000 000 = 5.00（元/股）

| | |
|---|---|
| 借: 交易性金融资产——甲公司股票——成本 | 5 000 000 |
| 应收股利——甲公司 | 72 000 |
| 投资收益 | 8 000 |
| 贷: 其他货币资金——存出投资款 | 5 080 000 |

② 持有股票期间的现金股利及期末计量。

A. 2011 年 6 月 20 日，收到甲公司发放的 2010 年现金股利 72 000 元。

借：其他货币资金——存出投资款　　72 000

　　贷：应收股利——甲公司　　72 000

B. 2011 年 6 月 30 日，确认甲公司股票公允价值变动 =（5.20 − 5.00）× 1 000 000 = 200 000（元）。

借：交易性金融资产——甲公司股票——公允价值变动　　200 000

　　贷：公允价值变动损益——甲公司股票　　200 000

C. 2011 年 12 月 31 日，确认甲公司股票公允价值变动 =（4.90 − 5.20）× 1 000 000 = −300 000（元）。

借：公允价值变动损益——甲公司股票　　300 000

　　贷：交易性金融资产——甲公司股票——公允价值变动　　300 000

D. 2012 年 4 月 20 日，确认甲公司发放的 2011 年现金股利中应享有的份额 = 2 000 000 × 5% = 100 000（元）。

借：应收股利——甲公司　　100 000

　　贷：投资收益　　100 000

E. 2012 年 5 月 10 日，收到甲公司发放的 2011 年现金股利。

借：其他货币资金——存出投资款　　100 000

　　贷：应收股利——甲公司　　100 000

③ 处置股票。

A. 2012 年 5 月 14 日，出售甲公司股票 1 000 000 股。

甲公司股票出售价格 = 4.50 × 1 000 000 = 4 500 000（元）

出售甲公司股票取得的价款 = 4 500 000 − 7 200 = 4 492 800（元）

甲公司股票持有期间公允价值变动计入当期损益的金额 = 200 000 − 300 000 = −100 000（元）

出售甲公司股票时的账面余额 = 5 000 000 +（−100 000）= 4 900 000（元）

出售甲公司股票的损益 = 4 492 800 − 4 900 000 = −407 200（元）

借：其他货币资金——存出投资款　　4 492 800

　　投资收益　　407 200

　　交易性金融资产——甲公司股票——公允价值变动　　100 000

　　贷：交易性金融资产——甲公司股票——成本　　5 000 000

B. 同时，原计入该金融资产的公允价值变动为 −100 000（元）。

借：投资收益——甲公司股票　　100 000

　　贷：公允价值变动损益——甲公司股票　　100 000

**【做中学 8-31】** 2011 年 1 月 3 日，宏洲公司从二级市场购入丙公司债券，支付价款合计 2 060 000 元，其中，已到付息期但尚未领取的利息 40 000 元，交易费用 20 000 元。该债券面值 2 000 000 元，剩余期限为 3 年，票面年利率为 4%，每半年末付息一次。宏洲公司将其划分为交易性金融资产。其他资料如下。

① 2011 年 1 月 10 日，收到丙公司债券 2010 年下半年利息 40 000 元。

② 2011 年 6 月 30 日，丙公司债券的公允价值为 2 300 000 元（不含利息）。

③ 2011 年 7 月 11 日，收到丙公司债券 2011 年上半年的利息。

④ 2011 年 12 月 31 日，丙公司债券的公允价值为 2 200 000 元（不含利息）。

⑤ 2012 年 1 月 10 日，收到丙公司债券 2011 年下半年的利息。

⑥ 2012 年 6 月 20 日，通过二级市场出售丙公司债券，取得价款 2 360 000 元。

假定不考虑其他因素，宏洲公司的账务处理如下。

① 取得债券时：

借：交易性金融资产——丙公司债券——成本　　2 000 000

　　应收利息——丙公司　　40 000

　　投资收益　　20 000

　　贷：银行存款　　206 000

② 持有债券期间的利息及期末计量。

A. 2011 年 1 月 10 日，收到该债券 2010 年下半年利息 40 000 元。

借：银行存款　　40 000

　　贷：应收利息——丙公司　　40 000

B. 2011 年 6 月 30 日，确认丙公司债券公允价值变动 = 2 300 000 − 2 000 000 = 300 000（元）。

借：交易性金融资产——丙公司债券——公允价值变动　　300 000

　　贷：公允价值变动损益——丙公司债券　　300 000

C. 2011 年 6 月 30 日，确认丙公司债券投资收益 = 2 000 000 × 4% ÷ 2 = 40 000（元）。

借：应收利息——丙公司　　40 000

　　贷：投资收益——丙公司债券　　40 000

D. 2011 年 7 月 11 日，收到丙公司债券 2011 年上半年的利息。

借：银行存款　　40 000

　　贷：应收利息——丙公司　　40 000

E. 2011 年 12 月 31 日，确认丙公司债券公允价值变动 = 2 200 000 − 2 300 000 = −100 000（元）。

借：公允价值变动损益——丙公司债券　　100 000

　贷：交易性金融资产——丙公司债券——公允价值变动　　100 000

F. 2011 年 12 月 31 日，确认丙公司债券投资收益 = 2 000 000 × 4% ÷ 2 = 40 000（元）。

借：应收利息——丙公司　　40 000

　　贷：投资收益——丙公司债券　　40 000

G. 2012 年 1 月 10 日，收到丙公司债券 2011 年下半年的利息。

借：银行存款　　40 000

　　贷：应收利息——丙公司　　40 000

③ 处置债券。

A. 2012 年 6 月 20 日，通过二级市场出售丙公司债券。

出售丙公司债券取得的价款 = 2 360 000（元）

丙公司债券持有期间公允价值变动计入当期损益的金额 = 300 000 − 100 000 = 200 000（元）

出售丙公司债券时的账面余额 = 2 000 000 + 200 000 = 2 200 000（元）

出售丙公司债券的损益 = 2 360 000 − 2 200 000 = 160 000（元）

借：银行存款　　2 360 000

　　贷：交易性金融资产——丙公司债券——成本　　2 000 000

　　　　　　　　　　　　　　　　　——公允价值变动　　200 000

　　　　投资收益——丙公司债券　　160 000

B. 同时，原计入该金融资产的公允价值变动 = 200 000（元）。

借：公允价值变动损益——丙公司债券　200 000
　　贷：投资收益——丙公司债券　200 000

## （二）可供出售的金融资产

### 1. 可供出售金融资产概述

可供出售金融资产是指初始确认时即被指定为可供出售的非衍生金融资产，以及没有划分为持有至到期投资、贷款和应收款项、以公允价值计量且其变动计入当期损益的金融资产的金融资产。通常情况下，划分为此类的金融资产应当在活跃市场上有报价，因此，企业从二级市场上购入的有报价的股票、债券、基金等，没有划分为以公允价值计量且其变动计入当期损益的金融资产或持有至到期投资等金融资产的，可以划分为可供出售金融资产。

### 2. 可供出售金融资产的账务处理

（1）账户设置。企业应设置“可供出售金融资产”账户，属资产类，核算企业所持有可供出售金融资产的公允价值。企业应当按照可供出售金融资产的类别和品种，分别设置“成本”、“利息调整”、“应计利息”、“公允价值变动”等明细科目进行核算。

| 借方　可供出售金融资产 | 贷方 |
| --- | --- |
| ① 取得可供出售金融资产的公允价值和交易费用之和<br>② 在资产负债表日按票面利率计算确定的应收未收利息<br>③ 在资产负债表日可供出售金融资产的公允价值高于账面价值的差额 | ① 出售可供出售金融资产而转出的成本、应计利息、公允价值变动和利息调整<br>② 在资产负债表日可供出售金融资产的公允价值低于账面价值的差额 |
| 企业期末结存的可供出售金融资产的金额 | |

（2）账务处理过程。可供出售金融资产的账务处理，与交易性金融资产的会计处理存在类似之处，例如，均要求按公允价值进行后续计量。但是，也有一些不同之处，例如，可供出售金融资产取得时发生的交易费用应当计入初始入账金额，可供出售金融资产后续计量时公允价值变动计入所有者权益等。

① 企业取得可供出售的金融资产，应按其公允价值与交易费用之和，借记“可供出售金融资产——成本”科目，按支付的价款中包含的已宣告但尚未发放的现金股利，借记“应收股利”科目，按实际支付的金额，贷记“银行存款”等科目。

企业取得的可供出售金融资产为债券投资的，应按债券的面值，借记“可供出售金融资产——成本”科目，按支付的价款中包含的已到付息期但尚未领取的利息，借记“应收利息”科目，按实际支付的金额，贷记“银行存款”等科目，按差额，借记或贷记“可供出售金融资产——利息调整”科目。

② 资产负债表日，可供出售债券为分期付息、一次还本债券投资的，应按票面利率计算确定的应收未收利息，借记“应收利息”科目，按可供出售债券的摊余成本和实际利率计算确定的利息收入，贷记“投资收益”科目，按其差额，借记或贷记“可供出售金融资产——利息调整”科目。

可供出售债券为一次还本付息债券投资的，应按票面利率计算确定的应收未收利息，借记“可供出售金融资产——应计利息”科目，按可供出售债券的摊余成本和实际利率计算确定的利息收入，贷记“投资收益”科目，按其差额，借记或贷记“可供出售金融资产——利息调整”科目。

③ 资产负债表日，可供出售金融资产的公允价值高于其账面余额的差额，借记“可供出售金融资产——公允价值变动”科目，贷记“资本公积——其他资本公积”科目；公允价值低于其账面余额的差额做相反的会计分录。

④ 出售可供出售金融资产，应按实际收到的金额，借记“银行存款”等科目，按其账面余额，贷记“可供出售金融资产——成本、公允价值变动、利息调整、应计利息”科目，按应从所有者权益中转出的公允价值累计变动额，借记或贷记“资本公积——其他资本公积”科目，按其差额，贷记或借记“投资收益”科目。

【做中学 8-32】 2011 年 5 月 18 日，宏洲公司从深圳证券交易所购入乙公司股票 1 000 000 股，占乙公司有表决权股份的 5%，支付价款合计 5 080 000 元，其中，证券交易税等交易费用 8 000 元，已宣告发放现金股利 72 000 元。宏洲公司没有在乙公司董事会中派出代表，宏洲公司将其划分为可供出售金融资产。

① 2011 年 6 月 20 日，宏洲公司收到乙公司发放的 2010 年现金股利 72 000 元。

② 2011 年 6 月 30 日，乙公司股票收盘价为每股 5.20 元。

③ 2011 年 12 月 31 日，乙公司股票收盘价为 4.90 元。

④ 2012 年 4 月 20 日，乙公司宣告发放 2011 年现金股利 2 000 000 元。

⑤ 2012 年 5 月 10 日，宏洲公司收到乙公司发放的 2011 年现金股利。

⑥ 2014 年 1 月 10 日，宏洲公司以每股 4.50 元的价格将股票全部转让，同时支付证券交易税等交易费用 7 200 元。

假定不考虑其他因素，同时为方便计算，假定乙公司股票自 2012 年 1 月 1 日至 2013 年 12 月 31 日止价格未发生变化，一直保持为 4.90 元/股。

宏洲甲公司的账务处理如下:

① 取得股票。

乙公司股票的单位成本 =（5 080 000 - 72 000）÷ 1 000 000 = 5.008（元/股）

借：可供出售金融资产——乙公司股票——成本　　5 008 000
　　应收股利——乙公司　　72 000
　　贷：其他货币资金——存出投资款　　5 080 000

② 持有股票期间的现金股利及期末计量。

A. 2011 年 6 月 20 日，收到乙公司发放的 2010 年现金股利 72 000 元

借：其他货币资金——存出投资款　　72 000
　　贷：应收股利——乙公司　　72 000

B. 2011 年 6 月 30 日，确认乙公司股票公允价值变动 = [（5.20 - 5.008）×1 000 000] = 192 000（元）

借：可供出售金融资产——公允价值变动　　192 000
　　贷：资本公积——其他资本公积　　192 000

C. 2011 年 12 月 31 日，确认乙公司股票公允价值变动 = [（4.90 - 5.20）×1 000 000] = - 300 000（元）

借：资本公积——其他资本公积　　300 000
　　贷：可供出售金融资产——公允价值变动　　300 000

D. 2012 年 4 月 20 日，确认乙公司发放的 2011 年现金股利中应享有的份额 = 2 000 000 × 5% = 100 000（元）

借：应收股利——乙公司　　100 000

　　贷：投资收益——乙公司股票　　100 000

E. 2012 年 5 月 10 日，收到乙公司发放的 2011 年现金股利。

借：其他货币资金——存出投资款　　100 000

　　贷：应收股利——乙公司　　100 000

F. 2012 年 1 月 1 日至 2013 年 12 月 31 日止，每年 12 月 31 日乙公司股票公允价值的变动为 0，每年会计分录相同。

借：可供出售金融资产——公允价值变动　　0

　　贷：资本公积——其他资本公积　　0

③ 处置股票。

A. 2014 年 1 月 10 日，出售乙公司股票 1 000 000 股。

乙公司股票出售价格 = 4.50 × 1 000 000 = 4 500 000（元）

出售乙公司股票取得的价款 = 4 500 000 − 72 000 = 4 492 800（元）

出售乙公司股票时的账面余额 = 5 008 000 +（−108 000）= 4 900 000（元）

借：其他货币资金——存出投资款　　4 492 800

　　投资收益——乙公司股票　　407 200

　　可供出售金融资产——公允价值变动　　108 000

　　贷：可供出售金融资产——成本　　5 008 000

B. 同时，应从所有者权益中转出的公允价值累计变动额 = 192 000 − 300 000 = −108 000（元）

借：投资收益——乙公司股票　　108 000

　　贷：资本公积——其他资本公积　　108 000

**【做中学 8-33】** 2011 年 1 月 1 日，宏洲有限公司支付价款 10 282 440 元购入华丰股份有限公司发行的 3 年期公司债券，该公司债券的票面总金额为 10 000 000 元，票面利率为 4%，实际利率为 3%，利息每年年末支付，本金到期支付。宏洲有限公司将该公司债券划分为可供出售金融资产。2011 年 12 月 31 日，该债券的市场价格为 10 390 940 元。假定不考虑交易费用和其他因素的影响，宏洲有限公司的账务处理如下。

① 购入债券。

借：可供出售金融资产——成本　　10 000 000

　　　　　　　　　——利息调整　　282 440

　　贷：银行存款　　10 282 440

② 2011 年 12 月 31 日，收到债券利息、确认公允价值变动和投资收益。

实际利息 = 10 282 440 × 3% = 308 473.2（元）

应收利息 = 10 000 000 × 4% = 400 000（元）

借：应收利息　　400 000

　　贷：投资收益　　308 473.2

　　　　可供出售金融资产——利息调整　　91 526.8

年末摊余价值 = 1 282 440 − 91 526.8 = 10 190 913.2（元）

收到利息。

借：银行存款　　400 000

　　贷：应收利息　　400 000

③ 期末根据市场价格调整成本。

期末市场价格－摊余价值＝10 390 940－10 190 913.2＝200 026.8（元）

借：可供出售金融资产——公允价值变动　　200 026.8

　贷：资本公积——其他资本公积　　200 026.8

## （三）持有至到期投资

### 1. 持有至到期投资概述

持有至到期投资是指到期日固定、回收金额固定或可确定，且企业有明确意图和能力持有至到期的非衍生金融资产。持有至到期投资具有以下特点。

（1）到期日固定、回收金额固定或可确定，是指相关合同明确了投资者在确定的期间内获得或应收取现金流量的金额和时间。

（2）有明确意图持有至到期，是指投资者在取得投资时意图就是明确的，除非遇到一些企业所不能控制、预期不会重复发生且难以合理预计的独立事件，否则将持有至到期。

（3）有能力持有至到期，是指企业有足够的财务资源，并不受外部因素影响将投资持有至到期。

### 2. 持有至到期投资的账务处理

（1）账户设置。

①“持有至到期投资”账户。该属资产类账户，核算企业持有至到期投资的摊余成本。企业应当按照持有至到期投资的类别和品种，分别设置“成本”、“利息调整”、“应计利息”等明细科目进行核算。

| 借方　　　　持有至到期投资 | 贷方 |
|---|---|
| ① 取得持有至到期投资的公允价值和交易费用之和<br>② 持有至到期投资在持有期间折价摊销额 | ① 出售持有至到期投资而转出的成本、利息调整、应计利息<br>② 持有至到期投资在持有期间溢价摊销额 |
| 企业持有至到期投资的摊余成本 | |

②“持有至到期投资减值准备”账户。该账户是“持有至到期投资”账户的备抵账户，反映持有至到期投资应计提的减值准备金额，按投资类别和品种进行明细核算。

| 借方　　　　持有至到期投资减值准备 | 贷方 |
|---|---|
| 持有至到期投资其价值恢复而转销的金额 | 计提持有至到期投资减值准备的金额 |
| | 企业已计提但尚未转销的持有至到期投资减值准备 |

（2）账务处理过程。持有至到期投资的会计处理主要应解决该金融资产实际利率的计算、摊余成本的确定、持有期间的收益确认及将其处置时损益的处理。持有至到期投资，应当采用实际利率法，按摊余成本计量。

摊余成本（价值）就是持有至到期投资的账面价值，是其 3 个明细账户（成本、利息调整、应计利息）之和。

投资收益＝持有至到期投资的摊余价值×实际利率

① 企业取得的持有至到期投资，应按该投资的面值，借记“持有至到期投资——成本”科目，按支付的价款中包含的已到付息期但尚未领取的利息，借记“应收利息”科目，按实际支

付的金额，贷记“银行存款”等科目，按其差额，借记或贷记“持有至到期投资——利息调整”科目。

② 资产负债表日，持有至到期投资为分期付息、一次还本债券投资的，应按票面利率计算确定的应收未收利息，借记“应收利息”科目，按持有至到期投资摊余成本和实际利率确定的利息收入，贷记“投资收益”科目，按其差额，借记或贷记“持有至到期投资——利息调整”科目。

持有至到期投资为一次还本付息债券投资的，应按票面利率计算确定的应收未收利息，借记“持有至到期投资——应计利息”科目，按持有至到期投资摊余成本和实际利率计算确定的利息收入，贷记“投资收益”科目，按其差额，借记或贷记“持有至到期投资——利息调整”科目。

③ 出售持有至到期投资，应按实际收到的金额，借记“银行存款”等科目，按其账面余额，贷记“持有至到期投资——成本、利息调整、应计利息”科目，按其差额，贷记或借记“投资收益”科目。已计提减值准备的，还应同时结转减值准备。

**【做中学 8-34】** 2012 年 1 月 1 日，宏洲公司支付价款 100 000 元（含交易费用）从活跃市场上购入甲公司同日发行的 5 年期公司债券，债券票面价值总额为 125 000 元，票面年利率为 4.72%，市场利率为 10%，于年末支付本年度债券利息（即每年利息为 5 900 元），本金在债券到期时一次性偿还。合同约定：甲公司在遇到特定情况时可以将债券赎回，且不需要为提前赎回支付额外款项。宏洲公司在购买该债券时，预计甲公司不会提前赎回。宏洲公司有意图也有能力将该债券持有至到期，划分为持有至到期投资。假定不考虑所得税、减值损失等因素。

账务处理中的有关数据如表 8-4 所示。

**表 8-4　财务处理中的有关数据**　　单位：元

| 日　期 | 现金流入<br>① | 实际利息收入<br>②=期初④×10% | 利息调整<br>③=①－② | 摊余成本余额<br>④=期初④－③ |
|---|---|---|---|---|
| 2012 年 1 月 1 日 | | | | 100 000 |
| 2012 年 12 月 31 日 | 5 900 | 10 000 | -4 100 | 104 100 |
| 2013 年 12 月 31 日 | 5 900 | 10 410 | -4 510 | 108 610 |
| 2014 年 12 月 31 日 | 5 900 | 10 861 | -4 961 | 113 571 |
| 2015 年 12 月 31 日 | 5 900 | 11 357 | -5 457 | 119 028 |
| 2016 年 12 月 31 日 | 5 900 | 11 872* | -5 972 | 125 000 |

* 尾数调整：125 000 + 5 900 − 119 028= 11 872（元）

根据表 8-4 中的数据，宏洲公司的有关账务处理如下。

① 2012 年 1 月 1 日，购入甲公司债券。

借：持有至到期投资——成本　　125 000

　　贷：银行存款　　100 000

　　　　持有至到期投资——利息调整　　25 000

② 2012 年 12 月 31 日，确认甲公司债券实际利息收入、收到债券利息。

借：应收利息——甲公司　　5 900

　　持有至到期投资——利息调整　　4 100

　　贷：投资收益——甲公司债券　　10 000

借：银行存款　　5 900

贷：应收利息——甲公司　　5 900

③ 2013 年 12 月 31 日，确认甲公司债券实际利息收入、收到债券利息。

借：应收利息——甲公司　　5 900
　　持有至到期投资——利息调整　　4 510
　贷：投资收益——甲公司债券　　10 410
借：银行存款　　5 900
　贷：应收利息——甲公司　　5 900

④ 2014 年 12 月 31 日，确认甲公司债券实际利息收入、收到债券利息。

借：应收利息——甲公司　　5 900
　　持有至到期投资——利息调整　　4 961
　贷：投资收益——甲公司债券　　10 861
借：银行存款　　5 900
　贷：应收利息——甲公司　　5 900

⑤ 2015 年 12 月 31 日，确认甲公司债券实际利息收入、收到债券利息。

借：应收利息——甲公司　　5 900
　　持有至到期投资——利息调整　　5 457
　贷：投资收益——甲公司债券　　11 357
借：银行存款　　5 900
　贷：应收利息——甲公司　　5 900

⑥ 2016 年 12 月 31 日，确认甲公司债券实际利息收入、收到债券利息和本金。

借：应收利息——甲公司　　5 900
　　持有至到期投资——利息调整　　5 972
　贷：投资收益——甲公司债券　　11 872
借：银行存款　　5 900
　贷：应收利息——甲公司　　5 900
借：银行存款　　125 000
　贷：持有至到期投资——成本　　125 000

## （四）长期股权投资

1. 长期股权投资概述

长期股权投资包括企业持有的对其子公司、合营企业及联营企业的权益性投资，以及企业持有的对被投资单位不具有控制、共同控制或重大影响，且在活跃市场中没有报价、公允价值不能可靠计量的权益性投资。

（1）控制，是指有权决定一个企业的财务和经营政策，并能据以从该企业的经营活动中获取利益，通常主要有以下几种情况。投资企业拥有被投资单位 50%以上的表决权资本：投资企业直接拥有被投资单位 50%以上的表决权资本，投资企业间接拥有被投资单位 50%以上的表决权资本，投资企业直接和间接拥有被投资单位 50%以上的表决权资本。投资企业拥有被投资单位 50%以下的表决权资本，但具有实质控制权的情况，像通过与其他投资者的协议，投资企业拥有被投资单位 50%以上表决权资本的控制权；根据章程或协议，投资企业有权控制被投资单位的财务和经营政策；有权任免被投资单位董事会等类似权力机构的多数成员；在被投资单位董事会或类似权力机构会议上有半数以上投票权。

投资企业能够对被投资单位实施控制的，被投资单位为其子公司。

（2）共同控制，是指按照合同约定对某项经济活动所共有的控制，仅在与该项经济活动相关的重要财务和生产经营决策需要分享控制权的投资方一致同意时存在。在确定是否构成共同控制时，一般可以考虑以下情况作为确定基础：任何一个合营方均不能单独控制合营企业的生产经营活动；涉及合营企业基本经营活动的决策需要各合营方一致同意；合营各方可能通过合同或协议派出管理人员，管理人员有权力并负责被投资单位的财务和经营活动。

投资企业与其他方对被投资单位实施共同控制的，被投资单位为其合营企业。

（3）重大影响，是指对一个企业的财务和经营政策有参与决策的权利，但并不能够控制或者与其他方一起共同控制这些政策的制定。当投资企业拥有被投资单位 20%～50%表决权资本时，一般认为投资企业对被投资单位具有重大影响。此外，虽然投资企业拥有被投资单位 20%以下表决权资本，但只有符合下列情况之一，也可认定为对被投资单位具有重大影响。

① 在被投资单位董事会或类似权力机构中派有代表。

② 参与被投资单位的政策制定过程。

③ 互相交换管理人员。

④ 依赖投资企业的关键技术资料。

投资企业能够对被投资单位施加重大影响的，被投资单位为其联营企业。

### 2. 长期股权投资的初始计量

长期股权投资在取得时，应按照初始投资成本计量。对不同方式下所形成的长期股权投资，其初始投资成本应区分企业合并和非企业合并两种情况确定，分别使用历史成本或公允价值属性进行计量。但是，企业无论是以何种方式取得长期股权投资，取得投资时，对于被投资单位已经宣告发放的现金股利或利润应作为应收项目单独核算，不构成长期股权投资成本。不同方式下初始计量属性框架如表 8-5 所示。

**表 8-5　长期股权投资初始计量属性**

| 长期股权投资形成方式 | | 初始计量属性 |
|---|---|---|
| 企业合并形成 | 同一控制下的企业合并形成 | 历史成本 |
| | 非同一控制下的企业合并形成 | 公允价值 |
| 非企业合并形成 | 支付现金方式取得 | 公允价值 |
| | 以发行权益性证券取得 | 公允价值 |
| | 投资者投入 | 合同、协议约定的价值或公允价值 |
| | 债务重组取得 | 公允价值 |
| | 非货币性资产交换取得 | 历史成本或公允价值 |

企业通过设置“长期股权投资”账户进行核算，该账户属资产类账户，可按被投资企业进行明细核算。

| 借方　　　　长期股权投资 | 贷方 |
|---|---|
| 取得长期股权投资的成本 | 收回或其他情况减少长期股权投资 |
| 持有长期股权投资的价值 | |

（1）企业合并形成的长期股权投资。企业合并是指将两个或者两个以上单独的企业合并形

成一个报告主体的交易或事项，并将企业合并划分为同一控制下的企业合并和非同一控制下的企业合并。同一控制下的企业合并，是指参与合并的企业在合并前后均受同一方或相同的多方控制且该控制并非暂时性的；非同一控制下的企业合并是指参与合并的各方在合并前后不属于同一方或相同的多方最终控制的情况下进行的合并。

① 同一控制下的企业合并，合并方以支付现金、转让非现金资产或承担债务方式作为合并对价的，应当在合并日按照取得被合并方所有者权益账面价值的份额作为长期股权投资的初始投资成本。长期股权投资的初始投资成本与支付的现金、转让的非现金资产及所承担债务账面价值之间的差额，应当调整资本公积（仅指资本溢价或股本溢价）；资本公积不足冲减的，调整留存收益；合并方以发行权益性证券作为合并对价的，应按发行股份的面值总额作为股本，长期股权投资初始投资成本与所发行股份面值总额之间的差额，应当调整资本公积；资本公积不足冲减的，调整留存收益。

具体进行会计处理时，合并方在合并日按取得被合并方所有者权益账面价值的份额，借记“长期股权投资”科目，按应享有被投资单位已宣告但尚未发放的现金股利或利润，借记“应收股利”科目，按支付的合并对价的账面价值，贷记有关资产或负债科目，按其差额，贷记“资本公积——资本溢价或股本溢价”科目；如为借方差额，应借记“资本公积——资本溢价或股本溢价”科目，资本公积（资本溢价或股本溢价）不足冲减的，借记“盈余公积”、“利润分配——未分配利润”科目。上述业务如以发行权益性证券方式进行的，应按发行权益性证券的面值总额，贷记“股本”科目。

**【做中学 8-35】** 2012 年 7 月 31 日，宏洲公司取得同一集团内的甲公司 100%的股权，为进行该项合并，宏洲公司发行了 1 000 万股普通股股票（每股面值 1 元）作为对价。合并日，甲公司的所有者权益总额为 1 200 万元。宏州公司的账务处理如下：

借：长期股权投资——甲公司　　12 000 000
　　贷：股本　　10 000 000
　　　　资本公积——股本溢价　　2 000 000

② 非同一控制下的企业合并中，购买方应当按照确定的企业合并成本作为长期股权投资的初始投资成本。企业合并成本包括购买方付出的资产、发生或承担的负债、发行的权益性证券的公允价值以及为进行企业合并发生的各项直接相关费用。

非同一控制下的企业合并，是将合并行为看成一方购买另一方的交易，原则上，购买方为了取得对被购买方的控制权而放弃的资产、发生或承担的负债、发行的权益性证券等均应按其在购买日的公允价值计量，所有为进行企业合并而支付对价的公允价值之和及发生的各项相关费用作为合并中形成长期股权投资的成本。其中，支付非货币性资产为对价的，所支付非货币性资产在购买日的公允价值与其账面价值的差额应作为资产处置损益（营业外收入或营业外支出），计入企业合并当期的利润表。

**【做中学 8-36】** 2012 年 8 月 1 日，宏洲公司取得了乙公司 70%的股权。合并中，宏洲公司支付的有关资产在购买日的账面价值与公允价值如表 8-6 所示。合并中，宏洲公司为核实乙公司的资产价值，聘请专业资产评估机构对乙公司的资产进行评估，支付评估费用 10 万元。本例中假定合并前宏洲公司与乙公司及其股东不存在任何关联方关系。

借：长期股权投资　　5 100 000
　　累计摊销　　1 200 000
　　贷：无形资产　　4 000 000

银行存款 900 000

营业外收入 1 400 000

表 8-6 2012 年 7 月 31 日 单位：元

| 项　　目 | 账面价值 | 公允价值 |
|---|---|---|
| 土地使用权 | 2 000 000<br>（成本 3 000 000，累计摊销 1 000 000） | 3 200 000 |
| 专利技术 | 800 000<br>（成本 1 000 000，累计摊销 200 000） | 1 000 000 |
| 银行存款 | 800 000 | 800 000 |
| 合　　计 | 3 600 000 | 5 000 000 |

（2）除企业合并外以其他方式取得的长期股权投资。

① 以支付现金取得的长期股权投资，应当按照实际支付的购买价款作为长期股权投资的初始投资成本，包括购买过程中支付的手续费等必要支出，但不包括被投资单位已宣告发放的现金股利或利润。

**【做中学 8-37】** 2012 年 8 月 22 日，宏洲公司自公开市场中买入丙公司 25%的股份，实际支付价款 9 000 000 元。在购买过程中支付手续费等相关费用 135 000 元。在甲公司取得该项投资时，丙公司已经宣告发放现金股利或利润，宏洲公司按其持股比例计算确定可分得 300 000 元。该股份取得后能够对丙公司施加重大影响。有关账务处理如下：

借：长期股权投资——丙公司——成本 8 835 000

　　应收股利——丙公司 300 000

　　贷：银行存款 9 135 000

② 以发行权益性证券方式取得的长期股权投资，其成本为所发行权益性证券的公允价值。为发行权益性证券支付的手续费、佣金等应自权益性证券的溢价发行收入中扣除，溢价收入不足的，应冲减盈余公积和未分配利润。

**【做中学 8-38】** 2012 年 9 月 3 日，宏洲公司通过增发 20 000 000 股（每股面值 1 元）本企业普通股为对价取得对丁公司 20%的股权。按照增发前一定时期的平均股价计算，该 20 000 000 股普通股的公允价值为 42 000 000 元。为增发该部分普通股，宏洲公司支付了 1 500 000 元的佣金和手续费。取得丁公司该部分股权后，宏洲公司能够对丁公司施加重大影响。有关账务处理如下：

借：长期股权投资——丁公司——成本 42 000 000

　　贷：股本 20 000 000

　　　　资本公积——股本溢价 22 000 000

借：资本公积——股本溢价 1 500 000

　　贷：银行存款 1 500 000

③ 投资者投入的长期股权投资，应当按照投资合同或协议约定的价值作为初始投资成本，但合同或协议约定价值不公允的除外。

3. 长期股权投资的后续计量

企业取得的长期股权投资，在确定其初始投资成本后，持续持有期间，视对被投资单位的影响程度等情况的不同，应分别采用成本法及权益法进行核算。具体内容如表 8-7 所示。

表 8-7 成本法与权益法的适用范围

| 投资企业和被投资企业的关系 | 持股比例 | 被投资企业的称谓 | 投资企业的核算方法 |
|---|---|---|---|
| 控制 | 大于 50% | 子公司 | 成本法 |
| 共同控制 | 两方或多方对被投资企业持股比例相近 | 合营企业 | 权益法 |
| 重大影响 | 20%～50%（含 50%） | 联营企业 | 权益法 |
| 没有共同控制或重大影响，活跃市场中没有报价 | 20%以下 | 参股企业 | 成本法 |

（1）长期股权投资的成本法。成本法是指某项长期股权投资的账面价值在其持有期间内，除追加或收回投资外，始终保持按其初始投资成本计量的方法。其主要特点就是投资持有期内，投资企业按照被投资单位宣告分派的现金股利或利润中应享有的部分，确认为当期投资收益，不管有关利润分配是属于对取得投资前还是投资后被投资单位实现净利润的分配。

企业持有的对子公司投资以及对被投资单位不具有控制、共同控制或重大影响，且在活跃市场中没有报价、公允价值不能可靠计量的长期股权投资应当采用成本法核算。

① 取得长期股权投资。取得长期股权投资时，应按照初始投资成本计价。除企业合并形成的长期股权投资以外，以支付现金、非现金资产等其他方式取得的长期股权投资，应按照长期股权投资初始投资成本，借记“长期股权投资”科目，贷记“银行存款”等科目。如果实际支付的价款中包含有已宣告但尚未发放的现金股利或利润，借记“应收股利”科目，贷记“长期股权投资”科目。

**【做中学 8-39】** 2012 年 8 月 9 日，宏洲公司以银行存款购买盛达股份有限公司的股票 200 000 股作为长期投资，每股买入价为 10 元，每股价格中包含有 0.2 元的已宣告分派的现金股利，另支付相关税费 8 000 元。宏洲公司应作如下会计处理。

股票成交金额 = 200 000 × 10 = 2 000 000（元）

加：相关税费　　　　8 000（元）

减：已宣告分派的现金股利 = 200 000 × 0.2 = 40 000（元）

初始投资成本 = 200 000 ×（10−0.2）+8 000 = 1 968 000（元）

购入股票的会计分录如下：

借：长期股权投资　　1 968 000

　　应收股利　　40 000

　　贷：银行存款　　2 008 000

**【做中学 8-40】** 沿用【做中学 8-39】的资料。假定宏洲公司 2012 年 9 月 5 日收到盛达股份有限公司分来的购买该股票时已宣告分派的股利 40 000 元。此时的会计分录如下：

借：银行存款　　40 000

　　贷：应收股利　　40 000

② 长期股权投资持有期间被投资单位宣告发放现金股利或利润。长期股权投资持有期间被投资单位宣告发放现金股利或利润时，企业按应享有的部分确认为投资收益，借记“应收股利”科目，贷记“投资收益”科目。

**【做中学 8-41】** 沿用【做中学 8-39】的资料。假定宏洲公司 2013 年 5 月 15 日收到盛达股份有限公司发放现金股利的通知，应分得现金股利 50 000 元。此时的会计分录如下：

借：应收股利 50 000

贷：投资收益 50 000

假设 2013 年 6 月 20 实际收到现金股利，则会计分录如下：

借：银行存款 50 000

贷：应收股利 50 000

③ 长期股权投资的处置。处置长期股权投资时，按实际取得的价款与长期股权投资账面价值的差额确认为投资损益，并应同时结转已计提的长期股权投资减值准备。其会计处理是：企业处置长期股权投资时，应按实际收到的金额，借记“银行存款”等科目，按原已计提的减值准备，借记“长期股权投资减值准备”科目，按该项长期股权投资的账面余额，贷记“长期股权投资”科目，按尚未领取的现金股利或利润，贷记“应收股利”科目，按其差额，贷记或借记“投资收益”科目。

**【做中学 8-42】** 继续沿用【做中学 8-39】的资料。假定 2014 年 10 月，宏洲公司将其作为长期投资持有的盛达股份有限公司 200 000 股股票以每股 15 元的价格卖出（每股包含着尚未领取的现金股利 0.1 元），支付相关税费 45 000 元，取得价款 2 955 000 元，款项已由银行收妥。假定没有计提减值准备。宏洲公司的会计分录如下：

借：银行存款 2 955 000

贷：长期股权投资 1 968 000

应收股利 20 000

投资收益 967 000

（2）长期股权投资的权益法。权益法是指投资以初始投资成本计量后，在投资持有期间根据投资企业享有被投资单位所有者权益份额的变动对投资的账面价值进行调整的方法。在权益法下，“长期股权投资”账户还应该分别设置“成本”、“损益调整”、“其他权益变动”等明细账户进行核算。

投资企业对被投资单位具有共同控制或重大影响的长期股权投资，应当采用权益法核算。

采用权益法核算的长期股权投资，一般的核算程序如下。

一是初始投资或追加投资时，按照初始投资成本或追加投资的成本，增加长期股权投资的账面价值。

二是比较初始投资成本与投资时应享有被投资单位可辨认净资产公允价值的份额，对于初始投资成本大于应享有被投资单位可辨认净资产公允价值份额的，不要求调整长期股权投资的成本；对于初始投资成本小于应享有被投资单位可辨认净资产公允价值份额的，应对长期股权投资的成本进行调整，并计入取得当期的损益。

三是持有投资期间，随着被投资单位所有者权益的变动相应调整增加或减少长期股权投资的账面价值，并分别情况处理：对属于因被投资单位实现净损益产生的所有者权益的变动，投资企业按照持股比例计算应享有的份额，增加或减少长期股权投资的账面价值，同时确认为当期投资损益；对被投资单位除净损益以外其他因素导致的所有者权益变动，在持股比例不变的情况下，按照持股比例计算应享有或应分担的份额，增加或减少长期股权投资的账面价值，同时确认为资本公积（其他资本公积）。

四是被投资单位宣告分派现金股利或利润时，投资企业按持股比例计算应分得的部分，一般应冲减长期股权投资的账面价值。

① 取得长期股权投资。取得长期股权投资，长期股权投资的初始投资成本大于投资时应享

有被投资单位可辨认净资产公允价值份额的，不调整已确认的初始投资成本，借记“长期股权投资——成本”科目，贷记“银行存款”等科目。长期股权投资的初始投资成本小于投资时应享有被投资单位可辨认净资产公允价值份额的，应对长期股权投资的成本进行调整，借记“长期股权投资——成本”科目，按其差额，贷记“营业外收入”科目。

**【做中学 8-43】** 宏洲公司 2012 年 1 月 10 日购买南方股份有限公司发行的股票 4 000 000 股准备长期持有，占南方股份有限公司股份的 30%。每股买入价为 8 元，另外，购买该股票时发生有关税费 500 000 元，款项已由银行存款支付。2011 年 12 月 31 日，南方股份有限公司的所有者权益的账面价值（与其公允价值不存在差异）120 000 000 元。宏洲公司应作如下会计处理。

A. 计算初始投资成本。

初始投资成本 = 股票成交金额+相关税费 = 4 000 000 × 8+500 000 = 32 500 000（元）

借：长期股权投资——南方公司——成本　　32 500 000

　贷：银行存款　　32 500 000

B. 调整已确认的初始投资成本。

应享有南方公司可辨认净资产公允价值份额 = 120 000 000 × 30% = 36 000 000（元）

初始投资成本调整额 = 36 000 000 – 32 500 00 = 3 500 000（元）

借：长期股权投资——南方公司——成本　　3 500 000

　贷：营业外收入　　3 500 000

② 持有长期股权投资期间被投资单位实现净利润或发生净亏损。根据被投资单位实现的净利润计算应享有的份额，借记“长期股权投资——损益调整”科目，贷记“投资收益”科目。被投资单位发生净亏损作相反的会计分录，但以本科目的账面价值减记至零为限，借记“投资收益”科目，贷记“长期股权投资——损益调整”科目。以本科目的账面价值减记至零为限的“本科目”是指“长期股权投资——对 × × 单位投资”，该科目由“成本”、“损益调整”、“其他权益变动”3 个明细科目组成，账面价值减至零即意味着“对某单位投资”的这 3 个明细科目合计为零。

被投资单位以后宣告发放现金股利或利润时，企业计算应分得的部分，借记“应收股利”科目，贷记“长期股权投资——损益调整”科目。收到被投资单位宣告发放的股票股利，不进行账务处理，但应在备查簿中登记。

**【做中学 8-44】** 2012 年南方股份有限公司实现净利润 10 000 000 元。宏洲公司按照持股比例确认投资收益 3 000 000 元。2013 年 5 月 15 日，南方股份有限公司已宣告发放现金股利，每 10 股派 2 元，宏洲公司可分派到 800 000 元。2012 年 6 月 15 日，宏洲公司收到南方股份有限公司分派的现金股利。宏洲公司应作如下会计处理。

A. 确认南方股份有限公司实现的投资收益时：

借：长期股权投资——南方公司——损益调整　　3 000 000

　贷：投资收益　　3 000 000

B. 南方股份有限公司宣告发放现金股利时：

借：应收股利　　800 000

　贷：长期股权投资——南方公司——损益调整　　800 000

C. 收到南方股份有限公司宣告发放现金股利时：

借：银行存款　　800 000

　贷：应收股利　　800 000

③ 持有长期股权投资期间被投资单位所有者权益的其他变动。在持股比例不变的情况下，被投资单位除净损益外所有者权益的其他变动，企业按持股比例计算应享有的份额，借记或贷记“长期股权投资——其他权益变动”科目，贷记或借记“资本公积——其他资本公积”科目。

**【做中学 8-45】** 2012 年南方股份有限公司可供出售金融资产的公允价值增加了 2 000 000 元。宏洲公司按照持股比例确认相应的资本公积 600 000 元。宏洲公司应作会计分录如下：

借：长期股权投资——南方公司——其他权益变动 600 000
　贷：资本公积——其他资本公积 600 000

④ 长期股权投资的处置。处置长期投资时，按实际取得的价款与长期股权投资账面价值的差额确认为投资收益，并应同时结转已计提的长期股权投资减值准备。其会计处理是：企业处置长期股权投资时，应按实际收到的金额，借记“银行存款”等科目，按原已计提的减值准备，借记“长期股权投资减值准备”科目，按该长期股权投资的账面余额，贷记“长期股权投资”科目，按尚未领取的现金股利或利润，贷记“应收股利”科目，按其差额，贷记或借记“投资收益”科目。同时，还应结转原记入资本公积的相关金额，借记或贷记“资本公积——其他资本公积”科目，贷记或借记“投资收益”科目。

**【做中学 8-46】** 继续沿用【做中学 8-43、做中学 8-44、做中学 8-45】的资料。2014 年 1 月 10 日，宏洲公司出售所持南方股份有限公司的股票 4 000 000 股，每股出售价为 15 元，款项已收回。假定没有计提减值准备。宏洲公司的会计分录如下：

借：银行存款 60 000 000
　贷：长期股权投资——南方公司——成本 36 000 000
　　　　　　　　　——损益调整 2 200 000
　　　　　　　　　——其他权益变动 600 000
　　投资收益 21 200 000

同时：

借：资本公积——其他资本公积 600 000
　贷：投资收益 600 000

### 4. 长期股权投资减值

（1）长期股权投资减值金额的确定。

① 企业对子公司、合营企业及联营企业的长期股权投资，在资产负债表日存在可能发生减值的迹象时，其可收回金额低于账面价值的，应当将该长期股权投资的账面价值减记至可收回金额，减记的金额确认为减值损失，计入当期损益，同时计提相应的资产减值准备。

② 企业对被投资单位不具有控制、共同控制或重大影响、且在活跃市场中没有报价、公允价值不能可靠计量的长期股权投资，应当将该长期股权投资在资产负债表日的账面价值，与按照类似金融资产当时市场收益率对未来现金流量折现确定的现值之间的差额，确认为减值损失，计入当期损益。

（2）长期股权投资减值的会计处理。企业计提长期股权投资减值准备，应当设置“长期股权投资减值准备”科目核算。

借方　　　　长期股权投资减值准备　　　　贷方

| 借方 | 贷方 |
| --- | --- |
| 处置长期股权投资，结转已计提的长期股权投资减值准备 | 企业计提的长期股权投资减值准备 |
| | 已计提但尚未结转的长期股权投资减值准备 |

发生长期股权投资减值时，企业按应按减记的金额，借记“资产减值损失——计提的长期股权投资减值准备”科目，贷记“长期股权投资减值准备”科目。

长期股权投资减值损失一经确认，在以后会计期间不得转回。

## 小　结

本岗位内容比较复杂，综合性较强，某些知识有一定的深度，学习过程中可能感到有一定困难。希望把握重点，注意知识的前后联系，前后比较，加强理解，做到触类旁通、事倍功半。

## 岗位训练

### 一、单选题

1. 某公司2012年7月1日向银行借入资金60万元，期限6个月，年利率为6%，到期还本，按月计提利息，按季付息。该企业7月31日应计提的利息为（　　）万元。

A. 0.3　　B. 0.6　　C. 0.9　　D. 3.6

2. 取得交易性金融资产所发生的相关交易费用，如支付给代理机构、咨询公司、券商等的手续费和佣金及其他必要支出，应当在发生时记入（　　）科目。

A. 财务费用　　B. 投资收益

C. 管理费用　　D. 交易性金融资产——成本

3. 债券折价购入，是由于债券的（　　）。

A. 名义利率高于实际利率　　B. 名义利率低于实际利率

C. 名义利率等于实际利率　　D. 票面利率等于市场利率

4. 某企业2011年年初购入B公司60%的有表决权股份，实际支付价款300万元。当年B公司经营获利100万元，发放股利20万元，2011年年末企业的股票投资账面余额为（　　）万元。

A. 300　　B. 348　　C. 360　　D. 372

5. 某企业发行分期付息、到期一次还本的债券，按其票面利率计算确定的应付未付利息，应该记入（　　）科目。

A. “应付债券——应计利息”　　B. “应付利息”

C. “应付债券——利息调整”　　D. “应付债券——面值”

6. 短期借款的借款期限在（　　）以下。

A. 6个月　　B. 3个月　　C. 1年　　D. 2年

7. 当新投资者介入有限责任公司时，其出资额大于按约定比例计算的在注册资本中所占的份额部分，应计入（　　）。

A. 实收资本　　B. 营业外收入　　C. 资本公积　　D. 盈余公积

8. 在股份有限公司，股东投入企业的资本应通过（　　）账户进行核算。

A. “实收资本”　　B. “资本公积”　　C. “盈余公积”　　D. “股本”

9. 下列各项中，应当确认为投资收益的是（　　）。

A. 长期股权投资减值损失

B. 长期股权投资处置净损益

C. 期末交易性金融资产公允价值变动的金额

D. 支付与取得长期股权投资直接相关的费用

## 二、多选题

1. 采用权益法进行长期股权投资核算的特点是（ ）。
   A．投资时增加股权投资的账面价值
   B．分派的现金股利作为当期的投资收益
   C．分派现金股利时减少长期股权投资的账面价值
   D．受资企业盈利或亏损时，相应增减股权和投资的账面价值
2. 下列对长期借款利息费用的会计处理，正确的有（ ）。
   A. 筹建期间的借款利息计入管理费用
   B. 筹建期间的借款利息计入长期待摊费用
   C. 日常生产经营活动的借款利息计入财务费用
   D. 符合资本化条件的借款利息计入相关资产成本
3. 企业盈余公积的主要用途包括（ ）。
   A. 增加资本（或股本） B. 弥补亏损
   C. 用于集体福利设施 D. 分派现金股利
4. 下列金融性资产属于交易性金融资产的有（ ）。
   A. 以赚取差价为目的从二级市场购入的股票
   B. 以赚取差价为目的从二级市场购入的债券
   C. 以赚取差价为目的从二级市场购入的基金
   D. 到期日固定、回收金额固定或可确定，且企业有明确意图和能力持有至到期的非衍生金融资产
5. 下列关于企业举借长期负债的说法中正确的有（ ）。
   A. 可以为扩大经营规模、购建大型机器设备筹措资金
   B. 可以为投资人带来更多的获利机会
   C. 可以减少资本投资，有利于投资人保持原有控股结构
   D. 利息支出计入财务费用，可以减少企业应纳税所得额，合理避税
6. 企业“长期应付款”账户核算的内容有（ ）。
   A. 应付企业债务 B. 采用补偿贸易应付引进国外设备款
   C. 专项应付款 D. 应付融资租入固定资产租赁费
7. 核算企业长期借款的利息费用，可能涉及的科目有（ ）。
   A. 在建工程 B. 管理费用 C. 财务费用 D. 固定资产
8. 下列各项中，会引起负债和所有者权益同时发生变动的有（ ）。
   A. 以盈余公积补亏 B. 以现金回购本公司股票
   C. 宣告发放现金股利 D. 转销确实无法支付的应付账款
9. 企业的留存收益包括（ ）。
   A. 实收资本（或股本） B. 资本公积 C. 盈余公积 D. 未分配利润
10. “长期借款”科目进行明细核算时，分别设置的二级科目有（ ）。
    A. 面值 B. 本金 C. 成本 D. 利息调整

## 三、判断题

1. 期限为一年的各种借款，应列为长期借款。（ ）

2. 为购建固定资产而借入的专门借款的利息应全部计入固定资产成本。（ ）

3. 资本溢价可直接用于转增资本。（ ）

4. 应付票据和短期借款都可以核算本金和利息。（ ）

5. 企业在持有以公允价值计量且其变动计入当期损益金融资产期间取得的利息或现金股利，应当冲减交易性金融资产的账面价值。（ ）

6. 企业为取得交易性金融资产发生的交易费用应计入交易性金融资产的初始确认金额。（ ）

7. 企业不能用盈余公积分配现金股利。（ ）

8. 企业融资租入固定资产时，应按全部租赁费贷记"长期应付款"账户。（ ）

9. 任意盈余公积金的提取比例由企业的权利机构自行决定。（ ）

10. 资产负债表中的"长期应付款"项目直接按照"长期应付款"的期末余额填列。（ ）

## 四、综合训练题

1. 练习短期借款的核算。

**【资料】**甲企业 2011 年 1 月 1 日向银行借入资金 1 200 万元，期限 9 个月，年利率为 6%，该借款到期后按期如数归还，利息分月预提，按季支付。

**【要求】**编制借入款项、按月预提利息、按季支付利息和到期时归还本金的会计分录。

2. 练习长期借款的核算。

**【资料】**甲公司于 2011 年 1 月 1 日从银行借入资金 3 000 万元，借款期限为 2 年，年利率为 8%，利息（单利）从 2012 年开始于每年年初支付，到期时归还本金及最后一年利息。所借款项已存入银行。甲公司用该借款于当日购买不需安装的设备一台，价款为 2 000 万元，另支付运杂费及保险费等 15 万元，设备已于当日投入使用。

**【要求】**（1）编制甲公司从取得借款到归还借款的会计分录。

（2）编制甲公司购买设备的会计分录。

3. 练习借款费用的核算。

**【资料】**甲公司 2011 年 1 月 1 日开始动工建造一厂房，施工期 1 年。施工期间发生的支出情况如下：2011 年 1 月 1 日支出 20 万元，2011 年 7 月 1 日支出 30 万元。

公司为建造厂房于 2011 年 1 月 1 日借入专门借款 40 万元，借款期限为 2 年，年利率为 8%；2011 年 6 月 1 日借入专门借款 15 万元，借款期限为 2 年，年利率为 9%；借款利息单利计算，按年支付。闲置的资金均用于短期投资，月收益率为 0.4%。厂房于 2011 年年底完工。

**资本支出一览表**

单位：元

| 日　期 | 每期资产支出金额 | 资产支出累计金额 | 闲置借款资金 |
|---|---|---|---|
| 2011 年 1 月 1 日 | 200 000 | 200 000 | 200 000 |
| 2011 年 7 月 1 日 | 300 000 | 500 000 | 50 000 |

**【要求】**根据以上资料，进行相关账务处理。

4. 练习交易性金融资产的核算。

【资料】2011 年 5 月，甲企业以 240 万元购入乙公司股票 30 万股作为交易性金融资产，另支付手续费 5 万元。2011 年 6 月 30 日该股票每股市价为 7.5 元。2011 年 8 月 10 日，乙公司宣告分派现金股利，每股 0.20 元，8 月 20 日甲公司收到分派的现金股利。至 2011 年 12 月 31 日，甲公司仍持有该交易性金融资产，期末每股市价为 8.5 元。2012 年 1 月 5 日以 250 万元出售，收到款项 249 万元存入银行。假定甲公司每年 6 月 30 日和 12 月 31 日对外提供财务报告。

【要求】编制上述经济业务的会计分录。

5. 练习应付债券的核算。

【资料】甲企业于 2012 年 1 月 1 日发行 3 年期、到期时一次还本付息、票面利率为 6%（不计复利）、发行面值总额为 20 000 000 元的债券。假定债券发行时的市场利率为 6%，该债券按面值发行。企业发行债券所筹资金用于建造固定资产，2012 年 7 月 1 日工程完工。

【要求】分别作出债券发行、每年年末计息、到期偿还的相关会计分录。

6. 练习长期股权投资的核算。

【资料】甲企业 2010 年 1 月 1 日用存款 280 万元购买乙公司 30%的股份，乙公司此时净资产的公允价值为 1 000 万元，2010 年乙公司盈利 200 万元，乙公司资本公积增加 50 万元，2011 年年初乙公司宣告分红 100 万元，乙公司 2011 年亏损 150 万元，2012 年年初该企业出售股份得到价款 500 万元。

【要求】完成甲企业上述有关投资业务的会计分录。

7. 练习实收资本的核算。

【资料】A 有限责任公司有甲、乙两位投资者投资 500 000 元设立，每人各出资 250 000 元。经过一年的经营，该企业留存收益为 80 000 元。这时，又有第三位投资者丙有意投资该企业，并表示愿意也出资 200 000 元，但仅享有该公司 20%的股份。A 有限责任公司已收到该现金投资。

【要求】假定不考虑其他因素，做出相关会计分录。

8. 练习股票回购的核算。

丁公司 2007 年 12 月 31 日的股份数为 8 000 000 股，面值为 1 元，资本公积（股本溢价）2 000 000 元，盈余公积 3 000 000 元，未分配利润 6 000 000 元。经股东大会批准，丁公司以现金回购本公司股票 1 000 000 股并注销。假定不考虑其他因素。

【要求】（1）如果丁公司按每股 3 元回购股票，作出相关的会计分录。

（2）如果丁公司按每股 5 元回购股票，作出相关的会计分录。

（3）如果丁公司按每股 0.5 元回购股票，作出相关的会计分录。

岗位八

# 财务成果岗位

学习目标

- 了解财务成果岗位的核算任务和业务流程。
- 正确理解营业收入的特点及确认条件，掌握了销售商品、提供劳务、让渡资产使用权的核算方法。
- 掌握费用的构成内容及核算方法。
- 掌握本年利润及利润分配的核算。

## 一、知识准备

### （一）财务成果岗位核算任务

（1）负责编制收入、利润计划。

（2）负责办理销售款项结算业务。

（3）负责收入和费用的明细核算。

（4）负责利润及利润分配的明细核算。

（5）负责编制收入和利润报表。

（6）负责协助有关部门对库存商品进行清查、盘点。

### （二）财务成果岗位业务流程

财务成果岗位业务流程如图 9-1 所示。

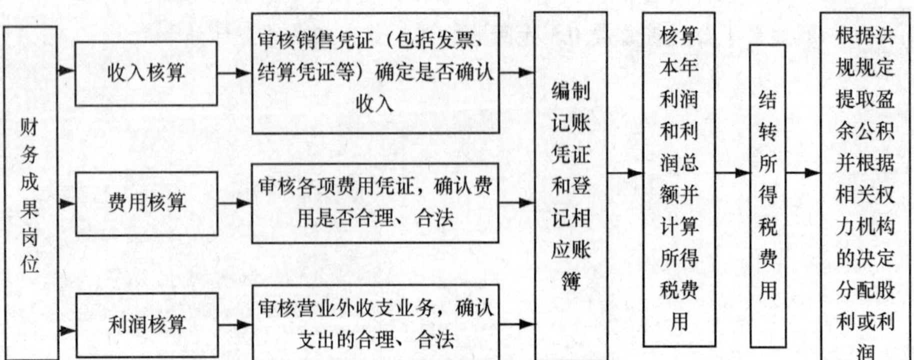


图 9-1　财务成果岗位业务流程

# 二、收入业务

## （一）收入概述

### 1. 收入的概念

收入是指企业在日常活动中形成的、会导致所有者权益增加的、与所有者投入资本无关的经济利益的总流入。

收入的特征主要体现在：收入是企业在日常活动中形成的经济利益的总流入；收入会导致企业所有者权益的增加；收入与所有者投入资本无关。

### 2. 收入的分类

（1）收入按企业从事日常活动的性质划分。

① 销售商品收入。销售商品收入是指企业通过销售商品实现的收入。这里的商品包括企业为销售而生产的产品和为转售而购进的商品。企业销售的其他存货如原材料、包装物等也视同商品。

② 提供劳务收入。提供劳务收入是指企业通过提供劳务实现的收入。比如，企业通过提供旅游、运输、咨询、代理、培训、产品安装等劳务所实现的收入。

③ 让渡资产使用权收入。让渡资产使用权收入是指企业通过让渡资产使用权实现的收入。让渡资产使用权收入包括利息收入和使用费收入。利息收入主要是指金融企业对外贷款形成的利息收入，以及同业之间发生往来形成的利息收入等。使用费收入主要是指企业转让无形资产（如商标权、专利权、专营权、版权）等的使用权形成的使用费收入。企业对外出租固定资产收取的租金、进行债权投资收取的利息、进行股权投资取得的现金股利等，也构成让渡资产使用权收入。

（2）收入按企业经营业务的主次不同划分。

① 主营业务收入。主营业务收入是指企业为完成其经营目标所从事的经常性活动实现的收入。主营业务收入一般占企业总收入的较大比重，对企业的经济效益产生较大影响。不同行业企业的主营业务收入所包括的内容不同，比如，工业企业的主营业务收入主要包括销售商品、自制半成品、代制品、代修品，提供工业性劳务等实现的收入；商业企业的主营业务收入主要包括销售商品实现的收入；咨询公司的主营业务收入主要包括提供咨询服务实现的收入；安装公司的主营业务收入主要包括提供安装服务实现的收入。

② 其他业务收入。其他业务收入是指企业为完成其经营目标所从事的与经常性活动相关的活动实现的收入。其他业务收入属于企业日常活动中次要交易实现的收入，一般占企业总收入的比重较小。不同行业企业的其他业务收入所包括的内容不同，比如，工业企业的其他业务收入主要包括列外销售材料、对外出租包装物、商品或固定资产、提供非工业性劳务等实现的收入。

## （二）销售商品收入

### 1. 销售商品收入的确认条件

销售商品收入同时满足下列条件的，才能予以确认。

（1）企业已将商品所有权上的主要风险和报酬转移给购货方。企业已将商品所有权上的主要风险和报酬转移给购货方，是指与商品所有权有关的主要风险和报酬同时转移。与商品所有权有关的风险是指商品可能发生减值或毁损等形成的损失；与商品所有权有关的报酬是指商品价值增值或通过使用商品等形成的经济利益。企业已将商品所有权上的主要风险和报酬转移给购货方，构成确认销售商品收入的重要条件。

判断企业是否已将商品所有权上的主要风险和报酬转移给购货方，应当关注交易的实质，并结合所有权凭证的转移进行判断。如果与商品所有权有关的任何损失均不需要销货方承担，与商品所有权有关的任何经济利益也不归销货方所有，就意味着商品所有权上的主要风险和报酬转移给了购货方。

通常情况下，转移商品所有权凭证并交付实物后，商品所有权上的所有风险和报酬随之转移，如大多数商品零售、预收款销售商品等。

某些情况下，转移商品所有权凭证但未交付实物，商品所有权上的主要风险和报酬随之转移，企业只保留商品所有权上的次要风险和报酬，如交款提货方式销售商品。有时，已交付实物但未转移商品所有权凭证，商品所有权上的主要风险和报酬未随之转移，如采用支付手续费方式委托代销商品。

（2）企业既没有保留通常与所有权相联系的继续管理权，也没有对已售出的商品实施有效控制。

通常情况下，企业售出商品后不再保留与商品所有权相联系的继续管理权，也不再对售出商品实施有效控制，商品所有权上的主要风险和报酬已经转移给购货方，通常应在发出商品时确认收入。如果企业在商品销售后保留了与商品所有权相联系的继续管理权，或能够继续对其实施有效控制，说明商品所有权上的主要风险和报酬没有转移，销售交易不能成立，不应确认收入，如售后回购、售后租回。

（3）收入的金额能够可靠地计量。收入的金额能够可靠地计量是指收入的金额能够合理地估计。收入金额能否合理地估计是确认收入的基本前提，如果收入的金额不能够合理地估计，就无法确认收入。企业在销售商品时，商品销售价格通常已经确定。但是，由于销售商品过程中某些不确定因素的影响，也有可能存在商品销售价格发生变动的情况。在这种情况下，新的商品销售价格未确定前通常不应确认销售商品收入。

（4）相关的经济利益很可能流入企业。在销售商品的交易中，与交易相关的经济利益主要表现为销售商品的价款。相关的经济利益很可能流入企业，是指销售商品价款收回的可能性大于不能收回的可能性，即销售商品价款收回的可能性超过 50%。企业在销售商品时，如估计销售价款不是很可能收回，即使收入确认的其他条件均已满足，也不应当确认收入。

企业在确定销售商品价款收回的可能性时，应当结合以前和买方交往的直接经验、政府有关政策、其他方面取得信息等因素进行分析。企业销售的商品符合合同或协议要求，已将发票账单交付买方，买方承诺付款，通常表明相关的经济利益很可能流入企业。如果企业判断销售商品收入满足确认条件而予以确认，同时确认了一笔应收债权，以后由于购货方资金周转困难无法收回该债权时，不应调整原会计处理，而应对该债权计提坏账准备、确认坏账损失。如果企业根据以前与买方交往的直接经验判断买方信誉较差，或销售时得知买方在另一项交易中发生了巨额亏损、资金周转十分困难，或在出口商品时不能肯定进口企业所在国政府是否允许将款项汇出等，就可能会出现与销售商品相关的经济利益不能流入企业的情况，不应确认收入。

（5）相关的已发生或将发生的成本能够可靠地计量。根据收入和费用配比原则，与同一项销售有关的收入和费用应在同一会计期间予以确认，即企业应在确认收入的同时或同一会计期间结转相关的成本。因此，如果成本不能可靠地计量，相关的收入就不能确认。

相关的已发生或将发生的成本能够可靠地计量，是指与销售商品有关的已发生或将发生的成本能够合理地估计。通常情况下，销售商品相关的已发生或将发生的成本能够合理地估计，如库存商品的成本、商品运输费用等。如果库存商品是本企业生产的，其生产成本能够可靠地计量；如果是外购的，购买成本能够可靠地计量。有时，销售商品相关的已发生或将发生的成本不能够合理地估计，此时企业不能确认，若已收的价款，应将已收到的价款却认为负债。

**知识拓展**

**税法上关于收入的确认**

《企业会计准则》规定的收入确认原则与我国税法上规定的收入确定原则，既有联系又有区别。总体来讲，《企业会计准则》偏重于强调谨慎性原则，而税法在规定上除强调谨慎性原则外，更注重国家的税收收入保障。根据《中华人民共和国增值税实施暂行条例》的规定，销售货物或者提供应税劳务的纳税义务发生时间，按销售结算方式的不同，具体如下。

(1) 采取直接收款方式销售货物，不论货物是否发出，均为收到销售额或取得索取销售额的凭据，并将提货单交给买方的当天。

(2) 采取托收承付和委托银行收款方式销售货物，为发出货物并办妥托收手续的当天。

(3) 采取赊销和分期收款方式销售货物，为书面合同约定的收款日期的当天；无书面合同或者书面合同没有约定收款日期的，为货物发出的当天。

(4) 采取预收货款方式销售货物，为货物发出的当天。

(5) 委托其他纳税人代销货物，为收到代销单位销售的代销清单或者收到全部或部分货款的当天；未收到代销清单及货款的，为发出代销货物满 180 天的当天。

(6) 销售应税劳务，为提供劳务同时收讫销售款或取得索取销售款的凭据的当天。

(7) 纳税人发生视同销售货物行为，为货物移送的当天。

2. 销售商品收入的账务处理

(1) 一般商品销售业务。在进行销售商品的会计处理时，首先要考虑销售商品收入是否符合收入确认条件。符合收入准则所规定的 5 项确认条件的，企业应及时确认收入并结转相关销售成本。通常情况下，销售商品采用托收承付方式的，在办妥托收手续时确认收入；交款提货销售商品的，在开出发票账单收到货款时确认收入。交款提货销售商品，是指购买方已根据企业开出的发票账单支付货款并取得提货单的销售方式。在这种方式下，购货方支付货款取得提货单，企业尚未交付商品，销售方保留的是商品所有权上的次要风险和报酬，商品所有权上的主要风险和报酬已经转移给购货方，通常应在开出发票账单收到货款时确认收入。

企业应设置“主营业务收入”账户，该账户属损益类账户，核算企业确认的销售商品、提供劳务等主营业务的收入，一般按主营业务的种类进行明细核算。

| 借方　　　　主营业务收入 | 贷方 |
|---|---|
| ① 期末转入“本年利润”账户的金额<br>② 发生销售退回、销售折让应冲减的收入金额 | ① 实现的主营业务的收入金额 |
| | 月末没有余额 |

企业应设置“主营业务成本”账户，该账户属损益类账户，核算企业销售商品、提供劳务

等经常性活动发生的成本，一般按主营业务的种类进行明细核算。

| 借方 主营业务成本 | 贷方 |
|---|---|
| ① 已销售商品、提供劳务所发生的成本 | ① 期末转入“本年利润”账户的金额<br>② 发生销售退回、销售折让应冲减的成本金额 |
| 月末没有余额 | |

对符合收入确认条件的商品销售收入，企业应按已收或应收的合同或协议价款，加上应收取的增值税额，借记“银行存款”、“应收账款”、“应收票据”等科目；按确定的收入金额，贷记“主营业务收入”科目；按收取的增值税税额，贷记“应交税费——应交增值税（销项税额）”科目。同时或在资产负债表日，结转相关销售成本，借记“主营业务成本”等科目，贷记“库存商品”等科目。

**【做中学 9-1】** 宏洲公司采用托收承付结算方式销售一批商品，开出的增值税专用发票上注明售价为 80 000 元，增值税税额为 13 600 元；商品已经发出，并已向银行办妥托收手续；该批商品的成本为 60 000 元，宏洲公司的会计分录如下：

借：应收账款　　936 000

　贷：主营业务收入　　80 000

　　应交税费——应交增值税（销项税额）　　13 600

借：主营业务成本　　60 000

　贷：库存商品　　60 000

**【做中学 9-2】** 宏洲公司向甲公司销售一批商品，开出的增值税专用发票上注明售价为 500 000 元，增值税税额为 85 000 元；宏洲公司已收到甲公司支付的货款 585 000 元，并将提货单送交甲公司；该批商品成本为 400 000 元。宏洲公司的会计分录如下：

借：银行存款　　585 000

　贷：主营业务收入　　500 000

　　应交税费——应交增值税（销项税额）　　85 000

借：主营业务成本　　400 000

　贷：库存商品　　400 000

（2）不符合收入确认条件的商品销售业务。如果企业售出商品不符合销售商品收入确认的 5 项条件，不应确认收入。为了单独反映已经发出但尚未确认销售收入的商品成本，企业应增设“发出商品”科目。“发出商品”科目属资产类科目，核算一般销售方式下，已经发出但尚未确认销售收入的商品成本。

| 借方 发出商品 | 贷方 |
|---|---|
| 企业已经发生，但是尚未满足收入确认条件的商品成本 | 满足收入确认条件后，结转已发出商品销售成本 |
| 已发出商品实际成本（或进价）或计划成本（或售价） | |

这里应注意的一个问题是，尽管发出的商品不符合收入确认条件，但如果销售该商品的纳税义务已经发生，比如已经开出增值税专用发票，则应确认应交的增值税销项税额。借记“应收账款”等科目，贷记“应交税费——应交增值税（销项税额）”科目。如果纳税义务没有发生，则不需进行上述处理。

**【做中学 9-3】** 宏洲公司于 2012 年 4 月 3 日采用托收承付结算方式向乙公司销售一批商品，

开出的增值税专用发票上注明售价90 000元，增值税税额为15 300元；该批商品成本为70 000元。宏洲公司在销售该批商品时已得知乙公司资金流转发生暂时困难，但为了减少存货积压，同时也为了维持与乙公司长期以来建立的商业关系，宏洲公司仍将商品发出，并办妥托收手续。假定乙公司销售该批商品的纳税义务已经发生。宏洲公司的会计分录如下。

在这里，由于乙公司现金流转存在暂时困难，宏洲公司不是很可能收回销售货款。为此，宏洲公司应将已发出的商品成本通过“发出商品”科目反映。

① 发出商品时，根据销售商品收入的确认条件，宏洲公司不能确认收入。

借：发出商品　　70 000

　　贷：库存商品　　70 000

② 因开出了增值税专用发票，纳税义务已经发生，应确认应交的增值税销项税额。

借：应收账款　　15 300

　　贷：应交税费——应交增值税（销项税额）　　15 300

（注：如果销售该批商品的纳税义务尚未发生，则不作这笔分录，待纳税义务发生时再作应交增值税的分录）

③ 假定2012年9月，宏洲公司得知乙公司经营情况逐渐好转并承诺近期付款，宏洲公司应在乙公司承诺付款时确认收入。

借：应收账款　　90 000

　　贷：主营业务收入　　90 000

同时结转成本：

借：主营业务成本　　70 000

　　贷：发出商品　　70 000

④ 假定宏洲公司于2012年9月28日收到乙公司支付的货款。

借：银行存款　　105 300

　　贷：应收账款　　105 300

（3）商业折扣和现金折扣的账务处理。企业销售商品收入的金额通常按照从购货方已收或应收的合同或协议价款确定。在确定销售商品收入的金额时，应注意区分商业折扣和现金折扣及其不同的账务处理方法。总之，确定销售商品收入的金额时，不应考虑预计可能发生的现金折扣，即应按总价确认；但应是扣除商业折扣后的净额。商业折扣和现金折扣的区别以及相关会计处理方法具体参考岗位二的相关内容。

（4）销售折让的账务处理。销售折让是指企业因售出商品的质量不合格等原因而在售价上给予购货方的减让。企业将商品销售给买方后，如买方发现商品在质量、规格等方面不符合要求，可能要求卖方在价格上给予一定的减让。

对于销售折让，企业应按不同的情况进行账务处理：销售折让如发生在确认销售收入之前，则应在确认销售收入时直接按扣除销售折让后的金额确认；已确认销售收入的售出商品发生销售折让，且不属于资产负债表日后事项的，应在发生时冲减当期销售商品收入，如按规定允许扣减增值税额的，还应冲减已确认的应交增值税销项税额。

**【做中学 9-4】** 宏洲公司销售一批商品给丙公司，开出的增值税专用发票上注明的售价为200 000元，增值税税额为34 000元。该批商品的成本为150 000元。货到后丙公司发现商品质量不合格，要求在价格上给予5%的折让。丙公司提出的销售折让要求符合原合同的约定，宏洲公司同意并办妥了相关手续，开具了增值税专用发票（红字）。假定此前宏洲公司已确认该批商品的销售收入，销售款项尚未收到，发生的销售折让允许扣减当期增值税销项税额。宏洲公司的会计处理如下：

① 销售实现时：

借：应收账款 234 000

贷：主营业务收入 200 000

应交税费——应交增值税（销项税额） 34 000

借：主营业务成本 150 000

贷：库存商品 150 000

② 发生销售折让时：

折让金额=200 000 × 5 %=10 000（元）

销售折让扣减的销项税额=10 000 × 17%=1 700（元）

借：主营业务收入 10 000

应交税费——应交增值税（销项税额） 1 700

贷：应收账款 11 700

③ 实际收到款项时：

借：银行存款 222 300

贷：应收账款 222 300

（5）销售退回的处理。销售退回是指企业售出的商品由于质量、品种不符合要求等原因而发生的退货。

企业售出商品发生的销售退回，应当分不同情况进行会计处理：一是尚未确认销售商品收入的售出商品发生销售退回的，应当冲减"发出商品"，同时增加"库存商品"；二是已确认销售商品收入的售出商品发生销售退回的，除属于资产负债表日后事项外，一般应在发生时冲减当期销售商品收入，同时冲减当期销售商品成本，如按规定允许扣减增值税税额的，应同时冲减已确认的应交增值税销项税额。如该项销售退回已发生现金折扣的，应同时调整相关财务费用的金额。

**【做中学 9-5】** 宏洲公司于 2012 年 6 月 8 日出售给丁公司一批商品，每件商品售价为 500 元，适用的增值税税率为 17%，货款尚未收到，宏洲公司尚未确认销售商品收入。2012 年 9 月 10 日收到丁公司因质量问题而退回的商品 20 件，每件商品成本为 350 元，因丁公司提出的退货要求符合销售合同约定，宏洲公司同意退货，并按规定向丁公司开具了增值税专用发票（红字）。宏洲公司在验收退货入库时的会计分录如下：

退货成本 = 350 × 20 = 7 000（元）

借：库存商品 7 000

贷：发出商品 7 000

**【做中学 9-6】** 宏洲公司 2012 年 5 月 20 日销售商品一批，增值税专用发票上注明售价为 400 000 元，增值税税额为 68 000 元；该批商品成本为 300 000 元。该批商品于 2012 年 5 月 20 日发出，购货方于 5 月 27 日付款。宏洲公司对该项销售确认了销售收入。2012 年 9 月 15 日，该批商品质量出现严重问题，购货方将该批商品全部退回给宏洲公司，宏洲公司同意退货，于退货当日支付了退货款，并按规定向购货方开具了增值税专用发票（红字）。宏洲公司会计处理如下：

① 2012 年 5 月 20 日销售实现时：

借：应收账款　468 000

　贷：主营业务收入　400 000

　　应交税费——应交增值税（销项税额）　68 000

借：主营业务成本　300 000

　贷：库存商品　300 000

② 2012 年 5 月 27 日收到货款时：

借：银行存款　468 000

　贷：应收账款　468 000

③ 2012 年 9 月 15 日销售退回时：

借：主营业务收入　400 000

　应交税费——应交增值税（销项税额）　68 000

　贷：银行存款　468 000

借：库存商品　300 000

　贷：主营业务成本　300 000

**【做中学 9-7】** 宏洲公司在 2012 年 4 月 23 日向戊公司销售一批商品，开出的增值税专用发票上注明售价为 60 000 元，增值税税额为 10 200 元。该批商品成本为 40 000 元。为及早收回货款，宏洲公司和戊公司约定的现金折扣条件为 2/10，1/20，N/30。戊公司在 2012 年 4 月 30 日支付货款。2012 年 8 月 5 日，该批商品应质量问题被戊公司退回，宏洲公司当日支付有关退货款。假定计算现金折扣时不考虑增值税。宏洲公司的会计处理如下：

① 2012 年 4 月 23 日销售实现时：

借：应收账款　70 200

　贷：主营业务收入　60 000

　　应交税费——应交增值税（销项税额）　10 200

借：主营业务成本　40 000

　贷：库存商品　40 000

② 2012 年 4 月 30 日收到货款时：

$$现金折扣 = 60\ 000 \times 2\% = 1\ 200（元）$$

$$实际收款 = 70\ 200 - 1\ 200 = 69\ 000（元）$$

借：银行存款　69 000

　财务费用　1 200

　贷：应收账款　70 200

③ 2012 年 8 月 5 日发生销售退回时：

借：主营业务收入　60 000

　应交税费——应交增值税（销项税额）　10 200

　贷：银行存款　69 000

　　财务费用　1 200

借：库存商品　40 000

　贷：主营业务成本　40 000

（6）采用预收款方式销售商品的处理。预收款销售商品是指购买方在商品尚未收到前按合同或协议约定分期付款，销售方直到收到最后一笔款项时才交货的销售方式。在这种方式下，销售方直到收到最后一笔款项时才将商品交付购货方，表明商品所有权上的主要风险和报酬只有在收到最后一笔款项时才转移给购货方，销售方通常应在发出商品时确认收入，在此之前预收的货款应确认为预收账款。

【做中学 9-8】 宏洲公司与乙公司签订协议，采用预收款方式向乙公司销售一批商品。该批商品实际成本为 350 000 元。协议约定，该批商品销售价格为 500 000 元，增值税税额为 81 000 元；乙公司应在协议签订时预付 60％的货款（按销售价格计算），剩余货款于 2 个月后支付。宏洲公司的会计处理如下。

① 收到 60％的货款时：

| | | |
|---|---|---|
| 借：银行存款 | 300 000 | |
| 　　贷：预收账款 | | 300 000 |

② 收到剩余货款及增值税税款时：

| | | |
|---|---|---|
| 借：预收账款 | 300 000 | |
| 　　银行存款 | 281 000 | |
| 　　贷：主营业务收入 | | 500 000 |
| 　　　　应交税费——应交增值税（销项税额） | | 81 000 |
| 借：主营业务成本 | 350 000 | |
| 　　贷：库存商品 | | 350 000 |

（7）委托代销商品的处理。委托代销商品的处理分如下两种情况。

① 视同买断方式委托代销商品。视同买断方式委托代销商品是指委托方和受托方签订合同或协议，委托方按合同或协议收取代销的货款，实际售价由受托方自定，实际售价与合同或协议价之间的差额归受托方所有的销售方式。如果委托方和受托方之间的协议明确标明，受托方在取得代销商品后，无论是否能够卖出、是否获利，均与委托方无关，那么委托方和受托方之间的代销商品交易，与委托方直接销售商品给受托方没有实质区别。在符合销售商品收入确认条件时，委托方应确认相关的销售商品收入。如果委托方和受托方之间的协议明确标明，将来受托方未售出的商品可以退回给委托方，或受托方因代销商品出现亏损时可以要求委托方补偿，那么，委托方在交付商品时通常不应确认收入，受托方也不作购进商品处理，受托方将商品销售后，按实际售价确认销售收入，并向委托方开具代销清单，委托方收到代销清单时，再确认本企业的销售收入。

【做中学 9-9】 宏洲公司委托甲公司销售某批商品 300 件，协议价为 100 元/件，该商品成本为 70 元/件，增值税税率为 17%。假定商品已经发出，根据代销协议，甲公司不能将没有代销出去的商品退回宏洲公司；宏洲公司将该批商品交付甲公司时发生增值税纳税义务，金额为 5 100 元。甲公司对外销售该批商品的售价为 120 元/件。

根据上述资料，宏洲公司的账务处理如下：

A. 宏洲公司将该批商品交付甲公司。

| | | |
|---|---|---|
| 借：应收账款——甲公司 | 35 100 | |
| 　　贷：主营业务收入 | | 30 000 |
| 　　　　应交税费——应交增值税（销项税额） | | 5 100 |
| 借：主营业务成本 | 21 000 | |
| 　　贷：库存商品 | | 21 000 |

B. 收到甲公司汇来货款 35 100 元。

借：银行存款　　35 100
　　贷：应收账款——甲公司　　35 100

甲公司的账务处理如下：

A. 收到该批商品

借：库存商品　　30 000
　　应交税费——应交增值税（进项税额）　　5 100
　　贷：应付账款——甲公司　　35 100

B. 对外销售该批商品。

借：银行存款　　42 120
　　贷：主营业务收入　　36 000
　　　　应交税费——应交增值税（销项税额）　　6 120
借：主营业务成本　　30 000
　　贷：库存商品　　30 000

C. 按合同协议价将款项付给宏洲公司。

借：应付账款——甲公司　　35 100
　　贷：银行存款　　35 100

② 采用支付手续费方式委托代销商品的处理。采用支付手续费代销方式下，委托方在发出商品时，商品所有权上的主要风险和报酬并未转移给受托方，委托方在发出商品时通常不应确认销售商品收入，而应在收到受托方开出的代销清单时确认销售商品收入，同时将应支付的代销手续费计入销售费用；受托方应在代销商品销售后，按合同或协议约定的方法计算确定代销手续费，确认劳务收入。

受托方可设置“受托代销商品”（资产类）、“受托代销商品款”（负债类）等科目，对受托代销商品进行核算。

| 借方　　受托代销商品 | 贷方 |
|---|---|
| 企业收到的代销商品成本 | 结转已销售的代销商品成本 |
| 尚未销售的代销商品成本 | |

| 借方　　受托代销商品款 | 贷方 |
|---|---|
| 企业已销售的代销商品的货款 | 企业收到的代销商品的货款 |
| | 尚未销售的代销商品的货款 |

**【做中学 9-10】** 宏洲公司委托阳光公司销售商品 200 件，商品已经发出，每件成本为 60 元。合同约定阳光公司应按每件 100 元对外销售，宏洲公司按售价的 10% 向阳光公司支付手续费。阳光公司对外实际销售 100 件，开出的增值税专用发票上注明的销售价格为 10 000 元，增值税税额为 1 700 元，款项已经收到。宏洲公司收到阳光公司开具的代销清单时，向阳光公司开具一张相同金额的增值税专用发票。假定：宏洲公司发出商品时纳税义务尚未发生；宏洲公司采用实际成本核算，阳光公司采用进价核算代销商品。

宏洲公司（委托方）的会计处理如下。

A. 发出商品时：

借：发出商品　　12 000

贷：库存商品 12 000

B. 收到代销清单时：

代销手续费金额=10 000 × 10 %=1 000（元）

借：应收账款——阳光公司 11 700

贷：主营业务收入 10 000

应交税费——应交增值税（销项税额） 1 700

借：主营业务成本 6 000

贷：发出商品 6 000

借：销售费用 1 000

贷：应收账款——阳光公司 1 000

C. 收到丙公司支付的货款时：

借：银行存款 10 700

贷：应收账款——阳光公司 10 700

阳光公司（受托方）的会计处理如下：

A. 收到商品时：

借：受托代销商品 20 000

贷：受托代销商品款 20 000

B. 对外销售时：

借：银行存款 11 700

贷：受托代销商品 10 000

应交税费——应交增值税（销项税额） 1 700

C. 收到增值税专用发票时：

借：应交税费——应交增值税（进项税额） 1 700

贷：应付账款——宏洲公司 1 700

D. 支付货款并计算代销手续费时：

借：受托代销商品款 10 000

应付账款——宏洲公司 1 700

贷：银行存款 10 700

其他业务收入——代销手续费 1 000

（8）销售材料等存货的处理。企业在日常活动中还可能发生对外销售不需用的原材料、随同商品对外销售单独计价的包装物等业务。企业销售原材料、包装物等存货也视同商品销售，其收入确认和计量原则比照商品销售。企业销售原材料、包装物等存货实现的收入作为其他业务收入处理，结转的相关成本作为其他业务成本处理。

企业销售原材料、包装物等存货实现的收入及结转的相关成本，通过“其他业务收入”、“其他业务成本”科目核算。

“其他业务收入”科目核算企业除主营业务活动以外的其他经营活动实现的收入，包括销售材料、出租包装物和商品、出租固定资产、出租无形资产等实现的收入。该科目贷方登记企业实现的各项其他业务收入，借方登记期末结转入“本年利润”科目的其他业务收入，结转后该科目应无余额。

“其他业务成本”科目核算企业除主营业务活动以外的其他经营活动所发生的成本，包括销售材料的成本、出租固定资产的折旧额、出租无形资产的摊销额、出租包装物的成本或摊销额。该科目借方登记企业结转或发生的其他业务成本，贷方登记期末结转入“本年利润”科目的其他业务成本，结转后该科目应无余额。

【做中学 9-11】 宏洲公司销售一批原材料，开出的增值税专用发票上注明的售价为 20 000 元，增值税税额为 3 400 元，款项已由银行收妥。该批原材料的实际成本为 15 000 元。宏洲公司的会计处理如下。

① 取得原材料销售收入时：

借：银行存款　　23 400

　　贷：其他业务收入　　20 000

　　　　应交税费——应交增值税（销项税额）　　3 400

② 结转已销原材料的实际成本。

借：其他业务成本　　15 000

　　贷：原材料　　15 000

## （三）提供劳务收入

企业提供劳务的种类很多，如旅游、运输、饮食、培训、产品安装等。有的劳务一次就能完成，且一般为现金交易，如饮食、理发、照相等；有的劳务需要花费一段较长的时间才能完成，如安装、旅游、培训等。

企业提供劳务收入的确认原则因劳务完成时间的不同而不同。

### 1. 在同一会计期间内开始并完成的劳务

对于一次就能完成的劳务，或在同一会计期间内开始并完成的劳务，应在提供劳务交易完成时确认收入，确认的金额通常为从接受劳务方已收或应收的合同或协议价款，确认原则可参照销售商品收入的确认原则。

企业对外提供劳务，如属于企业的主营业务，所实现的收入应作为主营业务收入处理，结转的相关成本应作为主营业务成本处理；如属于主营业务以外的其他经营活动，所实现的收入应作为其他业务收入处理，结转的相关成本应作为其他业务成本处理。企业对外提供劳务发生的支出一般先通过“劳务成本”科目予以归集，待确认为费用时，再由“劳务成本”科目转入“主营业务成本”或“其他业务成本”科目。

对于一次就能完成的劳务，企业应在提供劳务完成时确认收入及相关成本。对于持续一段时间但在同一会计期间内开始并完成的劳务，企业应在为提供劳务发生相关支出时确认劳务成本，劳务完成时再确认劳务收入，并结转相关劳务成本。

【做中学 9-12】 力源公司是一家安装公司，公司于 2012 年 5 月 10 日接受一项设备安装任务，合同总价款为 10 000 元，实际发生安装成本 6 000 元。

① 若该安装任务可一次完成，力源公司应在安装完成时的会计分录如下：

借：应收账款（或银行存款）　　10 000

　　贷：主营业务收入　　10 000

借：主营业务成本　　6 000

　　贷：银行存款等　　6 000

② 若上述安装任务需花费一段时间（不超过本会计期间）才能完成，财务处理如下。

A. 在为提供劳务发生有关支出时：

a. 5月10日支付设备吊装费2 000元。

借：劳务成本　2 000

　贷：银行存款　2 000

b. 5月25日结算安装工人工资4 000元。

借：劳务成本　4 000

　贷：应付职工薪酬　4 000

B. 本月底安装完成确认所提供劳务的收入并结转该项劳务总成本时：

a. 借：应收账款（或银行存款）　10 000

　贷：主营业务收入　10 000

b. 借：主营业务成本　6 000

　贷：劳务成本　6 000

2. 劳务的开始和完成分属不同的会计期间

（1）提供劳务交易的结果能够可靠估计。企业在资产负债表日提供劳务交易的结果能够可靠估计的，应采用完工百分比法确认提供劳务收入。同时满足下列条件的，为提供劳务交易的结果能够可靠估计。

① 收入的金额能够可靠地计量。收入的金额能够可靠地计量是指提供劳务收入的总额能够合理地估计。通常情况下，企业应当按照从接受劳务方已收或应收的合同或协议价款确定提供劳务收入总额。随着劳务的不断提供，可能会根据实际情况增加或减少已收或应收的合同或协议价款，此时，企业应及时调整提供劳务收入总额。

② 相关的经济利益很可能流入企业。相关的经济利益很可能流入企业，是指提供劳务收入总额收回的可能性大于不能收回的可能性。企业在确定提供劳务收入总额能否收回时，应当结合接受劳务方的信誉、以前的经验及双方就结算方式和期限达成的合同或协议条款等因素，综合进行判断。通常情况下，企业提供的劳务符合合同或协议要求，接受劳务方承诺付款，就表明提供劳务收入总额收回的可能性大于不能收回的可能性。

③ 交易的完工进度能够可靠地确定。企业可以根据提供劳务的特点，选用下列方法确定提供劳务交易的完工进度。

一是已完工作的测量，这是一种比较专业的测量方法，由专业测量师对已经提供的劳务进行测量，并按一定方法计算确定提供劳务交易的完工程度。

二是已经提供的劳务占应提供劳务总量的比例，这种方法主要以劳务量为标准确定提供劳务交易的完工程度。

三是已经发生的成本占估计总成本的比例，这种方法主要以成本为标准确定提供劳务交易的完工程度。只有反映已提供劳务的成本才能包括在已经发生的成本中，只有反映已提供或将提供劳务的成本才能包括在估计总成本中。

④ 交易中已发生和将发生的成本能够可靠地计量。交易中已发生和将发生的成本能够可靠地计量，是指交易中已经发生和将要发生的成本能够合理地估计。企业应当建立完善的内部成本核算制度和有效的内部财务预算及报告制度，准确地提供每期发生的成本，并对完成剩余劳务将要发生的成本作出科学、合理的估计。同时应随着劳务的不断提供或外部情况的不断变化，随时对将要发生的成本进行修订。

完工百分比法是指按照提供劳务交易的完工进度确认收入和费用的方法。企业应当在资产负债表日按照提供劳务收入总额乘以完工进度扣除以前会计期间累计已确认提供劳务收入后的金额，确认当期提供劳务收入；同时，按照提供劳务估计总成本乘以完工进度扣除以前会计期间累计已确认劳务成本后的金额，结转当期劳务成本。用公式表示如下。

本期确认的提供劳务收入 = 提供劳务收入总额 × 本期末止劳务的完工进度 − 以前会计期间累计已确认提供劳务收入

本期确认的提供劳务成本 = 提供劳务预计成本总额 × 本期末止劳务的完工进度 − 以前会计期间累计已确认提供劳务成本

上述公式中的劳务总收入通常按照从接受劳务方已收或应收的合同或协议价款确定，在劳务总收入和总成本能够可靠取得的情况下，关键是确定劳务的完工进度。企业应根据所提供劳务的特点，选择确定劳务完工进度的方法。

企业采用完工百分比法确认提供劳务收入时，应按计算确定的提供劳务收入金额，借记“应收账款”、“银行存款”等科目，贷记“主营业务收入”科目。结转提供劳务成本时，借记“主营业务成本”科目，贷记“劳务成本”科目。

**【做中学 9-13】** 科达公司是一家软件开发企业，公司于 2011 年 10 月 1 日为客户研制一项软件，合同规定的研制开发期为 5 个月，合同总收入为 400 000 元，至 2011 年 12 月 31 日已发生成本 180 000 元，预收账款 250 000 元。预计开发完成该项软件的总成本为 250 000 元。假定合同总收入很可能收回，研制开发软件属于科达公司的主营业务。有关会计处理如下。

① 发生成本时：

借：劳务成本　　180 000

　　贷：银行存款（应付职工薪酬等）　　180 000

② 预收账款时：

借：银行存款　　250 000

　　贷：预收账款　　250 000

③ 2011 年年末当采用不同的方法确定该劳务完工进度时，科达公司的会计处理如下。

A. 若根据已完工作的测量确定该劳务的完工进度，2011 年 12 月 31 日，经专业测量师测量，软件的完工进度为 70%。

2011 年应确认的收入 = 400 000 × 70% − 0 = 280 000（元）

2011 年应确认的费用 = 250 000 × 70 % − 0 = 175 000（元）

借：预收账款　　280 000

　　贷：主营业务收入　　280 000

借：主营业务成本　　175 000

　　贷：劳务成本　　175 000

B. 若按已提供的劳务占应提供劳务总量的比例确定该劳务的完工进度（假定研制开发期内劳务量均衡发生，该项软件研制开发已完成的工作时间为 3 个月）。

2011 年 12 月 31 日该劳务的完工进度为 = 3 个月 ÷ 5 个月 × 100% = 60 %

2011 年应确认的收入 = 400 000 × 60 % − 0 = 240 000（元）

2011 年应确认的费用 = 250 000 × 60 % − 0 = 150 000（元）

借：预收账款　　240 000

　　贷：主营业务收入　　240 000

借：主营业务成本　　150 000

贷：劳务成本　　150 000

C. 若按已发生成本占估计总成本的比例确定该劳务的完工进度。

2011 年 12 月 31 日该劳务的完工进度 = 180 000 ÷ 250 000 × 100% = 72%。

2011 年应确认的收入 = 400 000 × 72% − 0 = 28 8000（元）

2011 年应确认的费用 = 250 000 × 72% − 0 = 180 000（元）

借：预收账款　　288 000

　　贷：主营业务收入　　288 000

借：主营业务成本　　180 000

　　贷：劳务成本　　180 000

**【做中学 9-14】** 智科是一家咨询服务公司，于 2010 年 7 月 1 日与客户签订一项咨询合同。合同规定，咨询期为两年，咨询费为 240 000 元，客户分三次等额支付，第一次在项目开始时支付，第二次在项目中期支付，第三次在项目结束时支付。估计总成本为 160 000 元（假定均为咨询人员薪酬），其中，2010 年发生成本 38 000 元，2011 年发生成本 80 000 元，2012 年发生成本 42 000 元。假定成本估计十分准确，咨询费也很可能收回，该公司按照已提供的劳务占应提供劳务总量的比例（按时间比例）确定该项劳务的完工程度，该公司按年编制财务报表。公司应作如下会计处理。

① 2010 年。

A. 实际发生成本时：

借：劳务成本　　38 000

　　贷：应付职工薪酬　　38 000

B. 预收账款时：

借：银行存款　　80 000

　　贷：预收账款　　80 000

2010 年 12 月 31 日该项劳务的完工进度 = 6 ÷ 24 × 100% = 25 %

应确认的收入 = 240 000 × 25 % − 0 = 60 000（元）

应确认的费用 = 160 000 × 25 % − 0 = 40 000（元）

借：预收账款　　60 000

　　贷：主营业务收入　　60 000

借：主营业务成本　　40 000

　　贷：劳务成本　　40 000

② 2011 年。

A. 实际发生成本时：

借：劳务成本　　80 000

　　贷：应付职工薪酬　　80 000

B. 预收账款时：

借：银行存款　　80 000

　　贷：预收账款　　80 000

2011 年 12 月 31 日该项劳务的完工进度 = 18 ÷ 24 × 100% = 75 %

应确认的收入 = 240 000 × 75 % − 60 000 = 120 000（元）

应确认的费用 = 160 000 × 75 % − 40 000 = 80 000（元）

借：预收账款 120 000

　　贷：主营业务收入 120 000

借：主营业务成本 80 000

　　贷：劳务成本 80 000

③ 2012 年。

A. 实际发生成本时：

借：劳务成本 42 000

　　贷：应付职工薪酬 42 000

B. 预收账款时：

借：银行存款 80 000

　　贷：预收账款 80 000

C. 2012 年 7 月 1 日完工时确认剩余收入和费用。

应确认的收入=240 000×(1－75%)=60 000（元）

应确认的费用=160 000×(1－75%)=40 000（元）

借：预收账款 60 000

　　贷：主营业务收入 60 000

借：主营业务成本 40 000

　　贷：劳务成本 40 000

（2）提供劳务交易结果不能可靠估计。如劳务的开始和完成分属不同的会计期间，且企业在资产负债表日提供劳务交易结果不能可靠估计的，即不能同时满足上述 4 个条件的，不能采用完工百分比法确认提供劳务收入。此时，企业应当正确预计已经发生的劳务成本能否得到补偿，分下列情况进行处理。

① 已经发生的劳务成本预计全部能够得到补偿的，应按已收或预计能够收回的金额确认提供劳务收入，并结转已经发生的劳务成本。

② 已经发生的劳务成本预计部分能够得到补偿的，应按能够得到补偿的劳务成本金额确认提供劳务收入，并结转已经发生的劳务成本。

③ 已经发生的劳务成本预计全部不能得到补偿的应将已经发生的劳务成本计入当期损益（主营业务成本或其他业务成本），不确认提供劳务收入。

**【做中学 9-15】** 智科公司于 2011 年 12 月 25 日接受甲公司委托，为其培训一批学员，培训期为 6 个月，2012 年 1 月 1 日开学。协议约定，甲公司应向智科公司支付的培训费总额为 60 000 元，分 3 次等额支付，第一次在开学时预付，第二次在 2012 年 3 月 1 日支付，第三次在培训结束时支付。2012 年 1 月 1 日，乙公司预付第一次培训费。至 2012 年 2 月 29 日，智科公司发生培训成本 30 000 元（假定均为培训人员薪酬）。2012 年 3 月 1 日，智科公司得知甲公司经营发生困难，后两次培训费能否收回难以确定。智科公司的会计处理如下。

① 2012 年 1 月 1 日收到甲公司预付的培训费。

借：银行存款 20 000

　　贷：预收账款 20 000

② 实际发生培训成本 30 000 元。

借：劳务成本 30 000

　　贷：应付职工薪酬 30 000

③ 2012年2月29日确认提供劳务收入并结转劳务成本。

借：预收账款　　20 000

　　贷：主营业务收入　　20 000

借：主营业务成本　　30 000

　　贷：劳务成本　　30 000

## （四）让渡资产使用权收入

1. 让渡资产使用权收入的确认

（1）让渡资产使用权收入主要包括以下两部分内容。

① 利息收入，主要是指金融企业对外贷款形成的利息收入及同业之间发生往来形成的利息收入等。

② 使用费收入，主要是指企业转让无形资产（如商标权、专利权、专背权、软件、版权）等资产的使用权形成的使用费收入。

企业对外出租资产收取的租金、进行债权投资收取的利息、进行股权投资取得的现期股利，也构成让渡资产使用权收入。

（2）让渡资产使用权收入的确认原则。让渡资产使用权收入同时满足下列条件的，才能予以确认。

① 相关的经济利益很可能流入企业。企业在确定让渡资产使用权收入金额是否很可能收回时，应当根据对方企业的信誉和生产经营情况、双方就结算方式和期限等达成的合同或协议条款等因素，综合进行判断。如果企业估计使用权收入金额收回的可能性不大，就不应确认收入。

② 收入的金额能够可靠地计量。当让渡资产使用权收入金额能够可靠估计时，企业才能确认收入。

2. 让渡资产使用权的使用费收入的账务处理

让渡资产使用权的使用费收入金额，应按照有关合同或协议约定的收费时间和方法计算确定。不同的使用费收入，收费时间和方法各不相同。有一次性收取一笔固定金额的，如一次收取10年的场地使用费；有在合同或协议规定的有效期内分期等额收取的，如合同或协议规定在使用期内每期收取一笔固定的金额；也有分期不等额收取的，如合同或协议规定按资产使用方每期销售额的百分比收取使用费等。

如果合同或协议规定一次性收取使用费，且不提供后续服务的，应当视同销售该项资产一次性确认收入；提供后续服务的，应在合同或协议规定的有效期内分期确认收入。如果合同或协议规定分期收取使用费的，应按合同或协议规定的收款时间和金额或规定的收费方法计算确定的金额分期确认收入。

企业让渡资产使用权的使用费收入，一般作为其他业务收入处理；让渡资产所计提的摊销额等，一般作为其他业务成本处理。

**【做中学9-16】** 科达公司向甲公司转让某软件的使用权，一次性收取使用费80 000元，不提供后续服务，款项已经收回。科达公司确认使用费收入的会计分录如下：

借：银行存款　　80 000

　　贷：其他业务收入　　80 000

**【做中学9-17】** 科达公司于2012年1月1日向乙公司转让某专利权的使用权，协议约定转让期为 5 年，每年年末收取使用费 200 000 元。2012 年该专利权计提的摊销额为 120 000 元，每月计提金额为 10 000 元。假定不考虑其他因素。科达公司的会计处理如下。

① 2012 年年末确认使用费收入。

借：应收账款（或银行存款）　200 000

　　贷：其他业务收入　200 000

② 2012 年每月计提专利权摊销额。

借：其他业务成本　10 000

　　贷：累计摊销　10 000

**【做中学 9-18】** 宏洲公司向丙公司转让某商品的商标使用权，约定丙公司每年年末按年销售收入的 10% 支付使用费，使用期为 10 年。第一年，丙公司实现销售收入 1 500 000 元；第二年，丙公司实现销售收入 1 600 000 元。假定宏洲公司均于每年年末收到使用费。宏洲公司确认使用费收入的会计处理如下。

（1）第一年年末。

应确认的使用费收入 = 1 500 000 × 10% = 150 000（元）

借：银行存款　150 000

　　贷：其他业务收入　150 000

（2）第二年年末。

应确认的使用费收入 = 1 600 000 × 10% = 160 000（元）

借：银行存款　160 000

　　贷：其他业务收入　160 000

# 三、费用业务

## （一）费用概述

1. 费用的概念

费用是指企业在日常活动中发生的、会导致所有者权益减少的、与向所有者分配利润无关的经济利益的总流出。

2. 费用的确认

费用有狭义和广义之分。广义的费用泛指企业各种日常活动发生的所有耗费，狭义的费用仅指与本期营业收入相配比的那部分耗费。费用应按照权责发生制和配比原则确认。凡应属于本期发生的费用，不论其款项是否支付，均确认为本期费用；反之，不属于本期发生的费用，即使其款项已在本期支付，也不确认为本期费用。

在确认费用时，首先应当划分生产费用与非生产费用的界限。生产费用是指与企业日常生产经营活动有关的费用，如生产产品所发生的原材料费用、人工费用等；非生产费用是指不属于生产费用的费用。如用于购建固定资产所发生的费用，不属于生产费用。其次，应当分清生产费用与产品成本的界限。生产费用与一定的期间相联系，而与生产的产品无关；产品成本与一定品种和数量的产品相联系，而不论发生在哪一期。最后，应当分清生产费用与期间费用的界限。生产费用应当计入产品成本；而期间费用直接计入当期损益。

在确认费用时，对于确认为期间费用的费用，必须进一步划分为管理费用、销售费用和财务费用。对于确认为生产费用的费用，必须根据该费用发生的实际情况分不同的费用性质将其确认为不同产品所负担的费用；对于几种产品共同发生的费用，必须按受益原则，采用一定方法和程序将其分配计入有关产品的生产成本。本模块主要学习期间费用。

3. 费用的主要内容

企业的费用主要包括主营业务成本、其他业务成本、营业税金及附加、销售费用、管理费用和财务费用等。

（1）主营业务成本。主营业务成本是指企业销售商品、提供劳务等经常性活动所发生的成本。企业一般在确认销售商品、提供劳务等主营业务收入时，或在月末，将已销售商品、已提供劳务的成本结转入主营业务成本。

主营业务成本的核算具体参见本岗位中收入业务的对应内容。

（2）其他业务成本。其他业务成本是指企业除主营业务活动以外的企业经营活动所发生的成本。

有关其他业务成本的核算具体参见本岗位中收入业务的对应内容。

（3）营业税金及附加。营业税金及附加是指企业经营活动应负担的相关税费。

有关营业税金及附加的核算具体见岗位六的相关内容。

## （二）期间费用

1. 销售费用

销售费用是指企业在销售商品和材料、提供劳务过程中发生的各项费用，包括企业在销售商品过程中发生的包装费、保险费、展览费和广告费商品维修费、预计产品质量保证损失、运输费、装卸费等费用，以及企业发生的为销售本企业商品而专设的销售机构的职工薪酬、业务费、折旧费、固定资产修理费等费用。

企业应通过“销售费用”科目，核算销售费用的发生和结转情况。该科目借方登记企业所发生的各项销售费用，贷方登记期末转入“本年利润”科目的销售费用，结转后该科目应无余额。该科目应按销售费用的费用项目进行明细核算。

**【做中学 9-19】** 宏洲公司为宣传新产品发生广告费 100 000 元，均用银行存款支付。会计分录如下：

借：销售费用　　100 000

　　贷：银行存款　　100 000

**【做中学 9-20】** 宏洲公司销售部 9 月份共发生费用 300 000 元，其中，销售人员薪酬 150 000 元，销售部专用办公设备折旧费 80 000 元，业务费 70 000 元（均用银行存款支付）。会计分录如下：

借：销售费用　　300 000

　　贷：应付职工薪酬　　150 000

　　　　累计折旧　　80 000

　　　　银行存款　　70 000

2. 管理费用

管理费用是指企业为组织和管理生产经营活动而发生的各种管理费用，包括企业在筹建期间发生的开办费、董事会和行政管理部门在企业的经营管理中发生的或者应由企业统一负担的公司经费（包括行政管理部门职工薪酬、物料消耗、低值易耗品摊销、办公费和差旅费等）、董事会费（包括董事会成员津贴、会议费和差旅费等）、聘请中介机构费、咨询费（含顾问费）、诉讼费、业务招待费、房产税、车船使用税、土地使用税、印花税、技术转让费、矿产资源补偿费、研究费用、排污费以及企业行政管理部门发生的固定资产修理费等。

企业应通过"管理费用"科目，核算管理费用的发生和结转情况。该科目借方登记企业发生的各项管理费用，贷方登记期末全转入"本年利润"科目的管理费用，结转后该科目应无余额。该科目应按管理费用的费用项目进行明细核算。

**【做中学 9-21】** 甲公司筹建期间发生办公费、差旅费等开办费 45 000 元，均用银行存款支付。会计分录如下：

借：管理费用　　45 000
　贷：银行存款　　45 000

**【做中学 9-22】** 宏洲公司为拓展产品销售市场发生业务招待费 80 000 元，均用银行存款支付。会计分录如下：

借：管理费用　　80 000
　贷：银行存款　　80 000

**【做中学 9-23】** 宏洲公司就一项产品的设计方案向有关专家进行咨询，以现金支付咨询费 10 000 元。会计分录如下：

借：管理费用　　10 000
　贷：库存现金　　10 000

**【做中学 9-24】** 宏洲公司行政部 9 月份共发生费用 224 000 元，其中，行政人员薪酬 150 000 元，行政部专用办公设备折旧费 45 000 元，报销行政人员差旅费 21 000 元（假定报销人均未预借差旅费），其他办公、水电费 8 000 元（均用银行存款支付）。会计分录如下：

借：管理费用　　224 000
　贷：应付职工薪酬　　150 000
　　　累计折旧　　45 000
　　　库存现金　　21 000
　　　银行存款　　8 000

3. 财务费用

财务费用是指企业为筹集生产经营所需资金等而发生的筹资费用，包括利息支出（减息收入）、汇兑损益及相关的手续费、企业发生或收到的现金折扣等。

企业应通过"财务费用"科目核算财务费用的发生和结转情况。该科目借方登记已发生的各项财务费用，贷方登记期末结转入"本年利润"科目的财务费用。结转后该科目应无余额。该科目应按财务费用的费用项目进行明细核算。

**【做中学 9-25】** 宏洲公司于 2012 年 1 月 1 日向银行借入生产经营用短期借款 800 000 元，期限为 6 个月，年利率为 6%，该借款本金到期后一次归还，利息分月预提，按季支付。假定所有利息均不符合利息资本化条件。有关利息支出的会计处理如下：

每月末应计利息 = 800 000 × 6% ÷ 12 = 4 000（元）

借：财务费用　　4 000
　贷：应付利息　　4 000

知识拓展

## 企业期间费用常见的舞弊手段

期间费用舞弊风险小、成本低、隐蔽性好，造假者又常利用期间费用调节利润，已达到骗取信用或者偷逃税款的目的。

1. 管理费用的舞弊手段

（1）将超法规的支出列入管理费用。这种舞弊手段的表现如下。

① 将自己的固定资产或者无形资产的购置列入了企业管理费用账目当中。

② 将行贿费用等以管理费用的名义列入其中。

③ 一些企业的负责人给自己支付较低的工资（低于缴纳所得税工资标准），另外虚构职工人数，给非企业职工的家庭成员发放工资，将发放的工资列入管理费用中。

（2）将列入固定资产的费用列入开办费中。将列入固定资产的费用列入开办费中，这样就可以虚增管理费用，虚减利润，达到少缴纳税款的目的。

（3）管理费用的结转不按照规定全部转作当期损益。有些企业没有完全将管理费用转作当期损益，将其部分计入到产品成本或转入下期，目的就是想调节利润。

（4）把应计入成本的运输费列入管理费用。企业购入固定资产、专项投资用的材料和设备的运输费应计入设备或材料的成本，但有些企业却将这部分运输费列入管理费用中。

（5）不按规定摊销无形资产。企业的无形资产摊销大部分应记入“管理费用”，但有些企业为了调节期末利润，人为地多摊或少摊无形资产，从而多计或少计费用，以达到其目的。

（6）任意扩大开支，提高费用。按照规定，各项开支均有标准，但在实际工作中，却存在着许多乱计费用的问题。有些企业为了自身的经济利益，任意扩大开支范围和提高开支标准，从而提高企业费用水平，如管理费用水平，从而减少当期利润。

（7）将管理费用计入生产成本，或将生产成本计入管理费用。

2. 财务费用的舞弊手段

（1）将利息转入小金库。

（2）某些摊销方法前后不一致。

（3）利息支出的处理不合理。

（4）手续费。有些企业支出的部分手续费不合理、不合法，用于不正当的用途；而有些企业将应列入其他费用项目的或者应在前期、下期列支的手续费计入当期财务费用。

3. 销售费用的舞弊手段

（1）虚报销售费用。主要有以下3类情况。

① 在产品价格调整时，厂家会清点库存，然后进行差价补偿。业务人员就会伙同经销商，虚报库存数量，以获取更多的补偿。

② 在产品出现质量事故需要赔付时，为减少事故的负面影响，企业一般都会要求经销商及当地业务人员尽快处理，具体的赔偿由经销商先行垫付，再由企业补偿。许多经销商趁机联合厂家的驻地业务人员，虚报赔偿额度。

③ 在终端销售费用支付时，经销商或业务员夸大支出，从而套取企业费用。

（2）变卖促销品。经销商将厂家所下拨的促销品和赠品进行变卖，这是经销商最常用的手段，虽然每一次变卖数目不大，但是积累起来数目就不小，从而使企业的销售费用大增。

（3）销售费用的结转不正确。有些企业不按照规定结转产品销售费用，多转、少转或不转销售费用，从而人为地调节利润。

（4）制造假账。在进行区域型的有奖促销活动时，经销商会联合企业的业务人员，把有价值的奖项全部提前找出，再伪造消费者的中奖记录，向企业申领。或者是编造消费者返单记录，夸大补偿消费者的数量，申报更多的补偿品，随即变价销售。

# 四、利润业务

## （一）利润的构成

企业作为独立的经济实体，应当以自己的经营收入抵补其成本费用，并且实现盈利。企业盈利的大小在很大程度上反映企业生产经营的经济效益，表明企业在每一会计期间的最终经营成果。

利润是指企业在一定会计期间的经营成果。利润包括收入减去费用后的净额、直接计入当期利润的利得和损失等。

直接计入当期利润的利得和损失是指应当计入当期损益、会导致所有者权益发生增减变动的、与所有者投入资本或者向所有者分配利润无关的利得或者损失。

利润相关计算公式如下。

1. 营业利润

营业利润=营业收入－营业成本－营业税金及附加－销售费用－管理费用－财务费用－资产减值损失＋公允价值变动收益（－公允价值变动损失）＋投资收益（－投资损失）

营业收入是指企业经营业务所确认的收入总额，包括主营业务收入和其他业务收入。

营业成本是指企业经营业务所发生的实际成本总额，包括主营业务成本和其他业务成本。

资产减值损失是指企业计提各项资产减值准备所形成的损失。

公允价值变动收益（或损失）是指企业交易性金融资产等公允价值变动形成的应计入当期损益的利得（或损失）。

投资收益（或损失）是指企业以各种方式对外投资所取得的收益（或发生的损失）。

2. 利润总额

利润总额＝营业利润＋营业外收入－营业外支出

营业外收入是指企业发生的与其日常活动无直接关系的各项利得。

营业外支出是指企业发生的与其日常活动无直接关系的各项损失。

3. 净利润

净利润＝利润总额－所得税费用

所得税费用是指企业确认的应从当期利润总额中扣除的所得税费用。

## （二）营业外收支

营业外收支是指企业发生的与日常活动无直接关系的各项收支。营业外收支虽然与企业生产经营活动没有多大的关系，但从企业主体来考虑，同样带来收入或形成企业的支出，也是增加或减少利润的因素，对企业的利润总额及净利润产生较大的影响。

1. 营业外收入

营业外收入是指企业发生的与其日常活动无直接关系的各项利得。营业外收入并不是企业经营资金耗费所产生的，不需要企业付出代价，实际上是一种纯收入，不可能也不需要与有关的费用进行配比。

（1）营业外收入的内容。营业外收入主要包括非流动资产处置利得、非货币性资产交换利得、债务重组利得、盘盈利得、捐赠利得、政府补助等。

① 非流动资产处置利得包括固定资产处置利得和无形资产出售利得。固定资产处置利得指企业出售固定资产所取得价款或报废固定资产的材料价值和变价收入等，扣除处置固定资产的账面价值、清理费用、处置相关税费后的净收益；无形资产出售利得指企业出售无形资产所取得的价款，扣除无形资产的账面价值、出售相关税费后的净收益。

② 非货币性资产交换利得指在非货币性资产交换中换出资产为固定资产、无形资产的，换入资产公允价值大于换出资产账面价值的差额，扣除相关费用后计入营业外收入的金额。

③ 债务重组利得是指重组债务的账面价值超过清偿债务的现金、非现金资产的公允价值、所转股份的公允价值，或者重组后债务账面价值之间的差额。

④ 盘盈利得主要指对于现金等清查盘点中盘盈的现金等，报经批准后计入营业外收入的金额。

⑤ 捐赠利得指企业接受捐赠产生的利得。

⑥ 政府补助指企业从政府无偿取得货币性资产或非货币性资产形成的利得。

（2）营业外收入的账务处理。企业应通过“营业外收入”科目核算营业外收入的取得及结转情况。该科目贷方登记企业确认的各项营业外收入，借方登记期末结转入本年利润的营业外收入。结转后该科目应无余额。该科目应按照营业外收入的项目进行明细核算。

企业确认营业外收入，借记“固定资产清理”、“银行存款”、“待处理财产损溢”、“应付账款”等科目，贷记“营业外收入”科目。期末，应将“营业外收入”科目余额转入“本年利润”科目，借记“营业外收入”科目，贷记“本年利润”科目。

**【做中学 9-26】** 宏洲公司接受捐赠新设备一台，增值税专用发票价格为 200 000 元，增值税税额为 34 000 元，另以银行存款支付运费 2 000 元。运费由宏洲公司负担。

增值税进项税额 = 34 000 + 2 000 × 7% = 34 140（元）

固定资产成本 = 200 000 + 2 000 × 93% = 201 860（元）

借：固定资产　　201 860
　　应交税费——应交增值税（进项税额）　　34 140
　　贷：营业外收入　　234 000
　　　　银行存款　　2 000

**【做中学 9-27】** 宏洲公司本期营业外收入总额为 234 000 元，期末结转本年利润。会计分录如下：

借：营业外收入　　234 000
　　贷：本年利润　　234 000

2. 营业外支出

营业外支出是指企业发生的与其日常活动无直接关系的各项损失。

（1）营业外支出的内容。营业外支出主要包括非流动资产处置损失、非货币性资产交换损失、债务重组损失、公益性捐赠支出、非常损失、盘亏损失、罚款支出等。

① 固定资产处置损失，指企业出售固定资产所取得价款或报废固定资产的材料价值和变价收入等，不足以抵补处置固定资产的账面价值、清理费用、处置相关税费所发生的净损失；无形资产出售损失，指企业出售无形资产所取得价款，不足以抵补出售无形资产的账面价值、出售相关税费后所发生的净损失。

② 非货币性资产交换损失，指在非货币性资产交换中换出资产为固定资产、无形资产的，换入资产公允价值小于换出资产账面价值的差额，扣除相关费用后计入营业外支出的金额。

③ 债务重组损失，是指重组债权的账面余额超过受让资产的公允价值、所转股份的公允价值，或者重组后债权账面价值之间的差额。

④ 公益性捐赠支出，指企业对外进行公益性捐赠发生的支出。

⑤ 非常损失，指企业对于因客观因素（如自然灾害等）造成的损失，在扣除保险公司赔偿后应计入营业外支出的净损失。

⑥ 盘亏损失，主要指对于财产清查盘点中盘亏的资产，在查明原因处理时按确定的损失计入营业外支出的金额。

⑦ 罚款支出，指企业支付的行政罚款、税务罚款及其他违反法律法规、合同协议等支付的罚款、违约金、赔偿金等支出。

（2）营业外支出的账务处理。企业应通过“营业外支出”科目核算营业外支出的发生及结转情况。该科目借方登记企业发生的各项营业外支出，贷方登记期末结转入本年利润的营业外支出。结转后该科目应无余额。该科目应按照营业外支出的项目进行明细核算。

企业发生营业外支出时，借记“营业外支出”科目，贷记“固定资产清理”、“待处理财产损溢”、“库存现金”、“银行存款”等科目。期末，应将“营业外支出”科目余额结转入“本年利润”科目，借记“本年利润”科目，贷记“营业外支出”科目。

**【做中学 9-28】** 宏洲公司用银行存款支付税款滞纳金 30 000 元。会计分录如下:

借：营业外支出　　30 000
　　贷：银行存款　　30 000

**【做中学 9-29】** 宏洲公司于 2012 年 9 月 14 日向红十字会捐赠现金 50 000 元。

借：营业外支出　　50 000
　　贷：银行存款　　50 000

**【做中学 9-30】** 宏洲公司本期营业外支出总额为 80 000 元，期末结转本年利润。会计分录如下:

借：本年利润　　80 000
　　贷：营业外支出　　80 000

需要注意的是，营业外收入和营业外支出应当分别核算，在具体核算时，不得以营业外支出直接冲减营业外收入，也不得以营业外收入冲减营业外支出，即企业在会计核算时，应当区别营业外收入和营业外支出进行核算。

## （三）政府补助

### 1. 政府补助的定义

政府补助是指企业从政府无偿取得货币性资产或非货币性资产，但不包括政府作为企业所有者投入的资本。

"政府"包括各级人民政府以及政府组成部门（如财政、卫生部门）、政府直属机构（如税务、环保部门）等。联合国、世界银行等国际类似组织，也视同为政府。

### 2. 政府补助的特征

（1）无偿性。无偿性是政府补助的基本特征。政府向企业提供补助属于非互惠交易，政府并不因此而享有企业的所有权，企业未来也不需要以提供服务、转让资产等方式偿还。

政府补助的无偿性将其与政府资本性投入、政府采购等政府与企业之间双向、互惠的正常商业行为区分开来。政府以企业所有者的身份向企业投入资本，享有企业相应的所有权，企业有义务向投资者分配利润，政府与企业之间是投资者与被投资者的关系，属于互惠交易。这与其他单位或个人对企业的投资在性质上是一致的。

此外，政府代第三方支付给企业的款项，对于收款企业而言不属于政府补助，因为这项收入不是企业无偿取得的。例如，政府代农民交付供货企业的农机具购买资金，属于供货企业的产品销售收入，不属于政府补助。

（2）政府补助通常附有条件。政府补助通常附有一定的条件，这与政府补助的无偿性并无矛盾，并不表明该项补助有偿，而是企业经法定程序申请取得政府补助后，应当按照政府规定的用途使用该项补助。政府补助附有的条件，主要包括政策条件和使用条件。

① 政策条件。政府补助是政府为了鼓励或扶持某个行业、区域或领域的发展而给与企业的一种财政支持，具有很强的政策性。因此，政府补助的政策条件（即申报条件）是不可缺少的。企业只有符合相关政府补助政策的规定，才有资格申报政府补助。符合政策规定的，不一定都能够取得政府补助；不符合政策规定、不具备申报政府补助资格的，不能取得政府补助。例如，政府向企业提供的产业技术研究与开发资金补助，其政策条件为企业申报的产品或技术必须是符合国家产业政策的新产品、新技术。

② 使用条件。企业已获批准取得政府补助的，应当按照政府相关文件等规定的用途使用政府补助。否则，政府有权按规定责令其改正、终止资金拨付，甚至收回已拨付的资金。例如，企业从政府无偿取得的农业产业化资金，必须用于相关政策文件中规定的农业产业化项目。

（3）直接取得资产。政府补助是企业从政府直接取得的资产，包括货币性资产和非货币性资产；比如，企业取得的财政拨款，先征后返（退）、即征即退等方式返还的税款，行政划拨的土地使用权等。不涉及资产直接转移的经济支持不属于政府补助准则规范的政府补助，如政府与企业间的债务豁免等。

### 3. 政府补助的主要形式

（1）财政拨款。财政拨款是政府为了支持企业而无偿拨付的款项。为了体现财政拨款的政策引导作用，这类拨款通常具有严格的政策条件，只有符合申报条件的企业才能申请拨款；同时附有明确的使用条件，政府在批准拨款时就规定了资金的具体用途。

财政拨款可以是事前支付，也可以是事后支付。前者是指符合申报条件的企业，经申请取得拨款之后，将拨款用于规定用途或其他用途。比如，符合申请科技型中小企业技术创新基金的企业，取得拨付资金后，用于购买设备等规定用途。后者是指符合申报条件的企业，从事相关活动、发生相关费用之后，再向政府部门申请拨款。例如，为支持中小企业参与国际竞争，政府给予中小企业的国际市场开拓资金可以采用事后支付的方式，企业完成开拓市场活动（如举办或参加境外展览会等）后，根据政府批复的支持金额获得资助资金。

（2）财政贴息。财政贴息是指政府为支持特定领域或区域发展，根据国家宏观经济形势和政策目标，对承贷企业的银行贷款利息给予的补贴。财政贴息的补贴对象通常是符合申报条件的某类项目。如农业产业化项目、中小企业技术创新项目等。贴息项目通常是综合性项目，包括设备购置、人员培训、研发费用、人员开支、购买服务等；也可以是单项的，比如仅限于固定资产贷款项目。

目前，财政贴息主要有两种方式，一是财政将贴息资金直接支付给受益企业；二是财政将贴息资金直接拨付贷款银行，由贷款银行以低于市场利率的政策性优惠利率向企业提供贷款。

（3）税收返还。税收返还是政府向企业返还的税款，属于以税收优惠形式给予的一种政府补助。税收返还主要包括先征后返的所得税和先征后退、即征即退的流转税。实务中还存在税收奖励的情况，若采用先据实征收，再以现金返还的方式，在本质上也属于税收返还。

除了税收返还之外，税收优惠还包括直接减征、免征、增加计税抵扣额、抵免部分税额等形式。这类税收优惠体现了政策导向，但政府并未直接向企业无偿提供资产，因此不作为企业会计准则规范的政府补助处理。

（4）无偿划拨非货币性资产。属于无偿划拨非货币性资产的情况主要有无偿划拨土地使用权、天然资源的天然林等。随着市场经济的逐步完善，这种情况已经很少。

4. 政府补助的账务处理

（1）与资产相关的政府补助。与资产相关的政府补助，是指企业取得的、用于购建或以其他方式形成长期资产的政府补助。

这类补助一般以银行转账的方式拨付，如政府拨付的用于企业购买无形资产的财政拨款、政府对企业用于建造固定资产的相关贷款给予的财政贴息等，应当在实际收到款项时按照到账的实际金额确认和计量。在很少的情况下，这类补助也可能表现为政府向企业无偿划拨长期非货币性资产，应当在实际取得资产并办妥相关受让手续时按照其公允价值确认和计量，公允价值不能可靠取得的，按照名义金额（即1元人民币）计量。

根据配比原则，企业取得与资产相关的政府补助，不能全额确认为当期收益，应当随着相关资产的使用逐渐计入以后各期的收益。也就是说，与资产相关的政府补助应当确认为递延收益，然后自相关资产可供使用时起，在该项资产使用寿命内平均分配.计入当期营业外收入。这里需要说明两点。

① 递延收益分配的起点是“相关资产可供使用时”，对于应计提折旧或摊销的长期资产，即为资产开始折旧或摊销的时点。

② 递延收益分配的终点是“资产使用寿命结束或资产被处置时（孰早）”。相关资产在使用寿命结束前被处置（出售、转让、报废等），尚未分配的递延收益余额应当一次性转入资产处置当期的收益，不再予以递延。

**【做中学9-31】** 2007年1月，宏洲公司计划购买1台大型科研设备，预计价款500万元，因资金不足，按相关规定向有关政府部门提出补助240万元的申请。2007年2月1日，政府批准了宏洲公司的申请并拨付240万元财政拨款（同日到账）。2007年2月20日，宏洲公司购入了该大型设备（假设不需安装），实际成本为480万元，使用寿命为8年，采用直线法计提折旧（假设无残值）。2012年2月，宏州公司出售了这台设备，取得价款100万元（假定不考虑其他因素）。有关的会计分录如下：

① 2007年2月1日实际收到财政拨款，确认政府补助。

借：银行存款　2 400 000

　　贷：递延收益　2 400 000

② 2007 年 2 月 20 日购入设备。

借：固定资产　4 800 000

　　贷：银行存款　4 800 000

③ 在该项固定资产的使用期间，每个月计提折旧和分配递延收益。

A. 计提折旧。

每个月的折旧额 = 4 800 000 ÷ 8 ÷ 12 = 50 000（元）

借：研发支出　50 000

　　贷：累计折旧　50 000

B. 分配递延收益。

每个月分摊的递延收益 = 2 400 000 ÷ 8 ÷ 12 = 25 000（元）

借：递延收益　25 000

　　贷：营业外收入　25 000

④ 2012 年 2 月出售该设备。

A. 出售设备。

累计折旧额 = 50 000 × 5 × 12 = 3 000 000（元）

借：固定资产清理　1 800 000

　　累计折旧　3 000 000

　　贷：固定资产　4 800 000

借：银行存款　1 000 000

　　贷：固定资产清理　1 000 000

借：营业外支出　800 000

　　贷：固定资产清理　800 000

B. 转销递延收益余额。

至出售日未确认的递延收益 = 2 400 000 − 25 000 × 5 × 12 = 900 000（元）

借：递延收益　900 000

　　贷：营业外收入　900 000

**【做中学 9-32】** 2011 年 1 月 1 日，宏洲公司为建造一项环保工程向银行贷款 500 万元，期限为 2 年，年利率为 6%。当年 12 月 31 日，宏洲公司向当地政府提出财政贴息申请。经审核，当地政府批准按照实际贷款额 500 万元给予宏洲公司年利率 3% 的财政贴息，共计 30 万元，分两次支付。2012 年 1 月 15 日，第一笔财政贴息资金 12 万元到账。2012 年 7 月 1 日，工程完工，第二笔财政贴息资金 18 万元到账，该工程预计使用寿命 10 年。有关会计分录如下：

① 2012 年 1 月 15 日实际收到财政贴息，确认政府补助。

借：银行存款　120 000

　　贷：递延收益　120 000

② 2012 年 7 月 1 日实际收到财政贴息，确认政府补助。

借：银行存款　180 000

　　贷：递延收益　180 000

③ 2012 年 7 月 1 日工程完工，开始分配递延收益。

每个资产负债表日分摊递延收益＝300 000÷10÷12＝2 500（元）

借：递延收益　　2 500

　　贷：营业外收入　　2 500

（2）与收益相关的政府补助。与收益相关的政府补助是指除与资产相关的政府补助之外的政府补助。这类补助通常以银行转账的方式拨付，应当在实际收到款项时按照到账的实际金额确认和计量。比如，按照有关规定对企业先征后返的增值税，企业应当在实际收到返还的增值税税款时将其确认为收益，而不应当在确认应付增值税时确认应收税收返还款。只有存在确凿证据表明该项补助是按照固定的定额标准拨付的，才可以在这项补助成为应收款时予以确认并按照应收的金额计量。例如，按储备量和补助定额计算和拨付给企业的储备粮存储费用补贴，可以按照实际储备量和补贴定额计算应收政府补助款。

与收益相关的政府补助应当在其补偿的相关费用或损失发生的期间计入当期损益，即：用于补偿企业以后期间的相关费用或损失的，在取得时先确认为递延收益，然后在确认相关费用的期间计入当期营业外收入；用于补偿企业已发生的相关费用或损失的，取得时直接计入当期营业外收入。

在有些情况下，企业可能不容易分清与收益有关的政府补助是用于补偿已发生费用，还是用于补偿以后将发生的费用。根据重要性原则，企业通常可以将与收益相关的政府补助直接计入当期营业外收入，对于金额较大的补助，可以分期计入营业外收入。

**【做中学 9-33】** 甲企业生产一种先进的模具产品，按照国家相关规定，该企业的这种产品适用增值税先征后返政策，即先按规定征收增值税率，然后按实际缴纳增值税税额返还 60%。2012 年 1 月，该企业实际缴纳增值税税额 150 万元。2012 年 2 月，该企业实际收到返还的增值税税额 90 万元。甲企业实际收到返还的增值税税额的会计分录如下：

借：银行存款　　900 000

　　贷：营业外收入　　900 000

**【做中学 9-34】** 乙企业为一家储备粮企业，2012 年实际粮食储备量 1 亿斤。根据国家有关规定，财政部门按照企业的实际储备量给以每斤 0.043 元的粮食保管费补贴，于每个季度初支付。乙企业的会计分录如下：

① 2012 年 1 月，乙企业收到财政拨付的补贴款。

借：银行存款　　4 300 000

　　贷：递延收益　　4 300 000

② 2012 年 1～3 月，每月将补偿保管费补贴计入当期收益。

借：递延收益　　1 433 333

　　贷：营业外收入　　1 433 333

（3）与资产和收益均相关的政府补助。政府补助的对象常常是综合性项目，可能既包括设备等长期资产的购置，也包括人工费、购买服务费、管理费等费用化支出的补偿，这种政府补助与资产和收益均相关。

企业取得这类政府补助时，需要将其分解为与资产相关的部分和与收益相关的部分，分别进行会计处理。在实务中，政府常常只补贴整个项目开支的一部分，企业可能确实难以区分某项政府补助中哪些与资产相关、哪些与收益相关，或者对其进行划分不符合重要性原则或成本效益原则。这种情况下，企业可以将整项政府补助归类为与收益相关的政府补助，视情况不同计入当期损益，或者在项目期内分期确认为当期收益。

## （四）所得税费用

1. 所得税费用概述

我国所得税会计采用了资产负债表债务法，要求企业从资产负债表出发，通过比较资产负债表上列示的资产、负债按照会计准则规定确定的账面价值与按照税法规定确定的计税基础，对于两者之间的差异分别应纳税暂时性差异与可抵扣暂时性差异，确认相关的递延所得税负债与递延所得税资产，并在此基础上确定每一会计期间利润表中的所得税费用。

（1）所得税费用的构成。利润表中的所得税费用包括当期所得税和递延所得税两个部分。

① 当期所得税是指企业按照税法规定计算确定的针对当期发生的交易和事项，应交纳给税务部门的所得税金额，即当期应交所得税。

② 递延所得税是指按照所得税准则规定当期应予确认的递延所得税资产和递延所得税负债金额，即递延所得税资产及递延所得税负债当期发生额的综合结果。但不包括计入所有者权益的交易或事项的所得税影响。

（2）所得税费用确认的一般程序。所得税费用的确认可分为3个步骤。

第一步，计算应交所得税。就企业当期发生的交易或事项，按照适用的税法规定计算确定当期应纳税所得额，将应纳税所得额与适用的所得税税率计算的结果确认为当期应交所得税，作为当期所得税。

第二步，计算递延所得税。首先，按照相关会计准则规定确定资产负债表中除递延所得税资产和递延所得税负债以外的其他资产和负债项目的账面价值及计税基础；其次，比较资产、负债的账面价值与其计税基础，判断应纳税暂时性差异或可抵扣暂时性差异；然后，确定资产负债表日递延所得税负债和递延所得税资产的应有金额（即期末余额），并与期初递延所得税资产和递延所得税负债的余额相比，确定当期应予进一步确认的递延所得税资产和递延所得税负债金额或应予转销的金额，作为递延所得税。

第三步，确认所得税费用。利润表中的所得税费用包括当期所得税（当期应交所得税）和递延所得税两个组成部分，企业在计算确定了当期所得税和递延所得税后，两者之和（或之差），是利润表中的所得税费用。

2. 应交所得税

（1）企业所得税的概念。企业所得税是对我国境内的企业和其他取得收入的组织的生产经营所得和其他所得征收的一种税。

除个人独资企业、合伙企业以外，凡在我国境内，企业和其他取得收入的组织为企业所得税的纳税人。企业分为居民企业和非居民企业。

居民企业是指依法在中国境内成立，或者依照外国（地区）法律成立但实际管理机构在中国境内的企业。

非居民企业是指依照外国（地区）法律成立且实际管理机构不在中国境内，但在中国境内设立机构、场所的，或者在中国境内未设立机构、场所，但有来源于中国境内所得的企业。

（2）企业所得税的征税对象。企业所得税的征税对象是纳税人取得的所得。包括销售货物所得、提供劳务所得、转让财产所得、股息红利所得、利息所得、租金所得、特许权使用费所得、接受捐赠所得和其他所得。

居民企业应当就其来源于中国境内、境外的所得缴纳企业所得税。

非居民企业在中国境内设立机构、场所的，应当就其所设机构、场所取得的来源于中国境内的所得，以及发生在中国境外但与其所设机构、场所有实际联系的所得，缴纳企业所得税。

非居民企业在中国境内未设立机构、场所的，或者虽设立机构、场所但取得的所得与其所设机构、场所没有实际联系的，应当就其来源于中国境内的所得缴纳企业所得税。

（3）企业所得税的税率。企业所得税实行比例税率，现行规定主要有基本税率和低税率。

① 基本税率为25%，适用于居民企业和在中国境内设有机构、场所且所得与机构、场所有关联的非居民企业。

② 低税率为20%，适用于在中国境内未设立机构、场所的或者虽设立机构、场所但取得的所得与其所设机构、场所没有实际联系的非居民企业，但实际征税时适用10%的税率。

（4）应交所得税的计算。应纳税所得额是企业所得税的计税依据，企业在确定当期应交所得税时，对于当期发生的交易或事项，会计处理与税法处理不同的，应在会计利润的基础上，按照适用税收法规的规定进行调整，计算出当期应纳税所得额，按照应纳税所得额与适用所得税税率计算确定当期应交所得税。一般情况下，应纳税所得额可在会计利润的基础上，考虑会计与税收法规之间的差异，按照以下公式计算。

应纳税所得额=税前会计利润+纳税调整增加额－纳税调整减少额

纳税调整增加额主要包括税法规定允许扣除项目中，企业已计入当期费用但超过税法规定扣除标准的金额（如超过税法规定标准的工资支出、业务招待费支出），以及企业已计入当期损失但税法规定不允许扣除项目的金额（如税收滞纳金、罚款、罚金）。

纳税调整减少额主要包括按税法规定允许弥补的亏损和准予免税的项目，如前五年内的未弥补亏损和国债利息收入等。

企业当期所得税的计算公式为

应交所得税＝应纳税所得额×所得税税率

**【做中学 9-35】** 文源公司 2011 年度按企业会计准则计算的税前会计利润为 21 000 000 元，其中包括本年收到的国库券利息收入 500 000 元，所得税税率为 25％。文源公司全年实发工资、薪金为 2 000 000 元，职工福利费 300 000 元，工会经费 50 000 元，职工教育经费 100 000 元；经查，文源公司当年营业外支出中有 150 000 元为税款滞纳罚金。假定文源公司全年无其他纳税调整因素。

按照税法的有关规定：企业购买国库券的利息收入免交所得税，即在计算纳税所得时可将其扣除；已计入当期营业外支出的税款滞纳罚金不允许税前扣除；企业发生的合理的工资、薪金准予据实扣除；企业发生的职工福利费支出，不超过工资、薪金总额的 14%部分准予扣除；企业拨缴的工会经费，不超过工资、薪金总额的 2%部分准予扣除；企业发生的职工职工教育经费支出，不超过工资、薪金总额的 2.5%部分准予扣除，超过部分，除有关部门另有规定外，准予结转以后纳税年度扣除。

文源公司当期所得税的计算如下。

纳税调整增加额＝（300 000－2 000 000×14%）+（50 000－2 000 000×2%）+（100 000－2 000 000×2.5%）+150 000＝230 000（元）

纳税调整减少额＝500 000（元）

应纳税所得额＝21 000 000+230 000－500 000＝20 730 000（元）

当期应交所得税额＝20 730 000×25％＝5 182 500（元）

3. 递延所得税

（1）计税基础。计税基础分为资产的计税基础和负债的计税基础。

① 资产的计税基础。资产的计税基础是指某一项资产在未来期间计税时可以税前扣除的金额。从税收的角度考虑，资产的计税基础是假定企业按照税法规定进行核算所提供的资产负债表中资产的应有金额。

资产在初始确认时，其计税基础一般为取得成本，与资产的账面价值相等。在资产持续持有的过程中，资产的计税基础是指资产的取得成本减去以前期间按照税法规定已经税前扣除的金额后的余额。如固定资产、无形资产等长期资产，在某一资产负债表日的计税基础是指其成本扣除按照税法规定已在以前期间税前扣除的累计折旧额或累计摊销额后的金额。企业应当按照适用的税收法规规定计算确定资产的计税基础。可用公式表示如下。

资产计税基础＝取得成本－以前期间按照税法规定已经税前扣除的金额

资产账面价值＝按照会计准则的规定在资产负债表中列示的金额

例如：

固定资产计税基础＝成本－按照税法规定以前期间已提折旧

固定资产账面价值＝原值－累计折旧－固定资产减值准备

无形资产计税基础＝成本－按照税法规定以前期间已累计摊销

无形资产账面价值＝原值－累计摊销－无形资产减值准备

交易性金融资产计税基础＝取得成本

交易性金融资产账面价值＝公允价值

**【做中学 9-36】** 甲公司于 2011 年 1 月 1 日开始计提折旧的某项固定资产，原价为 300 000 元，使用年限为 10 年，采用年限平均法计提折旧，预计净残值为 0。税法规定类似固定资产采用加速折旧法计提的折旧可予税前扣除，该企业在计税时采用双倍余额递减法计提折旧，预计净残值为 0。2012 年 12 月 31 日，企业估计该项固定资产的可收回金额为 220 000 元。2012 年 12 月 31 日，该项固定资产的账面价值与计税基础分别如下计算。

A. 账面价值。

采用年限平均法已计提折旧额＝300 000 ÷ 10 × 2＝60 000（元）

固定资产减值准备＝300 000－60 000－220 000＝20 000（元）

固定资产的账面价值＝300 000－60 000－20 000＝220 000（元）

B. 计税基础。

按税法规定采用双倍余额递减法已计提折旧＝300 000 × 20%+240 000 × 20%＝108 000（元）

计税基础＝300 000－108 000＝192 000（元）

② 负债的计税基础。负债的计税基础，是指负债的账面价值减去未来期间计算应纳税所得额时按照税法规定可予抵扣的金额。即假定企业按照税法规定进行核算，在其按照税法规定确定的资产负债表上有关负债的应有金额。

负债的计税基础＝账面价值－未来期间按照税法可予税前扣除的金额

**【做中学 9-37】** 乙公司于 2011 年 12 月 20 日自客户收到一笔合同预付款，金额为 200 万元，因不符合会计准则中收入的确认条件，乙公司作为预收账款核算。但按照适用税法规定，该款项应计入取得当期应纳税所得额计算交纳所得税。2011 年 12 月 31 日，该项负债的账面价值及计税基础分析如下。

预收账款的账面价值＝200（万元）。

该项预收账款，虽然会计上不确认为收入，将其确认为负债，但按照税法规定已经计入应纳税所得额；未来期间会计上再确认收入时，按照税法规定则不需要再交税，可全额税前扣除。

该预收账款的计税基础= 200 − 200（未来期间按照税法可予税前扣除的金额）=0（万元）。

假定企业在收到客户 200 万元的预付款项时不确认收入，按照税法规定也没确认收入，计税时没计入应纳税所得额。即会计准则和税法规定是一致的，当期没有纳税，未来期间会计上再确认收入时，按照税法规定也确认为收入，未来期间才需要纳税，也就是未来期间按照税法可予税前扣除的金额是零，那么此时的计税基础=200 − 0=200（万元），账面价值与计税基础相等。

（2）暂时性差异。暂时性差异是指资产、负债的账面价值与其计税基础不同产生的差额。由于资产、负债的账面价值与其计税基础不同，产生了在未来收回资产或清偿负债的期间内，应纳税所得额增加或减少并导致未来期间应交所得税增加或减少的情况，这些暂时性差异分为应纳税暂时性差异和可抵扣暂时性差异。

① 应纳税暂时性差异。该差异在未来期间转回时，会增加转回期间的应纳税所得额和应交所得税金额，应确认相关的递延所得税负债。应纳税暂时性差异通常产生于以下情况。

一是资产的账面价值大于其计税基础。

例如，一项资产的账面价值为 500 万元，计税基础如为 375 万元，两者之间的差额会造成未来期间应纳税所得额和应交所得税的增加，形成应纳税暂时性差异。意味着现在抵扣得多，少交税了，未来就会多交税，在其产生当期，应确认相关的递延所得税负债。

二是负债的账面价值小于其计税基础。

② 可抵扣暂时性差异。该差异在未来期间转回时会减少转回期间的应纳税所得额，减少未来期间的应交所得税。在可抵扣暂时性差异产生当期，符合确认条件的情况下，应当确认相关的递延所得税资产。可抵扣暂时性差异一般产生于以下情况。

一是资产的账面价值小于其计税基础。

例如，一项资产的账面价值为 500 万元，计税基础为 650 万元，则企业在未来期间就该项资产可以在其自身取得经济利益的基础上多扣除 150 万元，未来期间应纳税所得额会减少，应交所得税也会减少，形成可抵扣暂时性差异。意味着现在抵扣的少，多交税了，未来就会少交税，在其产生当期，应确认相关的递延所得税资产。

二是负债的账面价值大于其计税基础。

（3）递延所得税的确认。

① 递延所得税负债的确认和计量。递延所得税负债产生于应纳税暂时性差异，应纳税暂时性差异在转回期间将增加未来期间的应纳税所得额和应交所得税，导致企业经济利益的流出，从其发生当期看，构成企业应支付税金的义务应作为负债确认。除会计准则中明确规定可不确认递延所得税负债的情况以外，企业对于所有的应纳税暂时性差异均应确认相关的递延所得税负债。

递延所得税负债应以应纳税暂时性差异转回期间适用的所得税税率计量。

**【做中学 9-38】** 甲公司于 2012 年 1 月 1 日开始计提折旧的某设备，取得成本为 2 000 000 元，采用年限平均法计提折旧，使用年限为 10 年，预计净残值为 0。假定计税时允许按双倍余额递减法计提折旧，使用年限及预计净残值与会计相同。甲公司适用的所得税税率为 25%。假定该企业不存在其他会计与税收处理的差异，分析计算如下。

2012 年该项固定资产按照会计规定计提的折旧额为 200 000 元，该固定资产的账面价值

1800 000 元；计税时允许扣除的折旧额为 400 000 元，其计税基础为 1 600 000 元；账面价值大于计税基础的差额构成应纳税暂时性差异。

企业应确认递延所得税负债 =（1 800 000 - 1 600 000）× 25% = 50 000（元）

② 递延所得税资产的确认和计量。资产、负债的账面价值与其计税基础不同产生可抵扣暂时性差异的，在估计未来期间能够取得足够的应纳税所得额用以利用该可抵扣暂时性差异的，应当以很可能取得用来抵扣可抵扣暂时性差异的应纳税所得额为限，确认相关的递延所得税资产。

确认递延所得税资产时，应估计相关可抵扣暂时性差异的转回时间，采用转回期间适用的所得税税率为基础计算确定。

**【做中学 9-39】** 2012 年 10 月 20 日，甲公司自公开市场取得一项权益性投资，支付价款 2 000 万元，作为交易性金融资产核算。20 12 年 12 月 31 日，该投资的市价为 1 800 万元。分析计算如下。

该项交易性金融资产的期末市价为 1 800 万元，其按照会计准则规定进行核算的在 2012 年资产负债表日的账面价值为 1 800 万元。

因税法规定以公允价值计量的金融资产在持有期间公允价值的变动不计入应纳税所得额，其在 20 12 年资产负债表日的计税基础应维持原取得成本不变，为 2 000 万元。

该交易性金融资产的账面价值小于计税基础，其差额 200 万元构成可抵扣暂时性差异。

企业应确认递延所得税资产 =（2 000 - 1 800）× 25% = 50（万元）

③ 递延所得税。递延所得税是指按照会计准则规定应予确认的递延所得税资产和递延所得税负债在会计期末应有的金额相对于原已确认金额之间的差额，即递延所得税资产和递延所得税负债的当期发生额，但不包括计入所有者权益的交易或事项的所得税影响。用公式表示为

递延所得税 =（递延所得税负债的期末余额 - 递延所得税负债的期初余额）-（递延所得税资产的期末余额 - 递延所得税资产的期初余额）= 当期递延所得税负债的增加（ - 减少）- 当期递延所得税资产的增加（+减少）

4. 所得税费用的账务处理

（1）设置账户。所得税费用的账务处理需要设置下面几个账户。

①“所得税费用”账户。该账户属损益类账户，核算和监督从本期损益中扣除的所得税费用。

借方　　　　所得税费用　　　　贷方

| 借方 | 贷方 |
|---|---|
| 企业计入本期损益的所得税额 | 转入“本年利润”账户的所得税额 |
| 结转后无余额 | |

②“应交税费——应交所得税”账户。该账户属负债类账户，核算企业所得税的应交、已交及余额情况。

借方　　　　应交税费——应交所得税　　　　贷方

| 借方 | 贷方 |
|---|---|
| 反映企业已交的所得税 | 反映企业应交的所得税 |
| 借方余额为多交的所得税 | 贷方余额为尚未缴纳的所得税 |

③“递延所得税资产”账户。该账户属资产类账户，核算企业因可抵扣暂时性差异所形成的递延所得税资产的确认及转回情况。

| 借方 | 递延所得税资产　　　　　　　　贷方 |
|---|---|
| ① 应与确认的递延所得税资产<br>② 反映本期应确认的递延所得税资产大于其账面余额的差额 | ① 转回递延所得税资产<br>② 反映本期应确认的递延所得税资产小于其账面余额的差额 |
| 反映企业已确认的递延所得税资产的余额 | |

④“递延所得税负责”账户。该账户属负责类账户，核算企业因应纳税暂时性差异所形成的递延所得税负责的确认及转回情况。

| 借方 | 递延所得税负债　　　　　　　　贷方 |
|---|---|
| ① 转回递延所得税负债<br>② 反映本期应确认的递延所得税负债小于其账面余额的差额 | ① 应与确认的递延所得税负债<br>② 反映本期应确认的递延所得税负债大于其账面余额的差额 |
| | 反映企业已确认的递延所得税负债的余额 |

（2）账务处理过程。利润表中的所得税费用包括当期所得税（当期应交所得税）和递延所得税两个组成部分，企业在计算确定了当期所得税和递延所得税后，两者之和（或之差）是利润表中的所得税费用，即

所得税费用 = 当期所得税 + 递延所得税

**【做中学 9-40】** 宏源公司 2011 年度利润表中利润总额为 3 000 万元，该公司适用的所得税税率为 25%。递延所得税资产及递延所得税负债不存在期初余额。与所得税核算有关的情况如下。

2011 年发生的有关交易和事项中，会计处理与税收处理存在差别的如下。

① 2011 年 1 月开始计提折旧的一项固定资产，成本为 1 500 万元，使用年限为 10 年，净残值为 0，会计处理按双倍余额递减法计提折旧，税收处理按直线法计提折旧。假设税法规定的使用年限及净残值与会计规定相同。

② 向关联企业捐赠现金 500 万元。假定按照税法规定，企业向关联方的捐赠不允许税前扣除。

③ 当期取得作为交易性金融资产核算的股票投资成本为 800 万元，2011 年 12 月 31 日的公允价值为 1 200 万元。税法规定，以公允价值计量的金融资产持有期间公允价值变动不计入应纳税所得额。

④ 违反环保法规定应支付罚款 250 万元。

⑤ 期末对持有的存货计提了 75 万元的存货跌价准备。

该公司 2011 年资产负债表相关项目金额及其计税基础如表 9-1 所示。

**表 9-1　宏源公司 2011 年资产负债表相关项目金额及其计税基础**　　单位：万元

| 项　目 | 账面价值 | 计税基础 | 项　目 | |
|---|---|---|---|---|
| | | | 应纳税暂时性差异 | 可抵扣暂时性差异 |
| 存货 | 2 000 | 2 075 | | 75 |
| 固定资产 | | | | |
| 固定资产原价 | 1 500 | 1 500 | | |

续表

| 项　目 | 账面价值 | 计税基础 | 项　目 | |
|---|---|---|---|---|
| | | | 应纳税暂时性差异 | 可抵扣暂时性差异 |
| 减：累计折旧 | 300 | 150 | | |
| 减：固定资产净值准备 | 0 | 0 | | |
| 固定资产账面价值 | 1 200 | 1 350 | | 150 |
| 交易性金融资产 | 1 200 | 800 | 400 | |
| 其他应付款 | 250 | 250 | | |
| 总　计 | | | 400 | 225 |

分析计算如下。

① 2011 年度当期应交所得税。

应纳税所得额 = 3 000 + 150 + 500 − 400 + 250 + 75 = 3 575（万元）

应交所得税 = 3 575 × 25% = 893.75（万元）

② 2011 年度递延所得税。

递延所得税资产 = 225 × 25% = 56.25（万元）

递延所得税负债 = 400 × 25% = 100（万元）

递延所得税 = 100 − 56.25 = 43.75（万元）

③ 利润表中应确认的所得税费用。

所得税费用 = 893.75 + 43.75 = 937.50（万元），确认所得税费用的账务处理如下：

借：所得税费用　　9 375 000

　　递延所得税资产　　562 500

　　贷：应交税费——应交所得税　　8 937 500

　　　　递延所得税负责　　1 000 000

【做中学 9-41】沿用【做中学 9-40】的资料。假定宏源公司 2012 年当期应交所得税为 1 155 万元。资产负债表中有关资产、负债的账面价值与其计税基础相关的资料如表 9-2 所示，除所列项目外，其他资产、负债项目不存在会计和税收的差异。

**表 9-2　资产负债表中有关资产、负债的账面价值与其计税基础相关的资料**

单位：万元

| 项　目 | 账面价值 | 计税基础 | 项　目 | |
|---|---|---|---|---|
| | | | 应纳税暂时性差异 | 可抵扣暂时性差异 |
| 存货 | 4 000 | 4 200 | | 200 |
| 固定资产 | | | | |
| 固定资产原价 | 1 500 | 1 500 | | |
| 减：累计折旧 | 540 | 300 | | |
| 减：固定资产净值准备 | 50 | 0 | | |
| 固定资产账面价值 | 910 | 1 200 | | 290 |
| 交易性金融资产 | 1 675 | 1 000 | 675 | |
| 预计负债 | 250 | 0 | | 250 |
| 总　计 | | | 675 | 740 |

分析计算如下。

① 当期所得税 = 当期应交所得税 = 1 155（万元）。

② 递延所得税。

期末递延所得税负债 = 675 × 25% = 168.75（万元）

期初递延所得税负债 = 100（万元）

递延所得税负债增加 = 期末递延所得税负债 − 期初递延所得税负债 = 168.75 − 100 = 68.75（万元）

期末递延所得税资产 = 740 × 25 % = 185（万元）

期初递延所得税资产 = 56.25（万元）

递延所得税资产增加 = 期末递延所得税资产 − 期初递延所得税资产 = 185 − 56.25 = 128.75（万元）

递延所得税 = 当期递延所得税负债的增加 − 当期递延所得税资产的增加 = 68.75 − 128.75 = −60(万元)

③ 确认所得税费用。

所得税费用 = 当期所得税+递延所得税 = 1 155 − 60 = 1 095（万元），确认所得税费用的账务处理如下:

| | 借方 | 贷方 |
|---|---|---|
| 借: 所得税费用 | 10 950 000 | |
| 递延所得税资产 | 1 287 500 | |
| 贷: 递延所得税负债 | | 687 500 |
| 应交税费——应交所得税 | | 11 550 000 |

**知识拓展**

**税法规定与会计规定差异的处理**

税法规定与会计规定差异的处理，是指企业在财务会计核算中与税法规定不一致的，应当按照税法规定予以调整。也就是说，企业在平时进行会计核算时，可以按会计准则的有关规定进行账务处理，但在纳税申报时，对税法规定与会计规定差异的业务，要求按税法规定进行纳税调整。同时注意如下事项。

（1）企业不能提供完整、准确的收入及成本、费用凭证，不能正确计算应纳税所得额的，由税务机关核定其应纳税所得额。

（2）企业依法清算时，以其清算终了后的清算所得为应纳税所得额，按规定缴纳企业所得税。

（3）企业的应纳税所得额是根据税法规定计算的，它在数额上与依据会计准则和会计制度计算利润总额往往不一致。

## （五）本年利润

1. 结转本年利润的方法

会计期末结转本年利润的方法有表结法和账结法两种。

① 表结法，就是在 1～11 月间，各损益类科目每月月末只需结计出本月发生额和月末累计余额，不结转到“本年利润”科目，只有在 12 月年终结算时，才将全年累计余额结转入“本年利润”科目，结转后各损益类科目的余额为 0。但每月月末要将损益类科目的本月发生额合计数填入利润表的本月数栏，同时将本月末累计余额填入利润表的本年累计数栏，通过利润表计算反映各期的利润（或亏损）。表结法下，年中损益类科目无需结转入“本年利润”科目，从而减少了转账环节和工作量，同时并不影响利润表的编制及有关损益指标的利用。

② 账结法，就是每月月末均需编制转账凭证，将在账上结计出的各损益类科目的余额结转入“本年利润”科目。结转后“本年利润”科目的本月合计数反映当月实现的利润或发生的亏损，“本年利润”科目的本年累计数反映本年累计实现的利润或发生的亏损。账结法在各月均可通过“本年利润”科目提供当月及本年累计的利润（或亏损）额，记账业务程序完整，但增加了转账环节和工作量。

2. 本年利润的账务处理

企业应设置“本年利润”账户，该账户属所有者权益类，核算企业当期实现的净利润（或发生的净亏损）。企业期（月）末，应将各损益类科目的金额转入本科目，结平各损益类科目：将各收入、收益类科目的金额转入“本年利润”的贷方，将各费用支出类科目的金额转入“本年利润”的借方。结转后“本年利润”科目的贷方余额为当期实现的净利润；借方余额为当期发生的净亏损。“本年利润”科目的余额平时不结转，年度终了时，一次性地转至“利润分配——未分配利润”账户，借：本年利润，贷：利润分配——未分配利润；如为亏损则作相反分录；结转后，“本年利润”科目应无余额。

| 借方　　　　　本年利润 | 贷方 |
|---|---|
| 从损益类账户中转过来的各种费用支出 | 从损益类账户中转过来的各种收益收入 |
| 差额在借方，表示亏损 | 差额在贷方，表示盈利<br>（期末转入“利润分配”后无余额） |

【做中学 9-42】 宏达公司 2012 年有关损益类科目的年末余额如表 9-3 所示（该企业采用表结法年末一次结转损益类科目，所得税税率为 25%）。

表 9-3　宏达公司 2012 年有关损益类科目的年末余额　　单位：元

| 科 目 名 称 | 借 或 贷 | 结账前余额 |
|---|---|---|
| 主营业务收入 | 贷 | 6 000 000 |
| 其他业务收入 | 贷 | 700 000 |
| 公允价值变动损益 | 贷 | 150 000 |
| 投资收益 | 贷 | 600 000 |
| 营业外收入 | 贷 | 50 000 |
| 主营业务成本 | 借 | 4 000 000 |
| 其他业务成本 | 借 | 400 000 |
| 营业税金及附加 | 借 | 80 000 |
| 销售费用 | 借 | 500 000 |
| 管理费用 | 借 | 770 000 |
| 财务费用 | 借 | 200 000 |
| 资产减值损失 | 借 | 100 000 |
| 营业外支出 | 借 | 250 000 |

宏达公司 2012 年年末结转本年利润的会计分录如下。

（1）将各损益类科目年末余额结转入“本年利润”科目。

① 结转各项收入、利得类科目。

借：主营业务收入　　6 000 000
　　其他业务收入　　700 000
　　公允价值变动损益　　150 000
　　投资收益　　600 000

营业外收入　　50 000

贷：本年利润　　7 500 000

② 结转各项费用、损失类科目。

借：本年利润　　6 300 000

贷：主营业务成本　　4 000 000

其他业务成本　　400 000

营业税金及附加　　80 000

销售费用　　500 000

管理费用　　770 000

财务费用　　200 000

资产减值损失　　100 000

营业外支出　　250 000

（2）计算税前会计利润。

税前会计利润=7 500 000－6 300 000=1 200 000（元）

（3）确认所得税费用（假设宏达公司该年度不存在所得税纳税调整因素）。

应交所得税额=1 200 000×25％=300 000（元）

① 确认所得税费用。

借：所得税费用　　300 000

贷：应交税费——应交所得税　　300 000

② 将所得税费用结转入“本年利润”科目。

借：本年利润　　300 000

贷：所得税费用　　300 000

（4）结转“本年利润”科目年末余额。

净利润＝7 500 000－6 300 000－300 000＝900 000（元）

借：本年利润　　900 000

贷：利润分配——未分配利润　　900 000

## （六）利润分配

1. 利润分配的顺序

利润分配是指企业根据国家有关规定和企业章程、投资者协议等，对企业当年可供分配的利润所进行的分配。

企业当年可供分配的利润＝当年实现的净利润（或净亏损）＋年初未分配利润（－年初未弥补亏损）＋其他转入利润

利润分配的顺序如下。

（1）提取法定盈余公积。按照《公司法》有关规定，公司制企业应当按照净利润（减弥补以前年度亏损）的 10%提取法定盈余公积。非公司制企业法定盈余公积的提取比例可超过净利润的 10%。法定盈余公积累计额已达注册资本的 50%时可以不再提取。值得注意的是，在计算提取法定盈余公积的基数时，不应包括企业年初未分配利润。

（2）提取任意盈余公积。公司制企业可根据股东大会的决议提取任意盈余公积。非公司制企业经类似权力机构批准，也可提取任意盈余公积。

（3）向投资者分配利润。公司弥补亏损或提取公积金后所余税后利润，公司的股东可以按照持股比例或公司章程的约定分取红利。

2. 利润分配的账务处理

企业应设置“利润分配”科目，核算企业利润的分配（或亏损的弥补）和历年分配（或弥补）后的未分配利润（或未弥补亏损）。该科目应分别“提取法定盈余公积”、“提取任意盈余公积”、“应付现金股利或利润”、“转作股本的股利”、“盈余公积补亏”、“未分配利润”等进行明细核算。

（1）提取盈余公积的账务处理。企业按规定提取盈余公积时，应通过“利润分配”和“盈余公积”等科目处理。借记“利润分配——提取法定（任意）盈余公积”账户，贷记“盈余公积——法定（任意）盈余公积”账户。

（2）分配股利或利润的账务处理。经股东大会或类似机构决议，分配给股东或投资者的现金股利或利润，借记“利润分配——应付现金股利或利润”科目，贷记“应付股利”科目。经股东大会或类似机构决议，分配给股东的股票股利，应在办理增资手续后，借记“利润分配——转作股本的股利”科目，贷记“股本”科目。

（3）弥补亏损的账务处理。企业在生产经营过程中既有可能发生盈利，也有可能出现亏损。企业在当年发生亏损的情况下，与实现利润的情况相同，应当将本年发生的亏损自“本年利润”科目，转入“利润分配——未分配利润”科目，借记“利润分配——未分配利润”科目，贷记“本年利润”科目，结转后“利润分配”科目的借方余额，即为未弥补亏损的数额。然后通过“利润分配”科目核算有关亏损的弥补情况。

由于未弥补亏损形成的时间长短不同等原因，以前年度未弥补亏损有的可以以当年实现的税前利润弥补，有的则须用税后利润弥补。以当年实现的利润弥补以前年度结转的未弥补亏损，不需要进行专门的账务处理。企业应将当年实现的利润自“本年利润”科目，转入“利润分配——未分配利润”科目的贷方，其贷方发生额与“利润分配——未分配利润”的借方余额自然抵补。无论是以税前利润还是以税后利润弥补亏损，其会计处理方法均相同。但是，两者在计算交纳所得税时的处理是不同的。在以税前利润弥补亏损的情况下，其弥补的数额可以抵减当期企业应纳税所得额，而以税后利润弥补的数额，则不能作为纳税所得扣除处理。

（4）期末结转的会计处理。企业未分配利润通过“利润分配——未分配利润”明细科目进行核算。年度终了，企业应将全年实现的净利润或发生的净亏损，自“本年利润”科目转入“利润分配——未分配利润”科目，并将“利润分配”科目所属其他明细科目的余额，转入“未分配利润”明细科目，结转后，“利润分配——未分配利润”科目如为贷方余额，表示累积未分配的利润数额；如为借方余额，则表示累积未弥补的亏损数额，而“利润分配”科目所属其他明细科目应无余额。

**【做中学 9-43】** 东海股份有限公司的股本为 100 000 000 元，每股面值 1 元。2011 年年初未分配利润为贷方 80 000 000 元，2011 年实现净利润 50 000 000 元。

假定公司按照 2011 年实现净利润的 10%提取法定盈余公积，按照 2011 年实现净利润的 5%提取任意盈余公积，同时向股东按每股 0.2 元派发现金股利，按每 10 股送 3 股的比例派发股票股利。

2012 年 3 月 15 日，公司以银行存款支付了全部现金股利，新增股本也已经办理完股权登记和相关增资手续。东海公司的账务处理如下：

① 2011 年度终了时，企业结转本年实现的净利润。

借：本年利润　　50 000 000

　　贷：利润分配——未分配利润　　50 000 000

② 提取法定盈余公积和任意盈余公积。

借：利润分配——提取法定盈余公积 5 000 000

——提取任意盈余公积 2 500 000

贷：盈余公积——法定盈余公积 5 000 000

——任意盈余公积 2 500 000

③ 结转“利润分配”的明细科目。

借：利润分配——未分配利润 7 500 000

贷：利润分配——提取法定盈余公积 5 000 000

——提取任意盈余公积 2 500 000

东海公司2011年年底“利润分配——未分配利润”科目的余额为：80 000 000 + 50 000 000 − 7 500 000 = 122 500 000（元）。即贷方余额为122 500 000元，反映企业的累计未分配利润为122 500 000元。

④ 批准发放现金股利。

批准发放现金股利 = 100 000 000 × 0.2 = 20 000 000（元）

借：利润分配——应付现金股利 20 000 000

贷：应付股利 20 000 000

2012年3月15日，实际发放现金股利。

借：应付股利 20 000 000

贷：银行存款 20 000 000

⑤ 2012年3月15日，发放股票股利。

发放股票股利 = 100 000 000 ×1 × 30% = 30 000 000（元）

借：利润分配——转作股本的股利 30 000 000

贷：股本 30 000 000

## 小　结

本岗位内容综合性较强，对会计从业人员的要求较高。财务成果的核算是作为一名成熟的会计人员必须具备的基本技能之一，学习好本岗位知识，不但可以充分了解企业的经营成果，还能通过对财务成果形成过程的分析，提出合理化建议，同时，还可以合法、有效的纳税筹划，实现企业整体利益最大化。

## 岗位训练

### 一、单选题

1. 下列各项（　　）不属于收入范畴。

A. 提供劳务所获得的收入

B. 处置固定资产的净收益

C. 他人使用本单位无形资产所获得的使用费

D. 企业销售商品所获得的收入

2. 企业销售商品确认收入后，对于客户取得的现金折扣应当（　　）。

A. 冲减当期主营业务收入　　B. 冲减当期主营业务成本

C. 确认当期管理费用　　D. 确认当期财务费用

3. 某企业销售商品 5 000 件，每件售价 40 元（不含增值税），增值税税率为 17%；企业为购货方提供的商业折扣为 10%，提供的现金折扣条件为 2/10、1/20、n/30，并代垫运杂费 500 元。该企业在这项交易中应确认的收入金额为（　　）元。

A. 320 000　　B. 200 000　　C. 180 000　　D. 320 200

4. 甲企业 2012 年 8 月 10 日收到乙公司因质量问题而退回的商品 20 件，每件商品成本为 100 元。该批商品系甲公司 2012 年 5 月 13 日出售给乙公司，每件商品售价为 200 元，适用的增值税税率为 17%，货款尚未收到，甲公司尚未确认销售商品收入。因乙公司提出的退货要求符合销售合同约定，甲公司同意退货。甲公司应在验收退货入库时做的会计处理为（　　）。

A. 借：库存商品　4 000
　　贷：主营业务成本　4 000

B. 借：主营业务收入　2 340
　　贷：应收账款　2 340

C. 借：库存商品　2 000
　　贷：发出商品　2 000

D. 借：应交税费——应交增值税（销项税额）　340
　　贷：应收账款　340

5. 下列各项中，不属于费用的是（　　）。

A. 经营性租出固定资产的折旧额　　B. 成本模式计量的投资性房地产的摊销额
C. 企业发生的现金折扣　　D. 出售固定资产发生的净损失

6. 某企业 2011 年度的利润总额为 2 000 万元，其中包括本年收到的国库券利息收入 30 万元；假定业务招待费税法规定的扣除标准为 500 万元，企业全年实际发生的业务招待费为 600 万元，企业所得税税率为 25%。该企业 2011 年所得税费用为（　　）万元。

A. 500　　B. 532.5　　C. 545　　D. 517.5

7. 某工业企业 2011 年度主营业务收入为 4 000 万元，主营业务成本为 3 500 万元，其他业务收入为 20 万元，其他业务成本为 10 万元，财务费用为 15 万元，营业外收入为 10 万元，营业外支出为 5 万元，所得税税率为 25%。假定不考虑其他因素，该企业 2011 年度的净利润应为（　　）万元。

A. 375　　B. 82.5　　C. 386.2　　D. 390

8. 企业收到用于补偿已发生的政策性损失的财政拨款，借记“银行存款”科目的同时，贷记的会计科目为（　　）。

A. 长期借款　　B. 资本公积　　C. 营业外收入　　D. 实收资本

9. 下列各项，应计入财务费用的是（　　）。

A. 短期借款利息支出　　B. 企业发生的商业折扣
C. 购买交易性金融资产的手续费　　D. 筹建期间的开办费

## 二、多选题

1. 销售收入的确认条件包括（　　）。

A. 企业已将商品所有权上的主要风险和报酬转移给购货方；相关的经济利益很可能流入企业
B. 收入的金额能够可靠地计量
C. 企业既没有保留通常与所有权相联系的继续管理权，也没有对已售出的商品实施有效控制
D. 相关的已发生或将发生的成本能够可靠地计量

2. 下列各项中，应计入其他业务成本的有（　　）。

A. 随同商品出售不单独计价的包装物成本　B. 随同商品出售单独计价的包装物成本
C. 领用的用于出租的新包装物成本　D. 对外销售的原材料成本

3. 下列各项中，影响企业营业利润的有（　）。
A. 投资收益　B. 资产减值损失　C. 销售费用　D. 财务费用

4. 下列属于政府补助的财政拨款的有（　）。
A. 鼓励企业安置职工就业而给予的奖励款项
B. 拨付企业开展研发活动的研发经费
C. 财政部门拨给企业用于构建固定资产或进行技术改造的专项资金
D. 增值税出口退税

5. 下列项目中，不属于营业外收入的有（　）。
A. 罚款收入　B. 出租包装物的收入　C. 保险赔偿收入　D. 结算存款利息收入

6. 会计期末结转本年利润的方法有（　）。
A. 表结法　B. 账结法　C. 备抵法　D. 直接转销法

7. 下列各项中，需调整增加企业应纳税所得额的项目有（　）。
A. 已计入投资收益的国库券利息收入
B. 已超过税法规定扣除标准，但已计入当期费用的业务招待费
C. 支付并已计入当期损失的各种税收滞纳金
D. 未超标的业务招待费支出

8. 下列各项中，影响利润表"所得税费用"项目金额的有（　）。
A. 当期应交所得税　B. 递延所得税资产
C. 递延所得税负债　D. 代扣代交的个人所得税

9. 损失在会计核算中，可能会计入的会计科目有（　）。
A. 营业外支出　B. 投资收益
C. 公允价值变动损益　D. 资本公积——其他资本公积

10. 下列各项中，年度终了需要转入"利润分配——未分配利润"科目的有（　）。
A. 本年利润　B. 利润分配——提取法定盈余公积
C. 利润分配——盈余公积补亏　D. 利润分配——应付现金股利

## 三、判断题

1. 委托方采用支付手续费的方式委托代销商品，委托方在收到代销清单后应按商品价款和增值税之和确认收入。（　）

2. 对需要安装的商品的销售，如果安装程序比较简单，则可以在发出商品时确认为收入。（　）

3. 某企业2009年年初有上年形成的亏损25万元，当年实现利润总额10万元，所得税税率为25%。则企业2009年需要交纳企业所得税2.5万元。（　）

4. 企业出售固定资产发生的处置净收益也属于企业的收入。（　）

5. 企业对于在同一会计期间内能够一次完成的劳务，应分期采用完工百分比法确认收入和结转成本。（　）

6. 管理费用、投资收益、营业税金及附加和营业外支出都会影响企业的营业利润。（　）

7. 政府免征企业所得税属于政府补助。（　）

8. 销售成本变动对利润有着直接影响，在其他条件都不变的情况下，销售成本降低多少，

利润就会增加多少。 ( )

9. 年度终了，除“未分配利润”明细科目外，“利润分配”科目下的其他明细科目应无余额。 ( )

## 四、综合训练题

1. 综合练习商品销售收入的核算。

**【资料】**甲公司为增值税一般纳税人，增值税税率为17%。商品销售价格不含增值税，在确认销售收入时逐笔结转销售成本。假定不考虑其他相关税费。2012年8月甲公司发生如下业务。

(1) 8月2日，向乙公司销售B商品2 000件，标价总额为640万元（不含增值税），商品实际成本为580万元。为了促销，甲公司给予乙公司10%的商业折扣并开具了增值税专用发票。甲公司已发出商品，并向银行办理了托收手续。

(2) 8月12日，因部分B商品的规格与合同不符，乙公司退回B商品1 000件。当日，甲公司按规定向乙公司开具增值税专用发票（红字），销售退回允许扣减当期增值税销项税额，退回商品已验收入库。

(3) 8月15日，甲公司将部分退回的B商品作为福利发放给本公司职工，其中生产工人600件，行政管理人员50件，专设销售机构人员50件，该商品每件市场价格为0.32万元（与计税价格一致），实际成本0.29万元。

(4) 8月26日，甲公司收到丙公司来函。来函提出，2012年6月10日从甲公司所购C商品不符合合同规定的质量标准，要求甲公司在价格上给予10%的销售折让。该商品售价为500万元，增值税额为85万元，货款已结清。经甲公司认定，同意给予折让并以银行存款退还折让款，同时开具了增值税专用发票（红字）。

除上述资料外，不考虑其他因素。

**【要求】**逐笔编制甲公司上述业务的会计分录。

2. 练习劳务收入的核算。

**【资料】**甲公司2009年4月1日接受一项劳务合同，合同期限为2年，合同收入为300万元，分3年收取，原估计总成本为180万元（全部为职工薪酬）。

2009年实际发生成本为70万元，预计将要发生成本110万元，本年预收款为150万元；2010年实际发生成本90万元，由于人工成本的提高，预计将要发生成本30万元，本年预收款为120万元；2011年实际发生成本36万元，本年预收款30万元。

采用已提供的劳务量占应提供的劳务量的百分比法确认收入。

**【要求】**分别编制2009年、2010年、2011年相关业务的会计分录。

3. 练习政府补助的核算。

**【资料】**2009年1月1日，政府拨付甲企业600万元财政拨款（同日到账），要求用于购买机器设备一台；并规定若有结余，留归企业自行支配。2009年2月28日，企业购入大型设备（假设不需安装），实际成本为480万元，使用寿命为5年。2012年2月28日，甲企业出售了这台设备。

**【要求】**对甲企业的上述业务用会计分录做出账务处理。

4. 综合练习财务成果的核算。

**【资料】**甲公司为增值税一般纳税企业，其销售的产品为应纳增值税产品，适用的增值税税率为17%，产品销售价款中均不含增值税额。甲公司适用的所得税税率为25%。产品销售成本按经济业务逐项结转。2011年度，甲公司发生如下经济业务。

（1）销售 A 产品一批，产品销售价款为 1 000 000 元，产品销售成本为 700 000 元。产品已经发出，并开具了增值税专用发票，同时向银行办妥了托收手续。

（2）收到乙公司因产品质量问题退回的 A 产品一批，并验收入库。甲公司用银行存款支付了退货款，并按规定向乙公司开具了红字增值税专用发票。该退货系甲公司 2010 年 12 月 20 日以提供现金折扣方式（折扣条件为：2/10、1/20、$n$/30，折扣仅限于销售价款部分）出售给乙公司的，产品销售价款为 60 000 元，产品销售成本为 30 000 元。销售款项于 12 月 29 日收到并存入银行（该项退货不属于资产负债表日后事项）。

（3）委托丙公司代销 B 产品一批，并将该批产品交付丙公司。代销合同规定甲公司按售价的 15%向丙公司支付手续费，该批产品的销售价款为 240 000 元，产品销售成本为 110 000 元。

（4）甲公司收到了丙公司的代销清单。丙公司已将代销的 B 产品全部售出。款项尚未支付给甲公司。甲公司在收到代销清单时向丙公司开具了增值税专用发票，并按合同规定确认应向丙公司支付的代销手续费。

（5）用银行存款支付发生的管理费用 78 000 元，计提坏账准备 5 000 元。

（6）销售产品应交的城市维护建设税为 3 200 元，应交的教育费附加为 800 元。

（7）处置固定资产净收益 1 000 元。

（8）支付罚款 2 000 元。

（9）计算应交所得税（假定甲公司不存在纳税调整因素）。

（10）结转本年利润（甲公司年末一次性结转损益类科目）。

（11）按净利润的 10%和 5%分别提取法定盈余公积和任意盈余公积。

（12）按净利润的 40%向投资者分配应付利润。

（13）结转利润分配各明细科目。

**【要求】**根据上述业务，编制甲公司 2011 年度经济业务事项的会计分录（“应交税金”和“利润分配”科目要求写出明细科目）。

5. 练习所得税费用的核算。

**【资料】**海莱特有限公司 2011 年度利润总额为 3 000 万元，该公司适用的所得税税率为 25%，递延所得税资产及递延所得税负债不存在期初余额。

2011 年发生的有关交易和事项中，会计处理与税收处理存在差别，且与所得税核算有关的情况如下。

（1）2011 年 1 月开始计提折旧的一项固定资产，成本为 1 500 万元，使用年限为 10 年，净残值为 0。会计处理按双倍余额递减法计提折旧，税收处理按直线法计提折旧。假定税法规定的使用年限及净残值与会计规定相同。

（2）向关联企业捐赠现金 500 万元。假定按照税法规定，企业向关联方的捐赠不允许税前扣除。

（3）当期取得作为交易性金融资产核算的股票投资成本为 800 万元，2011 年 12 月 31 日的公允价值为 1 200 万元。税法规定，以公允价值计量的金融资产持有期间市价变动不计入应纳税所得额。

（4）违反环保法规定应支付罚款 250 万元。

（5）期末对持有的存货计提了 75 万元的存货跌价准备金。

**【要求】**根据上述资料，计算该公司 2011 年的应交所得税、递延所得税及所得税费用，并做出相关会计分录。

岗位九

# 会计主管岗位

学习目标

- ◆ 了解会计主管岗位的核算任务和业务流程。
- ◆ 熟悉资产负债表、利润表、现金流量表、所有者权益变动表的内容和格式。
- ◆ 掌握资产负债表、利润表的填列方法，了解现金流量表、所有者权益变动表的填列方法，明确会计报表附注的内容和作用。
- ◆ 熟悉调整事项简单业务的处理。

## 一、知识准备

### （一）会计主管岗位核算任务

（1）按照《企业会计准则》的规定，根据企业的需要设置会计科目。

（2）按照企业会计准则和会计制度的规定及会计业务的需要，正确设置账务核算体系、确定会计核算方法和核算原则。

（3）熟悉和掌握国家规定的各项财务制度和财政法规，严格遵守和执行各项财经政策，坚持原则，秉公办事，并负责本企业有关财务制度的拟订工作。

（4）负责与工商、税务、金融等部门的业务关系，认真研究税法，督促缴纳各种税金。

（5）按时编制并分析月、季、年度会计表，做到数字真实、计算准确、内容完整、说明清楚、报送及时，并向本企业领导汇报财务状况。

（6）定期组织所属部门员工学习有关国家财经政策、法规、财经纪律和财会制度，不断提高员工的思想水平和业务工作能力，负责指导、监督、检查和考核其他会计人员的工作，及时处理工作中发生的问题，保证本企业的会计核算工作正常进行。

（7）对有关调整业务及时、准确地进行处理。

### （二）会计主管岗位业务流程

会计主管岗位业务流程如图 10-1 所示。

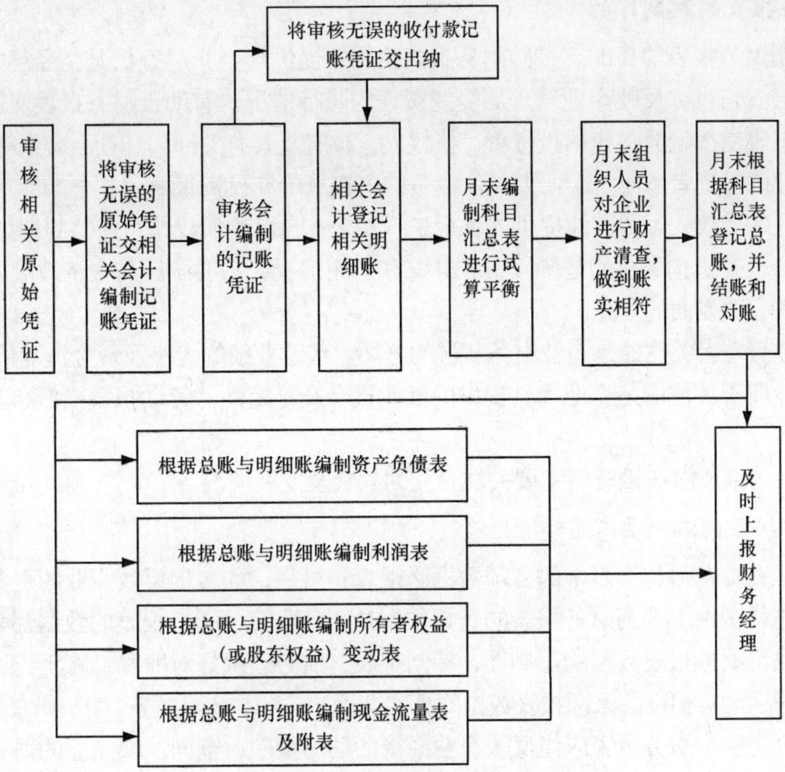


图 10-1　会计主管岗位业务流程

# 二、财务报告的编制

## （一）财务报告概述

1. 财务报告的定义及构成

（1）财务报告的定义。财务报告是指企业对外提供的反映企业某一特定日期的财务状况和某一会计期间的经营成果、现金流量等会计信息的文件。

（2）财务报告的构成。财务报告包括财务报表和其他应在财务报告中披露的相关信息和资料。

财务报表则是对企业财务状况、经营成果和现金流量的结构性表述。

企业的财务报表至少应当包括资产负债表、利润表、现金流量表、所有者权益（或股东权益）变动表和报表附注。

财务报表按编报期间的不同，可以分为中期财务报表和年度财务报表。中期财务报表是以短于一个完整会计年度的报告期间为基础编制的财务报表，包括月报、季报和半年报等。

按财务报表编报主体的不同，可以分为个别财务报表和合并财务报表。个别财务报表是由企业在自身会计核算基础上对账簿记录进行加工而编制的财务报表，它主要用以反映企业自身的财务状况、经营成果和现金流量情况。合并财务报表是以母公司和子公司组成的企业集团为会计主体，根据母公司和所属子公司的财务报表，由母公司编制的综合反映企业集团财务状况、经营成果及现金流量的财务报表。

2. 财务报表的编制目的

企业编制财务报表的目的，是向财务报表使用者提供与企业财务状况、经营成果和现金流量等有关的会计信息，反映企业管理层受托责任的履行情况，有助于财务报表使用者作出经济决策。财务报表使用者通常包括投资者、债权人、政府及其有关部门和社会公众等。

（1）企业的投资者（股东）主要关注投资的内在风险和投资报酬。

（2）企业的债权人主要关注提供的资金是否安全，自己的债权是否能够到期如数收回。

（3）政府机关机构关注的是国家资源分配和运用情况，需要了解与经济政策的制度、国民收入的统计等有关方面的信息。

（4）企业管理者关注的是企业财务状况的好坏、经营业绩的大小及现金流动情况。

（5）企业职工关注的是企业为其提供的就业机会及稳定性、劳动报酬高低和职工福利等方面的资料。

（6）社会公众或潜在投资者主要关注企业的兴衰及发展情况。

3. 财务报表的编制要求

（1）数字真实。财务报表中的各项数据必须真实可靠，如实地反映企业的财务状况、经营成果和现金流量。由于编制财务报表的直接依据是会计账簿，所有报表的数据都来源于会计账簿，因此为保证财务报表数据的正确性，编制报表之前必须做好对账和结账工作，做到账证相符、账账相符、账实相符以保证报表数据的真实准确。

（2）内容完整。财务报表应当反映企业经济活动的全貌，全面反映企业的财务状况和经营成果，才能满足各方面对会计信息的需要。凡是国家要求提供的财务报表，各企业必须全部编制并报送，不得漏编和漏报。凡是国家统一要求披露的信息，都必须披露。

（3）计算准确。日常的会计核算以及编制财务报表，涉及大量的数字计算，只有准确的计算，才能保证数字的真实、可靠。这就要求编制财务报表必须以核对无误后的账簿记录和其他有关资料为依据，不能使用估计或推算的数据，更不能以任何方式弄虚作假，玩数字游戏或隐瞒谎报。

（4）报送及时。及时性是信息的重要特征，财务报表信息只有及时地传递给信息使用者，才能为使用者的决策提供依据。否则，即使是真实可靠和内容完整的财务报告，由于编制和报送不及时，对报告使用者来说，就大大降低了会计信息的使用价值。

（5）手续完备。企业对外提供的财务报表应加具封面、装订成册、加盖公章。财务报表封面上应当注明企业名称、企业统一代码、组织形式、地址、报表所属年度或者月份、报出日期，并由企业负责人和主管会计工作的负责人、会计机构负责人（会计主管人员）签名并盖章；设置总会计师的企业，还应当由总会计师签名并盖章。

## （二）资产负债表

1. 资产负债表概述

资产负债表是指反映企业在某一特定日期财务状况的会计报表。它反映企业在某一特定日期所拥有或控制的经济资源、所承担的现时义务和所有者对净资产的要求权。通过资产负债表，可以提供某一时期资产的总额及其结构，表明企业拥有或控制的资源及其分布情况，使用者可以一目了然地从资产负债表上了解企业在某一特定日期所拥有的资产总量及其结构；可以提供某一日期的负债总额及其结构，表明企业未来需要用多少资产或劳务清偿债务以及清偿时间；

可以反映所有者的权益，据以判断资本保值、增值的情况以及对负债的保障程度。此外，资产负债表还可以提供进行财务分析的基本资料，从而有助于报表使用者作出经济决策。

2. 资产负债表的结构

目前国际上流行的资产负债表格式有账户式和报告式两种。在我国，资产负债表采用账户式结构，报表分为左右两方，左方列示资产各项目，反映全部资产的分布及存在形态，大体上按资产的流动性由大到小排列；右方列示负债和所有者权益各项目，反映全部负债和所有者权益的内容及构成情况，一般按要求清偿时间的先后顺序排列。资产负债表左右双方平衡，资产总计等于负债和所有者权益总计，即“资产 = 负债 + 所有者权益”。

3. 资产负债表的编制

资产负债表各项目均需填列“年初余额”和“期末余额”两栏。

（1）资产负债表“年初余额”栏的填列方法。表中的“年初余额”栏通常根据上年年末有关项目的期末余额填列，且与上年年末资产负债表“期末余额”栏相一致。如果企业上年度资产负债表规定的项目名称和内容与本年度不一致，应当对上年年末资产负债表相关项目的名称和数字按照本年度的规定进行调整，填入“年初余额”栏。

（2）资产负债表“期末余额”栏的填列方法。表中的“期末余额”栏一般应根据资产、负债、所有者权益类科目余额填列，填列方法主要有以下几种。

① 根据总账科目余额直接填列。如“交易性金融资产”、“短期借款”、“应付票据”、“应付职工薪酬”等项目。

② 根据有关总账科目余额计算填列。如“货币资金”项目需根据“库存现金”、“银行存款”、“其他货币资金”3 个总账科目的期末余额的合计数填列。

③ 根据明细账科目余额计算填列。如“应付账款”项目需要根据“应付账款”和“预付款项”两个科目所属的相关明细科目的期末贷方余额计算填列；“应收账款”项目需要根据“应收账款”和“预收款项”两个科目所属的相关明细科目的期末借方余额计算填列。

④ 根据总账科目和明细账科目余额分析计算填列。如“长期借款”项目需要根据“长期借款”总账科目余额扣除“长期借款”科目所属的明细科目中将在一年内到期且企业不能自主地将清偿义务展期的长期借款后的金额计算填列。

⑤ 根据有关科目余额减去其备抵科目余额后的净额填列。如资产负债表中“应收票据”、“应收账款”、“长期股权投资”、“在建工程”等项目，应当根据“应收票据”、“应收账款”、“长期股权投资”、“在建工程”等科目的期末余额减去“坏账准备”、“长期股权投资减值准备”、“在建工程减值准备”等科目余额后的净额填列。“投资性房地产”、“固定资产”项目，应当根据“投资性房地产”、“固定资产”科目的期末余额减去“投资性房地产累计折旧”、“累计折旧”、“投资性房地产减值准备”、“固定资产减值准备”备抵科目余额后的净额填列；“无形资产”项目，应当根据“无形资产”科目的期末余额，减去“累计摊销”、“无形资产减值准备”备抵科目余额后的净额填列。

⑥ 综合运用上述填列方法分析填列。如资产负债表中的“存货”项目，需要根据“原材料”、“委托加工物资”、“周转材料”、“材料采购”、“在途物资”、“发出商品”、“材料成本差异”等总账科目期末余额的分析汇总数，再减去“存货跌价准备”科目余额后的净额填列。

4. 资产负债表项目的填列说明

（1）资产项目的填列说明。

①“货币资金”项目，反映企业库存现金、银行结算户存款、外埠存款、银行汇票存款、银行本票存款、信用卡存款、信用证保证金存款等的合计数。本项目应根据“库存现金”、“银行存款”、“其他货币资金”科目期末余额的合计数填列。

**【做中学 10-1】** 甲企业 2012 年 12 月 31 日结账后的“库存现金”科目余额为 10 000 元，“银行存款”科目余额为 4 000 000 元，“其他货币资金”科目余额为 1 000 000 元。

该企业 2012 年 12 月 31 日资产负债表中的“货币资金”项目金额为：10 000+4 000 000+1 000 000=5 010 000（元）。

②“交易性金融资产”项目，反映企业持有的以公允价值计量且其变动计入当期损益的为交易目的所持有的债券投资、股票投资、基金投资、权证投资等金融资产。本项目应当根据“交易性金融资产”科目的期末余额填列。

③“应收票据”项目，反映企业因销售商品、提供劳务等而收到的商业汇票，包括银行承兑汇票和商业承兑汇票。本项目应根据“应收票据”科目的期末余额，减去“坏账准备”科目中有关应收票据计提的坏账准备期末余额后的金额填列。

**【做中学 10-2】** 甲企业 2012 年 12 月持有 A、B、C 三个企业的商业汇票，票据金额合计为 475 000 元，12 月 31 日将所持 C 企业金额为 10 000 元的未到期商业汇票向银行贴现，实际收到金额为 9 000 元。

该企业 2012 年 12 月 31 日资产负债表中的“应收票据”项目金额为：475 000－10 000=465 000（元）。

④“应收账款”项目，反映企业因销售商品、提供劳务等经营活动应收取的款项。本项目应根据“应收账款”和“预收账款”科目所属各明细科目的期末借方余额合计减去“坏账准备”科目中有关应收账款计提的坏账准备期末余额后的金额填列。如“应收账款”科目所属明细科目期末有贷方余额的，应在资产负债表“预收款项”项目内填列。

**【做中学 10-3】** 甲企业 2012 年 12 月 31 日结账后有关科目所属明细科目借贷方余额如表 10-1 所示。

**表 10-1 明细科目借贷方余额**　　单位：元

| 科目名称 | 明细科目借方余额合计 | 明细科目贷方余额合计 |
|---|---|---|
| 应收账款 | 1 600 000 | 100 000 |
| 预付账款 | 800 000 | 60 000 |
| 应付账款 | 400 000 | 1 800 000 |
| 预收账款 | 600 000 | 1 400 000 |

该企业 2012 年 12 月 31 日资产负债表中相关项目的金额如下。

“应收账款”项目金额为：1 600 000 + 600 000 = 2 200 000（元）

“预付账款”项目金额为：800 000 + 400 000 = 1 200 000（元）

“应付账款”项目金额为：60 000 + 1 800 000 = 1 860 000（元）

“预收账款”项目金额为：1 400 000 + 100 000 = 1 500 000（元）

**【做中学 10-4】** 乙企业 2012 年 12 月 31 日结账后“应收账款”科目所属各明细科目的期末借方余额合计 450 000 元，贷方余额合计 220 000 元，对应收账款计提的坏账准备为 50 000 元，假定“预收账款”科目所属明细科目无借方余额。

该企业 2012 年 12 月 31 日资产负债表中的“应收账款”项目金额为：450 000－50 000＝400 000（元）。

⑤“预付款项”项目，反映企业按照购货合同规定预付给供应单位的款项等。本项目应根据“预付账款”和“应付账款”科目所属各明细科目的期末借方余额合计数，减去“坏账准备”科目中有关预付款项计提的坏账准备期末余额后的金额填列。如“预付账款”科目所属明细科目期末有贷方余额的，应在资产负债表“应付账款”项目内填列。

⑥“应收利息”项目，反映企业应收取的债券投资等的利息。本项目应根据“应收利息”科目的期末余额，减去“坏账准备”科目中有关应收利息计提的坏账准备期末余额后的金额填列。

⑦“应收股利”项目，反映企业应收取的现金股利和应收取其他单位分配的利润。本项目应根据“应收股利”科目的期末余额，减去“坏账准备”科目中有关应收股利计提的坏账准备期末余额后的金额填列。

⑧“其他应收款”项目，反映企业除应收票据、应收账款、预付账款、应收股利、应收利息等经营活动以外的其他各种应收、暂付的款项。本项目应根据“其他应收款”科目的期末余额，减去“坏账准备”科目中有关其他应收款计提的坏账准备期末余额后的金额填列。

⑨“存货”项目，反映企业期末在库、在途和在加工中的各种存货的可变现净值。存货包括各种材料、商品、在产品、半成品、包装物、低值易耗品、委托代销商品等。本项目应根据“材料采购”、“原材料”、“低值易耗品”、“库存商品”、“周转材料”、“委托加工物资”、“委托代销商品”、“生产成本”等科目的期末余额合计，减去“代销商品款”、“存货跌价准备”科目期末余额后的金额填列。材料采用计划成本核算，以及库存商品采用计划成本核算或售价核算的企业，还应按加或减材料成本差异、商品进销差价后的金额填列。

**【做中学 10-5】** 甲企业采用计划成本核算材料，2012 年 12 月 31 日结账后有关科目余额为：“材料采购”科目余额为 140 000 元（借方），“原材料”科目余额为 2 400 000（借方），“周转材料”科目余额为 1 800 000 元（借方），“库存商品”科目余额为 1 600 000 元（借方），“生产成本”科目余额为 600 000 元（借方），“材料成本差异”科目余额为 120 000 元（贷方），“存货跌价准备”科目余额为 210 000 元。

该企业 2012 年 12 月 31 日资产负债表中的“存货”项目金额为：140 000 + 2 400 000 + 1 800 000 + 1 600 000 + 600 000 − 120 000 − 210 000 = 6 210 000（元）。

⑩“一年内到期的非流动资产”项目，反映企业将于一年内到期的非流动资产项目金额，包括一年内到期的持有至到期投资、长期待摊费用和一年内可收回的长期应收款。本项目应根据上述有关科目的期末余额分析计算后填列。

⑪“其他流动资产”项目，反映企业除以上流动资产项目外的其他流动资产，本项目应根据有关科目的期末余额填列。如其他流动资产价值较大的，应在会计报表附注中披露其内容和金额。

⑫“可供出售金融资产”项目，本项目应当根据“可供出售金融资产”科目的期末余额填列。

⑬“持有至到期投资”项目，反映企业持有至到期投资的摊余价值。本项目根据“持有至到期投资”科目的期末余额，减去一年内到期的投资部分和“持有至到期投资减值准备”账户期末余额后填列。

**【做中学 10-6】** 甲企业“持有至到期投资”账户借方余额 6 000 000 元，其中包括 2010 年 6 月购入的 3 年期国库券 4 000 000 元，2011 年 12 月购入的 3 年期企业债券 2 000 000 元。持有至到期投资未发现减值。

该企业 2012 年 12 月 31 日资产负债表中的“持有至到期投资”项目金额为：6 000 000 −

4 000 000 = 2 000 000（元）。

其中2010年6月购入的3年期国库券4 000 000元列入“一年内到期的非流动资产”项目。

⑭“长期应收款”项目，根据“长期应收款”科目的余额,减去相应的“未实现融资收益”科目和“坏账准备”科目所属相关明细科目期末余额后的金额填列。

⑮“长期股权投资”项目，反映企业持有的对子公司、联营企业和合营企业的长期股权投资。本项目应根据“长期股权投资”科目的期末余额，减去“长期股权投资减值准备”科目的期末余额后的金额填列。

**【做中学10-7】** 某企业2012年12月31日结账后的“长期股权投资”科目余额为100 000元，“长期股权投资减值准备”科目余额为6 000元，则该企业2012年12月31日资产负债表中的“长期股权投资”项目金额为：100 000 - 6 000 = 94 000（元）。

⑯“投资性房地产”项目。采用成本模式计量投资性房地产，本项目根据“投资性房地产”科目的期末余额扣减“投资性房地产累计折旧”或“投资性房地产累计摊销”，以及“投资性房地产减值准备”科目期末余额后的净额填列；采用公允价值模式计量投资性房地产的，本项目根据“投资性房地产”科目的期末余额直接填列。

⑰“固定资产”项目，反映企业各种固定资产原价减去累计折旧和累计减值准备后的净额。本项目应根据“固定资产”科目的期末余额，减去“累计折旧”和“固定资产减值准备”科目期末余额后的金额填列。

**【做中学10-8】** 甲企业2012年12月31日结账后的“固定资产”科目余额为1 000 000元，“累计折旧”科目余额为90 000元，“国定资产减值准备”科目余额为200 000元。

该企业2012年12月31日资产负债表中的“固定资产”项目金额为：1 000 000 - 90 000 - 200 000 = 710 000（元）。

⑱“在建工程”项目，反映企业期末各项未完工程的实际支出，包括交付安装的设备价值、未完建筑安装工程已经耗用的材料、工资和费用支出、预付出包工程的价款等的可收回金额。本项目应根据“在建工程”科目的期末余额，减去“在建工程减值准备”科目期末余额后的金额填列。

**【做中学10-9】** 甲企业2012年交付安装的设备价值为305 000元，未完建筑安装工程已经耗用的材料64 000元，工资费用支出70 200元，“在建工程减值准备”科目余额为20 000元，安装工作尚未完成。

该企业2012年12月31日资产负债表中的“在建工程”项目金额为：305 000 + 64 000 + 70 200 - 20 000 = 419 200（元）。

⑲“工程物资”项目，反映企业尚未使用的各项工程物资的实际成本。本项目应根据“工程物资”科目的期末余额填列。

⑳“固定资产清理”项目，反映企业因出售、毁损、报废等原因转入清理但尚未清理完毕的固定资产的净值，以及固定资产清理过程中所发生的清理费用和变价收入等各项金额的差额。本项目应根据“固定资产清理”科目的期末借方余额填列，如“固定资产清理”科目期末为贷方余额，以“-”号填列。

㉑“无形资产”项目，反映企业持有的无形资产，包括专利权、非专利技术、商标权、著作权、土地使用权等。本项目应根据“无形资产”科目的期末余额，减去“累计摊销”和“无形资产减值准备”科目期末余额后的金额填列。

**【做中学10-10】** 甲企业2012年12月31日结账后的“无形资产”科目余额为488 000元，

"累计摊销"科目余额为 48 800 元，"无形资产减值准备"科目余额为 93 000 元。

该企业 2012 年 12 月 31 日资产负债表中的"无形资产"项目金额为：488 000 - 48 800 - 93 000 = 346 200（元）。

㉒"开发支出"项目，反映企业开发无形资产过程中能够资本化形成无形资产成本的支出部分。本项目应当根据"研发支出"科目中所属的"资本化支出"明细科目期末余额填列。

㉓"长期待摊费用"项目，反映企业已经发生但应由本期和以后各期负担的分摊期限在一年以上的各项费用。长期待摊费用中在一年内（含一年）摊销的部分，在资产负债表"一年内到期的非流动资产"项目填列。本项目应根据"长期待摊费用"科目的期末余额减去将于一年内（含一年）摊销的数额后的金额填列。

**【做中学 10-11】** 甲企业 2012 年"长期待摊费用"科目的期末余额为 375 000 元，将于一年内摊销的数额为 204 000 元。

该企业 2012 年 12 月 31 日资产负债表中的"长期待摊费用"项目金额为：375 000 - 204 000 = 171 000（元）。

将于一年内摊销完毕的 204 000 元，应当填列在流动资产下"一年内到期的非流动资产"项目中。

㉔"递延所得税资产"项目，反映企业确认的可抵扣暂时性差异产生的递延所得税资产的账面价值。本项目应根据"递延所得税资产"科目的期末余额填列。

㉕"其他非流动资产"项目，反映企业除长期股权投资、固定资产、在建工程、工程物资、无形资产等以外的其他非流动资产。本项目应根据有关科目的期末余额填列。

（2）负债项目的填列说明。

①"短期借款"项目，反映企业向银行或其他金融机构等借入的期限在一年以下（含一年）的各种借款。本项目应根据"短期借款"科目的期末余额填列。

②"交易性金融负债"项目，反映企业发行短期债券等所形成的交易性金融负债等形成的交易性金融负债公允价值。本项目应根据"交易性金融负债"科目的期末余额填列。

③"应付票据"项目，反映企业因购买材料、商品和接受劳务供应等而开出、承兑的商业汇票，包括银行承兑汇票和商业承兑汇票。本项目应根据"应付票据"科目的期末余额填列。

**【做中学 10-12】** 甲企业 2012 年 12 月 31 日应付 A 企业商业票据 32 000 元，应付 B 企业商业票据 56 000 元，应付 C 企业商业票据 680 000 元，尚未支付。

该企业在 2012 年 12 月 31 日资产负债表中"应付票据"项目金额为：32 000 + 56 000 + 680 000 = 768 000（元）。

④"应付账款"项目，反映企业因购买材料、商品和接受劳务供应等经营活动应支付的款项。本项目应根据"应付账款"和"预付账款"科目所属各明细科目的期末贷方余额合计数填列；如"应付账款"科目所属明细科目期末有借方余额的，应在资产负债表"预付款项"项目内填列。

⑤"预收款项"项目，反映企业按照购货合同规定预付给供应单位的款项。本项目应根据"预收账款"和"应收账款"科目所属各明细科目的期末贷方余额合计数填列。如"预收账款"科目所属明细科目期末有借方余额的，应在资产负债表"应收账款"项目内填列。

⑥"应付职工薪酬"项目，反映企业根据有关规定应付给职工的工资、职工福利、社会保险费、住房公积金、工会经费、职工教育经费、非货币性福利、辞退福利等各种薪酬。本项目应根据"应付职工薪酬"科目的期末贷方余额填列；如"应付职工薪酬"科目期末为借方余额，

应以“－”号填列。

⑦“应交税费”项目，反映企业按照税法规定计算应交纳的各种税费，包括增值税、消费税、营业税、所得税、资源税、土地增值税、城市维护建设税、房产税、土地用税、车船税、教育费附加、矿产资源补偿费等。企业代扣代交的个人所得税，也通过本项目列示。企业所交纳的税金不需要预计应交数的，如印花税、耕地占用税等，不在本项目列示。本项目应根据“应交税费”科目的期末贷方余额填列；如“应交税费”科目期末为借方余额，应以“－”号填列。

⑧“应付利息”项目，反映企业按照规定应当支付的利息，包括分期付息到期还本的长期借款应支付的利息、企业发行的企业债券应支付的利息等。本项目应根据“应付利息”科目的期末余额填列。

⑨“应付股利”项目，反映企业分配的现金股利或利润。企业分配的股票股利，不通过本项目列示。本项目应根据“应付股利”科目的期末余额填列。

⑩“其他应付款”项目，反映企业除应付票据、应付账款、预收款项、应付职工薪酬、应付股利、应付利息、应交税费等经营活动以外的其他各项应付、暂收的款项。本项目应根据“其他应付款”科目的期末余额填列。

⑪“一年内到期的非流动负债”项目，反映企业非流动负债中将于资产负债表日后一年内到期部分的金额，包括将于一年内到期的长期借款、长期应付款和应付债券。本项目应根据有关科目的期末余额填列。

⑫“其他流动负债”项目，反映企业除以上流动负债项目外的其他流动负债，本项目应根据有关科目的期末余额填列。如其他流动负债价值较大的，应在会计报表附注中披露其内容和金额。

⑬“长期借款”项目，反映企业向银行或其他金融机构借入的期限在一年以上（不含一年）的各项借款。本项目应根据“长期借款”科目的期末余额填列。

**【做中学 10-13】** 甲企业长期借款情况如表 10-2 所示。

**表 10-2 甲企业长期借款情况**

| 借款起始日期 | 借款期限/年 | 金额/元 |
|---|---|---|
| 2012 年 1 月 1 日 | 3 | 1 000 000 |
| 2010 年 1 月 1 日 | 5 | 2 000 000 |
| 2009 年 6 月 1 日 | 4 | 1 500 000 |

该企业 2012 年 12 月 31 日资产负债表中“长期借款”项目金额为：1 000 000 + 2 000 000= 3 000 000（元）。

企业应当根据“长期借款”总账科目余额 4 500 000（1 000 000 + 2 000 000 + 1500 000）元，减去一年内到期的长期借款 1 500 000 元，作为资产负债表中“长期借款”项目的金额，即 3 000 000 元。将在一年内到期的长期借款 1500 000 元，应当填列在流动负债下“一年内到期的非流动负债”项目中。

⑭“应付债券”项目，反映企业为筹集长期资金而发行的债券本金和利息。本项目应根据“应付债券”科目的期末余额填列。

**【做中学 10-14】** 甲企业 2012 年 1 月 1 日发行了一次还本付息的公司债券，面值为 1 000 000 元，当年 12 月 31 日应计提的利息为 10 000 元。

该企业 2012 年 12 月 31 日资产负债表中“应付债券”项目金额为：1 000 000 + 10 000= 1 010 000（元）。

⑮“长期应付款”项目，反映除了长期借款和应付债券以外的其他多种长期应付款项。根据“长期应付款”科目的余额，减去相应的“未实现融资费用”科目期末余额后的金额填列。

⑯“其他非流动负债”项目，反映企业除长期借款、应付债券等项目以外的其他非流动负债。本项目应根据有关科目的期末余额填列。其他非流动负债项目应根据有关科目期末余额减去将于一年内（含一年）到期偿还数后的余额填列。非流动负债各项目中将于一年内（含一年）到期的非流动负债，应在“一年内到期的非流动负债”项目内单独反映。

（3）所有者权益项目的填列说明。

①“实收资本（或股本）”项目，反映企业各投资者实际投入的资本（或股本）总额。本项目应根据“实收资本（或股本）”科目的期末余额填列。

②“资本公积”项目，反映企业资本公积的期末余额。本项目应根据“资本公积”科目的期末余额填列。

③“盈余公积”项目，反映企业盈余公积的期末余额。本项目应根据“盈余公积”科目的期末余额填列。

④“未分配利润”项目，反映企业尚未分配的利润。本项目应根据“本年利润”科目和“利润分配”科目的余额计算填列。未弥补的亏损在本项目内以“－”号填列。

5. 资产负债表编制示例

**【做中学 10-15】** 山东圣诚有限公司 2012 年 12 月 31 日有关科目余额如表 10-3 所示。

**表 10-3　总账及明细账账户期末余额表**

单位：元

| 科目名称 | 借或贷 | 金额 | 科目名称 | 借或贷 | 金额 |
|---|---|---|---|---|---|
| 库存现金 | 借 | 600 | 短期借款 | 贷 | 50 000 |
| 银行存款 | 借 | 75 575 | 应付票据 | 贷 | 4 600 |
| 交易性金融资产 | 借 | 41 600 | 应付账款 | 贷 | 65 000 |
| 应收账款 | 借 | 168 000 | 预收账款 | 贷 | 88 900 |
| 其中：甲公司 | 借 | 10 000 | 其中：丙公司 | 贷 | 91 400 |
| 乙公司 | 借 | 158 000 | 丁公司 | 借 | 2 500 |
| 坏账准备 | 贷 | 8 400 | 应付职工薪酬 | 贷 | 31 625 |
| 其他应收款 | 借 | 6 000 | 应付利息 | 贷 | 27 000 |
| 材料采购 | 借 | 18 000 | 应交税费 | 贷 | 3 750 |
| 原材料 | 借 | 350 000 | 长期借款 | 贷 | 330 000 |
| 库存商品 | 借 | 150 000 | 实收资本 | 贷 | 900 000 |
| 生产成本 | 借 | 0 | 资本公积 | 贷 | 28 000 |
| 固定资产 | 借 | 865 000 | 盈余公积 | 贷 | 75 000 |
| 累计折旧 | 贷 | 35 000 | 利润分配 | 贷 | 36 000 |
| 长期待摊费用 | 借 | 8 500 | | | |
| 合计 | | 1 639 875 | 合计 | | 1 639 875 |

备注：坏账准备的余额 8 400 元均为按应收账款余额提取；长期借款中没有一年内将要到期的借款。

根据上述资料，编制山东圣诚有限公司 2012 年 12 月 31 日的资产负债表，如表 10-4 所示。

表 10-4 资产负债表

会企 01 表

编制单位：山东圣诚有限公司　　2012 年 12 月 31 日　　单位：元

| 资　产 | 期末余额 | 年初余额 | 负债和所有者权益（或股东权益） | 期末余额 | 年初余额 |
|---|---|---|---|---|---|
| 流动资产： | | （略） | 流动负债： | | （略） |
| 货币资金 | 76 175 | | 短期借款 | 50 00 | |
| 交易性金融资产 | 41 600 | | 交易性金融负债 | 0 | |
| 应收票据 | 0 | | 应付票据 | 4 600 | |
| 应收账款 | 162 100 | | 应付账款 | 65 000 | |
| 预付款项 | 0 | | 预收款项 | 91 400 | |
| 应收利息 | 0 | | 应付职工薪酬 | 31 625 | |
| 应收股利 | 0 | | 应交税费 | 3 750 | |
| 其他应收款 | 6 000 | | 应付利息 | 27 000 | |
| 存货 | 518 000 | | 应付股利 | 0 | |
| 一年内到期的非流动资产 | 0 | | 其他应付款 | 0 | |
| 其他流动资产 | 0 | | 一年内到期的非流动负债 | 0 | |
| 流动资产合计 | 803 875 | | 其他流动负债 | 0 | |
| 非流动资产： | | | 流动负债合计 | 273 375 | |
| 可供出售金融资产 | 0 | | 非流动负债： | | |
| 持有至到期投资 | 0 | | 长期借款 | 330 000 | |
| 长期应收款 | 0 | | 应付债券 | 0 | |
| 长期股权投资 | 0 | | 长期应付款 | 0 | |
| 投资性房地产 | 0 | | 专项应付款 | 0 | |
| 固定资产 | 830 000 | | 预计负债 | 0 | |
| 在建工程 | 0 | | 递延所得税负债 | 0 | |
| 工程物资 | 0 | | 其他非流动负债 | 0 | |
| 固定资产清理 | 0 | | 非流动负债合计 | 330 000 | |
| 生产性生物资产 | 0 | | 负债合计 | 603 375 | |
| 油气资产 | 0 | | 所有者权益（或股东权益）： | | |
| 无形资产 | 0 | | 实收资本（或股本） | 900 000 | |
| 开发支出 | 0 | | 资本公积 | 28 000 | |
| 商誉 | 0 | | 减：库存股 | 0 | |
| 长期待摊费用 | 8 500 | | 盈余公积 | 75 000 | |
| 递延所得税资产 | 0 | | 未分配利润 | 36 000 | |
| 其他非流动资产 | 0 | | 所有者权益（或股东权益）合计 | 1 039 000 | |
| 非流动资产合计 | 838 500 | | | | |
| 资产总计 | 1 642 375 | | 负债和所有者权益（或股东权益）总计 | 1 642 375 | |

## （三）利润表

### 1. 利润表概述

（1）利润表的概念。利润表是反映企业在一定会计期间的经营成果的会计报表。利润表是一种动态报表。通过利润表，可以反映企业在一定会计期间的收入、费用、利润（或亏损）的数额、构成情况，帮助财务报表使用者全面了解企业的经营成果，分析企业的获利能力及盈利增长趋势，从而为其作出经济决策提供依据。

（2）利润表的结构。常见的利润表结构主要有单步式和多步式两种。在我国，企业利润表采用的基本上是多步式结构。即通过对当期的收入、费用、支出项目按性质加以归类，按利润形成的主要环节列示一些中间性利润指标，分步计算当期净损益。

此外，为了使报表使用者通过比较不同期间利润的实现情况，判断企业经营成果的未来发展趋势，企业需要提供比较利润表，利润表还就各项目再分为"本期金额"和"上期金额"两栏分别填列。

### 2. 利润表的编制

我国企业利润表的主要编制步骤和内容如下。

第一步，计算出营业利润。

营业利润 = 营业收入 − 营业成本 − 营业税金及附加 − 销售费用 − 管理费用 − 财务费用 − 资产减值损失 + 公允价值变动收益（− 公允价值变动损失）+ 投资收益（− 投资损失）

其中：

营业收入 = 主营业务收入 + 其他业务收入

营业成本 = 主营业务成本 + 其他业务成本

第二步，计算出利润总额。

利润总额 = 营业利润 + 营业外收入 − 营业外支出

第三步，计算出净利润（或亏损）。

净利润 = 利润总额 − 所得税费用

第四步，计算每股收益。

普通股或潜在普通股已公开交易的企业，以及正处于公开发行普通股或潜在普通股过程中的企业，还应当在利润表中列示每股收益信息。

基本每股收益 = 归属于普通股股东的当期净利润 ÷ 当期发行在外普通股的加权平均数

发行在外普通股加权平均数 = 期初发行在外普通股股数 + 当期新发行普通股股数 × 已发行时间 ÷ 报告期时间 − 当期回购普通股股数 × 已回购时间 ÷ 报告期时间

稀释每股收益 = 归属于普通股股东的当期净利润 ÷ 假设稀释性潜在普通股转换为已发行普通股的前提下普通股股数的加权平均数

### 3. 利润表项目的填列说明

利润表各项目均需填列"本期金额"和"上期金额"两栏。其中"上期金额"栏内各项数字，应根据上年该期利润表的"本期金额"栏内所列数字填列。"本期金额"栏内各期数字，除"基本每股收益"和"稀释每股收益"项目外，应当按照相关科目的发生额分析填列。

（1）"营业收入"项目，反映企业经营主要业务和其他业务所确认的收入总额。本项目应根据"主营业务收入"和"其他业务收入"科目的发生额分析填列。

（2）“营业成本”项目，反映企业经营主要业务和其他业务所发生的成本总额。本项目应根据“主营业务成本”和“其他业务成本”科目的发生额分析填列。

（3）“营业税金及附加”项目，反映企业经营业务应负担的消费税、营业税、城市维护建设税、资源税、土地增值税和教育费附加等。本项目应根据“营业税金及附加”科目的发生额分析填列。

（4）“销售费用”项目，反映企业在销售商品过程中发生的包装费、广告费等费用和为销售本企业商品而专设的销售机构的职工薪酬、业务费等经营费用。本项目应根据“销售费用”科目的发生额分析填列。

（5）“管理费用”项目，反映企业为组织和管理生产经营发生的管理费用。本项目应根据“管理费用”科目的发生额分析填列。

（6）“财务费用”项目，反映企业筹集生产经营所需资金等而发生的筹资费用。本项目应根据“财务费用”科目的发生额分析填列。

（7）“资产减值损失”项目，反映企业各项资产发生的减值损失。本项目应根据“资产减值损失”科目的发生额分析填列。

（8）“公允价值变动收益”项目，反映企业应当计入当期损益的资产或负债公允价值变动收益。本项目应根据“公允价值变动损益”科目的发生额分析填列，如为净损失，本项目以“－”号填列。

（9）“投资收益”项目，反映企业以各种方式对外投资所取得的收益。本项目应根据“投资收益”科目的发生额分析填列。如为投资损失，本项目以“－”号填列。

（10）“营业利润”项目，反映企业实现的营业利润。如为亏损，本项目以“－”号填列。

（11）“营业外收入”项目，反映企业发生的与经营业务无直接关系的各项收入。本项目应根据“营业外收入”科目的发生额分析填列。

（12）“营业外支出”项目，反映企业发生的与经营业务无直接关系的各项支出。本项目应根据“营业外支出”科目的发生额分析填列。

（13）“利润总额”项目，反映企业实现的利润。如为亏损，本项目以“－”号填列。

（14）“所得税费用”项目，反映企业应从当期利润总额中扣除的所得税费用。本项目应根据“所得税费用”科目的发生额分析填列。

（15）“净利润”项目，反映企业实现的净利润。如为亏损，本项目以“－”号填列。

4. 利润表编制示例

**【做中学 10-16】** 山东圣诚有限公司 2012 年 12 月 31 日有关损益类账户的本年发生额如表 10-5 所示。

**表 10-5　损益类账户本期发生额**　　单位：元

| 账　户 | 借方发生额 | 贷方发生额 |
|---|---|---|
| 主营业务收入 | 10 000 | 620 000 |
| 主营业务成本 | 372 000 | 5 000 |
| 营业税金及附加 | 23 000 | |
| 管理费用 | 41 000 | |
| 财务费用 | 9 800 | 1 000 |
| 销售费用 | 26 000 | |
| 投资收益 | | 38 000 |

续表

| 账　户 | 借方发生额 | 贷方发生额 |
|---|---|---|
| 营业外收入 | | 18 000 |
| 营业外支出 | 71 000 | |
| 其他业务收入 | | 39 000 |
| 其他业务成本 | 22 000 | |
| 所得税费用 | 52 725 | |

根据上述资料，编制山东圣诚有限公司 2012 年 12 月 31 日的利润表，如表 10-6 所示。

**表 10-6　利润表**

会企 02 表

编制单位：山东圣诚有限公司　　　2012 年 12 月 31 日　　　单位：元

| 项　目 | 本期金额 | 上期金额 |
|---|---|---|
| 一、营业收入 | 649 000 | （略） |
| 减：营业成本 | 389 000 | |
| 营业税金及附加 | 23 000 | |
| 销售费用 | 26 000 | |
| 管理费用 | 41 000 | |
| 财务费用 | 8 800 | |
| 资产减值损失 | 0 | |
| 加：公允价值变动收益（损失以"-"号填列） | 0 | |
| 投资收益（损失以"-"号填列） | 38 000 | |
| 其中：对联营企业和合营企业的投资收益 | 38 000 | |
| 二、营业利润（亏损以"-"号填列） | 199 200 | |
| 加：营业外收入 | 18 000 | |
| 减：营业外支出 | 7 100 | |
| 其中：非流动资产处置损失 | 0 | |
| 三、利润总额（亏损总额以"-"号填列） | 210 100 | |
| 减：所得税费用 | 52 725 | |
| 四、净利润（净亏损以"-"号填列） | 157 375 | |
| 五、每股收益： | （略） | |
| （一）基本每股收益 | | |
| （二）稀释每股收益 | | |

## （四）现金流量表

### 1. 现金流量表概述

（1）现金流量表的概念。现金流量表是反映企业在一定会计期间现金和现金等价物流入和流出的报表。

从编制原则看，现金流量表按照收付实现制原则编制，将权责发生制下的盈利信息调整为收付实现制下的现金流量信息，便于信息使用者了解企业净利润的质量。从内容上看，现金流量表被划分为经营活动、投资活动和筹资活动 3 个部分，每类活动又分为各具体项目，这些项目从不同角度反映企业业务活动的现金流入与流出，弥补了资产负债表和利润表提供信息的不足。通过现金流量表，报表使用者能够了解现金流量的影响因素，评价企业的支付能力、偿债能力和周转能力，预测企业未来现金流量，为其决策提供有力依据。

（2）现金流量表的编制基础。现金流量表中的“现金”与会计日常核算中的“现金”存在区别。会计上所说的现金通常指企业的库存现金。而现金流量表中的“现金”不仅包括“库存现金”账户核算的现金，还包括企业“银行存款”账户核算的存入金融企业、随时可以用于支付的存款，也包括“其他货币资金”账户核算的外埠存款、银行汇票存款、银行本票存款和信用卡存款等其他货币资金。应注意的是，银行存款和其他货币资金中有些不能随时用于支付的存款，如不能随时支取的定期存款等，不应作为现金，而应列作投资；提前通知金融企业便可支取的定期存款，则应包括在现金范围内。

现金等价物是指企业持有的期限短、流动性强、易于转换为已知金额现金、价值变动风险很小的投资。期限短，一般是指从购买日起 3 个月内到期。现金等价物通常包括 3 个月内到期的债券投资等。权益性投资变现的金额通常不确定，因而不属于现金等价物。企业应当根据具体情况，确定现金等价物的范围，一经确定不得随意变更。

（3）现金流量的分类。现金流量是指一定会计期间内企业现金和现金等价物的流入和流出。企业从银行提取现金、用现金购买短期到期的国库券等现金和现金等价物之间的转换不属于现金流量。

企业的现金流量分为三大类。

① 经营活动产生的现金流量。经营活动，是指企业投资活动和筹资活动以外的所有交易事项。经营活动产生的现金流量主要包括销售商品或提供劳务、购买商品、接受劳务、支付工资和交纳税款等流入和流出的现金和现金等价物。

② 投资活动产生的现金流量。投资活动，是指企业长期资产的构建和不包括在现金等价物范围内的投资及其处置活动。投资活动产生的现金流量主要包括构建固定资产、处置子公司及其他营业单位等流入和流出的现金和现金等价物。

③ 筹资活动产生的现金流量。筹资活动，是指导致企业资本及负债规模或构成发生变化的活动。筹资活动产生的现金流量主要包括吸收投资、发行股票、分配利润、发行债券、偿还债务等流入和流出的现金和现金等价物。偿还应付账款、应付票据等应付款项属于经营活动，不属于筹资活动。

### 2. 现金流量表的结构

我国企业现金流量表包括现金流量表正表和补充资料两部分。

（1）现金流量表正表。现金流量表正表采用报告式结构，分类反映经营活动产生的现金流量、投资活动产生的现金流量和筹资活动产生的现金流量，最后汇总反映企业某一期间现金及现金等价物的净增加额。如果有外币现金流量以及境外子公司的现金流量折算成记账本位币的企业，在正表中还应单设“汇率变动对现金及现金等价物的影响”项目，来反映企业外币现金流量及境外子公司的现金流量折算成记账本位币时，采用现金流量发生日的即期汇率或按照系统合理的方法确定的、与现金流量发生日即期汇率近似的汇率折算的记账本位币金额，与“现金及现金等价物净增加额”中外币现金及现金等价物净增加额按资产负债表日即期汇率折算的记账本位币金额之间的差额。

（2）现金流量表正表补充资料。现金流量表正表补充资料包括：将净利润调节为经营活动现金流量；不涉及现金收支的重大投资和筹资活动；现金及现金等价物净变动情况等信息。

我国企业现金流量表的格式如表 10-7 所示，现金流量表补充资料的格式如表 10-8 所示。

**表 10-7　现金流量表**

会企 03 表

编制单位：　　　　　　　　　　　　年　　月　　日　　　　　　　　　　　　单位：元

| 项　目 | 本期金额 | 上期金额 |
|---|---|---|
| **一、经营活动产生的现金流量** | | |
| 销售商品、提供劳务收到的现金 | | |
| 收到的税费返还 | | |
| 收到其他与经营活动有关的现金 | | |
| 经营活动现金流入小计 | | |
| 购买商品、接受劳务支付的现金 | | |
| 支付给职工及为职工支付的现金 | | |
| 支付的各项税费 | | |
| 支付其他与经营活动有关的现金 | | |
| 经营活动现金流出小计 | | |
| 经营活动产生的现金流量净额 | | |
| **二、投资活动产生的现金流量** | | |
| 收回投资收到的现金 | | |
| 取得投资收益收到的现金 | | |
| 处置固定资产、无形资产和其他长期资产收回的现金净额 | | |
| 处置子公司及其他营业单位收到的现金净额 | | |
| 收到其他与投资活动有关的现金 | | |
| 投资活动现金流入小计 | | |
| 购建固定资产、无形资产和其他长期资产支付的现金 | | |
| 投资支付的现金 | | |
| 取得子公司及其他营业单位支付的现金净额 | | |
| 支付其他与投资活动有关的现金 | | |
| 投资活动现金流出小计 | | |
| 投资活动产生的现金流量净额 | | |
| **三、筹资活动产生的现金流量** | | |
| 吸收投资收到的现金 | | |
| 取得借款收到的现金 | | |
| 收到其他与筹资活动有关的现金 | | |
| 筹资活动现金流入小计 | | |
| 偿还债务支付的现金 | | |
| 分配股利、利润或偿付利息支付的现金 | | |
| 支付其他与筹资活动有关的现金 | | |
| 筹资活动现金流出小计 | | |

续表

| 项 目 | 本期金额 | 上期金额 |
| --- | --- | --- |
| 筹资活动产生的现金流量净额 | | |
| 四、汇率变动对现金及现金等价物的影响 | | |
| 五、现金及现金等价物净增加额 | | |
| 加：期初现金及现金等价物余额 | | |
| 六、期末现金及现金等价物余额 | | |

表 10-8　现金流量表补充资料

| 补充资料 | 本期金额 | 上期金额 |
| --- | --- | --- |
| 1．将净利润调节为经营活动现金流量 | | |
| 净利润 | | |
| 加：资产减值准备 | | |
| 固定资产折旧、油气资产折耗、生产性生物资产折旧 | | |
| 无形资产摊销 | | |
| 长期待摊费用摊销 | | |
| 处置固定资产、无形资产和其他长期资产的损失（收益以“–”号填列） | | |
| 固定资产报废损失（收益以“–”号填列） | | |
| 公允价值变动损失（收益以“–”号填列） | | |
| 财务费用（收益以“–”号填列） | | |
| 投资损失（收益以“–”号填列） | | |
| 递延所得税资产减少（增加以“–”号填列） | | |
| 递延所得税负债增加（减少以“–”号填列） | | |
| 存货的减少（增加以“–”号填列） | | |
| 经营性应收项目的减少（增加以“–”号填列） | | |
| 经营性应付项目的增加（减少以“–”号填列） | | |
| 其他 | | |
| 经营活动产生的现金流量净额 | | |
| 2．不涉及现金收支的重大投资和筹资活动 | | |
| 债务转为资本 | | |
| 一年内到期的可转换公司债券 | | |
| 融资租入固定资产 | | |
| 3．现金及现金等价物净变动情况 | | |
| 现金的期末余额 | | |
| 减：现金的期初余额 | | |
| 加：现金等价物的期末余额 | | |
| 减：现金等价物的期初余额 | | |
| 现金及现金等价物净增加额 | | |

### 3. 现金流量表的编制方法

（1）直接法和间接法。编制现金流量表时，列报经营活动现金流量的方法有两种，一种是直接法，另一种是间接法。

① 在直接法下，一般是以利润表中的营业收入为起算点，调节与经营活动有关的项目的增减变动，然后计算出经营活动产生的现金流量。采用直接法编报的现金流量表，便于分析企业经营活动产生的现金流量的来源和用途，预测企业现金流量的未来前景。

② 在间接法下，将净利润调节为经营活动现金流量，实际上就是将按权责发生制原则确定的净利润调整为现金净流入，并剔除投资活动和筹资活动对现金流量的影响。采用间接法编报现金流量表，便于将净利润与经营活动产生的现金流量净额进行比较，了解净利润与经营活动产生的现金流量差异的原因，从现金流量的角度分析净利润的质量。

我国企业会计准则规定企业应当采用直接法编报现金流量表，同时要求在附注中提供以净利润为基础调节到经营活动现金流量的信息。

（2）工作底稿法、T 型账户法和分析填列法。在编制现金流量表是，企业还可以根据业务量的大小及复杂程度，采用工作底稿法、T 型账户法，或直接根据有关科目的记录分析填列。

① 工作底稿法。采用工作底稿法编制现金流量表，是以工作底稿为手段，以资产负债表和利润表数据为基础，对每一项目进行分析并编制调整分录，从而编制现金流量表。工作底稿法的程序如下。

第一步，将资产负债表的期初数和期末数过入工作底稿的期初数栏和期末数栏。

第二步，对当期业务进行分析并编制调整分录。编制调整分录时，要以利润表项目为基础，从“营业收入”开始，结合资产负债表项目逐一进行分析。在调整分录中，有关现金和现金等价物的事项，并不直接借记或贷记现金，而是分别记入“经营活动产生的现金流量”、“投资活动产生的现金流量”、“筹资活动产生的现金流量”有关项目，借记表示现金流入，贷记表示现金流出。

第三步，将调整分录过入工作底稿中的相应部分。

第四步，核对调整分录，借方、贷方合计数均已经相等，资产负债表项目期初数加减调整分录中的借贷金额以后，也等于期末数。

第五步，根据工作底稿中的现金流量表项目部分编制正式的现金流量表。

② T 型账户法。采用 T 型账户法编制现金流量表，是以 T 型账户为手段，以资产负债表和利润表数据为基础，对每一项目进行分析并编制调整分录，从而编制现金流量表。T 型账户法的程序如下。

第一步，为所有的非现金项目（包括资产负债表项目和利润表项目）分别开设 T 形账户，并将各自的期末期初变动数过入各该账户。如果项目的期末数大于期初数，则将差额过入和项目余额相同的方向；反之，过入相反的方向。

第二步，开设一个大的“现金及现金等价物”T 形账户，每边分为经营活动、投资活动和筹资活动 3 个部分，左边记现金流入，右边记现金流出。与其他账户一样，过入期末期初变动数。

第三步，以利润表项目为基础，结合资产负债表分析每一个非现金项目的增减变动，并据此编制调整分录。

第四步，将调整分录过入各 T 形账户，并进行核对，该账户借贷相抵后的余额与原先过入的期末期初变动数应当一致。

第五步，根据大的“现金及现金等价物”T 形账户编制正式的现金流量表。

③ 分析填列法。分析填列法是直接根据资产负债表、利润表和有关会计科目明细账的记录，分析计算出现金流量表各项目的金额，并据以编制现金流量表的一种方法。

4. 现金流量表主要项目的填列说明

（1）经营活动产生的现金流量。

①“销售商品、提供劳务收到的现金”项目，反映企业本年销售商品、提供劳务收到的现金，以及前期销售商品、提供劳务本期收到的现金（包括应向购买者收取的增值税销项税额）和本期预收的款项，减去本年销售本期退回商品和前期销售本期退回商品支付的现金。企业销售材料和代购代销业务收到的现金，也在本项目反映。可用公式表述为

销售商品、提供劳务收到的现金＝本期营业收入净额＋本期应收账款减少额（－应收账款增加额）+本期应收票据减少额（－应收票据增加额）＋本期预收账款增加额（－预收账款减少额）

上述公式中，如果本期有实际核销的坏账损失，也应减去。(因核销坏账损失减少了应收账款，但没有收回现金)。如果有收回前期已核销的坏账金额，应加上（因收回已核销的坏账，并没有增加或减少应收账款，但却收回了现金）。

**【做中学 10-17】** 甲公司本期发生下列有关的经济业务。

A. 销售产品一批价款为 20 000 元，销项税额为 3 400 元，货款及增值税收到并存入银行。

B. 销售产品一批价款为 100 000 元，销项税额为 17 000 元，货款及增值税均未收到。

C. 收回上年的应收账款 9 000 元（含增值税销项税额）存入银行。

D. 收到商品的预收款 6 000 元存入银行。

E. 将未到期的应收票据向银行贴现，面值为 192 500 元，贴现利息 13 090 元。实际收到贴现收入 116 410 元存入银行。

F. 发生销售商品退回，企业以银行存款退回商品款 22 000 元。

销售商品、提供劳务收到的现金＝Ⓐ（20 000＋3 400）＋Ⓒ 9 000＋Ⓓ 6 000＋ Ⓔ 116 410－Ⓕ 22 000＝132 810（元）

②“收到的税费返还”项目，反映企业收到返还的所得税、增值税、营业税、消费税、关税和教育费附加等各种税费返还款。本项目可以根据“库存现金”、“银行存款”、“应交税费”、“营业税金及附加”等账户的记录分析填列。

③“收到其他与经营活动有关的现金”项目，反映企业除了上述各项目以外收到的其他与经营活动有关的现金流入，如罚款收入、流动资产损失中由个人赔偿的现金收入等，金额较大的应当单独列示。本项目可根据“营业外收入”、“营业外支出”、“库存现金”、“银行存款”、“其他应收款”等账户的记录分析填列。

④“购买商品、接受劳务支付的现金”项目，反映企业本期购买商品、接受劳务实际支付的现金（包括增值税进项税额），以及本期支付前期购买商品、接受劳务的未付款项和本期预付款项，减去本期发生的购货退回收到的现金。企业购买材料和代购代销业务支付的现金，也在本项目反映。可用公式表述如下。

购买商品、接受劳务支付的现金＝营业成本+本期存货增加额（－本期存货减少额）＋本期应付账款减少额（－本期应付账款增加额）+本期应付票据减少额（－本期应付票据增加额）＋本期预付账款增加额（－本期预付账款减少额）

**【做中学 10-18】** 甲公司 2012 年发生下列有关的经济业务。

A. 购买材料价款 200 000 元，进项税额 34 000 元，以银行存款支出。

B. 购买材料价款为 30 000 元，进项税额 5 100 元，货款与增值税尚未支付。

C. 用银行汇票支付材料价款及增值税，收到银行转来的银行汇票多余款收账通知，退回余额 15 000 元，材料价款 500 000 元，增值税 85 000 元。

D. 以银行存款预付购材料的货款 40 000 元。

E. 以银行存款支付到期的应付票据，到期值为 86 500 元（含增值税进项税额）。

F. 购买工程用工程物资 350 000 元（含增值税），款项已用银行存款支付。

购买商品、接受劳务支付现金 =Ⓐ（200 000+34 000）+Ⓒ（500 000+85 000）+Ⓓ 40 000 + Ⓔ 86 500 =94 500（元）

⑤"支付给职工及为职工支付的现金"项目，反映企业实际支付给职工的工资、奖金、各种津贴和补贴等职工薪酬（包括代扣代缴的职工个人所得税）。但不含为离退休人员支付的各种费用和固定资产购建人员的工资。企业支付给离退休人员支付的各种费用在"支付其他与经营活动有关的现金"项目中反映，支付给在建工程人员的工资和其他费用在"购建固定资产、无形资产和其他长期资产支付的现金"项目中反映。

企业为职工支付的养老、失业等社会保险费用、住房公积金、职工的困难补助，以及支付给职工和为职工支付的其他福利费用，应按职工的工作性质和服务对象，分别在本项目和"购建固定资产、无形资产和其他长期资产支付的现金"项目中反映。

本项目可根据"库存现金"、"银行存款"、"应付职工薪酬"、"生产成本"等账户的记录分析填列。

**【做中学 10-19】** 甲公司本期实际支付工资及相关款项如下。

A. 公式本年度实际支付工资及各种奖金、津贴共 1 200 000 元，其中，在建工程员工工资 300 000 元。

B. 支付离退休人员工资 320 000 元。

C. 支付职工困难补助 200 000 元。

D. 支付职工养老保险 380 000 元。

支付给职工及为职工支付的现金 =Ⓐ（1 200 000 － 300 000）+Ⓒ 200 000 + Ⓓ 380 000= 1 480 000（元）

⑥"支付的各项税费"项目，反映企业发生并支付、前期发生本期支付以及预交的各项税费，包括所得税、增值税、营业税、消费税、印花税、房产税、土地增值税、车船税、教育费附加等。但不包括已计入固定资产原价而实际支付的耕地占用税和本期退回的所得税，也不包括退回的增值税和所得税。退回的增值税和所得税在"收到的税费返还"项目中反映。

本项目应根据"应交税费"、"库存现金"、"银行存款"等账户的记录分析填列。

⑦"支付其他与经营活动有关的现金"项目，反映企业经营租赁支付的租金、支付的差旅费、业务招待费、保险费、罚款支出等其他与经营活动有关的现金流出，金额较大的应当单独列示。本项目应根据"管理费用"、"销售费用"、"营业外支出"等账户的记录分析填列。

（2）投资活动产生的现金流量。

①"收回投资收到的现金"项目，反映企业出售、转让或到期收回除现金等价物以外的对其他企业长期股权投资等收到的现金，但处置子公司及其他营业单位收到的现金净额除外。也不包括持有至到期投资收回的利息以及收回的非现金资产。本项目应根据"交易性金融资产"、"长期股权投资"、"库存现金"、"银行存款"等账户的记录分析填列。

②"取得投资收益收到的现金"项目，反映企业除现金等价物以外的对其他企业的长期股权投资等分回的现金股利和利息等。本项目应根据"投资收益"、"库存现金"、"银行存款"等

账户的记录分析填列。

③“处置固定资产、无形资产和其他长期资产收回的现金净额”项目，反映企业出售、报废固定资产、无形资产和其他长期资产所取得的现金（包括因资产毁损而收到的保险赔偿收入），减去为处置这些资产而支付的有关费用后的净额。本项目可根据“固定资产清理”、“库存现金”、“银行存款”等账户的记录分析填列。

④“处置子公司及其他营业单位收到的现金净额”项目，反映企业处置子公司及其他营业单位所取得的现金，减去相关处置费用以及子公司及其他营业单位持有的现金和现金等价物后的净额。

⑤“收到的其他与投资活动有关的现金”项目，反映除上述各项目以外，收到的其他与投资活动有关的现金流入。如企业收回购买股票和债券时支付的已宣告但尚未领取的现金股利或已到付息期但尚未领取的债券利息。

**【做中学 10-20】** 甲公司 2012 年发生如下与投资活动现金流入有关的经济业务。

A. 公司将持有的交易性金融资产出售，收到本金 50 000 元，投资收益 10 000 元，均存入银行。

B. 公司因调整投资策略，出售一项长期股权投资，该投资本金 300 000 元，转让收到 580 000 元，已经存入银行。

C. 公司某持有至到期投资的债券到期，收回本金 300 000，债券利息 50 000 元。

D. 企业将持有长期股权投资期间，实际分得的现金股利 35 000 元存入银行。

E. 企业出售设备一台，收到价款 280 000 元存入银行，设备的原价 360 000 元，已提折旧 80 000 元，设备已由购入单位运走。

F. 报废设备一台，设备原价 130 000 元，已提折旧 120 000 元，以现金支付清理费用 1 800 元，以现金收取残值变价收入 2 600 元，该设备已清理完毕。

根据上述资料，计算投资流入的各项目如下：

收回投资收到的现金 = Ⓐ（50 000 + 10 000）+ Ⓑ 580 000 + Ⓒ 300 000 = 940 000（元）

取得投资收益收到的现金 = Ⓒ 50 000 + Ⓓ 35 000 = 85 000（元）

处置固定资产、无形资产和其他长期资产收回的现金净额 = Ⓔ 280 000 + Ⓕ（2 600 − 1 800）= 280 800（元）

⑥“购建固定资产、无形资产和其他长期资产支付的现金”项目，反映企业购买、建造固定资产、取得无形资产和其他长期资产所支付的现金（含增值税款等），以及用现金支付的应由在建工程和无形资产负担的职工薪酬。但不包括购建固定资产的借款利息支出和融资租入固定资产的租赁费。本项目应根据“固定资产”、“无形资产”、“在建工程”、“库存现金”、“银行存款”等账户的记录分析填列。

⑦“投资支付的现金”项目，反映企业在现金等价物以外进行交易性金融资产、长期股权投资、持有至到期投资所实际支付的现金，包括佣金手续费所支付的现金。但不包括企业购买股票和债券时，实际支付价款中包含的已宣告尚未领取的现金股利或已到付息期但尚未领取的债券利息。本项目应根据“交易性金融资产”、“长期股权投资”、“持有至到期投资”、“库存现金”、“银行存款”等账户记录分析填列。

⑧“取得子公司及其他营业单位支付的现金净额”项目，反映企业购买子公司及其他营业单位购买出价中以现金支付的部分，减去子公司及其他营业单位持有的现金和现金等价物后的净额。

⑨“支付其他与投资活动有关的现金”项目，反映企业除了上述各项以外，支付的与投资活动有关的现金流出。包括企业购买股票和债券时，实际支付价款中包含的已宣告尚未领取的现金股利或已到付息期但尚未领取的债券利息等。本项目应根据“库存现金”、“银行存款”、“应收股利”、“应收利息”等账户的记录分析填列。

（3）筹资活动产生的现金流量。

①“吸收投资收到的现金”项目，反映企业收到投资者投入的现金，包括以发行股票、债券等方式筹集资金实际收到的款项净额（即发行收入减去支付的佣金等发行费用后的净额）。本项目可根据“实收资本（或股本）”、“应付债券”、“库存现金”、“银行存款”等账户的记录分析填列。

②“取得借款收到的现金”项目，反映企业举借各种短期、长期借款而收到的现金。本项目可根据“短期借款”、“长期借款”、“银行存款”等账户的记录分析填列。

③“收到的其他与筹资活动有关的现金”项目反映企业除上述各项以外，收到的其他与筹资活动有关的现金流入，如企业接受现金捐赠收入等。本项目应根据“库存现金”、“银行存款”和其他有关账户的记录分析填列。

④“偿还债务支付的现金”项目，反映企业为偿还债务本金而支付的现金，包括偿还金融机构的借款本金、偿还到期的债券本金等。企业发生的借款利息支出，不在本项目反映，应列入“分配股利、利润和偿付利息支付的现金”项目。本项目可根据“短期借款”、“长期借款”、“应付债券”、“库存现金”、“银行存款”等账户的记录分析填列。

⑤“分配股利、利润和偿付利息支付的现金”项目，反映企业实际支付的现金股利、支付给其他投资单位的利润或用现金支付的借款利息、债券利息。

⑥“支付其他与筹资活动有关的现金”项目，反映除了上述各项目以外，支付的与筹资活动有关的现金流出。例如，发行股票债券所支付的审计、咨询等费用。该项目可根据“库存现金”、“银行存款”和其他有关账户的记录分析填列。

**【做中学 10-21】** 甲公司 2012 年发生如下与筹资活动现金流入有关的经济业务。

A. 企业发行股票 20 000 000 股，每股面值 1 元，发行价格 2.2 元，发行手续费按发行收入的 2%支付，发行费用共计 880 000 元，企业取得发行股票的发行净收入存入银行。

B. 企业经批准发行长期债券，债券面值 1 000 000 元，实际发行价格为 1 200 000 元，证券公司按发行收入的 3%计手续费 36 000 元，手续费直接从发行收入中扣除。由证券公司代为支付宣传费及印刷费 6 000 元，从发行收入中扣除。企业以银行存款直接支付审计费 2 000 元。企业已收到发行债券的款项净额。

C. 从银行取得短期借款 160 000 元，已经划入企业账户。

D. 企业接受现金捐赠 200 000 元。

根据上述资料，计算企业筹资活动现金流入和现金流出各项目如下。

吸收投资收到的现金 = Ⓐ（20 000 000 × 2.2 − 880 000）+ Ⓑ（1 200 000 − 36 000 − 6 000）= 44 278 000（元）

支付的其他与筹资活动有关的现金 = Ⓑ 2 000（元）

借款收到的现金 = Ⓒ 160 000（元）

收到其他与筹资活动有关的现金 = Ⓓ 200 000（元）

（4）“汇率变动对现金及现金等价物的影响”。“汇率变动对现金及现金等价物的影响”项目，反映下列项目之间的差额。

① 企业外币现金流量折算为记账本位币时，采用现金流量发生日的即期汇率或按照系统合理的方法确定的、与现金流量发生日即期汇率近似的汇率折算的金额（编制合并现金流量表时折算境外子公司的现金流量，应当比照处理）。

② 企业外币现金及现金等价物净增加额按资产负债表日即期汇率折算的金额。

（5）现金流量表补充资料。

① 将净利润调节为经营活动现金流量。现金流量表补充资料采用间接法反映经营活动产生的现金流量情况，以对现金流量表中采用直接法反映的经营活动现金流量进行核对和补充说明。采用间接法列报经营活动产生的现金流量时，需要对四大类项目进行调整。

一是实际没有支付现金的费用，如固定资产折旧、无形资产摊销、长期待摊费用摊销等项目。

二是实际没有收到现金的收益，如公允价值变动损失（收益）。

三是不属于经营活动的损益，如投资损失（收益）、固定资产报废损失、财务费用等项目。

四是经营性应收应付项目的增减变动。如经营性应收项目的减少和经营性应付项目的增加等。

② 不涉及现金收支的重大投资和筹资活动。不涉及现金收支的重大投资和筹资活动，反映企业一定期间内影响资产或负债但不形成该期现金收支的所有投资和筹资活动的信息。这些投资和筹资活动虽然不涉及现金收支，但对以后各期的现金流量有重大影响。

企业应当在附注中披露不涉及当期现金收支，但影响企业财务状况或在未来可能影响企业现金流量的重大投资和筹资活动，主要包括：一是债务转为资本，反映企业本期转为资本的债务金额；二是一年内到期的可转换公司债券，反映企业一年内到期的可转换公司债券的本息；三是融资租入固定资产，反映企业本期融资租入的固定资产。

## （五）所有者权益变动表

### 1. 所有者权益变动表概述

（1）所有者权益变动表的概念。所有者权益变动表是指反映构成所有者权益各组成部分当期增减变动情况的报表。

（2）所有者权益变动表的作用。通过所有者权益变动表，既可以为报表使用者提供所有者权益总量增减变动的信息，也能为其提供所有者权益增减变动的结构性信息，特别是能够让报表使用者理解所有者权益增减变动的根源。

### 2. 所有者权益变动表的结构

所有者权益变动表以矩阵的形式列示：一方面，列示导致所有者权益变动的交易或事项，即所有者权益变动的来源，对一定时期所有者权益的变动情况进行全面反映；另一方面，按照所有者权益各组成部分（即实收资本、资本公积、盈余公积、未分配利润和库存股）列示交易或事项对所有者权益各部分的影响。

在所有者权益变动表上，企业至少应当单独列示反映下列信息的项目。

（1）净利润。

（2）直接计入所有者权益的利得和损失项目及其总额。

（3）会计政策变更和差错更正的累积影响金额。

（4）所有者投入资本和向所有者分配利润等。

（5）提取的盈余公积。

（6）实收资本或股本、资本公积、盈余公积、未分配利润的期初和期末余额及其调节情况。其中，反映“直接计入所有者权益的得利和损失”的项目即为其他综合收益项目。

我国企业所有者权益变动表的格式如表 10-9 所示。

**表 10-9　所有者权益变动表**

会企 04 表

编制单位：　　　　　　　　年度　　　　　　　　单位：元

| 项　目 | 本年金额 | | | | | | 上年金额 | | | | | |
|---|---|---|---|---|---|---|---|---|---|---|---|---|
| | 实收资本（或股本） | 资本公积 | 减：库存股 | 盈余公积 | 未分配利润 | 所有者权益合计 | 实收资本（或股本） | 资本公积 | 减：库存股 | 盈余公积 | 未分配利润 | 所有者权益合计 |
| 一、上年年末余额 | | | | | | | | | | | | |
| 加：会计政策变更 | | | | | | | | | | | | |
| 　前期差错更正 | | | | | | | | | | | | |
| 二、本年年初余额 | | | | | | | | | | | | |
| 三、本年增减变动金额（减少以“-”号填列） | | | | | | | | | | | | |
| （一）净利润 | | | | | | | | | | | | |
| （二）直接计入所有者权益的利得和损失 | | | | | | | | | | | | |
| 1. 可供出售金融资产公允价值变动净额 | | | | | | | | | | | | |
| 2. 权益法下被投资单位其他所有者权益变动的影响 | | | | | | | | | | | | |
| 3. 与计入所有者权益项目相关的所得税影响 | | | | | | | | | | | | |
| 4. 其他 | | | | | | | | | | | | |
| 上述（一）和（二）小计 | | | | | | | | | | | | |
| （三）所有者投入和减少资本 | | | | | | | | | | | | |
| 1. 所有者投入资本 | | | | | | | | | | | | |
| 2. 股份支付计入所有者权益的金额 | | | | | | | | | | | | |
| 3. 其他 | | | | | | | | | | | | |
| （四）利润分配 | | | | | | | | | | | | |
| 1. 提取盈余公积 | | | | | | | | | | | | |
| 2. 对所有者（或股东）的分配 | | | | | | | | | | | | |
| 3. 其他 | | | | | | | | | | | | |
| （五）所有者权益内部结转 | | | | | | | | | | | | |
| 1. 资本公积转增资本（或股本） | | | | | | | | | | | | |
| 2. 盈余公积转增资本（或股本） | | | | | | | | | | | | |
| 3. 盈余公积弥补亏损 | | | | | | | | | | | | |
| 4. 其他 | | | | | | | | | | | | |
| 四、本年年末余额 | | | | | | | | | | | | |

3. 所有者权益变动表的编制

（1）本年金额栏的填列方法 。所有者权益表变动表“上年金额”栏内各项数字，应根据上年度所有者权益变动表“本年金额”内所列数字填列。上年度所有者权益变动表规定的各个项目的名称和内容同本年度不一致的，应对上年度所有者权益变动表各项目的名称和数字按照本年度的规定进行调整，填入所有者权益变动表的“上年金额”栏内。

所有者权益变动表“本年金额”栏内各项数字一般应根据“实收资本（或股本）”、“资本公积”、“盈余公积”、“利润分配”、“库存股”、“以前年度损益调整”科目的发生额分析填列。

（2）所有者权益变动表主要项目说明。

①“上年年末余额”项目，反映企业上年资产负债表中实收资本（或股本）、资本公积、库存股、盈余公积、未分配利润的年末余额。

②“会计政策变更”、“前期差错更正”项目，分别反映企业采用追溯调整或处理的会计政策变更的累积影响金额和采用追溯调整重述法处理的会计差错更正的累积影响金额。

③“本年增减变动金额”项目中的有关内容。

A. “净利润”项目，反映企业当年实现的净利润（或净亏损）金额。

B. “直接计入所有者权益的利得和损失”项目，反映企业当年直接计入所有者权益的利得和损失金额。

其中：“权益法下被投资单位其他所有者权益变动的影响”项目，反映企业对按照权益法核算的长期股权投资，在被投资单位除当年实现的净损益以外其他所有者权益变动中应享有的份额；“与记入所有者权益项目相关的所得税影响”项目，反映企业根据所得税会计准则规定应记入所有者权益项目的当年所得税影响金额。

C. “所有者投入和减少资本”项目，反映企业当年所有者投入的资本和减少的资本。

其中，“所有者投入资本”项目，反映企业接受投资者投入形成的实收资本（或股本）和资本溢价或股本溢价；“股份支付计入所有者权益的金额”项目，反映企业处于等待期中的权益结算的股份支付当年计入资本公积的金额。

D. “利润分配”项目，反映企业当年的利润分配金额。

E. “所有者权益内部结转”项目，反映企业构成所有者权益的组成部分之间的增减变动情况。

其中，“资本公积转增资本（或股本）”项目，反映企业以资本公积转增资本或股本的金额；“盈余公积转增资本（或股本）”项目，反映企业以盈余公积转增资本或股本的金额；“盈余公积弥补亏损”项目，反映企业以盈余公积弥补亏损的金额。

## （六）财务报表附注

1. 附注的概念和作用

附注是对资产负债表、利润表、现金流量表和所有者权益变动表等报表中列示项目的文字描述或明细资料，以及对未能在这些报表中列示项目的说明等。

通过附注与资产负债表、利润表、现金流量表和所有者权益变动表列示项目的相互参照关系，以及对未能在报表中列示项目的说明，可以使报表使用者全面了解企业的财务状况、经营成果和现金流量。

2. 附注的主要内容

附注是财务报表的重要组成部分。企业应当按照如下顺序披露附注的内容。

（1）企业的基本情况。

① 企业注册地、组织形式和总部地址。

② 企业的业务性质和主要经营活动。

③ 母公司以及集团最终母公司的名称。

④ 财务报告的批准报出者和财务报告批准报出日。

（2）财务报表的编制基础。财务报表的编制基础是指财务报表是在持续经营基础上还是非持续经营基础上编制的。企业一般是在持续经营基础上编制财务报表，清算、破产属于非持续经营基础。

（3）遵循企业会计准则的声明。企业应当声明编制的财务报表符合企业会计准则的要求，真实、完整地反映了企业的财务状况、经营成果和现金流量等有关信息。

（4）重要会计政策和会计估计。企业应当披露采用的重要会计政策和会计估计，不重要的会计政策和会计估计可以不披露。在披露重要会计政策和会计估计时，企业应当披露重要会计政策的确定依据和财务报表项目的计量基础，以及会计估计中所采用的关键假设和不确定因素。

会计政策的确定依据，主要是指企业在运用会计政策过程中所作的对报表中确认的项目金额最具影响的判断。财务报表项目的计量基础是指企业计量该项目采用的是历史成本、重置成本、可变现净值、现值还是公允价值。

在确定报表中确认的资产和负债的账面金额过程中，企业有时需要对不确定的未来事项在资产负债表日对这些资产和负债的影响加以估计，如企业预计固定资产未来现金流量采用的折现率和假设。这类假设的变动对这些资产和负债项目金额的确定影响很大，有可能会在下一个会计年度内作出重大调整，因此，强调这一披露要求，有助于提高财务报表的可理解性。

（5）会计政策和会计估计变更及差错更正的说明。企业应当按照会计政策、会计估计变更和差错更正会计准则的规定，披露会计政策和会计估计变更以及差错更正的有关情况。

（6）报表重要项目的说明。企业对报表重要项目的说明，应当按照资产负债表、利润表、现金流量表、所有者权益变动表及其项目列示的顺序，采用文字和数字描述相结合的方式进行披露。报表重要项目的明细金额合计，应当与报表项目金额相衔接，主要包括以下重要项目。

① 交易性金融资产。企业应当披露交易性金融资产的构成及期初、期末公允价值等信息。

② 应收款项。企业应当披露应收款项的账龄结构和客户类别及期初、期末账面余额等信息。

③ 存货，企业应当披露下列信息。

A. 各类存货的期初和期末账面价值。

B. 确定发出存货成本所采用的方法。

C. 存货可变现净值的确定依据，存货跌价准备的计提方法，当期计提的存货跌价准备金的金额，当期转回的存货跌价准备的金额，以及计提和转回的有关情况。

D. 用于担保的存货账面价值。

④ 长期股权投资，企业应当披露下列信息。

A. 子公司、合营企业和联营企业清单，包括企业名称、注册地、业务性质、投资企业的持股比例和表决权比例。

B. 合营企业和联营企业当期的主要财务信息，包括资产、负债、收入、费用等合计金额。

C. 被投资单位向投资企业转移资金的能力受到限制的情况。

D. 当期及累计未确认的投资损失金额。

E. 与对子公司、合营企业及联营企业投资相关的或有负债。

⑤ 投资性房地产，企业应当披露下列信息。

A. 投资性房地产的种类、金额和计量模式。

B. 采用成本模式的，投资性房地产的折旧或摊销，以及减值准备的计提情况。

C. 采用公允价值模式的，公允价值的确定依据和方法，以及公允价值变动对损益的影响。

D. 房地产转换情况、理由，以及对损益和所有者权益的影响。

E. 当期处置的投资性房地产及其对损益的影响。

⑥ 固定资产，企业应当披露下列信息。

A. 固定资产的确认条件、分类、计量基础和折旧方法。

B. 各类固定资产的使用寿命、预计净残值和折旧率。

C. 各类固定资产的期初和期末原价、累计折旧额及固定资产减值准备累计金额。

D. 当期确认的折旧费用。

E. 对固定资产所有权的限制及金额和用于担保的固定资产账面价值。

F. 准备处置的固定资产名称、账面价值、公允价值、预计处置费用和预计处置时间等。

⑦ 无形资产，企业应当披露下列信息。

A. 无形资产的期初和期末账面余额、累计摊销额及减值准备累计金额。

B. 使用寿命有限的无形资产，其使用寿命的估计情况;使用寿命不确定的无形资产，其使用寿命不确定的判断依据。

C. 无形资产的摊销方法。

D. 用于担保的无形资产账面价值、当期摊销额等情况。

E. 计入当期损益和确认为无形资产的研究开发支出金额。

⑧ 职工薪酬，企业应当披露下列信息。

A. 应当支付给职工的工资、奖金、津贴和补贴，及其期末应付未付金额。

B. 应当为职工缴纳的医疗保险费、养老保险费、失业保险费、工伤保险费和生育保险费等社会保险费，及其期末应付未付金额。

C. 应当为职工缴存的住房公积金，及其期末应付未付金额。

D. 为职工提供的非货币性福利，及其计算依据。

E. 应当支付的因解除劳务关系给予的补偿，及其期末应付未付金额。

F. 其他职工薪酬。

⑨ 应交税费。企业应当披露应交税费的构成及期初、期末账面余额等信息。

⑩ 短期借款和长期借款。企业应当披露短期借款、长期借款的构成及期初、期末账面余额等信息。对于期末逾期借款，应分别贷款单位、借款金额、逾期时间、年利率、逾期未偿还原因和预期还款期等进行披露。

⑪ 应付债券。企业应当披露应付债券的构成及期初、期末账面余额等信息。

⑫ 长期应付款。企业应当披露长期应付款的构成及期初、期末账面余额等信息。

⑬ 营业收入。企业应当披露营业收入的构成及本期、上期发生额等信息。

⑭ 公允价值变动收益。企业应当披露公允价值变动收益的来源及本期、上期发生额等信息。

⑮ 投资收益。企业应当披露投资收益的来源及本期、上期发生额等信息。

⑯ 减值损失。企业应当披露各项资产的减值损失及本期、上期发生额等信息。

⑰ 营业外收入。企业应当披露营业外收入的构成及本期、上期发生额等信息。

⑱ 营业外支出。企业应当披露营业外支出的构成及本期、上期发生额等信息。

⑲ 所得税，企业应当披露下列信息。

A. 所得税费用（收益）的主要组成部分。

B. 所得税费用（收益）与会计利润关系的说明。

⑳ 政府补助，企业应当披露下列信息。

A. 政府补助的种类及金额。

B. 计入当期损益的政府补助金额。

C. 本期返还的政府补助金额及原因。

㉑ 借款费用，企业应当披露下列信息。

A. 当期资本化的借款费用金额。

B. 当期用于计算确定借款费用资本化金额的资本化率。

（7）其他需要说明的重要事项。这些重要事项主要包括或有事项、资产负债表日后非调整事项、关联方关系及其交易等。

# 三、调整业务

## （一）会计政策及其变更

### 1. 会计政策的概念和特点

（1）会计政策的概念。会计政策是指企业在会计确认、计量和报告中所采用的原则、基础和会计处理方法。

（2）会计政策的特点主要体现在如下 3 个方面。

① 企业应在国家统一的会计准则制度规定的会计政策范围内选择适用的会计政策。即企业在发生某项经济业务时，必须从允许的会计原则、计量基础和会计处理方法中选择出适合本企业特点的会计政策。

② 会计政策涉及会计原则、会计基础和具体会计处理方法。

会计原则包括一般原则和特定原则，会计政策所指的会计原则是指某一类会计业务的核算所应遵循的特定原则，而不是笼统地指所有的会计原则。

会计基础包括会计确认基础和会计计量基础。可供选择的会计确确认基础包括权责发生制和收付实现制。

会计计量基础主要包括历史成本、重置成本、可变现净值、现值和公允价值等。由于我国企业应当采用权责发生制作为会计确认基础不具备选择性，所以会计政策所指的会计基础，主要是会计计量基础（即计量属性）。

具体会计处理方法，是指企业根据国家统一的会计准则制度允许选择的、对某一类会计业务的具体处理方法作出的具体选择。例如允许企业在先进先出法、加权平均法和个别计价法之间对发出存货实际成本的确定方法作出选择等。

③ 会计政策应当保持前后各期的一致性。企业通常应在每期采用相同的会计政策，企业选用的会计政策一般情况下不能也不应当随意变更，以保持会计信息的可比性。

### 2. 会计政策变更及其条件

（1）会计政策变更的概念。会计政策变更是指企业对相同的交易或者事项由原来采用的会计政策改用另一会计政策的行为。

虽然企业不能随意变更会计政策，但并不意味着企业的会计政策在任何情况下均不能变更。

（2）会计政策变更的条件。会计政策变更并不意味着以前期间的会计政策是错误的，只是由于情况发生了变化，或者掌握了新的信息、积累了更多的经验，使得变更会计政策能够更好地反映企业的财务状况、经营成果和现金流量。

① 法律、行政法规或国家统一的会计制度等要求变更。

② 会计政策的变更能够提供更可靠、更相关的会计信息。

③ 不属于会计政策变更的情形。对会计政策变更的认定，直接影响到会计处理方法的选择、实务中，企业应当分清哪些属于会计政策变更，哪些不属于会计政策变更。下列情况不属于会计政策变更。

A. 本期发生的交易或者事项与以前相比具有本质差别而采用新的会计政策。

B. 对初次发生的或不重要的交易或者事项采用新的会计政策。

3. 会计政策变更的账务处理

（1）企业依据法律、行政法规或者国家统一的会计制度等的要求变更会计政策的，应当按照国家相关规定执行。

（2）会计政策变更能够提供更可靠、更相关的会计信息的，应当采用追溯调整法处理，将会计政策变更累积影响数调整列报前期最早期初留存收益，其他相关项目的期初余额和列报前期披露的其他比较数据也应当一并调整，但确定该项会计政策变更累积影响数不切实可行的除外。

追溯调整法是指对一某项交易或事项变更会计政策，视同该项交易或事项初次发生时即采用变更后的会计政策，并以此对财务报表相关项目进行调整的方法。

（3）确定会计政策变更对列报前期影响数不切实可行的，应当从可追溯调整的最早期间期初开始应用变更后的会计政策。在当期期初确定会计政策变更对以前各期累积影响数不切实可行的，应当采用未来适用法处理。

未来适用法，是指将变更后的会计政策应用于变更日及以后发生的交易或者事项，或者在会计估计变更当期和未来期间确认会计估计变更影响数的方法。

在未来适用法下，不需要计算会计政策变更产生的累积影响数，也无须重编以前年度的财务报表。企业会计账簿记录及财务报表上反映的金额，变更之日仍保留原有的金额，不因会计政策变更而改变以前年度的既定结果，并在现有金额的基础上再按新的会计政策进行核算。

**【做中学 10-22】** 甲公司原对发出存货采用后进先出法，由于采用新准则，按其规定，公司从 2007 年 1 月 1 日起改用先进先出法。2007 年 1 月 1 日存货的价值为 2 500 000 元，公司当年购入存货的实际成本为 18 000 000 元，2007 年 12 月 31 日按先进先出法计算确定的存货价值为 4 500 000 元，当年销售额为 25 000 000 元，假设该年度其他费用为 1 200 000 元，所得税税率为 25%。2007 年 12 月 31 日按后进先出法计算的存货价值为 2 200 000 元。

甲公司由于法律环境变化而改变会计政策，假定对其采用未来适用法进行处理，即对存货采用先进先出法从 2007 年及以后才适用，不需要计算 2007 年 1 月 1 日以前按先进先出法计算存货应有的余额以及对留存收益的影响金额。

计算确定会计政策变更对当期净利润的影响数如表 10-10 所示。

表 10-10　当期净利润的影响数计算表　　单位：元

| 项　目 | 先进先出法 | 后进先出法 |
|---|---|---|
| 营业收入 | 25 000 000 | 25 000 000 |
| 减：营业成本 | 16 000 000 | 18 300 000 |
| 减：其他费用 | 1 200 000 | 1 200 000 |
| 利润总额 | 7 800 000 | 5 500 000 |
| 减：所得税 | 1 950 000 | 1 375 000 |
| 净利润 | 5 850 000 | 4 125 000 |
| 差额 | 1 725 000 | |

公司由于会计政策变更使当期净利润增加了 1 725 000 元。其中：

采用先进先出法的销售成本 = 期初存货 + 购入存货实际成本 - 期末存货 = 2 500 000 + 18 000 000 - 4 500 000 = 16 000 000（元）

采用后进先出法的销售成本 = 期初存货 + 购入存货实际成本 - 期末存货 = 2 500 000 + 18 000 000 - 2 200 000 = 18 300 000（元）

## （二）会计估计及其变更

1. 会计估计的概念和特点

（1）会计估计的概念。会计估计是指企业对其结果不确定的交易或事项以最近可利用的信息为基础所作的判断。

（2）会计估计的特点。

① 会计估计的存在是由于经济活动中内在的不确定性因素的影响。例如，对于固定资产折旧，需要根据固定资产消耗方式、性能、技术发展等情况进行估计。

② 会计估计应当以最近可利用的信息或资料为基础。由于最新的信息是最接近目标的信息，以其为基础所作的估计最接近实际，所以，进行会计估计时应以最近可利用的信息或资料为基础。

③ 进行会计估计并不会削弱会计核算的可靠性。进行合理的会计估计是会计核算中必不可少的部分，但是，估计是建立在具有确凿证据的前提下，而不是随意的，企业根据当时所掌握的可靠证据作出的最佳估计，不会削弱会计核算的可靠性。

（3）常见的会计估计项目如下。

① 存货可变现净值的确定。

② 采用公允价值模式下的投资性房地产公允价值的确定。

③ 固定资产的预计使用寿命与净残值，固定资产的折旧方法。

④ 使用寿命有限的无形资产的预计使用寿命与净残值。

⑤ 建造合同或劳务合同完工进度的确定。

⑥ 公允价值的确定。

⑦ 预计负债初始计量的最佳估计数的确定。

⑧ 承租人对未确认融资费用的分摊；出租人对未实现融资收益的分配。

2. 会计估计变更的概念及其原因

（1）会计估计变更的概念。会计估计变更是指由于资产和负债的当前状况及预期经济利益和义务发生了变化，从而对资产或负债的账面价值或者资产的定期消耗金额进行调整。

（2）会计估计变更的原因。通常情况下，企业可能由于以下原因而发生会计估计变更。

① 赖以进行估计的基础发生了变化。如企业某项无形资产的摊销年限原定为 15 年，以后获得了国家专利保护，该资产的受益年限已变为 10 年，则应相应调减摊销年限。

② 取得了新的信息，积累了更多的经验。如企业原对固定资产采用年限平均法按 8 年计提折旧，后来根据新得到的信息——使用 2 年后对该固定资产所能生产产品的产量有了比较准确的证据，企业改按工作量法计提固定资产折旧。

3. 会计估计变更的会计处理

会计估计变更应采用未来适用法处理，即在会计估计变更当期及以后期间，采用新的会计估计，不改变以前期间的会计估计，也不调整以前期间的报告结果。

（1）如果会计估计的变更仅影响变更当期，有关估计变更的影响应于当期确认。

（2）如果会计估计的变更既影响变更当期又影响未来期间，有关估计变更的，影响在当期及以后各期确认。

会计估计变更的影响数应记入变更当期与前期相同的项目中。

应当注意，企业难以对某项变更区分为会计政策变更或会计估计变更的，应当将其作为会计估计变更处理。

**【做中学 10-23】** 甲公司于 2008 年 1 月 1 日起对某管理用设备计提折旧，原价为 84 000 元，预计使用寿命为 8 年，预计净残值为 4 000 元，按年限平均法计提折旧。2012 年年初，由于新技术发展等原因，需要对原估计的使用寿命和净残值作出修正，修改后该设备预计尚可使用年限为 2 年，预计净残值为 2 000 元。乙公司适用的企业所得税税率为 25%。

甲公司对该项会计估计变更的会计处理如下。

① 不调整以前各期折旧，也不计算累积影响数。

② 变更日以后改按新的估计计提折旧。

按原估计，每年折旧额为 10 000 元，已提折旧 4 年，共计 40 000 元，该项固定资产账面价值为 44 000 元，则第 5 年相关科目的期初余额如下。

| | |
|---|---|
| 固定资产 | 84 000 |
| 减：累计折旧 | 40 000 |
| 　　固定资产账面价值 | 44 000 |

改变预计使用年限后，2012 年起每年计提的折旧费用为 2 100 元(44 000 − 2 000) ÷ 2。2012 年不必对以前年度已提折旧进行调整，只需按重新预计的尚可使用年限和净残值计算确定折旧费用，有关账务处理如下。

借：管理费用　　21 000

　　贷：累计折旧　　21 000

③ 财务报表附注说明。

本公司一台管理用设备成本为 84 000 元，原预计使用寿命为 8 年，预计净残值为 4 000 元，按年限平均法计提折旧。由于新技术发展，该设备已不能按原预计使用寿命计提折旧，本公司于 2012 年年初将该设备的预计尚可使用寿命变更为 2 年，预计净残值变更为 2 000 元，以反映该设备在目前状况下的预计尚可使用寿命和净残值。此估计变更将减少本年度净利润 8 250 元[( 21 000 − 10 000 ) × (1 − 25%)]。

## （三）前期差错更正

### 1. 前期差错的概念和范围

（1）前期差错的概念。前期差错是指由于没有运用或错误运用下列两种信息，而对前期财务报表造成省略或错报。

① 编报前期财务报表时预期能够取得并加以考虑的可靠信息。

② 前期财务报告批准报出时能够取得的可靠信息。

（2）前期差错的范围。前期差错通常包括以下几个方面。

① 计算错误。如本期根据工资总额计提的社会保险费 100 000 元，但由于计算出现错误，得出错误数据 90 000 元。

② 应用会计政策错误。如按照企业会计准则的规定，为购建固定资产而发生的借款费用。在固定资产达到预定可使用状态前发生的、满足一定条件时应予资本化，计入所购建固定资产的成本；在固定资产达到预定可使用状态后发生的，计入当期损益。如果企业固定资产达到预定可使用状态后发生的借款费用也计入该项固定资产成本，予以资本化，则属于采用法律、行政法规或者国家统一的会计准则制度等所不允许的会计政策。

③ 疏忽或曲解事实以及舞弊产生的影响。如企业销售一批商品，商品已经发出，开出增值税专用发票，商品销售收入确认条件均已满足，但企业在期末未将已实现的销售收入入账。

### 2. 前期差错更正的会计处理

企业发现前期差错时应当根据差错的性质及时更正。

（1）企业应当采用追溯重述法更正重要的前期差错，但确定前期差错累积影响数不切实可行的除外。

追溯重述法是指在发现前期差错时，视同该项前期差错从未发生过，从而对财务报表相关项目进行更正的方法。

对于不重要的前期差错，可以采用未来适用法更正。前期差错的重要程度，应根据差错的性质和金额加以具体判断。

（2）企业应当在重要的前期差错发现当期的财务报表中，调整前期比较数据。

**【做中学 10-24】** 2012 年 12 月 31 日，甲公司发现 2011 年公司漏记一项管理用固定资产的折旧费用 300 000 元，所得税申报表中也未扣除该项费用。假定 2011 年甲公司适用所得税税率为 25%，无其他纳税调整事项。该公司按净利润的 10%和 5%提取法定盈余公积和任意盈余公积。

① 分析前期差错的影响数。

2011 年少计折旧费用 300 000 元；多计所得税费用 75 000 元（300 000 × 25%），多计净利润 225 000 元；多计应交税费 75 000 元；多提法定盈余公积 22 500 元（225 000 × 10%），多提任意盈余公积 11 250 元（225 000 × 5%）。

② 编制有关项目的调整分录。

A. 补提折旧。

| | 借方 | 贷方 |
|---|---|---|
| 借：以前年度损益调整——管理费用 | 300 000 | |
| 　　贷：累计折旧 | | 300 000 |

B. 调整应交所得税。

| | 借方 | 贷方 |
|---|---|---|
| 借：递延所得税资产 | 75 000 | |
| 　　贷：以前年度损益调整——所得税费用 | | 75 000 |

C. 将“以前年度损益调整”科目余额转入未分配利润。

借：利润分配——未分配利润　　225 000

　　贷：以前年度损益调整——本年利润　　225 000

D. 因净利润减少，调减盈余公积。

借：盈余公积——法定盈余公积　　22 500

　　　　　　——任意盈余公积　　11 250

　　贷：利润分配——未分配利润　　33 750

③ 财务报表调整和重述（财务报表略）。

甲公司在列报2012年度财务报表时，应调整2011年度财务报表的相关项目。

A. 资产负债表项目的调整。调减固定资产300 000元；调减应交税费75 000元；调减盈余公积33 750元，调减未分配利润191 250元。

B. 利润表项目的调整。调增管理费用300 000元，调减所得税费用75 000元，调减净利润225 000元（需要对每股收益进行披露的企业应当同时调整基本每股收益和稀释每股收益）。

C. 所有者权益变动表项目的调整。调减前期差错更正项目中盈余公积上年金额33 750元，未分配利润上年金额191 250元，所有者权益合计上年金额225 000元。

D. 财务报表附注说明。本年度发现2011年漏记固定资产折旧300 000元，在编制2012年和2011年比较财务报表时，已对该项差错进行了更正。更正后，调减2011年净利润225 000元，调增累计折旧300 000元。

## 小　结

本岗位工作也是综合性较强的岗位之一，要求较高素质的会计人员担任。在学习本岗位知识时，注意知识的系统性和整体性，树立统揽全局的观念。不但掌握会计报表的编制方法和技巧，而且还会分析报表，为企业的发展提供有用的会计信息。

## 岗位训练

### 一、单选题

1. 以下项目中，属于资产负债表中流动负债的是（　　）。

A. 预计负债　　B. 递延所得税负债

C. 一年内到期的长期借款　　D. 应付债券

2. 下列各项不影响营业利润的是（　　）。

A. 投资收益　　B. 主营业务成本　　C. 营业外收入　　D. 管理费用

3. 列各项中，不属于筹资活动产生的现金流量的是（　　）。

A. 收回债券投资所收到的现金　　B. 吸收权益性投资所收到的现金

C. 融资租赁各期支付的现金　　D. 借入资金所收到的现金

4. 甲公司2011年年末结账后，“应收账款”总账金额为800万元。“应收账款”科目所属明细科目中有借方余额1 000万元，贷方余额200万元；“预收账款”总账金额为5 000万元。“预收账款”科目所属明细科目中有借方余额2 000万元，贷方余额7 000万元；“坏账准备”科目余额为100万元。则2011年年末资产负债表中“应收账款”项目金额为（　　）万元。

A. 800　　B. 2 900　　C. 5 900　　D. 5 800

5. 甲公司在年度财务报告批准报出日之前发现了报告年度的重大会计差错，需要做的会计处理是（　　）。

A. 作为发现当期的会计差错更正

B. 在发现当期报表附注做出披露

C. 按照资产负债表日后事项非调整事项的处理原则作出说明

D. 按照资产负债表日后事项调整事项的处理原则作出相应调整

6. 下列各项中，属于会计估计变更的是（　　）。

A. 企业根据客户的资信情况的恶化，提高坏账准备的计提比例

B. 企业执行新准则，将发出存货的计价方法由后进先出法改为先进先出法

C. 收入确认由完成合同法改为完工百分比法

D. 为了提高报表利润，企业将厂房总的折旧年限由20年延长至30年

## 二、多选题

1. 资产负债表中的“应付账款”项目的金额应包括（　　）。

A. “预付账款”科目所属明细账的期末借方余额

B. “预付账款”科目所属明细账的期末贷方余额

C. “应付账款”科目所属明细账的期末借方余额

D. “应付账款”科目所属明细账的期末贷方余额

2. 在下列事项中，影响经营活动现金流量的项目有（　　）。

A. 发行长期债券收到现金　　B. 偿还应付购货款

C. 支付生产工人工资　　D. 交纳所得税

3. 下列各项中，影响经营活动现金流量的是（　　）。

A. 应违反合同约定而支付的违约金　　B. 计提管理用固定资产折旧

C. 支付采购费用　　D. 收到返还的消费税

4. 下列项目中，属于流动负债的有（　　）。

A. 预付账款　　B. 一年内到期的长期负债

C. 预收账款　　D. 应付账款

5. 某公司2010年度财务报告批准报出日为2011年3月30日，该公司2011年1月1日至3月30日之间发生的下列事项，需要对2010年度会计报表进行调整的有（　　）。

A. 2011年2月25日，发生火灾导致存货损失100万元

B. 2011年1月29日得到法院通知，因2010年度银行贷款担保应向银行支付贷款及罚息等计95 万元（2010年年末已确认预计负债80万元）

C. 2011年1月25日完成了2010年12月20日销售设备的安装工作，并收到销售款100万元

D. 2011年2月15日由于质量原因收到了被退回的于2010年12月15日销售的设备1台

## 三、判断题

1. 资产负债表的格式主要有账户式和报告式两种，我国采用的是报告式。（　　）

2. 利润表中的各项目应根据有关损益类账户的本期发生额或余额分析计算填列。（　　）

3. 附注主要包括两部分：一是会计报表中各要素的补充说明；二是对在会计报表中无法详细描述的其他财务信息的补充说明。（ ）

4. 资产负债表中的“长期待摊费用”项目应根据“长期待摊费用”科目的余额直接填列。（ ）

5. 如果以前期间由于没有正确运用当时已掌握的相关信息而导致会计估计有误，则属于差错，按前期差错更正的规定进行会计处理。（ ）

## 四、综合训练题

1. 练习资产负债表的编制。

【资料】万成公司2011年12月31日的科目汇总表有关资料如下所示。

**总分类账户期末余额表**

单位：元

| 科目名称 | 借或贷 | 金额 | 科目名称 | 借或贷 | 金额 |
|---|---|---|---|---|---|
| 库存现金 | 借 | 600 | 短期借款 | 贷 | 60 000 |
| 银行存款 | 借 | 821 445 | 应付票据 | 贷 | 190 000 |
| 其他货币资金 | 借 | 8 300 | 应付账款 | 贷 | 853 800 |
| 交易性金融资产 | | 0 | 其他应付款 | | 33 600 |
| 应收票据 | 借 | 45 000 | 应付职工薪酬 | 贷 | 143 050 |
| 应收账款 | | 800 000 | 应交税费 | | 203 345 |
| 坏账准备 | 贷 | -2 400 | 应付股利 | 贷 | 38 215 |
| 预付账款 | 借 | 50 000 | 长期借款 | 贷 | 1160 00 |
| 其他应收款 | | 6 000 | 股本 | | 5 000 000 |
| 材料采购 | 借 | 230 000 | 盈余公积 | 贷 | 235 685 |
| 原材料 | 借 | 55 000 | 利润分配（未分配利润） | 贷 | 260 000 |
| 周转材料 | 借 | 31 750 | | | |
| 库存商品 | | 1 183 000 | | | |
| 长期股权投资 | 借 | 350 000 | | | |
| 固定资产 | | 3 401 000 | | | |
| 累计折旧 | 借 | -240 000 | | | |
| 在建工程 | 贷 | 678 000 | | | |
| 工程物资 | 借 | 110 000 | | | |
| 无形资产 | | 550 000 | | | |
| 长期待摊费用 | | 100 000 | | | |
| 总计 | | 8 177 695 | 总计 | | 8 177 695 |

【要求】根据所给资料编制该公司2011年12月的资产负债表，填入下表中。

**资产负债表**

会企01表

编制单位： 年 月 日 单位：元

| 资产 | 期末余额 | 年初余额 | 负债和所有者权益（或股东权益） | 期末余额 | 年初余额 |
|---|---|---|---|---|---|
| 流动资产： | | | 流动负债： | | |
| 货币资金 | | | 短期借款 | | |
| 交易性金融资产 | | | 交易性金融负债 | | |

续表

| 资　　产 | 期末余额 | 年初余额 | 负债和所有者权益（或股东权益） | 期末余额 | 年初余额 |
|---|---|---|---|---|---|
| 应收票据 | | | 应付票据 | | |
| 应收账款 | | | 应付账款 | | |
| 预付款项 | | | 预收款项 | | |
| 应收利息 | | | 应付职工薪酬 | | |
| 应收股利 | | | 应交税费 | | |
| 其他应收款 | | | 应付利息 | | |
| 存货 | | | 应付股利 | | |
| 一年内到期的非流动资产 | | | 其他应付款 | | |
| 其他流动资产 | | | 一年内到期的非流动负债 | | |
| 流动资产合计 | | | 其他流动负债 | | |
| **非流动资产：** | | | 流动负债合计 | | |
| 可供出售金融资产 | | | **非流动负债：** | | |
| 持有至到期投资 | | | 长期借款 | | |
| 长期应收款 | | | 应付债券 | | |
| 长期股权投资 | | | 长期应付款 | | |
| 投资性房地产 | | | 专项应付款 | | |
| 固定资产 | | | 预计负债 | | |
| 在建工程 | | | 递延所得税负债 | | |
| 工程物资 | | | 其他非流动负债 | | |
| 固定资产清理 | | | 非流动负债合计 | | |
| 生产性生物资产 | | | 负债合计 | | |
| 油气资产 | | | 所有者权益（或股东权益）： | | |
| 无形资产 | | | 实收资本（或股本） | | |
| 开发支出 | | | 资本公积 | | |
| 商誉 | | | 减：库存股 | | |
| 长期待摊费用 | | | 盈余公积 | | |
| 递延所得税资产 | | | 未分配利润 | | |
| 其他非流动资产 | | | 所有者权益（或股东权益）合计 | | |
| 非流动资产合计 | | | | | |
| 资产总计 | | | 负债和所有者权益（或股东权益）总计 | | |

2. 练习利润表的编制。

【资料】万成公司 2011 年 12 月 31 日的收入、费用账户的发生额有关资料如下所示。

**收入、费用账户本期发生额**　　单位：元

| 账　　户 | 借方发生额 | 贷方发生额 |
|---|---|---|
| 主营业务收入 | 10 000 | 4800 000 |
| 主营业务成本 | 2720 000 | 5 000 |
| 营业税金及附加 | 160 000 | |
| 管理费用 | 124 000 | |
| 财务费用 | 5 000 | |
| 销售费用 | 250 000 | |

续表

| 账　户 | 借方发生额 | 贷方发生额 |
|---|---|---|
| 投资收益 | | 32 000 |
| 营业外收入 | | 46 000 |
| 营业外支出 | 6 800 | |
| 其他业务收入 | | 360 000 |
| 其他业务成本 | 200 000 | |

【要求】根据所给资料编制该公司 2011 年 12 月的利润表，填入下表中。

利　润　表

会企 02 表

编制单位：　　　　　　　　年　月　　　　　　　　单位：元

| 项　目 | 本期金额 | 上期金额 |
|---|---|---|
| 一、营业收入 | | |
| 减：营业成本 | | |
| 营业税金及附加 | | |
| 销售费用 | | |
| 管理费用 | | |
| 财务费用 | | |
| 资产减值损失 | | |
| 加：公允价值变动收益（损失以“-”号填列） | | |
| 投资收益（损失以“-”号填列） | | |
| 其中：对联营企业和合营企业的投资收益 | | |
| 二、营业利润（亏损以“-”号填列） | | |
| 加：营业外收入 | | |
| 减：营业外支出 | | |
| 其中：非流动资产处置损失 | | |
| 三、利润总额（亏损总额以“-”号填列） | | |
| 减：所得税费用 | | |
| 四、净利润（净亏损以“-”号填列） | | |
| 五、每股收益： | | |
| （一）基本每股收益 | | |
| （二）稀释每股收益 | | |

3. 练习现金流量表填列项目分析。

【资料】甲公司 2011 年发生的有关经济业务如下表所示。

现金流量类型分析表

| 经济业务 | 现金流量类型 | | | 对现金流量的影响 | | 不影响现金流量 |
|---|---|---|---|---|---|---|
| | 经营活动 | 投资活动 | 筹资活动 | 增加 | 减少 | |
| 从银行提取现金 | | | | | | |
| 出售机床取得现金 | | | | | | |
| 支付广告费 | | | | | | |
| 支付退休人员工资 | | | | | | |
| 给予购货方现金折扣 | | | | | | |
| 支付所得税 | | | | | | |
| 支付在建工程人员工资 | | | | | | |

续表

| 经济业务 | 现金流量类型 | | | 对现金流量的影响 | | 不影响现金流量 |
|---|---|---|---|---|---|---|
| | 经营活动 | 投资活动 | 筹资活动 | 增加 | 减少 | |
| 分得现金股利 | | | | | | |
| 支付工程物资款 | | | | | | |
| 融资租入设备 | | | | | | |
| 长期借款收到现金 | | | | | | |
| 支付借款利息 | | | | | | |
| 计提固定资产折扣 | | | | | | |

**【要求】**在现金流量类型分析表中做出正确选择。

4. 练习现金流量表中计算销售商品、提供劳务收到和支付现金的计算。

**【资料】**（1）某企业 2012 年度有关资料如下。

① 应收账款项目：年初数 100 万元，年末数 120 万元。

② 应收票据项目：年初数 40 万元，年末数 20 万元。

③ 预收账款项目：年初数 80 万元，年末数 90 万元。

④ 主营业务收入：6 000 万元。

⑤ 应交税金——应交增值税（销项税额）1 037 万元。

⑥ 其他有关资料如下：本期计提坏账准备 5 万元（该企业采用备抵法核算坏账损失），本期发生坏账回收 2 万元，应收票据贴现使“财务费用”账户产生借方发生额 3 万元，工程项目领用的本企业产品 100 万元，产生增值税销项税额 17 万元，收到客户用 11.7 万元商品（货款 10 万元，增值税 1.7 万元）抵偿前欠账款 12 万元。

**【要求】**根据上述资料，计算销售商品、提供劳务收到的现金。

**【资料】**（2）某企业 2012 年度有关资料如下。

① 应付账款项目：年初数 100 万元，年末数 120 万元。

② 应付票据项目：年初数 40 万元，年末数 20 万元。

③ 预付账款项目：年初数 80 万元，年末数 90 万元。

④ 主营业务成本 4 000 万元

⑤ 存货项目的年初数为 100 万元，年末数为 80 万元。

⑥ 应交税金——应交增值税（进项税额）600 万元。

⑦ 其他有关资料如下：用固定资产偿还预付账款 10 万元，生产成本中直接工资项目含有本期发生的生产工人工资费用 100 万元，本期制造费用发生额为 60 万元（其中消耗的物料为 5 万元），工程项目领用的本企业产品 10 万元。

**【要求】**根据上述资料，计算购买商品、接受劳务支付的现金。

5. 练习前期差错的更正。

**【资料】**2011 年 12 月 31 日，甲公司发现 2010 年公司漏记一项管理用固定资产的折旧费用 500 000 元，所得税申报表中也未扣除该项费用。假定 2010 年甲公司适用所得税税率为 25%，无其他纳税调整事项。该公司按净利润的 10%和 5%提取法定盈余公积和任意盈余公积。

**【要求】**（1）分析该前期差错的影响数。

（2）编制有关项目的调整分录。

（3）调整和重述财务报表（财务报表略）。

（4）在财务报表附注中加以说明。

# 参考文献


[1] 中华人民共和国财政部. 企业会计准则[M]. 北京：经济科学出版社，2006.

[2] 企业会计准则委员会. 企业会计准则——应用指南[M]. 上海：立信会计出版社，2006.

[3] 财政部会计司编写组. 企业会计准则讲解[M]. 北京：人民出版社，2010.

[4] 中华人民共和国财政部. 小企业企业会计准则[M]. 北京：经济科学出版社，2011.

[5] 财政部会计资格评价中心. 初级会计实务[M]. 北京：中国财政经济出版社，2012.

[6] 财政部会计资格评价中心. 中级会计实务[M]. 北京：经济科学出版社，2012.

[7] 中国注册会计师协会. 会计[M]. 北京：中国财政经济出版社，2012.

[8] 中国注册会计师协会. 税法[M]. 北京：经济科学出版社，2012.

[9] 陈德萍. 财务会计（第五版）[M]. 大连：东北财经大学出版社，2009.

[10] 谭清风. 财务会计实务[M]. 北京：中国物资出版社，2011.